此书系国家社科基金重大项目“岭南动植物农产史料集成汇考与综合研究”(16ZDA123)的阶段性成果。

民国农业调查报告辑刊 2

（广东卷·第一辑）

倪根金 陈志国 / 编

世界图书出版公司
广州·上海·西安·北京

图书在版编目（CIP）数据

民国农业调查报告辑刊（第一辑）/倪根金，陈志国编．--广州：世界图书出版广东有限公司，2018.12
ISBN 978-7-5192-5364-6

Ⅰ．①民… Ⅱ．①倪…②陈… Ⅲ．①地方农业经济－调查报告－广东－民国 Ⅳ．①F329.65

中国版本图书馆 CIP 数据核字（2018）第 284943 号

书　　名　民国农业调查报告辑刊（第一辑）
　　　　　MINGUO NONGYE DIAOCHA BAOGAO JIKAN (DIYIJI)
编　　者　倪根金　陈志国
责任编辑　程　静
装帧设计　苏　婷
责任技编　刘上锦
出版发行　世界图书出版广东有限公司
地　　址　广州市新港西路大江冲 25 号
邮　　编　510300
电　　话　020-84451969　84453623　84184026　84459579
网　　址　http：//www.gdst.com.cn
邮　　箱　wpc_gdst@163.com
经　　销　各地新华书店
印　　刷　广州大洋图文数码快印有限公司
开　　本　787mm × 1092mm　1/16
印　　张　161.25
字　　数　2510 千字
版　　次　2018 年 12 月第 1 版　2018 年 12 月第 1 次印刷
国际书号　ISBN　978-7-5192-5364-6
定　　价　980.00 元（全 6 册）

咨询、投稿：020-84451258　gdstchj@126.com

目　录

综合编·甲　县域以上调查

综合编·乙　县域调查

综合编·丙　县域以下调查

县域调查

综合编·乙

番禺縣農業概況調查報告

民國十九年四月　卓正豐

(一)位置

番禺縣位居粵東之中部省會在焉東界增城東莞北界從化花縣西界南海南界順德縱約七十餘里橫約九十里縣治居於北緯線二十三度六分五十五秒經線距北平中綫偏西三度六分四十二秒全縣分爲四司六步司居縣之東北慕德里司居縣之西北沙灣司居縣之西南茭塘司居縣之東南警察原分爲七區民國以來存在者僅第五區第七區而已五區所在地卽茭塘司之大步七區所在地卽慕德里司之石榴鄉又卽石獅頭地也最近又多設數區仍分爲七第七區所設於沙灣司之市橋第二區所設於茭塘司之新造第三區所亦設於茭塘司之河南第四區所設於六步司之附城第五區所設於慕德里司之高塘第六區所設於茭塘司之大涌口第七區所設於慕德里司之佛嶺市

(二)地勢

白雲地與茅竹山迤邐相連居部之中部爲縣屬衆山之祖考其山脈由從化而入縣之東北斜走西南至觀音山而止焉故本縣東北山嶺較多而高大西南山嶺則較少而矮小此本縣地勢東北高亢西南低窪之原因也全縣地積山嶺約占十分之三平原約占十分之七而平原中水田較多約占十分之八旱田較少約占十分之二云

(三)氣候

全縣氣候温和年中温度達冰點或沸點者間數年而僅見風災則歲歲有之但爲害有深淺耳雨水夏多冬少故北部高亢之地恆多苦旱而南部低窪之地則恆多患水也

（四）耕地狀況

1土質　縣屬西南沿海一帶多冲積砂壤土東北部平原則以腐植質土爲多冲積土次之西北部平原則以砂質壤土爲最至於山嶺土質色澤屬棕黑富於粘質但東北山嶺則多爲幼砂而西南山嶺則概屬粗砂且色澤亦帶棕色此本縣土質之大畧也

2水利　縣屬南部珠江支流交錯不虞旱災祇憂水患每年夏秋之交早稻未收晚造未插之時若逢江水汎濫則顆粒無收誠慘事也縣屬北部有從化水横亘其中沿江邊之農田可得灌漑之利其太低者或受其害然居少數至稍高者雖不能用江水直接漑田但亦可於田邊鑿井用桔槔取水以一婦女之力每日可灌數畝禾田亦良法也

3交通　縣屬河海交錯交通可稱便利雖北部從化水祇能用帆船輸運然近來鐵路公路皆已次第興築故本縣交通不虞梗阻也

4耕作情形　縣南低地常有水浸之患故農民多作圍田以耕圍基之上則分種荔枝桃梅等果樹而山坡之地則荔枝黑白欖皆有種植縣東除最低之田種水稻外其餘則皆以種果樹爲主雜糧次之北部則以種水稻爲多間亦有少數栽植果樹者但花生黄白豆等作物則各處均有種植此耕作情形之大畧也

（五）農民經濟狀況

1田地租價　田價以六步司爲最高上等田可以種柑橙者每畝值二百元以上其餘則百六七十元不等各司皆不差上下田租以禾田論通常每年租穀由一百五十斤至三百五十斤不等若以錢銀納租者則在未耕田之前交租名曰上期租每担谷價比市價較平大約作四五元計算耳旱地價每畝值七十元者租銀約四元左右值三四十元者租銀約二三元耳

2長短工價　長工價每年六十元至百二十元短工春䣛忙時男六角女四角秋䣛忙時男一元至一元五角女七角至一

元飯食供自僱主早造三餐晚造四餐

3 大宗產品價畧如下表

產品名稱	數量	價格
穀	每百斤	八元
花生	每百斤	六元
黃豆	每百斤	八元
芋	每百斤	五元
薯	每百斤	二五元
藕	每百斤	八元
菱角	每百斤	七元
棉花	每百斤	一二〇元
桂味荔枝	每百斤	二五元

糯米慈荔枝	每百斤	二五元
黑葉荔枝	每百斤	二〇元
懷枝	每百斤	六元
龍眼	每百斤	一〇元至三〇元
甜桃	每百斤	一五元
李	每百斤	一〇元至二〇元
梅	每百斤	一〇元至一五元
楊桃	每百斤	一五元至三〇元
杭	每百斤	一二元
粟	每百斤	二〇元
柴	每百斤	一·四元

炭	每百斤	四元

4大小農及經濟情形　全縣統計耕五十畝以上農民約占百分之一二耕三十畝至五十畝者約占百分之七八耕十畝至三十畝者約占百分之三十耕十畝以下者約占百分之六十而耕田畝廣者多屬水田耕田畝少者多屬旱地至經濟情形以縣屬東北東南兩部農民較爲充裕因該地農民多兼種各種果樹畧有小補故也西北西南兩部份農民雖間亦有種果樹者惟不如東北東南之多而且普遍也

（六）作物

1水稻　水稻之種類早造有新興粘西粘銀粘花蘿粘鬼粘矮仔早等晚造有黃粘白壳仔大糯小糯青粘油粘珍珠爪瓣粘霜降粘衿風細粒等早造每畝下穀種二十斤春分前後浸種約三四日可撒播半個月或二十日則可移植上等田每畝可收穀二百五十斤晚造夏至前後浸種播後至一月之久始可移植每畝田約下穀種十二斤上等田收穫每畝可得穀三百餘斤至四百斤

2番薯　番薯種類有六十日紅心絲藤白心（又名戒口薯因人有病食之最好故名）七担種香水牛角紅（因薯形似牛角故名）又有名打死牛者（因其薯堅之故）鬼婆薯（其形似沙葛）又有名戥錘薯者（因薯形似戥錘故名）等種其種植法與各縣同種植期以五六月爲多

3花生　種類有二一爲大夾豆又名鷄母保一名珠豆春分前後播種大暑收穫一爲油夾豆其與大夾豆別者因該豆身長每莢豆有三四粒仁春分播種秋分收穫

4豆　有黃豆白豆烏豆茶豆靑豆等類皆春種夏收栽植法無甚特別產量亦無多幾不敷本地之用

5 芋　芋有紅芽芋狗爪芋坭芋銀芋等

6 粟　有狗尾粟鴨脚粟高粱粟等

7 玉蜀黍　有七葉九葉之分又有紅黃白三色並有混雜三種色而成一包者又有糯米粟粘米粟二種糯米者肉香而鬆故比較粘米者價銀畧貴

8 棉　縣屬各司地方均有少數種植惟以菱塘司之新造棉爲最佳因其絨白而絲長故其價格較之別處之綿每斤必貴二三角云種植法亦春種秋收與別處無異肥料以人糞尿爲多

9 葛薯　分爲蔴葛粉葛二種論其食法則以粉葛爲佳價值則又以蔴葛爲貴因蔴葛可爲藥用粉葛銷路不如蔴葛之廣故粉葛價值反低云種植法將去年冬月所收之葛剪葛之上端寸許藏於砂土中至下年春分前後其芽之長已有尺餘移植於表土深厚之田先將田犂耙細碎起成開竹形之畦每畦距離約四尺畦高尺許科間距離約四五尺先開一小穴施以草木灰糞尿等肥然後種植則其生長甚速云後隔一二月施水肥一次培土一次至冬月收穫上等者每科二三十斤不等粉葛蔴葛種法相同惟粉葛不如蔴葛之粗生收量亦少故種植稍密種葛之田畦間多有間種芋豆青菜等物如六步司等處多見之其餘各司則較少也

10 蓮　縣屬各司地方均有種植但以慕德里司爲多種植法在春分前後將水田之少砂而又不患旱者耙成糊狀每距離六尺左右開一濶約二尺深數寸之窩先施以大糞尿等肥即將上年所存之老耦原條横壓入窩內每窩一條或二條皆可以後再施肥二三次愈多愈妙惟宜亂撒不可專施於窩爲要肥料足者間有兩層之藕上等者共收穫七八担中等者四五担下等者二三担至於藏藕方法將藕收囘後以爛坭汚其身置於缺缸甕或無風到之所則可至數月之久而不變云

11 馬蹄　馬蹄分爲疏密二種疏種形大作生果食居多密種形畧小磨粉爲多其貯藏法先將馬蹄收穫後置於當風之地二三日見其外皮已乾則放於瓦甕內可至一年而不壞云

（七）果樹

1 荔枝　種類有糯米慈桂味黑葉良蟹狀元紅晋鳳懷枝山麗玉荷包等最貴重者爲糯米慈桂味二種黑葉次之良蟹一種雖然清甜但其肉薄出產亦無多故世人知者甚少也

甲·荔枝之繁殖法及時期　荔枝之繁殖法約有二種（一）爲接枝繁殖法先將實生之樹苗莖大一寸高二三尺者在雨水夏至之間將樹苗剪去其尾旋以小刀直破其皮部欲接桂味或黑葉或糯米慈等則剪其欲接之一年生枝條大約數分長約寸許者亦以小刀直破其皮部乃接於實生苗破皮之處使之皮與皮相接再用蔴草塘坭縛實上蓋以草免被晒乾約至月餘見其所接之枝已發芽則可除去上蓋之草以後不用再理而自生矣（二）爲駁枝法先將二三年生之果枝莖大寸許者在雨水夏至之間用一小刀刮去所駁枝條中部之皮約一寸左右待二三日則用草或蔴混以塘坭之少砂者縛實刮皮之部約百五六十日見所縛之部份根已露面則可剪下而假植之假植數月則可移植於目的地矣

2 欖　欖分爲方欖黄欖生欖大欖烏欖五種方欖形似三角黄欖畧帶黄色大欖果身特別肥大上述三種爲製造甘欖鹹欖之用生欖形畧細而氣味甘香故作生果食者居多烏欖色黑分爲油欖糠欖二種油欖肉質幼嫩糠欖肉質粗劣俱爲製欖角作菜食之用

甲·欖之繁殖法及時期　先將實生之欖定植後一二年莖大寸許者在立春後剪去其尾按照上述荔枝接枝法行之則可繁殖但手術宜精否則繁殖之成數甚低云

3 梅　梅分爲青梅紅梅白腊梅杏梅數種青梅專爲製陳皮梅之用紅梅白腊梅杏梅則作果食及製梅醬酸梅之用也

甲·梅之繁殖法及時期　梅之繁殖亦用上述之接枝法但其時期則宜在梅開花之後並接後宜用厚紙或瓦盆等物遮蓋之不可露風及見日光則一二星期之久便可發葉而假植矣但梅亦有用分根法繁殖者惟其所生之梅品質均同母樹

故不能改良品種也

4 桃李　桃分爲大細二種李分爲青竹李猪血李密李(又名錢串李)黃李數種繁殖法與梅同其時期亦在開花後爲之移植則在落葉後行之然亦有分根法繁殖者也

5 柹　柹分爲鷄心柹牛心柹核柹方柹(卽俗名大紅柹)水柹數種鷄心柹形細小畧似鷄心牛心柹形畧大類似牛心核柹有核方柹形方水柹形長今市上之柹餅卽方柹去皮所晒成者也核柹亦可以晒柹餅各種柹除方柹須浸水四五天始可食外其餘各柹則用火烟薰四五日則可食其薰法將柹置缸甕中用香火二三條同置於缸內密蓋之至四五日之久則可食矣或用幼細之樹葉混置於缸甕內(如相思樹葉榲樹葉均可)盦之約四五日亦可食矣

6 龍眼　分爲青皮黃皮乾肉濕肉等種青皮者其皮青色有濕肉亦有乾肉黃皮者其皮黃色亦有乾肉濕肉之不同另有一種廣眼形大肉爽俗名石夾繁殖法以實生之苗爲多間亦有用駁枝法者

7 柑橙　柑原有數種而番禺所有者則一種而已橙則有香水橙酸橙柳橙半柳橙數種香水橙與酸橙形狀無甚分別惟酸橙則味畧酸香水則味畧甜柳橙身有柳且橙君有一圈如錢狀故名爲金錢君而圈僅得一半者名爲半柳橙其味則不如柳橙之佳云

甲•柑橙之繁殖法及時期　繁殖柑橙以接駁枝爲多亦有用實生者但不如駁枝者之生長較速結果較早也查實生之柑橙果雖大而多但須十年後始有收穫接駁者則四五年後便有收穫也接駁柑橙之時期多在開花之後結果如手指大之前行之爲柑則祗有駁而少接橙則接駁皆有駁枝之法將柑橙之二年生枝條(亦有用多年生之枝者)削去其一部分之皮長約寸許翌日卽用草和塘坭縛其削皮之處久旱則淋以水約百日許見其生根伸出坭草之外則可剪下假植至大寒雨水間則可定植矣至橙之接枝法有先駁檸檬樹秧剪落以竹笠加坭栽培之作爲砧木削去其苗中部一面之皮然後將所欲接之二年生橙枝亦依前法削其中部一面之皮乃將兩樹接合再用坭草縛實俟其生合則剪去檸檬之尾並剪橙所接之處下部則兩樹

分離於是假植之至其根已固則可定植矣

8楊桃　番禺楊桃原以花埭者爲最有名但該地實已寥寥無幾不如獵德爲多也楊桃之繁殖法多係駁枝者間天然實生者亦間有之楊桃之性適於半鹹淡水之腐植質土若純是淡水地則一年宜淋一次稀薄之鹽水則可永久不變其味云

(八)畜牧

番禺畜牧除廣州市河南尾有養四十餘份猪外其餘養十餘份者不知凡幾鄉村市鎮酒米家亦有養十數份者農民則以養一二頭者十居八九少有專營畜牧者茲將各種牲畜分述於後

1馬　馬除廣州市營業馬車者有養十餘頭外其餘鄉村間有養一頭而自用者

2牛　牛有水牛黃牛二種農民養牛耕作者多則二三頭或一頭且窮民因無錢買牛而租借他人之牛以耕種者亦約十分之一二查全縣牛數連沙灣奶牛八十餘頭統計全縣不過八千頭查奶牛取奶之法均早晚各擠一次多者四斤少者二斤左右飼料則以草爲多間亦以米麥糠及豆者牛舍亦無特別故畧之

3羊　本縣農家養羊不多而又皆屬草羊查養羊三十頭以上者祇得七家養十數頭者亦數家而已羊舍管理與各縣同

4鷄　番禺縣屬廣州市地原有養育外國鷄者數家但數量無多不過三數翼而已且查繁殖不易或因氣候不適或因地土不宜故近來甚少養之至於本地鷄則各家均有飼養而養至千翼以上者則有羅崗之植牧公司河南之繁殖牧場兩處而已

5鵝鴨　鵝鴨各司地方均有一二千翼者管理等法與開平縣所述者相同

(九)森林

番禺全屬南部山嶺矮小爲數亦無多中部有茅竹山山脉連綿高低不一迤邐至白雲山而止高度凡百數十丈傾斜頗急山石巖巉其間土質以粗砂土爲多顏色則無定灰黑灰黃皆有之林木除松林而外似無別種森林矣但矮小之崗則間有種植

荔枝黑白欖及各種果木者甚少全山荒廢者也

(十)蠶桑

經營蠶業者向來不盛獨沙灣司圍充地方近海一帶約有桑田數百畝查該桑地常被西江之水淹浸不能種他種植物故種桑養蠶實非經營蠶桑之本意云

(十一)特產及輸出品

番禺輸出物品以荔枝爲最大宗攬梅橙次之桃李楊桃龍眼又次之至各種數量雖不能確實統計大約六步司地方荔枝總在萬株以上欖約五千株以上橙約一萬株以上慕德里司地方荔枝約五千株有奇欖約二千株有奇茭塘司地方荔枝約七千株欖約一千株沙灣司地方荔枝約五千株以上欖約千百株以上其他果木各司皆有但少成園者其輸出之地點則以廣州市香港爲多陳村佛山等市及輸出各鄉者亦有多少番禺無特產而頗特別者則以花埭各花園之古樹畧爲特別查花埭花園共十四個而資本至足者首推醉觀園查醉觀花果樹木有五百餘種資本四五萬元次之爲萬芳園紉香園翠林園花果樹木種類亦與醉觀相等但不如醉觀數量之多也又次之爲合記園長春園馥蔭園永春園順記園梁國園餘香園評江園成林園美蘭園等至於培養花苗果苗古樹之園頭則在芳村花埭冲尾等處共有二十餘個每個園頭地面積約在三畝以上各園頭及花園產物每年銷於本地及外洋各埠者總在十萬元以上云

(十二)農村教育狀況

縣屬教育似不甚發達但各鄉離廣州市不遠農民子弟出市求學者約在一半以上查縣立中學祇得一間師範一間女子師範一間(現已改爲高小)學生共約一千人各鄉高小二十二間學生約千餘人小學三十六間學生亦約一千人私塾約七十間學生約一千四百人總共得學生四千餘人來城市各公私立學校肄業者以一半計全縣學生亦不過萬人耳

（十三）農林前途之希望

縣中山嶺無幾故荒廢者甚少且近來農民多在山嶺種荔枝黑白欖等樹故林業無可發展至農業方面則以菓樹爲最發達但現在所有各處栽植之果樹大都不免於距離過密以致生長不佳且易資病虫之害此則宜從農業教育入手多設農業學校及園藝試驗場或表証場等逐漸感化農民之自動改良栽植則番禺之果樹園藝事業必可稱雄於本省或本國矣

（出自《广东农业概况调查报告书续编》下卷，一九三三年）

番禺縣調查報告

調查隊第三隊主任游熙報告

二十四年十一月

本隊在佛岡調查蔵事，卽轉赴番禺，歷時月餘，調查完竣，茲將該縣政治及經濟狀况，概述於下：

(1)位置與面積：番禺爲廣東一等縣治，向分沙灣，茭塘，鹿步，慕德里四司，從舉辦自治後，遂將全縣劃分八區，以沙灣司爲第一區，茭塘司爲二三兩區，鹿步司爲四五兩區，慕德里司爲六七八三區，東與東莞增城毘連，西與南海接壤，南與中山爲鄰，西南與順德交界，西北界花縣，東北界從化，三四六等區，環繞廣州市之東南北三面，地勢平坦，其餘各區，較多山岡，全縣面積，七千一百七十七市方里。

(2)自治與人口：全縣劃分八個自治區。三百八十一鄉，九鎭，六千九百三十七里，第一區公所，設在市橋，共有四十三鄉，五萬四千一百七十三戶，現住人口，男女合計一十五萬九千七百六十八人。第二區公所，設於新造，共有六十三鄉，二鎭，五萬零一百八十戶，一十一萬零四百五十九人。第三區公所，設在瑤頭，共有五十五鄉，二萬七千六百一十一戶，八萬四千九百八十八人。第四區公所，設於東圃，共有五十三鄉，二萬零五百五十九戶，六萬八千四百七十七人。第五區公所，設在南岡，共有二十九鄉，一萬九千九百九十九戶，四萬一千一百零二人。第六區公所，設於佛嶺，共有四十一鄉，五鎭，一萬四千四百零二戶，三萬七千零九十三人。第七區公所，設在高塘，共有四十五鄉，一鎭，三萬二千七百九十四戶，一十萬零四千九百七十一人。第八區公所，設於鍾落潭，共有五十二鄉，一鎭，一萬九千八百三十六戶，八萬一千八百零三人。各級自治機關，均已成立，惟因各區鄉數太多，於自治工作上，頗感不便，現擬縮減鄉數，正在計劃進行中云。

(3)田畝：本縣田畝，業經調查完竣，計第一區八七、九三二畝，第二區，一一八、六二四畝，第三區四七、七〇五畝，第四區七五、七七五畝，第五區六九、四五五畝，第六區五一、七二二畝，第七區一三七、一六六畝，第八區一三九、七五四畝，第一二兩區，除民田外，尚有沙田不少，其餘各區，多屬民田，土質尚稱肥美，物產亦頗豐富。

(4)物產：物產以第一二區之糖蔗爲大宗，種蔗面積，在二十二年前，共有萬畝，至二十三年份，增加一萬五千畝，本年再增一萬五千畝，合計約四萬畝，其蔗種大別有二，卽爪哇種，與本地種是也，爪哇種，每畝產一百担，本地種，每畝產六十担，平均每畝以八十担計算，可產蔗三百二十萬担，約以四分之三，賣與糖廠，其餘四分之一，半爲舊式搾糖，半爲食品，爪哇種有四；曰二八八三種，曰二八七八種，均爲靑色，曰二七二五種紫色，曰二七一四種紅黑色，蔗之全身，均可取之爲種，以兩節爲一根，每萬根値銀八十元。下種不分時期，全年皆可種植，且亦不怕水旱，尤以山麓犖地，最爲適宜，下種後六個月，卽可收割，每畝田地，可種一千八百根，每根生蔗十數條，其最高者，長約一丈，大者直徑二寸，以每百斤爲一担，値銀九毫半，每担可搾糖一十三斤。本地種有金山，木蔗，白蔗，竹蔗，黑骨蔗等五種，其取種方法，祇可在蔗梢截一二根，亦以兩節爲一根，每萬根値銀六十元，下種時期，祇限每年二三月間，前後均屬不宜，且畏水旱，生長最大者，直徑一寸，長六尺，每担値九毫，僅可出糖十斤，似此爪哇種比本地種，優勝良多，蕃殖已較容易，獲利亦較豐厚，該縣自改種爪哇種後，成績甚佳，如能盡量發展，亦爲農村崩潰中，增加生產之一助也。至該縣所產穀米，第一二四七八等區，除供給本地糧食外，尙有盈餘，運銷廣州，第三五六等區，不敷自給，雜糧以薯，芋，花生，豆爲主要，菓類以白欖，荔枝，橙爲最大宗，其次則爲楊桃，靑梅，番石榴，龍眼，柿等，尤以三四兩區，出產最多，三區屬內菓市，有大塘，茶滘，上涌，上滘，瑞寶，龍潭等處，抽收佣銀，每年收入千餘元，以値百抽一計算，統計全年產額，約値十餘萬元。蔬菜類，以三四六區出產，亦屬不少，該縣物產，素稱豐富，現在雖受不景氣所影響，然覩人民生活，尙足自存。

(5)查該縣公路，現已貫通全境，共有省道三條，縣道十一條，鄉道二十六條，玆將各公路名稱，道別，起止地點，路綫長度，現有車輛，列表如下；

公路名稱	省縣道別	起止地點	路綫長度	現有車輛	附註
廣花	省	由流花橋直達花縣	二十一公里三	八	
禺東	省	由沙河達增城	二十五公里九	四	
禺北	省	由太和市達從化縣	二十二公里二	六	
沙和	縣	由沙河至太和市	二十一公里九	十二	
蘿安	縣	由蘿峯寺至長安市	一十公里四	五	
魚南	縣	由魚珠至南岡	八公里六		尙有六華里未築成
高人	縣	由高塘至人和達高增市	十二公里	四	
市大	縣	由市橋至大石	十三公里八		
市新	縣	由市橋至新造	十四公里四	六	
市石	縣	由市橋至石樓	十五公里		

明新	縣	由新造至明經	九公里八		
新石	縣	由新造至石樓	十五公里六	二	
太水軍路	縣	由 太平墟至水口營	八公里六		
新港	縣	由新洲至小港	十三公里八		
長來	鄉	由常平社至來安市	五公里二		

公路名稱	省縣道別	起止地點	路綫長度	現有車輛	附註
沙多	鄉	由瘦狗嶺至多石岡	五公里二		
和洞	鄉	由太和市至九良洞	八公里六		
蕭岡	鄉	由蕭岡至牛欄岡	一公里七		
木羊	鄉	由木蔭岡至羊山脚	一公里七		
鶴江	鄉	由鶴邊至許家庄	七公里三		
望石	鄉	由望角至龍湖	五公里二		
太北	鄉	由太和市至北村	五公里八		
黃石	鄉	由石井至廣州			市營
中山	縣	由東山至魚球			市營
東龍	鄉	由東圃至龍眼洞	八公里六		
東圃	鄉	北接中山路南抵碼頭	一公里二		
市鍾	鄉	由鍾村接市新公路	七公里五		
南大	鄉	由南村至大石	五公里八		
沙灣	鄉	由沙灣至渡頭	三公里四		
小白	鄉	由小港至白蜆殼	七華里	尚未築成	
勷大	鄉	由石榴岡至新村接新港路	三公里五		
鳳凰	鄉	由鳳凰岡至南石頭	三公里五		
尖鳳軍路	鄉	由尖岡嶺至鳳凰山	三公里五		
尖彭軍路	鄉	由尖岡嶺至彭邊	三公里五		
榕陳軍路	鄉	由榕樹頭至陳田	三公里二		
沙亭軍路	鄉	由沙教至亭岡	二公里九		
井門軍路	鄉	由石井至石門	四公里		

鴉橋軍路	鄉	由官橋至鴉岡	六公里三		
高南軍路	鄉	由高塘至南岡	四公里六		
大　　石	鄉	由大石至海旁碼頭	一公里七		

縣屬電話，各區公所，及公安分局，均已裝設，各鄉公所，亦多裝置，境內交通，均稱利便。

（6）教育：學校教育方面，有縣立初級中學一所，縣立師範一所，私立八桂中學一所，私立禺山中學一所，共有教職員一百四十五人，學生一千三百三十八人，全年經費，査共支出一十二萬五千八百三十四元，收入一十二萬二千一百二十九元。小學校一百二十間，初小二百六十三間，共有教職員一千二百八十九人，學生二萬七千五百八十五人，全年經費，共支出五十七萬一千四百三十七元，收入五十七萬一千八百六十五元，農業技術班一班，教職員八人，學生三十三人，經費共支出六千七百二十元，收入同。社會教育方面，有縣立民衆教育館三所，共有職員十一人，全年經費，八千四百元，習藝所一間，學徒一百零八人，職員一十二人，全年經費三萬三千二百八千五元，民衆學校十四所，共有學生約七百餘人，每期經費，約一千一百元，圖書館五所，職員二十四人，藏書四萬册，除旅市縣立圖書舘全年經費一千二百元外，其餘均由當地教育館兼辦，并無獨立經費。

（7）警衞：該縣在民二十三年四月以前，共有常備警衞隊四大隊，七獨立中隊二獨立小隊，一二大隊，各管四中隊，三四大隊，各管三中隊，每中隊管轄三小隊，連獨立小隊，共有六十五小隊，每小隊有隊兵三十六名，合計二千三百四十名，後於民二十三年五月，縮編爲四大隊，一二大隊各轄四中隊，三四大隊各轄三中隊，共有隊兵一千五百一十二名，自二十三年六月，復將三四大隊，撥歸財政廳管轄，現祗存一二大隊，計八中隊，共有隊兵八百六十四名，統歸編練處指揮，另有縣兵兩中隊，每中隊轄三小隊，共有兵士二百一十六名，由縣府直轄，以上警衞縣兵，均配新式七九步鎗。

（8）公安：縣公安局，附設縣府，所屬有七分局，計新造分局，共有長警伕役四十四名，市橋分局，共有長警伕役一百二十五名，長洲分局，共有長警伕役八十四名，東圃分局，共有長警伕役三十六名，沙河分局，共有長警伕役六十八名，瑤頭分局，共有長警伕役一百零二名，蘿岡分局，共有長警伕役二十名，

（9）商業：本縣商業，頗爲繁盛，重要市鎮，爲市橋，新造，高塘，蘿岡，計市橋有商店四百間，經設立同業公會者共六行，穀米業四十五間，紙料業十八間，葯材業十五間，銅白鐵業十五間，土洋雜貨業十二間，晒莨業六十二間，營業資本，以穀米晒莨業及土

洋雜貨業爲雄厚，新造有商店二百間，高塘一百五十間，蘿岡一百五十間，以上各處商店，均有經營批發，尙有較爲發達者，計大龍，新洲，瑤頭，東圃，沙河，南岡，石井，太和等墟場，各商號亦有少數經營批發，其餘均屬小資本經營，零沽日用雜貨，年來農村崩潰，人民購買力銳減，各行生意，日形冷淡，誠有今昔之嘆矣。

（出自《统计月刊》第二卷第十二期，一九三六年）

中山縣農業調查報告

民國十六年　　卓正豐調查

(一)位置

中山縣位居省城西南二百二十里，經度距京師中線偏西三度零四分，緯度北二十二度三十一分三十秒，東南瀕臨珠海，西北界新會順德，東北界番禺，東西廣一百零三里，南北長一百二十四里。全縣分爲九區：一區即附城，二區在城西二十里沙溪墟，三區在城西北三十五里小欖墟，四區在城東南四十四里西椏鄉，五區在城南五十二里平步市，六區在城東南六十里下柵墟，七區在城南八十五里前山城，八區在城西南一百里斗門城，九區在城北五十里大黃圃墟。

(二)地勢

縣境南北長，東西狹，縣城畧偏北部，城之東北與西北多平原，其餘則多山嶺，山嶺約佔全縣面積十分之四，平原約居其六。縣中河流可行駛數十噸之船者，北出順德，南通澳門，其餘亦有小水，但不能行輪船耳。

(三)氣候

東南近海一帶，氣候溫和，西北較溫，春夏雨水較多，秋冬畧少。大小暑氣候至熱，大小寒至冷，霜雪甚少，颶風間有，亦以近海者爲烈。

(四)耕地狀況

(1)土質　大概分爲三種：第九區之西部，第三區全部，第二區之北部，概屬夾雜土，表土五六寸，含肥質較多；第九區之東南部，及沿江海之地，均屬冲積土，砂質畧多，表土尺餘，含肥質亦富；第二區之南，及四五六七八區之內部，皆屬砂質壤土，表土四五寸，含肥質亦不少。

（2）水利　縣屬低窪之地居多，不患旱災，祇妨有西潦之害，而第九區之西，三區之中，二區之北各地雖署高亢，而有溝渠池塘之水以資灌溉，亦不妨有乾涸之患也。

（3）交通　第一三七八九區近海者，貨物往來，均用輪船，而離海稍遠者仍須肩挑，二四五六七區雖各有闊五六尺之陸路，而禁止牛車及單輪貨車之往來。是以貨物出入，亦須肩挑。惟旅客商賈路經一二四五六七區地面者，則可乘人力之東洋車及脚踏車。故縣屬交通，祇可謂便於人，未能謂便於貨。現由縣城至四區有汽車開行，行人運貨均便，但路線僅三十餘里耳。

（五）農民經濟狀況

（1）田地租價　田地價格與租金，因地位肥瘠之不同而有差異，普通水田及桑田上等者值三百元至五百元，租則在二十元左右，而桑田租有至三十元以上者；中等價二百元至四百元，年租十元至二十五元；下等價值十數元至數十元，租則數角或數元，至第九區東一望無際之砂田（約六七千頃），含肥質豐富，永不落肥　而收穫又豐，可稱上等者，每畝僅值數元至十數元而已。查其原因，皆因土匪叢聚，苟非有兵輪保護，則無人敢到故也。

（2）長短工價　長工年價五十元至百元之間，短工忙時男八角至一元二角，女工五角至八角；閒時男工七八角，女工四五角，每日供午膳一餐。耕耘收穫之時，亦有雇用月工者，若以穀代金，則三担至五担，銀則二十至三十元之譜，長工與月工膳食，皆僱主供給。

（3）大宗產品價如下

品名	產地	數量	價格	總價

穀	除第三區外餘各區均有出產	無定	每担約六元左右	未詳
烏欖	以二四區爲多	年約千担以上	三元至五元	萬餘元
大蕉香蕉	以一二八九區爲多	年約千萬担以上	二三元	數萬元
荔枝龍眼桔橙梅李仁面子等	各區均有出產橙桔則第二區始有	數千担	十元至四十元	五六萬元
荷蘭薯	一二區爲多	約數百担	每担約七元	二三千元
椰菜	各區均有種植	數千担	三四元至十元	數千元
甘蔗	一二四九區爲多	數十萬担	約三元左右	五六萬元
蠔及蠔油	以六區爲多七八區亦有少數	無定	每斤約八角油約一元二角	無定
鹹魚蟹	四六七八九區	千担以上	每斤約二三角	數萬元
蠶繭	三九區	二萬担以上	百五六元	三百萬以上

（4）大小農及經濟情形　縣屬農民耕三十頃以上者，約十數家，耕五頃至十頃者約數十家，耕一頃或數十畝者，約居農民之半數。至經濟則以充裕者爲多，查縣中人民，往美國壇香山等營業工作者，約數萬人，其餘往南洋群島謀

生者，亦以萬計，每年進欵，皆在千萬以上。而在家男婦又勤於耕種，如第四區婦女不論貧富，皆自食其力。全縣人雖有九十餘萬，而所產穀米，足食有餘，聞順德一縣粮食，多由其供給云。

（六）作物

（1）水稻　中山爲產米之地，計每年輸出者四五百萬元，大概有五六成收穫則可足本地之食。其品種早造則有龍芽粘，新興白，紅脚（米紅），馬尾齊，掛犂望，小糯等；晚造有蔴包，衿粘，銀粘，粉粘，絲苗，大黃糯，水湖連（此種宜於深水田），較剪，長貓（此種宜鹹水）等

種法　選種與普通無異，惟育苗法則畧有不同。法將穀種浸於缸內，或以竹籮載種浸於坑涌水中二三日後，乃離水，置於家中，以草蓆或爛布袋蔴包等密蓋其上，隔日以水洒之，使其常濕，約四五日，觀其已發根，則可撒播於秧田矣。至其生長高約寸許，則施以花生麵，或人糞尿之淡肥少許，及其長約一尺左右，即拔供種植。其種植有特別而爲各縣所少見者，玆詳述之，以供農家之研究。比如春分插早造，每行距離尺二三，清明前後，又插晚造於其行間，或同時插或遲一二月始插均可，至早造收割後，則以足踏沈早造之禾頭，以爲晚造之肥，若覺晚造秧苗過高，則剪去其尾，將禾尾踏沉於土中爲綠肥之用。此種種法以第九區之大農，及各區之深水田，及鹹水田爲多，比較分造插秧，收穫雖少二三成，而可以省晚造犂耙之工，所差亦無幾云。故用此法種植者，約居全縣水稻之半有奇。又有海水常到之田，早造不種禾，專爲養魚蝦蟹之用，晚造始種禾者，此等以近海者始有之。

（2）甘蔗種法　在春分前後將昨年所留之蔗種，以水浸三四日，乃切去其尾，至見蔗肉爲止，並將頭部切斷一新口，而剝去一邊之殼。當未種之前，先將地犂耙至于細碎，每距離約三尺開一小坑，深約一寸左右，落以草木灰或猪糞等物，並淋以水，用手攪成糊狀，即將蔗種平置於坑內，無殼之邊向下，接續連貫，亦有每株距離三四寸者，畧以

手按實，至蔗芽長約尺許，則施以稀薄之淡肥。及至三四尺高時，則剝去蔗頭之殼，及莖長約四五寸，卽施以花生麵猪糞草木灰等各一二担，乃將行間之土培於蔗頭上，至有殼之部爲止。每畝約用蔗種二千條，年施肥三四次，每次約用花生麵猪糞各一担左右云。中山之蔗以二區之四輪，九區之潭洲及小黃圃爲至多，前十數年有搾糖者，現則專供生食云。

（3）蕉　蕉分爲大蕉香蕉二種，產地以九區之潭洲及小黃埔，八區之竹排沙，一區之港口爲最多，其餘各基壆及海邊等處均有種植。其繁殖之法，係將舊蕉樹所出之芽高約三尺左右者，在立秋前後鋤去植之，香蕉每株距離六七尺，若非留種，見蕉頭有芽，務須鋤去，以免其分薄母蕉之肥。大蕉則任其生長，並不施肥，香蕉則年施三四次，每畝可種九十株左右，年約用肥料銀十元左右云。

（4）荷蘭薯　分爲白皮黃皮二種，在霜降前後，先將地犂耙鬆碎，起闊約四尺高約數寸之畦，鋤以小坎，每坎距離一尺左右，乃看薯種之芽數，切爲幾塊，種於坎內，每坎一塊或二塊皆可，上蓋以草木灰拌淋以水，至其生長高已一尺左右，繼施以淡肥二三次，至春分前後，則可收穫矣。每畝多者可穫四五担，少者二三担云。

（5）椰菜　分爲椰菜椰菜花二種，在秋分前後播種，霜降前後移植於高尺餘濶三尺之畦上，每株距離一尺六七寸，至生葉十餘片後，務要隔日施肥，早晚淋水，其結毬始實云。椰菜花亦然，若肥料不足，則生長不多，尤易老硬云。

（6）薯芋葛瓜蔬菜等各區均有出產，除第三區不足用外，餘各區皆可自給。至其種植法及時期，與廣州無甚異，故不贅述。

（七）蠶桑

桑地在三區之大小欖古鎮曹步，九區之大小黃圃潭洲等處，桑地面積雖無從知其確數，大約亦在千頃以上，出繭多少，亦無可查，大約在二萬担以上。照近年市價每担乾繭約值百五十元左右，合計全縣繭值約可三百餘萬元，至種桑養蠶之手續，與順德同，故不再述。

（八）果樹

（1）荔枝　荔枝分爲黑葉桂味糯米糍槐枝三月紅等數種，果園面積最大而種植至多者，首推第四區橫路地之植益公司，該公司有各種荔枝三千餘株，行間種波蘿三萬餘株；次之爲第六區之唐家灣共樂園，有各種荔枝白欖柑桔等種種果樹一千二百餘株；其餘各區一二百株荔枝園者亦二十餘所。其繁植法，係在摘果後，將其一二年生之嫩枝之純直者，剝去周圍長寸餘之皮，至一二星期後，始可將軟草和無砂之濕坭裹之。若天久不雨，必須淋水，約八十餘日，見其根已透出表面，即剪下種植。

（2）柑橙桔　產地以二區之古鎮曹步地方爲多，約在五十畝以上，其種法係每株距離約七尺，年施淡肥三四次，於摘果後一次，結實時一次，至果已變黃色時二次，每株每年約用花生麩四斤。繁殖法與荔枝同，惟柳橙則用嫁接法，將檸檬樹，先行駁枝，種於瓦盤，或竹笠內，乃擇柳橙之枝，與檸檬之枝同大者，由其中部，以利刀削去皮肉半邊，將二樹削皮之部接近，使兩者之皮密切，用紗紙或棉布包裹之，復用蔴繩或竹篾等纏實，約五十日左右，二者之皮已生固，乃可由橙樹接口之下部剪斷，並剪去檸樹之尾端，而移植之。

（3）菠蘿　以四區之橫路地方植益公司爲最多，約有三萬餘株，次之爲岸口福與果園贊園各有萬餘株，其餘各果園亦有少數，而基圍蕉間亦均有種植。其繁植法係爲分根法，及果尾之芽均可種植，惟果尾芽他日所結之果，不如分根者爲佳云。

（4）烏欖　以二區爲至多，八區次之，九區又次之，皆於種山邊地角等處，少有成爲果園者。其缺殖法，係用樹根所生之芽及實生之秧，近已少人種植，現所有者，皆數十年之老樹，不施肥，不除草，聽其自然生長而已。

（九）畜牧

（1）牛　該縣除三九區少有養牛者外。其餘各區各家畜養者約居六成，全縣統計大約在二萬頭於上，成爲畜牧公司者獨第八區之北山，（又名賊仔林），同與公司有水黃牛三百餘頭，羊百餘頭，鷄千餘隻。查該公司係由現務正業之卓金權出資所成。畜牧地縱橫三四里，周圍種以極密之松樹，以爲墻籬，並釘以鐵線簕。獨留門戶一，出門卽海，外人少有到其地者。牛之治療法，若牛不食草，則用酸楊桃三四斤搾水，和黃糖半斤治之卽愈，此最善之法，百無失一云云。羊之治療法，若羊不食草，非風則寒，用乾羌防風荊芥香附等煎水治之則愈。據稱羊病與人頗同，故醫人之藥，卽可以醫羊云。

（2）猪　畜養之家，約在六成以上，普通以養一二頭者爲多，酒米家則有養一二百頭者，飼養法與各縣相同，故畧之。

（3）家禽　以鴿爲重，鷄次之，鵝次之，鴨又次之，鷄之最佳者重三四斤，年產蛋百餘隻，鴨最重者二斤餘，年產蛋二百至三百隻不等。養鵝者極少，鷄則家家均有三五隻或數十隻，鴨則有養至千隻以上者，飼養法與各地相同，無詳述之必要，故不贅述。

（十）森林

縣屬山嶺大小不一，約佔全面積十分之四，荒廢面積又佔十分之七八，無所謂官荒民地，凡近某村者，卽某村所佔有，惟林木極少，第五六八區雖有少數人工松林，但亦寥廖可數。查縣中農民，專圖近利，而不知十年牛木之益，故荒廢如是之多也。

(十一)特產品

(1)蠔豉　產於第六區之唐家灣地方，產地約三十餘里。其養蠔之法，係將巖石琢爲縱橫數寸，在立春前後，拋落海邊，約三年之久，則可取蠔矣(在一二年內亦可以取但蠔細小云)。亦有三年無蠔者，因海水鹹淡之不同故也。蠔多之時，每石一個可取蠔十數斤。查蠔之生長，初則如虱形，生於石之周圍，日久生殼而漸大，蠔之外又生蠔，是以一石可取十數斤云。取蠔之法，係每年約取十里之地，三年取完，循環不已。惟已生蠔之石即不再生，既取之後，必拋以新石，不論多少，石多則蠔多，故堆積數十層，亦無不可云。製蠔油法，係將蠔取起，用刀琢開，取得蠔肉，以水煎熟，將蠔晒半日，其蠔卽可出市，其煮蠔之水，煎濃卽蠔油也，亦有不煮而晒乾者，名曰生蠔。

(2)蝦醬　蝦仔一担鹽十斤，同置於缸瓦盤內晒之，每日常僱女工以竹木器攪之，約一月之久，用石磨磨幼，復用密布袋隔去其粗殼，再晒再攪。四五日後，卽可出市。查其所以要常攪之原因，蓋使其不變色，並去其腥氣，否則味不佳，其色亦不雅云。

(十二)輸出品

作物之輸出品，以穀米爲大宗，蠶繭次之。生果又次之。海產以魚蝦爲最多，蠔豉次之，蝦醬又次之。蔬菜則荷蘭薯爲多，椰菜間有少數，家禽六畜，則以鴨爲多，餘則有出亦有入，不能作爲有餘輸出之數也。

(十三)農村教育狀況

中山縣素稱繁富之區，而對於農民敎育，似屬缺憾，殊出人意料之外。據該縣敎育局中人言，縣屬祇得中學二間，師範一間，女子職業一間，高小國民學校七十二間，共約學生五千人，私塾多少，雖未知其詳，大約在九百間左右，學生約萬五千人。以全縣九十餘萬人計，兒童佔二成，除入學者四萬人左右外，失學者均在十五萬以上。

（十四）農林前途之觀察

中山地廣人稠，民智而勤，已無荒廢之地，故對於農業似無可議之弱點，惟山嶺則荒廢尙多，觀其土質，雖屬粗砂土，而巖石絕少，且其傾斜角度，除五桂大山外，皆約在三四十度以下，凡茶樹菠蘿藍靛等植物，皆可種植，猶以松樹雜草爲最宜。查屬內物產豐富，各種日用品，多能自給，但一三九區之柴炭多仰給於外，是以柴價常較他處稍貴，若能遍植松樹，則庶可以補救。至於道路已有規模，稍爲擴張，則可以行駛汽車，交通便利矣。

（出自《广东农业概况调查报告书续编》上卷，一九二九年）

南海縣農業調查報告民國十六年

卓正豐調查

(一)位置

南海縣居省會首區，位於北緯二十三度零七分一十三秒，經度距京師中線偏西三度一十二分二十四秒，縱一百五十餘里，橫一百一十餘里。東界番禺，南界順德新會，西南界鶴山高明，西北界三水，北界花縣。全縣分爲七司十區，區之下又分爲六十四堡，分述如下：

九江司在省城西南一百零一里，分爲四堡：曰大同堡，曰沙頭堡，曰河清堡，曰鎮涌堡，此第一區地也。

金利司在省城西北二十八里，分爲八堡：曰恩州堡，曰草塲堡，曰黃岡堡，曰豐岡堡，曰麻奢堡，曰上白石堡，曰下白石堡，曰桃子堡，此第二區地也。

三江司在省城西南六十五里，分爲五堡：曰大欖堡，曰金紫堡，曰駱村堡，曰山南堡，曰沙完堡，此第三區地也。

五斗司在省城西南四十里，分爲十堡：曰平洲堡，曰深村堡，曰佛山堡，曰疊滘堡，曰夏敎堡，曰林岳堡，曰季華堡，曰蠕岡堡，曰容洲堡，曰魁岡堡，此第四區地也。

黃鼎司在省城之西六十五里，分爲十五堡：曰豐寧堡，曰興賢堡，曰西隆堡，曰沙堤堡，曰上豐華堡，曰下豐華堡，曰大圃堡，曰登俊堡，曰上園堡，此第五區地也；曰緣潭堡，曰大富堡 曰大江堡，曰張槎堡，曰土爐堡，此第六區地也。

江浦司在省城西南一百里，分爲十四堡：曰登雲堡，曰簡村堡，曰伏隆堡，曰丹桂堡，曰磻溪堡，曰百滘堡，曰上金歐堡，曰雲津堡，此第七區地也。曰先登堡，曰海舟堡，曰下金歐堡，曰吉利堡，曰鼇頭堡，曰龍津堡，此上第八區地也。

神安司在省城西南二十五里，分爲八堡：曰泌冲堡，曰梯雲堡，曰扶南堡，曰鹽步堡，曰大歷堡，曰平地堡，曰黄竹岐堡，曰大通堡，此第九區地也，第十區則省城西關一帶屬之。

(二)地勢

全邑爲南北長形，北高而南低，北部多山，南部平原。以全縣面積平均計之，山嶺約佔十份之二，如第二區之南部，第五區之北部，山嶺相連，蔓延數里，餘則第八區之西樵山，第二區之老虎山象山，第九區之展旗山，其著名者，此外並有少數無名小山。

(三)氣候

南海居省會首區，氣候畧同廣州市。春夏間多南風，秋冬間多北風，最低温在大寒後立春前，約華氏卅六至三十八度，最高溫度在立秋處暑間，約在華氏九十七八度。

(四)耕地狀況

土質　大概分爲二種：廣三鐵路以南之地多冲積土，土色灰褐，概屬砂壤，表土畧深，含肥較多；廣三鐵路以北多冲積土，土色淺黃，似屬粘壤，表土僅四五寸，含肥亦少。

水利交通　水利亦以廣三鐵路以南爲便，以北較艱。查西北江自三水縣以入南海地者，分而爲二：一向南流，經

第七八區中部而入順德縣，一經五區中部入第六區，又分爲之二（一）向四區與八區之間而入順德，（二）向六區入佛山而出白鵝潭，此皆可通大輪之水也。其餘可通小輪之水，縱橫交錯，不勝枚舉，交通之便可謂極矣。至於旱災，數十年來，未曾一見，洪水之患，亦甚稀少，間有西水高漲，淹浸農田，但不甚急激，屋宇不致崩頹，且近年士人高築基圍更不致有大害也。若鐵路以北則否，其地爲高曠而水源少，下復堵塞而宣洩難，是以多雨之時，則成澤國，少雨又患旱災，其可行駛大輪之水　祗來自三水上江，沿其邊界，經花縣番禺而入白鵝潭之一道，其交通固不若南部，而水利尤爲遜色也。

（五）耕作情形

南邑自廣三鐵路以南，除第四區地多種水稻瓜菜外，餘一七八區盡是桑田，即五六區之南部，亦多種桑，鐵路以北第九區，則以種水稻瓜菜羌芋者爲多，至第五六區以北及第二三區除山崗，多種薯芋花生等物外，其餘亦均爲水田也。

（六）農民經濟狀況

南海農民經濟頗爲充裕，其第一八區除種桑養蠶繅絲織綢而外，九江多養魚苗，每年收入在二百萬元以上，第七區婦人女子多織帽及竹器等物，每年收入，亦在二十萬元以上，第二三五六等區除耕種外雖少工作，而冬耕之芋豆蔗糖等收入，亦可以小補，至如第四區之佛山，平洲，石灣，瀾石等處，除種水稻外，多種瓜菜等物，順德一縣，多賴其供給，每年收入亦在數十萬元之譜，且石灣多缸瓦窰，三尺小童，亦能各執一業，第九區之鹽步，大瀝橫江等處，種禾稻瓜菜者固多，而婦孺又多以炮竹爲業，是以南海農民，幾無游閒者，經濟充裕，可想而知。或以全縣按押有一百二十餘間，料其農民經濟，或且困難，不知按押是金融轉換機關，又可爲農民貯蓄之所，不能以按押之多而定其農民經濟之不裕也。

田地租價　南邑地價，以第八區桑田價爲最高，肥沃者每畝值二百元至三百元，年租廿元至卅元不等；一四六七九等區，上等田値百元至二百元，年租十元至廿元；二三五等區上等田至多不過百五六十元，年租五六元至十一二元，而山崗粗砂之旱地，每畝僅十數元而已，租則數角至一元左右也。

長短工價　南海農民少有僱長工者，短工忙時八角至一元三四毫不等，平常亦須五六角，女工忙時五角至八角，平常亦須四五角。膳食僱客自理，該地男女工皆不易僱，普通所僱者，多數是外方之人。

大宗產品價如下表

品名	產地	量產	價值(担計)
蔗糖	第三區華平 第五區隔涌	五百担 八百担	十五元
西瓜	第五區畔坑 第九區石碣	千餘担 五百担	五元
羌	第二四五六九區	約五六千担	時價
芋	同上	約六七千担	時價
葛	同上	三千餘担	時價
番薯	第二三五區	四五千担	時價

花生豆	同上	千餘担	無定
香瓜	第九區石碣	百餘担	二元
牛腿瓜	同上	五百担	三元
仁面子	第八區吉利	七百担	六元
芒菓	第五區心頭墪	樹百餘株	無定
竹器	第七區黃鼎		共約廿萬元

（七）農村教育狀況

南邑農村教育，甚爲幼稚，農民學校，有前第九區農會所設之農民學校三四間，自清黨以後，已無形消滅。現在祇有工讀學校一間，校名曰杏農，係南洋烟公司簡照南之妻所設者，學生約二百人。至縣立私立學校，中學祇一間，約二百人；師範一間，一百六十餘人；高小四間，國民學校二十二間，共約二千六百人；私塾六百餘間，每塾平均以二十人計算，共約一萬二千人，合公私學校計之，學生約一萬五千人。以全邑一百五十餘萬人計算，兒童約佔二成，則學童應有卅餘萬人，除萬五千人外，則失學兒童亦在卅萬以上。現第一區九江市由各埠華僑捐得學欵十餘萬元，將其利息新設學校二十間，但學生亦寥寥無幾，以南海素稱富庶之區，失學兒童竟至如是之衆，實出人意料之外也。

（八）作物

（一）水稻　南海水田約佔耕地十份之五，全年產額，約可供四五個月粮食，餘則仰給洋米。耕作分爲早晚二造，其品種屬於早造者，有黃穀白粘小糯花殼等，屬於晚造者，有白殼白粘大糯黃粘等。

選種種移播植時期　選種早晚造同，先用風選，次用水選。水選之法，用竹籮載穀，浸於水中，以手攪之，去其輕浮者，留其重而沉者爲種，浸一二日後，起置家中一夜，攪鬆，再浸一日，視根已出，卽撒播於秧田，俟其生長約一尺高，卽行移植。若是西水常浸之田，則點穀種於旱田中，每科距離一寸，至秧苗高及一尺以上，乃拔插於西水常浸之田，早造淸明前後播種，晚造立秋前後浸種。

管理及收穫　插秧後約二十日，秧苗漸次生長，於是先排水施肥，（若用化學肥，每畝約十斤至廿斤，和水撒於田中，若用石灰爲肥，則撒灰粉約三十斤。）然後耘耨，田堅硬者，用似耙形之小鐵器以除草，田鬆軟者，用小竹扶手，以足攪土，一二日後，方再灌水，早造小暑前後收穫，晚造立冬後收穫，每畝收量上等田五担左右，中等田三担左右，但晚造比早造必多穫担餘云。

（2）蔗糖　獨三區五區少有種植，三區多竹蔗，五區多腊蔗。其種法亦與普通法同。將上年所刈之蔗尾，在立春前後，去其一二節之蔗殼，以數十條札成一束，浸於池或坑水中，一二日後，卽斜插於地（斜約十二三度角。）。當未插之前，先犂耙其地，起濶約尺餘，高四五寸之畦，乃插於畦中。竹蔗則畦矮而狹，間種豆類或瓜菜等植物，瓜菜收穫後，卽行施肥培土，若腊蔗則常貯水於溝中，而竹蔗則否也。

（3）薑　雨水節前後種於闊約二尺高一尺之畦中，每株距離約二尺，間種節瓜苦瓜豆角等植物於畦邊，並種芋，每株距離二尺，在夏至以前。每月概施肥一二次，普通以人糞尿猪屎浸至醱酵施之。惟第九區橫江地方所種之薑，則在立春前後，另施以角水三十斤（角水卽牛角所浸之水每担約須銀十元云，）其薑之纖維必少，故橫江老薑出市，每担價値比之別處必高一元以上，惟該地所產無多，每年僅數百担耳。薑忌連栽，必隔三年以上，始可復種云。

（4）冬瓜節瓜苦瓜　冬瓜分爲早晚二造，自立春至夏至所種者，瓜早造，夏至以後所種者，瓜晚造，種法先養成高約二三寸之瓜秧而後移植，或直點播於薑芋畦之間，每穴落瓜仁二三粒。嗣其生長高至二三寸，卽拔其衰弱而留其苗壯者一條爲種，後插細竹於旁，名曰引，其上札以疏竹 名之曰棚，其瓜苗生長，必從引而上於竹棚之上，若欲瓜大至數十斤，則剪去瓜苗之枝幹，留其正幹，則瓜獨一個必易長大，否則瓜雖多但僅數斤云。

肥料 則以猪糞爲多，間亦有用花生麩或化學肥和水施之者，每株瓜苗約用肥料銀一角左右，若不種冬瓜而種節瓜苦瓜，則種於薑畦之兩旁，亦插竹爲引，成人字形，肥料與冬瓜同。冬瓜之最佳者，以第九區橫江墟所出者爲最有名，因該處冬瓜堅實而空心少，且瓜仁亦少。然同是瓜地，同是瓜種，而其中別有瓜仁堅實，可充下造種用者，惟其識別方法，則土人秘而不傳云。

（5）西瓜 分爲青皮白皮二種：白皮者瓜身畧長，青皮者瓜形畧短，宜種於砂質土。其栽種法係於春分前後點播於二三寸高之畦中，每穴用瓜仁二三粒，穴間距離約三尺，行間距五尺，至生長二三寸，則擇留壯健者一株，每月施淡肥一二次，大暑前後收穫，上等收成每畝可得十餘担云。

（6）牛腿瓜 因其形似牛腿故名，瓜皮青色，瓜肉則有青白二種，其味則一也。其種法時期與西瓜同，惟收量則畧遜於西瓜。

（7）香瓜 有白皮，有青皮，並有黃皮種，亦有青白相間者，瓜形畧圓，每個重約二三兩，不甚可口，祇可供解渴而已。種法與西瓜同，或種於薑芋畦間，距離縱橫約一尺左右。收穫期在夏至前後，每畝收量多則四五担，少則二三担云。

（九）菓樹

南海菓樹甚稀，荔枝龍眼，各區僅有少數，均栽於屋旁，或坑圳間，其種植有規則者，則未曾見，大約全縣有千株左右云。

第七區有芒菓樹百餘株，亦不整理，惟第八區吉利村旁壆坑圳等處，種有銀蓮百餘株，每年收入五六千元，其生長亦任其自然，是爲南海之特產。其種法將實生苗（名瓜漏核，）高至一二尺時，移植於基圳上，護以竹木，防風吹倒，初則閒淋以水，至生新根發新蕊後，卽不復管理矣。自種植至結果收穫，約須十年，大概立夏前後開花，冬至前後收穫。

（十）畜牧

（1）牛　南邑之分爲二種：（一）役用，（二）乳用，而乳用者獨第四區三山地養有二百餘頭，每牛每日飼費約一毫五仙，多乳者每頭每日可搾乳十一二斤，少者四五斤。銷路以廣州市爲多，每斤價銀約二毛左右。飼料夏天則以草爲多，冬月則兼用米糠，畜舍則以竹木搭成房子。役用牛舍與乳用同，亦有用屋內房或廳充之者，飼料則專用草。全縣水牛約五千頭左右，黃牛約三四百頭耳。

（2）猪　南邑農民少有養猪者，惟釀酒及米店，則屢有養一二百頭者，普通飼料，則用米糠野草水浮萃之類，每猪每日飼費約一毫左右。猪舍則以竹木爲之，每舍猪十頭，名曰一份，猪仔則二三十頭不等，全縣猪大約達三萬頭以上，銷路則以廣州市爲多。

（3）鴨　分爲稚鴨老鴨二種：稚鴨卽本年春月所生之鴨仔，養至冬月售賣者，稚鴨最大群之數約千餘，普通管理以竹籬圍於水陸各半，而兼有樹陰之地，任其上陸下水自如，早晚飼以水草（俗名鴨菜）和硬米飯，至其大已及斤，則飼以米糠和粥，並間飼以穀，若水稻收穫已竣，則用長竹杆驅至已經收穫之田，任其自由取食。老鴨管理飼料悉仝稚鴨，惟必另有禽舍在于屋內，卽以間房或廳爲之。最鏠之種，每年產蛋二百餘個。最大群者，多則百餘個，少則數十個。

（4）鵝　最大群者六七十個，飼料爲米糠菜葉等，至大及三斤左右，則用竹杆驅至草地，任其自由採食，早晚仍飼以穀糠等。鵝舍則以房間爲之，最良之種，每鵝年產蛋可四五十枚。

（十一）蠶桑

（1）蠶種與蠶造　蠶分爲大造輪月二種，大造年養一造或二造，輪月種年養四造或五造，普通共養六造，若養至第七造者，則名曰寒造。

（2）桑　南海桑地約佔全縣耕地三份之一，縱橫面積約十五里有奇，魚塘屋宇道路約佔五成，桑基約達四千頃以上。按民國十一年農林試驗場蠶業調查報告，南海桑地共二千九百餘頃，似不甚相符，惟十一年至今相距六年，種植不無改變。而該報告書又謂石灣瀾石平洲農家，專以養蠶爲企業之經營，而現在石灣瀾石養蠶者雖多，而種瓜菜者亦不少。至平洲一處業蠶者，則幾等於零，該報告書謂平洲繭市三間，現祗得一間，其改變耕作情形可知矣。

（3）桑苗栽成法　欲栽桑苗，必先栽桑椹。法將舊桑不刈枝至三年之久，必有桑椹，在立春前後，摘椹之黃黑者，以竹籮載之，數日之後，椹肉必腐爛，以足踏之，使椹肉與仁分離，用水洗去其肉而取其仁，以草木灰攪勻，使其吸去仁外之水，則可撒播於地，上蓋以粉碎之土，並敷草於上，以防鳥類啄食。至芽苗高已二三寸，則施以淡肥，約一年之久，苗高可達尺許，則可移植矣。桑苗每株距離六七寸，行間約一尺，每年施肥料二三次至五六次不等，肥料充足者每年每畝可摘桑二十至卅担左右。

（4）蠶絲產額　絲之產額雖無確實數目，但按第一區絲廠十所，第八區絲廠十三所推之，平均每所四百人，合共在廠繅絲者，九千六百人，每六百人每日可出絲一担，每年二百七日計算，則每年可出洋裝絲四千三百二十担，其餘專用人力繅絲者，亦約數百担云。

(5)蠶病　蠶在第三造以前，以軟化病水皇病爲多，三造以後以蠅病爲最：(甲)軟化病在四眠後不復食葉，死於窩底，蠶身軟化，無防除法。(乙)水皇病因雨水過多所致，亦不食葉，痾水而死，預防法不給濕葉，用乾燥之蠶室，則可減少其害。(丙)蠅病在三造以後，因青色之蠅，放種於蠶身，則蠶身必成黑點，不久卽死，預防法以網蓋蠶窩，免致蠅近蠶身，則可免其害云。

(6)桑葉害虫　分爲二種：(一)毛虫，(二)青虫，又名探枝虫。毛虫遍身生毛，分爲紅毛黃毛白毛三種，不食桑葉，惟摘桑者觸之，則手必腫痛；反之，青虫則專食桑葉，而夏至以後爲最多。防除法，則驅鴨入桑地，用竹杆攪桑樹，使虫落地，而鴨食之，此獨一無二之便法云。

(十二)特產品

南海大宗特產品，除蠶絲外，以魚苗爲大宗，九江魚苗每年收入在二百萬元以上。玆述其撈魚選魚之法，魚苗種產於西江，取之者上自封州水口，下至羅旁水口，凡八十里，其水微煖，爲魚種所聚，凡取魚苗者，知某方有雨，某江之水長，則某種魚至。查南寧爲左江，其水多土鯪，柳州爲右江，其水多鱅鰱，北爲桂江，其水多鯇魚，此四種爲正家魚，養於池塘容易生長，故務取之，盛以白磁盆，魚大如針，卽能辨其爲某魚。蓋其浮而在盤上者鰱也，在中者鱅也，在下者鯇也，最下者鯪也，分養池中，水淺而向陽者，則易生長云。

(十三)農林前途之觀察

南海地多平原，已無壙土，惟山嶺尚多荒廢，如第二三區之山，雖間有松樹，而不毛者尚居一半有奇。其山土雖瘠瘦，但種松無不宜，以近來柴價之高昂，農民應急起種植之，以圖小補也。

(出自《广东农业概况调查报告书续编》上卷，一九二九年)

南海縣農村現況調查報告

一 敦厚鄉

一 一般概況

敦厚鄉在南海縣中心佛山近郊北方一公里，爲出產稻米蔬菜之鄉。戶數六五〇，人口一、八八〇，戶數照職業區別之則爲：

農業　五二〇戶

商業　七二戶

勞工　五八戶

全村悉爲平地，除宅地荒地及小部分草地之外，全爲耕作地，總面積二、二一六畝，平均每戶農家耕作面積爲四・二五畝。

沿革

本村相傳於宋末有關、李、何三姓避亂來此開村，現存之陳譚謝張孫全各姓之祖先則稍遲，由南雄來住。

宗族制

居本村以上述六姓爲主，各姓戶數如下：

陳姓　三七〇戶　謝姓　九四戶　譚姓　八五戶

張姓　二〇戶　孫姓　一三戶　其他　六六戶

各宗族間漠不相關，宗族內幾無互相扶助精神。各族中無族長，由各房推出「議員」或「參議」一人，遇有事即隨時集議。鄉長亦由全村之參議投票選舉。各族間或同一族中並無藉姻戚或經濟關係取得支配關係者。本村普通第二世代各房都有祠堂，惟一部分貧窮者則無。亦有僅有較祠堂爲小之「書房」者。宗族全體之祠堂，有陳姓、譚姓、謝姓各一，惟譚姓祠堂已半圮，從前清明冬至及各祖先之忌日皆有祭祀，事變後經濟困難，已不復舉行，故藉祭祀聯絡同族之義亦漸失。

承繼制度

本村無大家族，兄弟承繼財產後即分家。間亦有擁有廣厦，同屋而居者，亦不過二三而已。承繼大都於父死時行之。然亦有父在時先分財產，父自留一份以終餘年者。財產男子兄弟皆有份，長男或長孫得倍額。特別富裕之家別分出一份分配於女兒，稱爲「花枝」。耕地狹小者概歸長子，而另由長子將其兄弟應得之份以現款分給。家長權威不大，成年兒子工作所得即各自收用。

稅賦

地稅每畝軍票八十錢，向縣政府繳納，繳納總額約達一千六百元。事變前之地稅爲大洋三角。現在除地稅之外，各種雜捐殆無。又水圍費每畝一期六斤，乃充本村修繕基圍之用者。

農耕以外之產業

本村全爲農耕地，故副業只有養魚與牧畜。

一、魚業　本村魚塘三十二個(二十畝)各由塘主向九江買魚苗飼養，飼料以草及人糞。魚種有鯪魚、鯇魚、大頭魚、蘇魚四種，每畝生產約八九十元，運銷佛山。

一、牧畜　牛爲耕作用，全村有水牛約四十頭。販賣用者爲：

豬　六〇口

雞　三、五〇〇隻

鴨　三〇〇隻

村中無家庭工業，女子赴佛山當織工者十數人，男子之赴佛山當苦力或店員者約四十名，其他勞動人口大半失業。

農業概況

自然條件及水利狀況

本村之土地平坦，由佛山河引川入村，雨量多時輒受水浸，惟全體耕地灌溉頗便，未見旱害，土壤爲粘質砂土，特宜於栽桑。

農業經營

一、土地利用狀況

水田(兩造田)	一、九九六畝	旱田	二〇〇畝
桑田	二〇畝	草地	一五畝
荒地	一五畝	共	二、二四六畝

二、耕地利用狀況

水稻	三、九九二畝	桑	二〇畝
蔬菜	三六〇畝		
白菜	二四〇畝	芥藍	二五畝
菜心	二〇畝	芋頭	二〇畝
生菜	一〇畝	蕃薯	一五畝
其他	二五畝		

三、聯耕法　本村水田全皆由三月至六月種早稻，七月至十月種晚稻，其他時間休閑，只有極少數冬耕種白菜或芥菜，旱田之利用如下：

(甲)白菜(九月——三月)……芋頭、(四月——六月)……(七月——三月)……大豆(四月——八月)

(乙)白菓(十一月——三月)……芋薹(四月——六月)……葱(七月——十月)

四、農業經營規模　本村農家耕地平均每戶僅四・二五畝，其特殊經營者則有「合生園」，由村人五人合股，將自己之地及批得之太公田地，僱人耕種，經營面積約一百畝。其他爲各個農家各自耕作，其規模爲：

五畝以下	四四七戶	八六・〇%
十畝以下	五〇戶	九・六%
二十畝以下	一六戶	三・一%
三十畝以下	七戶	一・三%

據村民所云則本村六口之家至少須有六畝地，故本村農家之九成只獲得最低水準以下之耕地而已。

五、農業工人　本村從事農業工人之長工不過約十人。插秧及收割之農忙期僱用短工之農家，多爲經營八畝以上者，而此種農家之數不足三十。被僱短工爲本村或鄰村之貧農及月僱農。其他農家當農忙期人手不夠時，則召回出外謀生之家屬，租用耕牛以補充之。農業工人之工資如下：

長工　男　（上）五〇〇元　（中）三〇〇元　（下）二〇〇元

短工	農閑期	農忙期
男	四・〇〇元	八・〇〇元
給火食	二・〇〇元	五・〇〇元
女	三・〇〇元	六・〇〇元
給火食	一・〇〇元	三・〇〇元

長工供給住食，工資每月支付。長短工之工資皆付現款。

六、役畜　除水牛四十頭之外，只有牛仔五頭。平均每戶農家僅得〇・〇八頭而已。役用期間約三個月，用以耕犂及耙地，其能力為耕犂每日一畝半，耙地二畝半。役用中及冬季雖亦飼以番薯（日量五斤）糠（日量八斤），其他期間則飼以青草及禾稈。每頭價值，上等一千五百元，中等一千元，下等八百元。由鄰村或佛山購入。惟農民幾已全無從新購買之能力。需用時或向親戚借用，或向農家連人夫一起租用，牛租連人工伙食每日六元。

七、農具

	村內全數	價格
耕耙具		
犂	四〇	〇・五
鋤	五〇〇	一
釘鈀	四、〇〇〇	二
耙	四〇〇	五〇
灌漑具		
水車（手車）	二五〇	六〇
仝（脚車）	五〇	三〇〇
射桶	一三〇	二〇
水桶	一三〇	二〇
水殼	四〇〇	一〇
屎斗	四〇〇	二
除草具		
釘鈀（與耕耙具同）		
釗	五〇〇	一五
剷	五〇	二〇
草堆	四〇〇	四
收刈具		
鐮刀	五〇〇	〇・六
禾桶	四〇〇	三〇
禾梯	四〇〇	一〇
竹圍	四〇〇	一五
簺	五〇〇	二
軟圍	四〇〇	一五
風車	一三〇	一二〇
竹箒	八〇	二
搬運具		
禾擔	八〇〇	四
籮	八〇〇	一
禾落	一、〇〇〇	三

八、施肥調查

肥料種別	施用作物	每畝用量	價格
人糞	水稻（基肥）	七〇〇斤	一擔 七元
	蔬菜（基肥）	七〇〇斤	
人尿	蔬菜（追肥）	四、五〇〇斤	一擔 七元
花生麩	水稻（基肥）	一一〇斤	一百斤八八元
	水稻（追肥）	二五斤	
硫安	蔬菜（追肥）	二五斤	一斤二·五元
石灰	水稻（追肥）	一〇〇斤	一斤 二元

九、農業災害　村民之記憶僅能上溯過去十二三年之事，其中收成減半之災例，大約每三年必見一次。

民國十九年五月	稻	七成歉（病害）
二十五年七月	稻、蔬菜	六成歉（水害）
二十六年七月	同	（風災）
二十九年六月	稻	五成歉（蟲災）

據村民所言，旱造水稻年年冒水，故收成多少總有，惟晚造後因浸水之故，多耕實不可能。

流通

一、農產運銷狀況　農產品之銷售者爲米與蔬菜。以生產量三分之二銷售佛山，然後再購回同量之米及番薯。事實上農家之七成購米而食，貧者則混食番薯。買米及薯之現款則得自賣菜之價錢及工錢。

銷售品	生產量	銷售量	銷售地
米	四二〇·〇〇〇斤	二八〇·〇〇〇斤	佛山
蔬菜	一二〇·〇〇〇元	一一五·〇〇〇元	同

二、農村金融　村內全無金融機關，間雖有向親友間作暫時借貸，惟村民一般皆怕作通融，尤以最近舊幣價值變動甚大，故通融者全無。從前利息普通每月二分至四分。

三、土地價格

	水田			旱田		
	上	中	下	上	中	下
民國二十年	一五〇元	一〇〇元	六〇元	二〇〇元	一五〇元	八〇元
二十六年	三〇〇元	二〇〇元	一五〇元	二〇〇元	一五〇元	一〇〇元
三十年	六〇〇元	四〇〇元	三〇〇元	二〇〇元	一五〇元	一〇〇元

（註）民國二十年二十六年爲小洋價，三十年爲大洋價

旱田比水田之土地價格，幾無變動，且若一考慮舊幣價值低跌時，旱田價反見低跌。蓋因菜價比米價低，且生產不一定之故。

土地所有及慣例

一、土地所有狀況　本村之地主擁有土地之規模如下。因經營之規模已極其零碎　故土地擁有情形亦極零碎。

五畝以下	二六〇戶	八六・五%
十畝以下	二四戶	七・六%
二十畝以下	一五戶	四・八%
三十畝以下	七戶	二・二%
五十畝以下	四戶	一・三%
百畝以下	二戶	〇・六%
共	三一二戶	

由此可知，無土地之戶數占總戶數之過半，達三三八戶。農家戶口中之純佃農至少有二〇八戶，四〇%。

又當買賣土地時，先求村內同族者購買，同族中無買者時賣與村中之外姓，幾無賣與村外者，現外村地主不過三人耳。

二、私有以外之土地　私有以外之土地，有廟田、太公田，總面積爲三二〇畝，約爲全耕地面積之一四・四%。

廟田屬天后廟，其收租額約二千元。由鄉長掌管。充作鄉公所經費，修路費，聯防隊經費，愛路青年團經費等公共費。

太公田爲陳姓者二百畝，謝姓及譚姓者各五十畝，收租額共達三千元。由各該姓參議會掌管，用途爲祭祀費及稱爲「施謝」之族中貧困者救濟費，又有稱爲「壽金」之贈給長者費，惟事變後，其大部份已被分派與各戶。故祭祀因經費無着，幾已不行。以前祭祀費，除太公田收入之外尚有當賣出蔬菜鷄鴨等時所抽之水，又陳姓所有之佛山站前之共有宅地地租亦皆充祭祀費用，現在此種收入已全失去。

三、批耕　私有地之批耕契約，口頭約者八成，立字契者二成。口頭約只限於一年爲期或地主對佃農有特別信心者，佃租皆有定額，其租額如下：

	佃租	收獲量
上田	穀四〇〇斤	八〇〇斤
中田	二四〇斤	五〇〇斤
下田	一〇〇斤	三〇〇斤

佃租原則雖爲納穀，亦可折算時價納現款。其比例爲各半。

廟田及太公田用投耕制，每年十一月冬至前開投，凡村民皆可投承不問是否同族。佃租爲現款，於立批約時繳交。

水稻耕種情形

水稻品種之特徵　本村所種水稻品種及種植面積比率如下

	穀種	耕種面積	每畝收量	米質優劣
一造種	安南（早）	六五%	三〇〇—四〇〇斤	稍良
	花羅占（中）	一八%		良
	大署（晚）	一〇%		稍良
	銀占（早）	七%		良
二造種	齊眉（早）	七四%	四〇〇—五〇〇斤	良
	黃穀（中）	一二%		不良
	大糯（晚）	一二%		良
	安南（早）	四%		稍良

耐旱耐病性以「花羅占」爲强，「黃穀」爲弱，其餘皆適中，惟「齊眉」不耐風，「安南」則耐風力。

播種　播種時期，第一造爲二月下旬(春分前後)，第二造爲六月(大暑前後)通常用秧田法，秧田濶約一丈，爲本田面積十分之一左右，每畝播種量第一造八斤，因天寒有腐敗之虞，故比二造多播。養秧期間至少三十日。第二造播種量六斤。養秧期間二十至三十日。

秧田之耕犂及耙地，以一個人一頭牛每畝須半日，施肥一個人要一日，灌溉之勞力視天雨有無而不一定。又因防鳥害，播種後，秧長一寸許時起至成秧時止，須使兒童守鳥。穀種皆自家採種，以簸箕風選後，置瓶中或罈中藏於乾燥之地。

施肥　秧田之肥料，每畝人糞四擔，花生麩一百斤，於耙撈時同時用作追肥，用一個人工作三小時。本田基肥用花生麩六十斤於耙撈時施放，並施用隔年塘坭。追肥用石灰一百二十斤，於耘草之前施用。硫安三十斤於耘草之後施用。惟石灰只用於第二造。

本田之耕犂耙撈　耕犂，第一造於第二造穀收穫後(十一月)即行之，第二造則於第一造收穫後如無浸水即行之。用人一牛一，每畝需時一日。耙撈，第一造在二月，如無水則待水至。第二造於耕犂之後續行之，，用人一牛一，需時早造一日半，晚造一日。

灌溉　耙撈之前一次，用水車灌溉，所需勞力視土地高低而異，通常用手車者，一人一日約得二寸水，足車則二三人約得四寸水。

插秧　插秧期爲三月及七月，任意栽插，每科約數十株秧，科間距離，早造八寸，(每畝八千科)二造一尺(七千科)拔苗與插秧皆一人爲之，每畝一人需時一日半。

耘畬　插秧後約一個月着手耘草，耘草次數一至二次，一人需時二日。

出穗開花　早造於插秧後約六十日(五月下旬)二造七十日(九月下旬)出穗。各品種幾同時出。早生種與晚生種之間所差不過十日左右。

收穫　早造插秧後經一百至一百二十日(六月)晚造經一百二十至一百三十日(十月)即收穫。每次一人需時三日。

收量　取「安南」，「齊眉」，「大糯」，「黃穀」各五科調查結果如下：

穀種	穗數	無效穗	穀粒數	不稔粒數	糙米量	每畝收量(估計)
安南	六九	三	三、一五五	九三七		
齊眉	一〇九	一三	五、六四五	一、八九四		
大糯	八三	—	五、六四一	六五九		
黃穀	一〇八	五	四、九九八	一、七三〇		

輾舂　輾穀及舂米，託佛山之米機商爲之，每百斤穀付費用四元。

病蟲害　自浸秧至開花期皆有白蟣蟲，長約八分，狀似蠶，嚙入莖中使禾枯死。於浸秧時取烟骨晒乾錘碎撒播於背水後之秧田，則二三日即全部落水面死。若發生於本田者，因面積廣大，幾不行驅除法。又第二造育秧期中，有烏頭蟲，嚙秧使斷，其他插秧期有蝗害，成熟期有雀害。

主要栽種物

白菜 播種時期由五月至一月，每畝可植一萬株，追肥五日一次，每畝施肥量：尿五千斤，硫安五十斤，二個月收穫，七月至三月，每畝收五千斤。易受短蓑蟲，運護蟲，黑頭蟲，狗虱蟲之害。

生菜 四月至翌年一月種植，六月至三月收穫，每畝施肥爲尿三千斤，硫安三十斤，收穫量二千五百斤，僅有鳥害。

芋頭 一月至二月種植，每畝三四千株，用草灰與尿混合約一千斤作基肥，再用人糞尿二千五百斤追肥。六月至七月間收穫，水田可收四千斤，旱田收二千斤。

結論

敦厚鄉地近佛山，對於運銷農產品及購買肥料均甚方便，然仍極端窮困，軍隊之駐屯使耕地減少雖亦一因，而最要者則爲最近物價之漲勢傷農，而肥料缺乏亦使米穀減收。村民大部份無力購買化學肥料，卽人糞尿亦困難，似應設法使人糞尿廉價配給，且獎勵利用佛山附近駐軍所出之馬糞。而最根本者厥爲解決水利問題，可使全年米穀增收二三成。

二　河清鄉

一　般概況

河清鄉位於南海縣西南端，由養蠶中心地之九江沿西江西行約十公里。全鄉悉爲桑田與荒地。其間池塘星佈。與鶴山縣隔西江對峙，事變前戶口約二千戶，現多已流散，僅餘三八八戶，人口八五三人，耕地大半荒廢，現開耕之地只有二七五畝，每戶平均約得〇．七畝而已。以前全村以養蠶爲業，惟現住村民多屬老弱婦孺，故無一定職業，僅種番薯以充食糧，及以破屋木料作柴出售以維生活，或由出外謀生之家族滙欵營生，生活甚屬困苦。

沿革 本村亦開自南宋末年，由潘姓自南雄遷來開村。

宗族制 總戶口三八八戶中，九成（三五〇戶）姓潘，其他何、陳、黎等姓不過三八戶。無族長，以前有事由保長會議決定，現此機關已不存在。僅由曾住日本之潘某爲治安維持會長。各宗族之結合關係，因貧困影響，以宗族爲中心之活動殆已全無，僅藉祠堂祭祀以結合近親支族而已。祭祀爲清明，燒衣（七月）冬至，一年三祭，現已不舉行。

承繼制度 財產兄弟均分，長子亦不多取。父若健存，兒子雖婚亦行共同生活，惟居處則分開。且習慣爲由長子起順次結婚另居。房屋則留作兄弟或族中共有物，讓末子居住。兄弟分居而屆食，故家長權威較大，一家之收入由家長支配。

賦稅 以前地稅每畝三十元，現則任何賦稅皆無。

農耕以外之生產 本村現狀已極荒廢，有否可視爲正常生產尚屬疑問。惟事變前則以養蠶養魚爲生，兼種蔬菜。

一、養魚　村內魚塘約一千個，村內戶口之六成從事養魚。魚塘及旱田之七成爲租佃，故多爲開投承辦性質。每年由九江買魚苗放養，以青草及人糞作飼料，約一年後，魚大至三斤左右則售之。魚種爲鯇魚、大頭魚、扁魚、鯪魚，由各方魚行商人來村購買，亦有雇人運往九江市場發賣者。漁具僅有網及水車。大抵五六戶共有一組。捕魚時互相合作。以前每一個魚塘平均月收入九十元，全村共計收入九萬元。

二、家畜家禽　在事變前，有豬六十口，鷄二千五百隻，現則全無。

三、養蠶　事變前，桑園八千畝，現只六十畝。桑畦闊二尺，株間七寸，十年改栽一次，每年十一月後，只留近地一尺幹，餘悉刈去。每畝收量一年約六百斤。以前本村桑葉七八成供村中自用，餘則賣與鄰村。養蠶每年由二月至八月共六造。蠶種購自九江及龍山，（事變前蠶種每兩小洋一元五角。現在大洋一元）飼養品種爲大蠶、連蠶、仲海三種，大蠶每年一造二月——三月，連蠶、仲海每年五造，四月——八月。蠶繭運銷九江市場，其價格在事變前每百斤（小洋）上一二〇元，中一〇〇元，下八〇元，現在（大洋）上五〇〇元，中四八〇元，下四三元。至生產費列舉如下：

	事變前	現在
桑葉費（三千斤）	六〇（元）	二一〇（元）
勞力費（三人）	三	九
木炭費（百斤）	五	五〇
共	六八	二六九

生產狀況

事	變前	現在
桑園面積	八、〇〇〇畝	六〇畝
產桑量	四、八〇〇、〇〇〇斤	約三〇、〇〇〇斤
收繭量	一六〇、〇〇〇斤	一、〇〇〇斤
繭價	一六〇、〇〇〇元	四、八〇〇元
養蠶戶數	一六〇、〇〇〇戶	二〇戶
每戶收繭平均	一〇〇斤	五〇斤
每戶繭價	一〇〇元	二四〇元

四、出外營生　本村出外謀生者多從事漢藥業，中國內及南洋各地之主要漢藥業者，殆盡屬本村人。尤以廣州、佛山、香港之漢藥商人，多爲本村出身。廣州之陳李濟、潘務滋堂是其表表者。本村男子十四五歲卽求做漢藥業之職工或店員。現向此方面謀生者逾四百人。每月收入在二十元至三百元之譜，大半寄返家鄉，故本村之滙返款項年達約四八、〇〇〇元。

農業概況

自然條件及水利

本村爲面對西江之低濕地，河川縱橫，池塘星佈。灌溉皆賴之。西江每年五六月出水期，輒全村浸水。河岸雖築基堤，仍常潰決，堤外地有六千畝，除三千畝爲省政府借用以種蔗之外，皆未經利用。土壤全村六成爲粘土，宜於栽桑，其餘粘質砂土及純砂土各二成，宜於種花生及番薯。

農業經營

一、土地利用種類

	事變前	現在
旱田	約一、〇〇〇（畝）	二一五（畝）
桑園	約八、〇〇〇	六〇
草地 荒地	約三、〇〇〇	約一二、〇〇〇

又可利用爲魚塘之池塘面積約一、〇〇〇畝，現在亦荒置不用。

本村之耕地雖全爲水田，因上次世界大戰後，養蠶養魚有利，已全改爲桑園及魚塘。

二、耕地利用狀況

桑	六〇(畝)
蔗	一五
番薯	一六〇
芋頭	二〇〇
蔬菜	六〇

三、聯合耕種法　桑園之間作爲芋頭(二月——七月)及番薯，或蔬菜(八月——十一月)惟不過占全桑園之一成

四、農業經營規模

	事變前	現在
每戶平均	五・六畝	〇・七畝

五、佣工　事變前在養蠶期中，較大規模之養蠶家按季招請工人者固有，惟被雇者皆利用自己經營之餘暇，其純屬佣工者不過二十人而已。又利用農閑期從事手工紡紗，現在亦無。本村之餘剩勞動力，因凡屬青年，幾全數出外充當藥店員，村中殆無壯丁。本村佃農工資如下：

	事變前	現在
長工	男(連伙食)上一二〇元　中八〇元　下六〇元	(無伙食)二・五元
短工	男(連伙食)　〇・五元	(同)　二元
	女　〇・三元	

六、役畜　有水牛十七頭，用作耕犂桑田及耙地，能力每日可四畝，使役期間一個月半。飼料野草放牧。牛由九江或太平市買入，事變前每頭小洋一百元，現在大洋七百元。租用耕牛事變前一元，現在五元。

七、農具　事變前農具種類及件數、價格，現在農具大半損壞，無散失，養蠶具亦然，惟查問頗難。

	村內全數	事變前價格	現在價格
耕耙具			
犂	二〇	八元	一六元
鋤	一、六〇〇	〇・五元	一元
耙	二〇	八元	一六元
灌漑具			
脚車	四〇	一二元	四〇元
水殼	一、六〇〇	〇・二元	〇・四元
水桶	三、二〇〇	〇・七元	五元
除草具			
草鐮	一、六〇〇	〇・二元	一・二元
運搬具			
籮	三、二〇〇	〇・四元	二元

八、施肥調查

肥料種類	施用作物	每畝施用量	價格
人糞尿	桑(追肥)年六次	一二、〇〇〇斤（二次)二、〇〇〇斤	百斤四・八元
	蔬菜、番薯(追肥)	七、〇〇〇斤	
花生餅	桑、蔬菜、番薯(同)	一六〇斤	仝　六四元
硫安	同　上(同)	五〇斤	不詳

人糞尿除少數自給外皆向九江購買，硫安現全不用。

九、農業災害　本村之農業災害有水害及風害。村民以此爲荒地多之原因，對於過去災害事實無從調查。蓋因不種稻，而村民對農業又漠不關心。

流通

一、農產品銷售情形　蠶繭方面上文已述及，玆不贅說。

本村原爲白菜、蘿蔔、黃芽白之有名產地，多銷於九江古勞方面，現則與番薯同留爲自用，僅有少數運銷九江而已。

	生產量	運銷量	運銷地	價格
番薯	六〇、〇〇〇斤	二四、〇〇〇斤	九江	百斤六元
蔬菜	六〇、〇〇〇斤	三、〇〇〇斤	同	百斤 白菜八元 生菜八元 蘿蔔一五元 芥菜六元

米全無生產，須由九江購用，另有採冬桑葉售作漢藥，可算特產。

二、金融　個人間之借貸甚少，利息普通一月八釐至一分。

三、土地價格

	旱田 上	中	下
民國二十年（小洋）	一〇〇元	六〇元	三〇元
二十六年	一〇〇元	六〇元	三〇元
現在	無		

本村耕地之七成爲公有地，私有地不過三成而已。且以純農家從事耕種者甚少，對土地不愛重，故土地之買賣極少，即價錢亦廉於他處。

土地所有及慣例

一、土地所有之狀況　事變後，地主全部已與大部份村民逃避他去，故無從調查私有土地之規模，惟知本村無外村之地主，及最大地主何某之所有土地面積不過一百畝以下，因此亦可推想土地爲多數地主零碎地分割的。

二、私有以外之土地　祖嘗耕地既居七成，其面積當爲六千三百畝，收租額爲一八、九〇〇元。除一部充祭祀費用及貧人救濟費之外，餘款分派各戶。此外尚有武帝公廟及觀音廟之廟地五十畝，其收入充作修堤費祭祀費。祖嘗地及廟地皆由保長管理，現在統歸荒廢。

三、批耕　祖嘗地全採投耕制，每年冬耕前開投。私有地口頭批租及立批契者各半。佃租兩者皆納現款。事變前上田六元，中田三元，下田一元半。平均爲三元，頗見低廉，每年分二次上期繳交。批期普通十年。

主要作物耕種調查

番薯

品種爲白心種，五月間養苗，約一個月後於耕地作高畦移植。不用基肥，種後二十日許，施追肥人糞尿一千斤。澆水二三次，除草二三次兼行中耕，用鋤或用手淺掘，十一月收穫，每畝收量，上田三四百斤，中二百斤，下五六十斤，頗多鼠害。

白菜

栽培期由六月至十一月，鋤地碎土後整畦，移植，不用基肥，追肥用人糞尿一千斤，分七八次施用。晴天三四日澆水一次，至收穫爲止共澆約二十次。收穫期由七月至十二月，每畝收數六七百斤。

蘿蔔 用鋤深耕碎土後整畦，作一二直溝，行直播，期間自七月至十一月，肥料與白菜同，播種後澆水一次，除草二三次，收穫由九月至翌年一月。每畝收量七八百斤。

芋頭 二月播種、七月收穫、耕種過程與番薯略同，每畝收量二百斤。

結論

本村養蠶及出外謀生，受商品經濟之浸潤較早，以致農業方面幾無以自給，加以兵燹影響，全村經濟殆趨破產，村民已喪失其對土地之愛着心，欲其甦生殊不易易。彼等現惟藉番薯果腹，故荒廢之耕地有漸用以種植番薯之望。而講求水利以造成水田亦爲將來必須考慮之問題。

三 小塘鄉

一 一般概況

西江在三水與北江合流，至西南又分支流，一經官窰向廣州，一向順德方面三角洲地帶，分爲多數水路，本鄉即在其向順德之支流沿岸約八公里之地點，爲經佛山至廣州之要衝。尤以「三水柴薪集散地」著名，商業發達，耕地不過總土地面積之三成而已。事變前戶口九六一戶，人口三千、八六二人，事變後治安良好，故歸鄉者及其他地方來往者日衆，約增加三百戶，一千人口。現在戶數估計爲一、二六一戶，人口爲四、八六二人。其中農家戶口不過二七九戶而已。其餘大部份從事商業及傭工。赴廣州、佛山、香港等地謀生者亦多。耕地面積在村內僅有三五〇畝，村民多赴芝安，師山兩鄉充佃農，共耕有一〇五〇畝土地，每戶平均三・八畝。

沿革 本村既爲三水西南及佛山與廣州間之交通要衝，凡內地運往佛山廣州之貨物，多循西江支流滙集由此上陸，人口由上流各方聚者既多，於約二百年前遂漸成村落，其歷史非久，故住民多爲西江及北江上流各地來集，而不同於他村之成於血統關係也。例如本村之勞姓，來源即分六處，並不同祖。

宗族制 事變前戶口九六一戶中，勞、黃、李三姓最多，各占二百戶，朱、區兩姓次之，各占五十戶，其他爲二五〇戶。無族長，年六十以上之長老協議處理村中要事。鄉長由長老中選出，惟現因治安關係，用外來者爲鄉長。雖無各族始祖祠堂，但勞、黃、李三姓各因同姓關係，於六十年前各建一公共祠堂，呼爲「合族祠」。其他以小範圍血族爲主之祠堂十二，祭祀行清明，春祭（舊二月十二日）秋祭（舊八月十二日）重陽四祭。現亦因財政關係已幾不舉行。只清明節僅單行之而已。

承繼制度 除父有遺囑之外，財產例由兄弟均分。父母生存中，兄弟雖結婚後亦同居，惟分爨獨立生活。居民大半貧困，故家族中之大部份能自立時即出外謀生，故每家人數甚少，事變前每戶平均僅二・九人，現在出外謀生者多已歸村，仍不過三・八人而已。

賦稅 除徵地稅每畝軍票七十二錢之外，村中有八個賭場，每日徵二圓作村稅，每年額爲五、八〇〇圓，充鄉公所等費。又徵小唐火車站上落稅，每人三錢，行李每件徵六錢以充自警團維持費。

（註）地稅、南海縣全縣皆爲地價有數可稽者從地價每百圓徵八十錢，地價不明者一律每畝徵八十錢。照此推知本村地價爲每畝約

九十圓。

農耕以外產業

除在七個祖嘗魚塘作小規模養魚外，並飼養販賣用之豬三十口。約二十斤重之乳豬，由師山購入，每頭約七十元。飼以糠、糟、蕃藤。養至七十斤許賣於村內，價格約二一〇元，又十年前，在家庭中作手工織布者約十家，現無。

農業經營

自然條件及水利狀況

村旁之西江支流，雨期輒氾濫，七百年前已築隄防。苟無此隄防則雨季中村落及耕地三成將成澤國，不堪居耕。

本村土壤四成旱田，不適於耕種，雖有收穫而無定準。其餘有地肥沃而位低下，常患水浸，適於水稻之粘質壤土，及僅靠井泉灌溉，適於種蔬菜甘蔗番薯之砂質壤土二種。耕地之六成待雨而滋溉，三成利用井泉，一成自池陂引水。待雨滋溉之地，居耕地之大半，其中水田旱田各半，水田既位於低地，常有水患，而旱地在七八月間無雨，即又患旱災。收穫常短歉七八成，自然條件極劣。

一、土地利用狀況

水田四二〇畝　旱田六三〇畝

水田中有五成每年浸水至六月，只可種晚造。

二、耕地利用狀況

水稻	六三〇(畝)
番薯	七五
甘蔗	一〇五
芋頭	二〇
花生	一〇〇
蔬菜	八二

三、聯耕法

(甲)水稻(三月——六月)……水稻(七月——十月)……蘿蔔或芥菜(十一月——二月)

(乙)水稻(三月——六月)……蘿蔔(七月——十月)……芥菜(十一月——十二月)

(丙)花生(三月——八月)……番薯(九月——一月)……休閑(二月——四月)……禾秧(二造)(五月——六月)……番薯(七月——一月)……休閑(十一月——二月)

(丁)蔬菜(二月——三月)……豆類(四月——六月)……番薯(七月——十月)……休閑(十一月——十二月)

(戊)芋頭或薑、山芋(二月——八月)……白菜或蘿蔔、葱、蒜(九月——一月)

(己)第一年同上，第二年休閑(一月——二月)……水稻早造(三月——六月)……水稻晚造(七月——十一月)……休閑(十二月——一月)

(庚)第一年第二年同上，第三年，休閑(十二月——二月)……水稻早造(三月——六月)……水稻晚造(七月——十一月)……休閑(十二月——一月)

(辛)甘蔗(一月——十二月)三年間，第四年芋頭或薑、山芋(二月——八月)……白菜或蘿蔔、葱、蒜(九月——十二月)

四、農業經營規模

五畝以下　二七四(戶)

十畝以下　三

總戶口之九九%爲五畝以下的零碎耕農，大都是兼營副業。

五、農業工人調查

本村長工只有二、三人，工資一年三百元。短工除十二月收蔗期工作外，均係臨時招請，不論農忙農閒，工均係有火食者一元，無火食者四元。

六、役畜

水牛有七十頭，能力每日耕地二畝，耙地二畝半。使用期間三個月，飼料於役使中及冬季，則飼以番薯(日量十斤)普通只供青草及禾稈。耕作期，農民間可租用，每日租錢六元。

七、農具

	村內全數	價格
耕耙具		
犁	一〇〇	三〇元
耙	一〇〇	三五
鋤	三〇〇	一〇
釘耙	三〇〇	一〇
灌溉具		
手水車	一二〇	一〇〇
脚水車	一二〇	三〇〇
戽斗	三六〇	一
水殼	四五〇	〇・六
水桶	三〇〇	六
除草具		
四齒釘耙	三〇	五(元)
三齒釘耙	三〇	三
鋤(與耕耙具同)		
草推	三〇〇	七(元)
草剷	二〇〇	一
收刈具		
鐮刀	四五〇	二(元)
禾桶	三〇〇	一二
竹閘	三〇〇	八
禾梯	三〇〇	五
竹簍	三〇〇	一・二
竹擔	三〇〇	二
禾叉	三〇〇	三
禾落	三〇〇	一
谷圍	四五〇	一〇
谷櫃	一五〇	五〇
運搬具		
籮	九〇〇	一二(元)
其他		
本碓	一五〇	五〇(元)
米篩	三〇〇	四

八、施肥調查

肥料種別	施用作物	每畝用量	價格
人糞尿	水稻(基肥)	六〇〇斤	百斤六元
人尿	蔬菜(基肥、追肥)	一、〇〇〇斤	
人糞	同上(同上)	二〇〇〇斤	
花生麩	水稻(追肥)		
	蔬菜(仝)		
	甘蔗(仝)		

九、農業災害　　一〇

本村不斷有水旱災害威脅，故平年收成總比他地低三成。近年最甚之災害，據村民所記憶者如下：

民國十年六月	稻、蔬菜全滅	（旱災）
十四年七月	同	（水災）
二十六年七月	稻、甘蔗七成歉	（水災）
二十九年八月	稻、蔬菜五成歉	（旱災）

流通

一、農產品運銷狀況　米產額約三、六〇〇擔，尚不足供村民一年消費量三分之一，故仍須向外買進七八百擔，事變前由西南買入，現則六成由佛山，四成由師山供給。而居民普通多食粥或番薯四頓，吃飯一頓。蔬菜及甘蔗皆自用，可以運銷出外者只有花生。

	生產運銷量	銷場	價格
花生	一五、〇〇〇斤	佛山	百斤 一〇〇元

二、農村金融　金融機關，事變前有當舖一家，現在則全無，僅有向親友暫借而已。

三、土地價格

	水田			旱田		
	上	中	下	上	中	下
民國二十年	（小洋）一〇〇元	八〇元	五〇元	四〇元	二〇元	八元
二十六年	（小洋）一〇〇元	八〇元	五〇元	四〇元	二〇元	八元
三十年	（大洋）一六〇元	一二〇元	七〇元	七〇元	四〇元	一五元

土地所有及慣例

一、土地所有狀況

五畝以下	八四一（戶）	九〇・〇（%）
十畝以下	七三	八・〇
二十畝以下	一四	一・五
三十畝以下	三	｜
五十畝以下	一	｜
一百畝以下	三	｜
共	九〇八	

本村習慣不喜賣地，雖間有親族間買賣，亦必訂明他日由賣主買回之條件。且全村民所有土地面積達一、三四七畝、可知尚多村外之耕地屬於本村之村民也。

二、私有以外土地　太公田只有勞、黃、李三姓總共只二二畝。都是十六年前建合族祠之餘欵購置，收租總額一、二〇〇元，專供祠堂祭祀之用。

三、批耕慣例　批耕全係口頭契約，批期普通爲三年，亦有一年爲期者，本村因水災頻數，故以三年爲期，以減輕佃農之損失。佃租只須在批期繳納，雖遲繳亦不妨。批耕地，定租制者六成，分益制者四成。

	佃租	收穫量
上田	八〇元（三〇〇斤）	五百斤
中田	五五元（二〇〇斤）	四百斤
下田	二〇元（八〇斤）	二百斤

右表之上田爲兩造田，中田往往只得一造，下田則全係一造田。因災歉收太甚時，地主佃農間亦可協議減免佃租。至於分益制則地主與佃戶各得收穫之一半。太公田多開投批耕，開投期爲二造收穫後，佃租上期繳，每畝五十元至六十元。

水稻耕種調查

水稻品種之特徵

穀種	種植比率	每畝收量	米質
早造種			
三州（早）	七〇%	三〇〇—三五〇斤	良
銀占（中）	一〇%	二〇〇—二五〇斤	稍良
秋香（中）	一〇%	同	稍良
大暑（晚）	一〇%	同	不良
二造種			
九月占（早）	一〇%	三〇〇斤	稍良
齊眉（中）	五〇%	三〇〇—四〇〇斤	良
雌苗（中）	六%	三〇〇斤	良
赤谷（晚）	二〇%	三五〇斤	不良
大糯（晚）	四%	三〇〇斤	良

播種

播種期早造二月，晚造五月上旬。每畝穀種早造用十斤晚造用九斤。秧期早造一個月，晚造七十日。

施肥

	種類	用量	施用期
秧田	人糞尿	四〇〇斤	與整地同時
	硫安	五斤	播種後
本田	人糞尿	五〇〇斤	犂地之前
	人糞尿	五〇〇斤	除草後
本田	硫安	九斤	除草前
	花生麩	二〇斤	除草後（只晚造用）

主要作物

番薯

品種爲「不加山」、「香水」、「白心」三種，三月在苗床用薯發苗，七月移植，肥料則基肥用石灰十五斤，草灰三十斤，追肥用人糞尿四擔，分二三次施用。植後五日間繼續澆水，以後觀天氣情形在收穫之前共澆七八次水。植後一個月培土同時除草，並以鋤中耕，十月收穫，每畝約八百斤。病蟲害有青蟲及運心蟲。

花生

有「珠豆」「大豆」二種，種期「珠豆」一月，「大豆」三月，每畝約用豆種十一斤直播。基肥用石灰八斤，不需灌漑。二月及四月各除草一次。同時用鐵鋤爬起淺土行中耕，五月及八月用木鍬掘取收穫。收量一〇〇斤至一五〇斤，有斑毛蟲、紅頭蟲、白蟻等蟲害。

白菜

品種爲「黃葉」、「黑葉」、「馬耳」三種，種期由九月至十二月上旬，每畝用種子一斤半，育苗後移植，肥料用人糞尿五六百斤分五六次作追肥。晴天每日澆水，並隨時拔草驅除害蟲。十月中旬至一月下旬收穫，每畝收量一千斤。害蟲有霧水蟲、黑頭蟲、狗虱蟲。

結論

本村既以商品集散而成立，故農業并非主要。糧食大半仰給於外，全賴商業上之利潤及勞工出外謀生之收入以平衡村中收支。事變後，出外者多已歸鄉，物資運輸阻塞，村民之收入遂減大半。尤以民國三十年八月之封鎖作戰，致西江貨物絕迹，對於向以運輸爲生之本村民衆打擊尤大。即至今仍有不少村民在封鎖線內採集柴薪，每人携五十斤以內搭火車運往佛山，本村柴價百斤大洋四元，至佛山賣軍票四圓，藉以維持生活。此種狀態，亦足見華南農村人力脫離農業生產之通弊。

四　鳳池村

一般概況

鳳池村在佛山市北方約十公里，附近雖爲出產禾稻蔬菜地帶，惟人口稠密。總戶口四九九戶（人口一、四五五人）之中農家佔二九〇戶，耕地面積每戶平均不滿二畝。總面積僅五七四畝而已。

沿革

其始祖於南宋末葉避亂由南雄經清遠遷至廣州，其中陳鄧二姓，於明洪武年間來此地開村。

宗族制

村中各姓戶數如下：

曹	三六九(戶)	陳	一六(戶)
歐陽	七〇	鄧	九
邵	二七	其他	八

無族長，村中要事由六十歲以上之長老及年未老而有地位者爲中心，各戶代表不問男女老幼參加協議。宗族之活動早已消滅，同姓之集合全不舉行。生活單位之各戶，以房爲代表血族之單位，即在地域上與村連結，故各宗族之間或同一宗族內之本族支族之間，實質上並無任何區別。

祠堂有七(曹三、歐陽二、陳一、鄧一、)普逢清明，春祭(二月)秋祭(八月)冬祭(十一月)四次設祭，約三十年前則只行清明一祭，事變後連此一祭亦徒存形式。

承繼制度

承繼財產，兄弟平分，惟長男有嫡孫時可多少增加，其比率不一。兄弟結婚後在家長之下同居者有之，分居者有之，惟經濟概皆獨立。行承繼之際，對於分居之兄弟，則以現款代替不動產分與之，可見本村之土地早已細分到無可再分。家長常爲家庭中之最年長者，兄死弟繼。

賦稅

地價每百圓收地稅軍票八〇錢，總收地稅額達三四五圓，此外舊有聯防隊費，每畝二圓，繳納政府，今已無。村內經費隨時照土地比例徵收。

農耕以外產業狀況

事變前家庭工業多爲製造爆竹，現被禁止，村民遂失一主要副業，此外，祖嘗池五個(十畝)每年由投承者作小規模養魚而已。

又販賣用家畜及家禽有猪一百口，鷄三百五十隻。猪每口價格三五〇元，飼料爲糠，番薯，米碎，約飼育七個月，體重百斤時賣之。猪糠由大欖之精米廠購買，每百斤五十元，七個月約須飼料費最低三百元，鷄亦賣與大欖市場，每斤六元半。

農業概況

自然條件及水利

土壤全爲壤土，質地肥沃，適於栽植水稻及蔬菜。灌漑有田川，惟一部份低地水田，排水不良，除水稻之外殆不能種植其他，但土地之利用甚佳，低地雖有水患，五百年前已築有永安基圍，不絕修築，亦足防水。

農業經營

一、土地利用狀況

水田	五一〇（畝）
旱田	六四

二、耕地利用狀況

水稻	八三二（畝）
番薯	四〇
芋頭	三〇
蔬菜	一三四

水田中三分之一爲上田，隔年輪植稻水、蔬菜、又水田之一部份則第一造水稻與番薯輪植，及水稻與蔬菜間植。

三、聯耕法

（甲）水稻（三月——六月）……水稻（七月——十月）……休閑（十一月——二月）

（乙）芋或舊所瓜類（一月——五月）……豆類（六月——八月）……白菜或芥菜蘿蔔（九月——十一月）休閑（十二月——二月）……水稻（三月——六月）……水稻（七月——十月）……休閑（十一月——十二月）

（丙）水稻（三月——六月）……二造稻秧（七月）……番薯，（八月——十一月）……休閑（十二月——二月）

（丁）瓜類、薯或芋（一月——五月）……豆類或白菜（六月——八月）……白菜或芥菜、蘿蔔（九月——十二月）

四、農業經營規模

五畝以下	一九五戶	六七·二%
十畝以下	八三	二八·六%
二十畝以下	十戶	三·五%
三十畝以下	二戶	〇·七%
共	二九〇戶	一〇〇·〇%

五、佃工調查

長工 男 年二〇〇元——一二〇元

短工		農忙期	農閑期
男	（有伙食）	一（元）	——
	（無）	四	一·五元
女	（有伙食）	一	——
	（無）	四	一元

本村現有長工十人，每月支薪，又因失業賦閑者衆，故工資極低。

六、役畜 水牛有三十頭，用於耕耙，作業能力，一日二畝半，每年使用二個月半，飼料爲禾稈及青草。冬季及使役期則給以番薯（日量十五斤）米糠（同四斤）。租耕每耕一畝收費十二元。

七、農具

	數量	價格
犂	九〇	五〇（元）
鈀	七〇	五
鋤	一〇〇	一〇
鍬	一八〇	五

日本鍬	四〇	五
耙	五〇	二五
灌漑具		
手水車	三〇	五〇
脚水車	五〇	一五〇
水桶	一〇〇	二〇
水兜	一二〇	二
除草具		
鋤(與耕耙具同)		
草推	一五	一・五
鐮刀	二五〇	一・五
收刈具		
鐮刀	三〇〇	一・五
禾桶	一〇〇	三二
禾梯	一〇〇	五
禾圍	一〇〇	一八
篸	一五〇	二・五
風櫃	二〇〇	七〇
谷圍	一二〇	一五
禾戥	四〇	二・六
禾落	二〇〇	五
搬運具		
籮	三〇〇	一八

八、施肥調査

肥料種類	施用作物	每畝用量	價格
人糞尿	水稻(基肥)	一、四〇〇斤	一擔四元
	蔬菜(追肥)	三、〇〇〇斤	
	番薯(追肥)	五〇〇斤	
猪糞	水稻(基肥)	一、六〇〇斤	百斤六元
	蔬菜(基肥)	八〇〇斤	
草灰	番薯(其肥)	二〇〇斤	
花生麩	水稻(基肥)	六〇〇斤	百斤八〇元
豆粕	水稻(基肥)	七〇斤	同
硫安	蔬菜(追肥)	若干	一斤三元
石灰	水稻(追肥)	一〇〇斤	百斤二六元

九、農業災害調査

民國二十四年因水災，稻、蔬菜減收六成，此外近年無大災害。

流通

本村米產量一七二、〇〇〇斤，不及村中消費量三分之一，故雖有因窮迫將一部份運銷大欖、大布、松岡附近墟場，但大部份皆留爲自食。芋頭番薯亦幾全供自用，故本村運出之產品只白菜、菜心、雞白等而已。其生產量三三五、〇〇〇斤，約八成運出，得價約三〇、〇〇〇元。

一、農村金融

民間多向極親近者借貸，其他方法則爲利用大欖墟之大押，事變前押借期三年，現在爲六個月，利息每月三分。又商人及其他個人亦有買賣青田制度，稱爲「放穀擔」，即借錢而還穀，利息不一定。

二、土地價格

年別	水田			旱田
	上	中	下	同上
民國二十年	小洋　八〇元	六〇元	四〇元	
二十六年	小洋一二〇元	九〇元	六〇元	同上
三十年	大洋八〇〇元	六〇〇元	四〇〇元	

土地所有及慣例

一、土地所有狀況

土地所有者爲全數戶口之二〇%・一〇〇戶而已。其所有之規模如下：

五畝以下	六八(戶)
十畝以下	二八
二十畝以下	四
共	一〇〇

二、私有以外之土地　太公田約一六〇畝，近於全耕地之二八%，各姓面積如下：

曹	一一二畝
歐陽	三二
陳	九
鄧	七

太公田之管理，由各該族内長房每年交代，一年收租額等三二、〇〇〇元，除充各祠堂清明祭祀用之外，餘款分配各戶，現在極力省節祭祀費用，幾以全數瓜分各戶，以補救窮困。時亦偶有一部份充修路築隄及贍老救貧之用。

三、批耕　批耕契約全部爲口頭制，批期三年，亦有一年限者。租額如下：

	佃租收量	
上田	三〇〇斤	五五〇斤
中田	二五〇斤	四〇〇斤
下田	一〇〇斤	二〇〇斤

歲歉時例有減欠，昔則雖爲交穀，但現一半用現款。又全耕地之五%行分益制，租率爲五〇%，資本及其他全部由批耕者負擔。太公田由承投，佃租原則爲納穀，每年依時價換算爲現款，上期交，平均爲二四〇斤。

結論

本村之特徵爲耕地大半係水田，土地利用亦善，但因土地狹小，是爲本村農業之大碍，觀乎在此水田地帶之中心，仍須仰給米糧三分之二於外地，可爲明証，而全村土地其中不少被用作墳墓，對耕地面積影響不少，村民代表雖極希望指導移植蓬萊米，然亦不足以解決難題，蓋本村過剩人口之出路一日不解決，即使矯正土地分配，改善佃農條件，改良品種，提高耕種方法，皆不能確認爲有效之救濟辦法也。

（出自《经济月报》第五期，一九四四年）

順德縣農業調查報告 民國十六年

卓正豐調查

(一)位置

順德縣位於省會西南百餘里，經度在京師中線，偏西三度三十一分五十三秒，緯度北二十二度四十三分二十三秒。東北界番禺，東南界中山，西界新會，北界南海，東西廣七十餘里，南北長八十里。全縣分爲十區四十堡，分述如下：(里數擧每區之最近縣城者而言。)

第一區卽附城，分爲三堡：曰大良，曰古樓，曰小灣。

第二區在縣北二十里，分爲三堡：曰黎村，曰倫敎，曰羊額。

第三區在城北三十八里、分爲四堡：曰桂林，曰龍津、曰龍頭，曰都粘。

第四區在城北六十四里，分爲三堡：曰甘溪，曰石硝，曰登洲。

第五區在城西三十四里，分爲五堡：曰新良，曰鷺洲，曰平步，曰葛岸，曰水藤。

第六區在城西二十四里，分爲五堡：曰石涌，曰黃連，曰勒流，曰江村，曰沖鶴。

第七區在城西六十七里，分爲三堡：曰甘竹，曰龍江，曰龍山。

第八區在城西南四十里，分爲七堡：曰馬齊，曰北水，曰逢簡，曰古粉，曰龍渚，曰昌敎，曰馬寧。

第九區在城西南四十六里，分爲五堡：曰江尾，曰白藤，曰福岸，曰雲步，曰鼎新。

第十區在城南三十二里，分爲二堡：曰容奇，曰桂洲。

(二)地勢

縣屬平坦，江河滿佈，耕地約佔十分之九，山嶺僅居其一耳。傾斜之地獨第九區有數方里，然傾斜度亦在三十度以下，其餘第一三七區亦間有山嶺，但少有相連數里者，其高低角度約在四十五度左右。

(三)氣候

氣候和煦間有颶風，雨水以夏月爲多，霜則大寒前後，間或有之，雪則未見。平常溫度與省城無異，立夏與立秋之間，溫度最高，過此則又溫和矣。

(四)耕地狀況

(1)土質　縣屬土質均屬冲積土，低下之田，常種水稻，第三九十區約有數百頃，其餘各區概植桑樹。土色灰黑，表土深厚，含肥分極富。

(2)水利　農民專以種桑養蠶爲業，桑田之中，均有魚塘(水佔四成桑佔六成)，水旱之災，數十年未嘗一見，西潦之患，間年或有之。江河之兩岸，土人皆築基圍，雖間有西潦，亦無大患，倘非水勢急激，基圍屋宇不致傾頹也。

(3)交通　順屬皆平原之地，江河棋佈，貨物往來，皆用輪船，由東之西，由南之北，約數點鐘可至，且爲恩開新中山等縣輪船往省必經之路。一日往還，必有數起，交通之便，別邑無有過之者。

(五)農民經濟狀況

(1)田地租價　全屬水田約佔耕地百份之三四，餘是桑地。上等田價每畝百元至二百元，年租約廿元；中等田價每畝五十元至百五十元，年租約十元；下等田價每畝十數元至數十元，年租一元至數元。上等桑地每畝百五十元至三百餘元，年租十五元至三十元不等；中等桑地五十元至百餘元，年租數元至十餘元；下等桑地每畝數元至數十元，年租數角至數元。

(2)長短工價　順德農民少有僱用長工者，間有酒米家僱用，年金百元以上，一切食用皆僱主供給。短工忙時男工一元四五毫，女工一元左右；閒時男工五六角，女工三四角，一切食用，皆僱客自理。

(3)物品價格　農民日用食品，除魚肉而外，皆仰給外來，全邑產米不足半月之用，故米價比較省城每担必高一元至二元之間。柴價亦高一二角，其餘瓜菜薯芋油鹽等物價，比較省城，亦必高十份之一以上。惟塘魚一項，則價畧低於省城，因塘魚是順德出產之大宗品也。

(4)大小農及經濟情形　全邑人民約七十餘萬，除第三九十區有少數耕田者外，其餘盡是耕桑，最多者耕四十餘畝，少則十數畝。而種桑者未必養蠶，養蠶者亦未必種桑，二者兼而行之，此亦所在多有。至經濟情形，各區大畧相同，惟近二三年來，蠶桑衰落，絲價低跌，比較三年前稍覺爲困乏。查縣中出外經商者數萬人，每年進欵數百萬，在家十六歲以上四十歲以下之婦女，出繅絲廠工作者，約四萬人，一人工作所得之資，可供三人之用而有餘。勤兼精者，每日可得工資一元以上，惰而愚者亦五六角；其餘十六以下四十以上之婦女，用手工繅絲，所得亦可以自給。是以順德農民經濟，比較別縣農民格外充裕也。

(六)作物

(1)水稻　分爲早晚二造，早造雨水前後浸種，晚造小暑至大暑之間浸種，至秧苗長約一尺，始行移植。惟早造不得過夏至，晚造不得過立秋，過此則收成大減云。亦有西水常浸之低田，獨種一造，在夏至前後插秧者，早造穀種有龍芽粘，新興白，黃穀，鷄母磨等，晚造則有絲苗，銀粘，白殼等。

(2)瓜菜薯芋　第三十區雖有種植，亦不足本區之用，惟八九區所種則可以自給，無須外求也。

(3)笋竹　第十區桂洲沿海一帶栽種竹笋約有數十畝，每年產笋數百担，每担十二三元，笋味清甜，不用漂水，其味亦不澀云。其種法，在春季雨水最多之時，擇其有笋芽之竹，連根鋤起一二條，切去竹尾，即種於沙質鬆軟之地，每年春分前後施淡肥一次，繼續培土，一年以後，則有笋收穫云。

(七)菓樹

(1)荔枝龍眼　順德菓樹寥寥無幾，第六區黃蘇涌有黑葉荔枝約二百餘株，龍眼數十株，皆三十年前之老樹，種於屋邊基壆之間，不施肥，不除草，聽其自然生長結實，每年出菓約四五十担，每担約值二十四五元，龍眼二十餘担，每担約十元。第十區容奇有老黑葉槐枝六七十株，生長亦聽天然，年出產亦數十担，黑葉價同前，槐枝每担約價十一二元。

(2)桔橙　第三區弼敎地方有桔橙六七百株，每株距離約七尺，每年施淡肥四五次：一在摘果後施之，一在成果後施之，一在果大如鷄卵時施之，隔一月再施一二次，然後摘果，每株年約施豆麩四斤左右。繁殖法，在摘果後擇其較近樹脚之低枝，以刀削去樹皮約寸許，後十餘日，用無砂之坭土和草桿綑於削皮之處，若數日不雨，則淋以水約三十日左右必出根，至七八十日則可剪下假植於地，及冬月或春月則可移植矣。

(八)蠶桑

(1)桑地面積及生絲之產量與價值之數量　順屬桑地雖難確實調查，按前廣東農林試驗調查蠶業報告，謂順德桑地約四千三百六十頃，每頃平均年收桑二千五百担，每桑五十担可養蠶出乾繭一担，每繭一担可賣銀二百元，合計全邑每年可賣得繭銀三千零五十餘萬元云，但余以全邑繅絲廠九十六間推算，平均每間三百位，每四百位每日可出絲一担，則全邑每日可出絲七十二担，一年以三百日工作計算，則全年可出絲二萬一千六百担，以近一二年價每担值銀一千四百元，則全年可得絲銀三千零二十四萬元，兩相比較，其數相差無幾。桑地四千三百餘頃，似無疑義，但繅絲廠之絲均是洋庄絲，用人力及小工廠所繅專供土織之用者，亦約一千數百萬元，似順德蠶絲產量當在四千萬元以上。

（2）桑仁　順德桑樹均屬荊桑，欲留桑仁，則將所植之桑，三年不刈其枝，必開花結實。在清明前後，桑果已現紅黑色，則摘回家中，貯藏約一禮拜之久，果肉已腐，則以足反覆踏爛其肉而取其仁，再以草木灰吸去仁外之水，即可撒播於鬆幼之土地，再以草敷於上，以妨雨水之冲流，及鳥獸之啄食，及其生長一二寸，則施以稀薄之淡肥，至一年之久，高約一尺，則可移植。

（3）種桑採桑及施肥管理法　將地犂耙鬆碎，即鋤坎種桑，或用鑿鑿一孔（將桑苗畧剪短其頂端及正根），落桑苗二條，每坎距離七八寸，行間十二三寸。摘桑在一二三造時，則每株留葉四五片，至四造後，則尾葉連枝概摘，獨留孤枝一條。每摘桑一次，則施淡肥一次，或隔月施一次，若桑田肥沃，全年不施肥者亦有之，及至末造大小寒之前斬桑枝後，必以塘坭敷蓋桑頭，或以薄土遮蓋，以妨日光蒸發及霜雪冷死根株云。

（4）製種　經營製種者，以第六七區爲多，最有名而字號最老出種最多者，首推六區勒流之耀記，每造多至七八千紙，至少亦二千紙以上，每紙一張，即蠶蛾八両所生之卵。該號常僱製種師四人（名曰師傅），每人月金皆在三十元以上，一切食用仍出自僱主。當蠶大眠起後，該師傅則落鄉巡視各養蠶家，見其蠶强壯無病者，即議定價錢，至蠶熟結繭，則担至該店交銀，及出蛾生卵，則翌早三點至八點鐘前，即爲浴水期，水之冷熱，皆師傅以手試之，不用寒暑表等物，至浴水之後，則有販賣家到買，或設支店於各墟市發售。若蠶旺之時，每紙可賣銀五六元，蠶衰則一元數角，或送與人，亦無領之者云。

（5）養蠶　蠶分爲大造輪月二種，一二造多養大造，餘則養輪月。專以養蠶爲業者，建茅屋一座於屋外或桑田之間（亦有以屋兼養者）。蠶室之廣狹，視工人之多少爲斷，養至多者，每造可二紙，普通以半紙或一紙爲多（一紙名爲八兩蛾之卵實則六兩蛾卵而已。）一兩紙所出之蠶仔，「俗名蟻蠶重約一兩五錢每錢約一萬蠶。」自出卵至初眠止，約須桑葉八斤，二眠加倍「卽十六斤」，三眠三倍「卽四十八斤」，四眠四倍「卽一百九十二斤」，四眠起後至成熟，約須三眠起後所食之桑十倍「卽一千九百二斤」，若上等收成，至蠶熟之早一日，可得繭四十篇，每篇分爲二箔，每箔約千五六繭，每繭一千以本年二三造市價，約值銀七角，八十箔計算約十二萬繭，共值銀八十餘元。本年桑價每担約銀二元「共食桑二十二担卽四十四元」，除去桑本，約賺銀一半左右。

（6）蠶病　（一）白殭病蠶身變白，不食桑而死。（二）瀉水病，因雨水過多，無乾桑可食，以致腫脹或瀉水而死。（三）蠅病，因蒼蠅產卵，蠶身成黑點而死。（四）粉病，因眠起之蠶，間有北風吹之，至成熟則有粉無絲，或有絲而不結繭二三日死。

（九）畜牧

（1）牛　第六區之甘竹，三區之陳村，各有役用牛二十餘頭；一區之大良、七區之龍江，各有乳用牛二十餘頭。飼養管理如常法茲不紀述。

（2）猪　各墟市酒米家均有畜養，最多者二十餘份，每份十頭；住戶亦間有養一二頭者，飼料以酒糟米糠爲主。殘渣水草等物副之，每日飼養二次，若猪仔則三四次不等，全縣猪約在二萬頭以上。

（3）家禽　以鷄爲最多，其良種年產卵百餘個，飼料以米糠爲主，或以廢棄之蠶兼飼之。十室之中，間有三二家飼養數隻，亦屢有數百家之鄉，無一人飼養者。鴨則以第三區之陳村，十區之桂洲爲多，有年養一二千隻者，飼養管理與南海無異，故不贅述。

（十）荒山

縣屬山嶺，以九區爲多，七區次之，一三區又次之。其中巖石少而可以種松茶者，以第七九區之山爲良，至一三區之山，水成巖者，約佔六成，種植似不易也。

（十一）農村教育狀況

農民學校，獨七區龍江有不完不備之農民學校二間，肄業者有八十餘人；縣立中學一間，學生約一百七十人；師範一間，學生八十人；女子師範一間，學生七十人；公立私立高小三十三間，學生共約二千人；私塾一百一十二間，學生共約八百三十人，統共在學者約三千三十人。至失學兒童之多少，雖無確實數目，而以全縣七十餘萬人民計之，兒童約佔二成，則失學兒童當在十萬以上。

（十二）農林前途之觀察

順屬地沃人稠，交通便利，平坦之地，已無曠土，農業發達，已臻極盛。獨惜製蠶種家無專門人才，缺乏科學智識，因循古法，蠶種則以肉眼定其優劣，浴水則用手皮以作標準。須知蠶病至微，氣候萬變，豈肉眼手皮可以測定者，稍有差移，則遺害養蠶之家不少，似宜取締製種家，不得以手術肉眼爲標準，教以簡單檢查浴水之法，庶幾蠶業可期進步。至於林業雖山嶺無多，而可以種植者尚不少，苟能遍植松樹，亦可以小補薪炭之缺乏也。

（出自《广东农业概况调查报告书续编》上卷，一九二九年）

順德縣調查報告

爲報告事職于高要縣辦理調查完竣，七月十八日轉赴順德。該縣縣府設于大良鎮，抵目的地後，卽晋謁該縣長及各機關，道達來意，准予協助，並叩詢各種狀況。玆將調查所得陳述于后：

(一)地勢：該縣位于我粤中區，居西江下游，與中山•新會•南海•等縣毘連。地勢坦平，壤沃土肥，山少而河多，交通殊爲便利。惟當西潦暴漲之際，沿河一帶，時虞水患。

(二)人口：縣屬劃分十個自治區一百八十八鄉六鎮。計第一區設于大良共轄三十鄉，男女合計玖萬三千九百六十八人。第二區設于荔村，轄有十五鄉一鎮，男女合計五萬九千二百四十一人；第三區設于陳村，轄有二十七鄉一鎮，人口男女合計壹十萬零零七百五十八人；第四區設于大涌，轄有四鄉，人口男女合計三萬三千八百二十七人，第五區設于樂從，轄二十七鄉，人口男女合計壹十萬五千七百零七人。第六區設于勒流，轄有二十六鄉一鎮，人口男女合計八萬五千六百六十一人；第七區設于龍山鎮，轄有六鎮，人口男女合計九萬八千五百五十五人。第八區設於馬齊，轄有三十二鄉，人口男女合計壹十萬九千三百二十七人。第九區轄有十七鄉，人口男女合計五萬六千四百四十八人，第十區設於容奇，轄有六鄉一鎮，人口男女合計壹十萬七千六百六十六人。

(三)物產：該縣物產，以桑穀爲主要。緣該縣以蠶絲最盛，爲全省之冠，惟惜蠶農智識薄弱，墨守成法，罔知改良，致業務落後，乏術振興，而近年因受不景氣籠罩，並受日絲壓制，更形危殆。我當局關心民瘼，特于民二十二年七月間設蠶業改良實施區，隸屬于蠶絲改良局，以冀挽此頹局。後該局以絲業病源癥結，在粤省蠶農，對于栽桑、製種，育蠶，絲織，印染等工作，俱因陋就簡，不求改進，乃派員指導改良栽桑，製種、育蠶、絲織、印染、等不可。而縣民之於此種工作，每因各地習慣，有顯著之分工，(如雲路蠶農多作栽桑育蠶事業，倫教則以絲織爲主，容奇則多數育蠶)於是施行指導工作，亦各有別。決非小規模之組織，區區之經費，寥寥之人才，便可將事。乃呈准當局于廿三年七月一日將該區改組爲蠶業改良實施區總區，並增設六個分區，各視當地特殊情形，分別指導。玆查各分區所任工作及設在地點如下：

雲路分區：設于順德東鄉雲路坊，注重栽桑育蠶事業。

容奇分區：設于第十區容奇西社，注重製種特約合作事業。

兩龍分區：設于第七區龍江狀元坊，注重製種特約合作事業。

馬齊分區：設于第八區馬齊巨坊鎮，注重栽桑育蠶指導工作。

黃連分區：設于黃連十一社，注重栽桑育蠶指導及印染絲織品工作。

倫教分區：設于第二區倫教鎮百根松路，注重改良絲織品及印染工作。

總區組織，內容分辦公室，圖書室，衛生治療室，蠶蛾檢驗室，蠶農子弟學校二，家事訓練班一，木炭貸借處一，公共育蠶室二，組織頗稱完善，該區工作進行經過，刊于該區出版蠶聲月刊及一歲之廣東蠶業改良實施區專刊中，無容再述。

全縣產桑面積，約有三十萬畝，桑葉二百餘萬担，桑之用途極大，如桑皮之可製棉、紙、藥料，桑根之製酒、燃料藥料、火藥、炭、肥料、硫酸加里，桑皮可製紙、人造絲、炸藥、玻璃紙，桑葉飼蠶、及其他畜類，新梢，可製染料，關于製紙方法，已由蠶業改良實施區試驗成功，且設大規模之試驗廠，曾製出咭紙，印水紙，書紙，信箋，等用品，更擬設廠製造，使臻于商業化，如能實現，則增加蠶農副業收益不少，實為蠶農一段福音。

桑之生長極速，每年可收七八造，而以三四五造收獲最豐。在桑業最繁榮時，每担價約四五元，而現在絲業衰落，桑價因而影響，每担祇約八毫。蠶紙：年需十餘萬張。繭：年產約有一十五萬五千斤，在民十二三年時，每担價約二三千元，民二十年，約值六七百元，現祇值二百餘元。紗綢：多產于二區，計織機房有四百九十間，鉄木機有二千六百三十九具，每機約七天，可造紗或綢一疋，紗計長每疋四丈二尺，用絲二十七兩，綢每疋五丈二尺，用絲三十兩，每一疋工資在前約四元，而現在祇得三元六角，年產紗綢約五萬疋，在前每疋值三十元，現值十二三元。

毛巾：工人約有一千，每人每日可織一打半，工資二毫七仙，每打約需棉紗九両，推算年需紗線二十萬斤，出毛巾約有四十餘萬打，每打價值約一元二三角。

穀：產地面積約十萬畝，年產約三十餘萬担。白菜：面積約十萬畝，年產約二百餘萬担。魚塘：約五萬畝，年產約十萬担。什粮：縣中桑農，多不知利用桑行空地，樹植什粮，加增收益，蠶業改良實施區，以桑業既形衰落，亟要于桑田間謀別種利益，乃竭力提倡副業，以謀補救于萬一。蔗：縣屬產蔗甚少，現建廳設製糖廠于第十區之桂洲以事提倡，此亦為蠶桑衰落聲中之別出生路也，該廠現尚未落成。

(四)教育：全縣有小學校二百二十一間，男女生共有二萬五千四百人。省立順德農業職業學校一間(即前省立第二農業學校)計有普通科四班，男生一百四十人，女生四十五人，高級蠶桑科三班，男生五十八人女生十四人，初級蠶桑科三班，男生五十八人，女生十四人，全校男教員三十四人，女教員四人。縣立鄉村師範一間，男生七十二人，女生三十八人。社會教育，有民教館，圖書館各一所。蠶業改良實施區總區，有家庭訓練班以增進婦女家庭常識，婦女報名參加者有三十餘人。冬季蠶農夜學二班，利用桑事稍暇時間，以灌輸農民普通智識，每班計有學生四五十人，後復改爲成年蠶農夜學，學生有八十二人，蠶農子弟夜學一間，計有八十一人。

（五）交通：縣內河流甚多，來往中山·鶴山·四邑等輪渡，日中經過該縣者有十餘艘，縣內有大貢公路由大良可通桂洲，良碧公路，由大良可通碧江，中順公路現尙未通車，電話：除各區公所及各機關有裝設外，商店亦多有安置，且可與廣州通話。

（六）借欵利率與經濟狀况：該縣素稱富庶，在前蠶桑旺盛時，生財有道，經濟充足，對于借欵利息一項，鮮見有高利貸者，惟現以蠶業衰落當中，經濟恐慌，已達極點，將淪破產狀態，故于借欵利息，常有月息四五分之情形。

（七）風俗：縣屬人民，多以蠶桑事業，爲畢世生活倚賴，在蠶絲業繁盛時，鄉間兒童有五六歲者，便有覓食之可能，如代人拾繭，每日可得工資二三角，婦女輩之採桑·繅絲·織造·等之工作，每日可得工資壹元有奇，數口之家，無虞凍餒，故男子方面，尠有向外發展者，而婦女輩亦以覓食較易，意以爲憑此壹藝，儘可倚而終身，認嫁夫爲一種苦事，視夫家如囚籠，遂成不落家陋習（女子嫁後而不處于夫家者謂不落家）但現以蠶桑衰落，前意可倚靠終身之職業，行見沒路，不落家之風亦稍戢矣。

二十四年十二月四日

陳允恭

（出自《统计月刊》第二卷第十期，一九三六年）

順德縣經濟狀況調查

面積、戶口及人口統計

（現在行政區域共分三區）

第一區　面積　一四六方里
　　　　戶口　一七六七五
　　　　人口　男三五六四六　女三三九六四　合計六九、六一〇

第二區　面積　一五二方里
　　　　戶口　九九一二
　　　　人口　男二〇、九二九　女二二、〇二七　合計四二、九五六

第十區　面積　二〇〇方里
　　　　戶口　二一、八三三
　　　　人口　男四八、三八七　女五一、一五七　合計九九、五四四

治安

該縣地方治安保由和平區內軍警協力維持，縣內于大良設有聯防總隊部，另基幹大隊，分駐一二區內大良、大洲、倫教等地，並直轄三個中隊，一個小隊，分駐大良東、南、西、北四鄉，又三個獨立中隊，分駐第一區內舊寨、三益圍、羅五沙等地。縣警察局轄下三中隊，大良警察所一中隊，第二區聯防隊轄下兩中隊，倫教警察所警察一中隊。第十區聯防隊轄下七中隊，五小隊，容奇警察所警察一中隊。全縣聯防隊分為十大隊，七中獨立隊，十三獨立小隊，二中常備隊，五中後備隊，分駐縣屬各地，並有陸軍三十師部隊駐守縣屬各要鎮，更設立軍政警聯合辦事處，負責拱衛地方地治安。

交通

縣屬第一區大良為縣府所在地，交通利便，水道方面東西兩海均可直達廣州，陸綫有南順公路，由大良直達三洪奇，渡江接駁江佛公路。順中公路由大良至沙頭過海。容奇海直至中山之小欖水道，碧鑑海北達二區倫教，南分二支：一經舊寨通中山之潭洲，一貫大門滘直達十區容奇。容奇海為往來廣州、江門、石奇之孔道，倫教海直通番禺之沙亭，勒流，上通甘竹羚羊峽，下至容奇桂洲。又由甘竹橫通新會江門，下通板沙尾中山，東通濠滘直達珠江，縣屬各地，水陸交通，尚稱便利。

一般經濟

（一）主要市鎮

縣府所在地	大良
第一區	大良
第二區	倫教
第十區	容奇

（二）墟　市

區別	墟市	所在地	墟期	交易物品
第一區	古樓	古樓鄉石洛路	農曆逢三六九日	雞、鴨、鵝、猫、犬、兎、魚及農產品等
	碧華	大良碧鑑路	農曆逢三六九日	故衣、雜物、銅鐵用具等
	上街市	大良東門上街廟	農曆逢一四七十日	雞、鴨、鵝、猫、犬、兎及故衣什物等
	錦巖	大良北門錦巖廟	農曆逢二五八日	雞、鴨、鵝、猫、犬、兎、及故衣雜物等
第二區	倫教	倫教鄉	農曆逢一四七日	絲品及蔬菜等
	大洲	大洲鄉	農曆逢二五八日	穀米、菓菜、雜貨等
第十區	翠竹	桂洲裡村鄉	農曆逢一四六九日	雜糧、日用品、故衣、山貨等
	鹽袍	桂洲外村鄉	農曆逢三五八十日	雜糧、日用品、魚、菜、山貨、鷄、鴨等
	容奇	容奇墟頭	農曆逢一四七日	鷄、鴨、魚、菓菜、銅鐵器、菜種、山貨、雜糧等
	尚朐	容奇鄉南約	農曆逢三六九日	日用品、故衣、雜糧、魚、菜、銅鐵器等
	上佳市	容奇上佳市	農曆逢二五八日	雞、鴨、雜糧、山貨、魚、菜、日用品等

（三）流通貨幣

儲券及舊法幣

（四）銀錢號數目

區別	業類	資本額	家數	備考
第一區	錢莊	二萬元至五萬元	五	
	錢莊	五萬元至十萬元	四	
第二區	錢莊	一萬元以上	八	
	錢莊	五萬元以上	三	
第十區	銀行		一	廣東省銀行分行
	錢莊	五萬元以上	十二	
	錢莊	十萬元以上	十	

（五）一般借貸機關及利息

區別	借貸機關	利息
第一區	縣政府	最高一分 最低一分

第二區	縣政府及區署	最高一分，最低一分
第十區	省銀行	最高二分，最低一分

（六）典當業

區別	資本額	家數	利息	主要典當物之比率
第一區	八萬元以上	二	三分	金飾佔四成，衣物佔六成
第二區	五萬元以上	一	三分	衣物佔六成，什物佔四成
第十區	五萬元以上	三	三分	什物佔七成，衣物佔二成，金飾一成

（七）商行

區別	類別	資本額	家數	商品來源	備考
第一區	米業	五萬元以上	十二	本縣及中山縣	
	欒材業	一千元以上	十	廣州	
	茶葉業	三千元以上	四	廣州	
	紙業	二千元以上	四	廣州、佛山	
	山貨業	二千元以上	六	廣州、新會	
	綢布業	一萬元以上	二十	本區	
	糖麵雜糧業	一千元以上	十四	廣州	
	醬料業	十千元以上	十二	廣州	
	金飾業	五千元以上	五	廣州	
	酒樓業	五千元以上	六		
	茶樓業	三千元以上	四		
	餅業	五百元以上	十五	本區	
	鞋業	五千元以上	四	廣州	
第二區	米業	三萬元以上	七	大良、勒流	
	雜貨業	三萬元以上	三十	勒流、市橋	
	紗綢業	十萬元以上	二十	本區	
	茶樓業	一千元以上	二		

	酒樓業	二千元以上	四		
	餅業	三百元	一	本區	
	藥材業	五百元以上	三	廣州	
第十區	米業	二十萬元以上	二十六	本區及中山石岐等	
	糖麵什糧業	二千元以上	十	廣州	
	油業	一萬元以上	六	廣州	
	屠宰燒腊業	三萬元以上	五	本區	
	藥材業	四千元以上	八	廣州及各地	
	紙業	三千元以上	十六	廣州、南海	
	綢布業	二萬元以上	十一	本區	
	金飾業	五千元以上	二	廣州、本區等	
	酒樓業	六千元以上	五		
	茶樓業	二千元以上	七		
	餅業	一千元以上	十	本區	
	氈業	七千元以上	三		
	五金雜物業	五千元以上	六	廣州、本區	

（八）工業

區別	類別	資本額	數目	製造原料	原料來源	銷場
第一區	絲廠	十萬元	一	蠶繭	本區	廣州
	機器廠	三萬元	一	鐵	佛山	本區
	榨糖業	五萬元以上	八	甘蔗	本縣	本縣
	毛巾織造業	二萬元	一	花紗、染料	廣州	本縣
第二區	紗綢業	三萬元以上	三	生絲	容奇	廣州、市橋
	榨糖業	二十萬元	一	甘蔗	本區	大良、勒流等
第十區	繅絲業	二萬元以上	十二	蠶繭	本區	廣州
	繅絲業	十萬元以上	四	蠶繭	本區	廣州

搾糖業	五萬元以上	六	甘蔗	本區	本區及廣州
	拾萬元	二	甘蔗	本區	廣州

農村經濟

第一區

(一)耕地與農戶

甲、耕地　三〇、〇〇〇畝

乙、戶口　一七、六七五

丙、農戶　一四、一四〇

(二)農戶占有耕地率

戶別	戶數	耕地面積	占有比率
自耕農	一、七〇〇	五、〇〇〇畝	一七%
半自耕農	一、八六五	九、〇〇〇畝	三〇%
佃農	〇、五七五	一六、〇〇〇畝	五三%

(三)租佃

甲、繳納租金者占百分之四十。每畝每年租金上田約一、五〇〇元，中田一、二〇〇元，下田九〇〇元。

乙、繳納租穀者占百分之六十。每畝每年穀租上田三擔，中田二擔，下田一擔。

(四)田賦　每畝每年繳納田畝稅一十八元。

(五)工資　早晚造揷秧及收穫散工工資，男工六十元，女工五十元另供膳。

(六)田價　上田每畝約值八、〇〇〇元，中田五、〇〇〇元，下田二、五〇〇元。

(七)貸款　該區農民可向縣府借貸，期間最高為六個月，最短兩個月，普通三個月，利息一分。

(八)出產　該區每年出產穀約十二萬擔，塘魚約一百餘萬擔，蔗二十七萬擔，雜糧約五萬擔，生絲約一千餘萬擔。

(九)糧食需求與供給　全區人口每年需糧食約二十八萬擔，全年糧食生產量約一十二萬餘擔，不足數約一十六萬擔，由鄰縣運入。本區生產糧食計可支持五個月，最近兩年來米價最高一千五百元，最低四百元。

第二區

(一)耕地與農戶

甲、耕地　三八、八〇〇畝

乙、戶口　九、九一二

丙、農戶　七、九三〇

(二)農戶占有耕地率

戶別	戶數	耕地面積	占有比率
自耕農	八〇〇	四、〇〇〇畝	一一%
半自耕農	二、四〇〇	一四、〇〇〇畝	三六%
佃農	三、七〇〇	二〇、八〇〇畝	五三%

(三)租佃

甲、繳納租金者占百分之四十。每畝每年租金上田一、六〇〇元，中田一、四〇〇元，下田七〇〇元。

乙、繳納租穀者占百分之六十。每畝每年穀租上田三擔，中田二擔，下田一擔。

(四)田賦　每畝每年繳納田賦稅一十八元。

(五)工資　早晚造揷秧及收穫散工工資，男工每工六十元，女工五十元，另供膳。

(六)田價　上田每畝值八、〇〇〇元，中田五、〇〇〇元，下田二，五〇〇元。

(七)貸款　農民可向縣府借貸，借貸期間最長六個月，最短兩個月，普通三個月，利息一分。

(八)出產　該區每年出產穀約十二萬擔，塘魚約一百餘萬擔，蔗二十七萬擔，雜糧五萬擔，生絲約一千餘擔。

(九)糧食需求與供給　全區人口每年需糧食約二十五萬餘擔，全年糧食生產量約一十五萬餘擔，不足數約一十餘萬擔，由鄰縣運入，本區糧食量能支持六個月，最近兩年來，米價最高每擔一千五百元，最低四百元。

第十區

(一)耕地與農戶

甲、耕地　四〇、〇〇〇

乙、戶口　二一、八三三

丙、農戶　一五、二八三

(二)農戶占有耕地率

戶別	戶數	耕地面積	占有比率
自耕農	一、一三〇	四、〇〇〇畝	一〇%
半自耕農	五、五〇〇	一六、〇〇〇畝	四〇%
佃農	九、六五二	二〇、〇〇〇畝	五〇%

(三)租佃

甲、繳納租金者占百分之三十。上田每畝每年租金約一、八〇〇元，中田一、五〇〇元，下田一〇〇〇元。

乙、繳納租穀者占百分之七十。上田每畝每年穀租一担半，中田二担，下田一担半。

(四)田賦　每畝每年繳田畝稅一十八元。

(五)工資　早晚造揷秧及收穫散工工資，男工每工六十元，女工五十元，另供膳。

(六)田價　上田每畝約值一〇、〇〇〇元，中田八、〇〇〇元，下田三、〇〇〇元。

(七)貸款　農民可向區署請求縣府借貸，期間最高六個月，最短兩個月，利息一分。

(八)出產　該區每年產穀約一十六萬擔，塘魚五萬擔，蔗四十八萬擔，什糧五萬擔，生絲約二十萬九千擔。

(九)糧食需求與供給　全區人口每年需糧食約四十萬擔，全年糧食產量約一十六萬擔，不足數約二十四萬擔，由鄰縣運入，本區糧產食量計能支持五個月，最近兩年來米價最高每擔一千五百元，最低四百元。

（出自《经济月报》第二卷第五期，一九四四年）

順德縣農業狀況調查表

（三十二年十月調查）

(一)順德縣人口

第一區

鄉名	戶口	人口			農戶
		男	女	合計	
大良南	3,200戶	7,200人	5,500人	12,700人	800戶
大良東	2,300	3,500	3,400	6,900	590
大良北	2,455	3,155	2,875	6,030	435
大良西	750	887	1,000	1,887	——

第二區

鄉名	戶口	人口			農戶
		男	女	合計	
水口	85戶	162人	168人	330人	43戶
熹涌	532	1,110	1,112	2,230	190
羅洲	1,150	2,930	2,200	5,130	410
荔村	811	3,500	2,320	5,820	180
倫敎鎭	2,059	4,640	4,840	9,480	280
南華	3,122	3,720	3,668	7,388	328
霞石	745	1,695	1,598	3,293	135
大洲西	467	623	496	1,119	150
烏洲	392	780	790	1,570	60
西社	508	594	740	1,334	46
東寧	283	625	475	1,100	120
北海	151	246	219	465	35
上直	109	230	211	441	33
大洲東隅	699	1,067	1,186	2,253	350
仕版	541	676	692	1,368	268

第十區

鄉名	戶口	人口			農戶
		男	女	合計	
桂洲外村	2,800戶	6,000人	7,000人	13,000人	1,100戶
容奇五坊	856	4,954	2,642	7,596	——
容奇	2,140	8,140	8,154	16,294	1,245
桂洲裏村	3,242	27,832	26,451	5[illegible],283	——
馬岡	1,227	3,291	3,004	6.295	——

（二）順德縣禾稻耕作狀況

第一區

鄉名	早造					晚造				
	水田面積	旱田面積	收穫總量	例年收穫總量	增減原因	水田面積	旱田面積	收穫總量	例年收穫總量	增減原因
大良南	2,700畝	—	4,050擔	4,050擔		2,700畝	—	4,050擔	4,050擔	
大良東	1,600	—	2,400	2,400		1,600	—	2,400	2,400	
大良北	370	—	800	740		370	—	850	740	
大良西	—	—	—	—		—	—	—	—	

第二區

鄉名	早造					晚造				
	水田面積	旱田面積	收穫總量	例年收穫總量	增減原因	水田面積	旱田面積	收穫總量	例年收穫總量	增減原因
水口	—	—	—	—		—	—	—	—	
熹涌	700畝	—	1,005擔	1,005擔		700畝	—	1,400擔	1,400擔	
雞洲	7,000	—	10,500	10,500		7,000	—	14,000	14,000	
荔村	1,400	—	2,100	2,100		1,400	—	2,800	2,800	
倫教鎮	—	—	—	—		—	—	—	—	
南華	—	—	—	—		—	—	—	—	
霞石	1,700	—	2,550	2,550		1,700	—	3,400	3,400	
大洲西	800	—	1,200	1,200		800	—	1,600	1,600	

第二區（續上頁）

鄉名	早造 水田面積	早造 旱田面積	早造 收穫總量	早造 例年收穫總量	早造 增減原因	晚造 水田面積	晚造 旱田面積	晚造 收穫總量	晚造 例年收穫總量	晚造 增減原因
烏洲	1,200畝	—	1,800擔	1,800擔		1,200畝	—	2,400擔	2,400擔	
西社	—	—	—	—		—	—	—	—	
東寧	—	—	—	—		—	—	—	—	
北海	—	—	—	—		—	—	—	—	
上直	300	—	450	450		300	—	600	600	
大洲東隅	1,100	—	1,600	1,600		1,100	—	2,200	2,200	
仕版	—	—	—	—		—	—	—	—	

第十區

鄉名	早造 水田面積	早造 旱田面積	早造 收穫總量	早造 例年收穫總量	早造 增減原因	晚造 水田面積	晚造 旱田面積	晚造 收穫總量	晚造 例年收穫總量	晚造 增減原因
桂洲外村	1,000畝	—	2,000擔	—		1,000畝	—	3,000擔	—	
容奇五坊	2,000	490畝	4,500	4,500	視西潦能否爲患大原因	2,500	600	7,470	7,470	視雨量能否調勻
容奇	6,243	507	2,121	6,243	因水旱及鼠害	6,243	507	4 244	8,486	因鼠患及蟛蜞
桂洲裏村	546	—	207	—		546	—	305	—	
馬岡	2,500	—	3,000	3,000	視有無西潦浸沒	2,500	—	5,000	5,000	視時年風雨而定

物生産状况

藷			芋				頭
每年需要量	運出地	運入地	種植面積	全年收穫總量	每年需要量	運出地	運入地
1,400擔			80畝	240擔	240擔		
2,400			50	300	300		
80			20	60	60		
——			——	——	——		

藷			芋				頭
每年需要量	運出地	運入地	種植面積	全年收穫總量	每年需要量	運出地	運入地
2,400擔							
3,200							
4,000							
4,800							
4,000							
6,400							
1,600							
1,600							
1,360							
2,400							
1,600							
800							
640							
1,200							
4,000							

(三) 順德縣農作

第一區

鄉名	穀類 種植面積	全年收穫總量	每年需要量	運出地	運入地	甘 種植面積	全年收穫總量
大良南	2,700畝	8,100擔	23,100擔		中山	300畝	1,400擔
大良東	1,600	4,800	14,800		,,	600	2,400
大良北	370	1,650	2,650		,,	40	80
大良西	——	——	3,400		,,	——	——

第二區

鄉名	穀類 種植面積	全年收穫總量	每年需要量	運出地	運入地	甘 種植面積	全年收穫總量
水口	——	——	670擔		大良	300畝	2,400擔
熹涌	700畝	2,450擔	4,450		中山東莞大洲	400	3,200
雞洲	7,000	24,500	10,200	隣鄉		500	4,000
荔村	1,400	4,900	11,660		中山東莞	600	4,800
倫教鎮	——	——	19,960		中山東莞市橋	500	4,000
南華	——	——	14,800		大良中山	800	6,400
霞石	1,700	5,950	6,590		中山大洲東莞	200	1,600
大洲西	800	2,800	4,800		中山	200	1,600
烏洲	1,200	4,200	4,200			170	1,360
西社	——	——	2,700		東莞市橋	300	2,400
東寧	——	——	2,200		雞洲霞石	200	1,600
北海	——	——	930		大洲雞洲	100	800
上直	300	1,050	1,050			80	640
大洲東隅	1,100	3,800	4,460		中山	150	1,200
什版	——	——	3,000		中山大良	500	4 000

藷			芋頭				
每年需要量	運出地	運入地	種植面積	全年收穫總量	每年需要量	運出地	運入地
1,000擔			100畝	400擔	400擔		
——			10	80	80		
——			——	——	——		
70			附於桑基	60	60		
3,000			2,000	14,000	14,000		

（出自《经济月报》第二卷第五期，一九四四年）

東莞縣農業調查報告　十六年五月

陳幹濟
黃錫疇　調查

(一)區域位置

東莞居廣州東南，東西距一百零六里，南北距七十五里，全縣面積約九千二百六十六方里，東接惠陽，東南界寶安，東北界博羅，西達中山，西北界番禺，北通增城。縣治位北緯二十三度二分四十秒，偏廣州中線東二十七分五十秒。現分十一區如左：

區名	區署所在地	位置
第一區	城內萬壽里	城內
第二區	城西阮涌	附城
第三區	石龍（本年春劃歸市政籌備處）	城東北二十餘里
第四區	塘頭廈	城東南百里
第五區	常平	城東南五六十里
第六區	茶山	城東二十餘里
第七區	寮步	城南三十餘里
第八區	厚街	城西南三十餘里
第九區	到滘	城西二十餘里
第十區	中堂	城東五十餘里

第十一區　太平　城西南六十餘里

(二)地勢

全縣地勢，東南高而西北低，東南有銀屏嶂，牛尾嶂，寶山，大屏嶂，蓮花山，大嶺山，水簾山，黃旗山，深溪山等之山脈，蔓延四七八等區，西北有東江獅子洋之環流，港灌紛岐，故二三九十等區，地勢皆一望平原也。

(三)氣候

夏季氣候炎熱，常在華氏表九十度以上，因瀕近海岸，常得海風調濟，故不甚酷熱，冬令和暖，霜雪甚少，春夏之交，雨量最多，秋冬則少，在夏季間，常有颶風，為害頗大。

(四)水旱情形

五區橫瀝常平，六區茶山橫岡，三區石龍附近，春夏之交，東江水漲，田園多被淹沒，早造往往失收，二九十區，四面環水，河流交錯，其餘各區，亦多利用坑水，灌溉可稱便利無憂旱害。就全邑言之，患水甚於患旱，必須濬治東江下流，則水患可免也。

(五)交通

第二三九十十一等區，有東江獅子洋經過，可行舟楫，其餘四五六區，則有廣九鐵路經石龍，西湖，南社，茶山，橫瀝，常平，土塘，樟木頭，塘頭，厦天，堂園等站，以達九龍，水陸交通，均極利便。

(六)耕地狀況

第三區為冲積壤土，二八九十區為冲積粘土，深厚肥沃，其餘多數為紅赤色或灰赤色之定積沙質壤土，表土不深，且較瘦瘠也。

（七）耕作情形

第八區之厚街雙岡金州等，地濱獅子洋，多園田，居民多種鹹草爲業，二三九十區，除水田種水稻外，較旱之田，則種麻蔗薑等作物，飼養鷄鴨亦多。蠶桑三五區始有飼養，果木五六七區，多栽種之，菸草則四區之清溪，七區之簪花嶺，八區之百花洞畧有種植，但不甚發達。

（八）農民經濟狀況

田地價及租價　田地之價，因地方經濟情形而有高下，最高爲天堂圍虎門寨，每畝價有高至三四百元者，但全縣普通價格，上等水田每畝百五十元，中等水田每畝百元，下等水田每畝五十元，至旱地每畝二三十元，或五六十元不等，所有田地租有收租穀者，有用銀者，上等水田每畝租穀三石，中等水田二石，下等水田一石，租銀上等水田每畝二十元，中等六元，下等二元，旱地則二三元至六七元。

工價　工價視工作勤惰而異，上等長工有一年百元者，有七八十元者，短工忙時男工日值七毫至一元，女工三四毫，閒時男工日值三四毫，女工二毫，概須供膳。

大宗產品價格列表如下：

品名	價格（中等價）
穀	百斤五六元
黄麻	百斤十二元
花生	百斤四元半

鹹草	百斤四元
豆	每石一十二元
薑	百斤五元
甘諸	百斤三元
菸	百斤三十元
荔枝	百斤六——十二元
白欖	百斤三四元
烏欖	百斤六七元
酸洋桃	百斤二元
桑	百斤一元二
蠶繭	百斤一百四十元
耕牛	一頭百元
猪	百斤四十元
鷄	一斤七八毫
鵝	一斤四五毫
鴨	一斤四五毫
魚類	百斤二十元

白糖	百斤十五元
片糖	百斤十二元半
沙糖	百斤十一元
草蓆	價格不等

大小農及經濟情形　居民多業農，而以小農爲多，大約一戶耕十餘畝者，居十之六，耕二十畝以上與不及十畝者，占十之二。至經濟方面，如八區厚街一帶，得鹹草之利，最爲富庶，四區之天堂圍一帶，多往南洋謀生，其間得志獲厚利者不少，餘多非充裕也。

(九)農村教育狀況

莞縣教育，中學有一所，學生百五十人，高級小學三十三間，學生一千三百九十四人；國民小學一百一十九間，學生六千三百五十七人；私塾四百二十九間，學生七千五百一十五人。中學校設在城內，小學多設於人烟繁盛之地，以第八區爲多，而鄉村間則因經濟問題，多設立私塾。

(十)作物

(1)水稻　該縣水田，占耕地十之六七，但春夏之交，三五區低下之水田，多被水浸，早造失蒔，全年產額不足供全縣人民之糧食，須靠外來接濟。耕作分早晚二造，其品種屬於早造者，爲花羅粘赤穀百日早夏至白等種，屬於晚造者，爲油粘白梗黑糯等種。其種法與廣州各屬大致相同，無須贅述。肥料早造用蠔灰人糞尿猪糞等，晚造不施蠔灰，每畝收穫量，上等五六百斤，中等二三百斤，下等約百斤。

(2)蔗　以二五七十區爲多，所種品種多竹蔗，間有木蔗白蔗二種，用以搾糖，爲莞縣大宗出產。至其種植情形，已詳於東莞糖業調查報告書，茲不述。

（3）黃麻　麻為九十區大宗產品，多種於旱地。栽培法係用條播，先起三四尺闊畦，每距五六寸起一條淺溝，溝內施人糞尿，（草灰與人糞尿）即播種於溝內，覆土。播期在春分前後數日，一星期後發芽，一月後除草培土，并施水肥一次，再二十餘日，復行除草施肥培土一次，至夏至見梢端尺餘之葉已變色，即行收割，剝去其皮，晒乾後即可出售，每畝收麻皮約百斤左右。

（4）薑　分大肉薑竹薑二種，以大肉薑為多，濕潤地乾旱地皆適栽種，濕潤地收量較乾旱地多，但易腐爛。清明前後下種，立秋萌芽，霜降收穫。種後兩個月，壅土除草，及施糞水一次，以後兩個月，又壅土除草施肥一次。薑為菜食品，亦可入藥，能散寒驅風，又以糖蜜漬之，名曰糖薑，為該縣出口貨之，一年銷售幾十萬元，每畝約收二三十担。

（5）豆　種於旱地，有黃白黑色，因其色澤分為黃豆白豆黑豆，就中以白豆為多，各區皆有種植，但多為副業。種法於夏至節作闊大之畦，約直七寸，橫四寸作穴，每穴下五六粒，覆以乾厠糞，隨以薄土蓋之，一月後除草培土一次，經七八十日，莢黃則收穫，每畝收豆實一石左右。

（6）甘藷　俗名番藷　養分豐富，可為食料，種者頗多，其品種以等茶來四季仔為最佳　種期在秋間剪藷藤長約尺許，橫置於二尺餘潤之高畦，施下乾厠糞並壅以土、月間除草整蔓一次，因蔓伏地、隨處生根，牽起其蔓於畦上，令其根生長一處，則養分不耗，而薯身大，收穫期約在種後三個餘月，每畝可收一二千斤。

（7）花生　為砂質旱地作物，多與蔗甘薯輪栽，各區皆有種植，俗呼為地豆。清明前後下種，用點播法，每距六七寸開一穴，下種子二三粒，以乾厠糞壅之，並覆以土。管理簡單，發芽後除草一次，早種一百日可以收穫，晚種百三四十日，每畝收量約五六百斤。其實用以搾油，其氣清香，其渣可以肥田，利用甚溥。

（8）鹹草　沿海低窪之地，潮水淹沒，不能蒔水稻之園田多植之，厚街雙岡全州出產最多。種法用分根法，與種水稻無異，五六條爲一叢，割草後留根土中，根部發芽，又可收穫，約十年左右。若種後生力衰弱，則再行移種，施肥在四五至八月潮水低落時，施豆麵一次，或二次，每畝約一二百斤。收穫土質肥沃者，年可收割二次，初次在大暑前後，二次在霜降前，每畝每次約四五百斤至千斤，如土質瘦者，僅一次，收割後晒乾剖開爲二，束成大束，運往香港南洋一帶銷售云。

（9）菸草　多植於四區之清溪，七區之簪花嶺，八區之百花洞，經營者爲客籍人。栽培法，於十月播種，播種前浸水二三日，十一月至正月移植，先起高一尺闊一尺五寸之畦，畦底闊四尺，品字形植兩行，距約尺餘，每畝施豆麵草灰三四担，每日淋水，植後月餘，卽行培土施糞尿。迨將放花蕾，摘心摘芽，四月邊葉變黃，卽爲成熟，由下而上，隨熟隨摘，約摘四次，五月可完。採後分脚葉中葉頂葉三種，發酵乾燥，分類束成一束，發賣各處，每畝約得乾葉二三百斤。

（十一）園藝

（1）蔬菜

蔬菜有芥菜白菜茄韭葱薤蒜蘿蔔枸杞絲瓜苦瓜冬瓜西瓜黃瓜等種，其中芥菜以茶山所產爲最有名，枸杞以黃家山產者爲良，皮可入藥品，蘿蔔東坑產者爲良。苦瓜四時皆有，五月尤多，上述出產不多，不外縣城石龍大平附近鄉村，有經營出賣者，其種法與廣州相同。

（2）果樹

(A)荔枝　荔枝以五區之大朗坑尾，六區之橫岡西湖京山，七區之橫坑峽內，九區之石碣，爲其出產地。品種有黑葉懷枝香荔山枝三月紅糯米糍桂味等種，就中以黑葉懷枝爲多，而品質則糯米糍桂味爲佳。繁殖法，在立春前後用駁接法，將母株强壯者，削去外皮，長約三寸，一二日後，以泥和稻稿纒繞之，時淋以水，免防乾燥，一月以後，被削之周圍生長幼根，再經三四月，截斷之，可以移植。該縣所種苗木，多買自增城，少有自行駁枝者，植後八九年卽結果。管理每年七八月間，除草中耕一次，並同時於樹根下，掘穴施人糞尿或畜糞。收穫在四五六月間，每株約二十至五十斤，但一株中非年年有收穫者，有今年多明年少之弊。

(B)欖　散見於四五六七區之山麓，尤以六區之茶山爲最多，土人因此常呼爲欖山，有烏白二種，烏欖取其肉搥碎乾放，有霜如白鹽，謂之欖醬，將醃爲菹，名曰欖豉，色如玫瑰，其皮色鮮紅如茜，可以染物；白欖以鹽醃之，呼爲鹹欖，味頗適口。繁殖法，將種子播之地中，及生長高可五六尺，方行接木法。接時須擇雄木爲砧木，雌木爲接穗，三年後結實，第十年左右結實最盛，每年中耕施肥一次，夏至前收穫，每株約三四百斤。

(C)蕉　多種於水鄉，尤以樓滘左右諸鄉爲盛　品種有芭蕉香芽蕉，芭蕉幹高葉闊，果形肥大，香芽蕉較矮小，果形長瘦，但食味比芭蕉優異，故價亦較高。繁殖法卽以母幹旁所生之新芽，高約一二尺許，連根掘起，在清明節移植，先掘尺許深之穴，施堆肥爲基肥，每穴植一枝　距約一丈，一年後能開花結實，約三個月可收穫。管理每年中耕二次，施肥卽於中耕時行之，施人糞尿或畜糞，此外如根旁多生新芽，若不移植，則將弱者除去，僅留二三株而已。

(D)酸洋桃　俗名酸三稔，肉粗味酸，於春季播種，五六年後卽結實。年結實二次，六七月收一次，十二月收一次，每株約可收二十餘斤，多用糖或鹽醃，作爲糖果蔬食用。

(十二)畜牧

畜牧爲農家副業，無家無之，分牛猪鷄鴨鵝，就中以鵝鴨爲最大群，有至千餘羽者。茲分述如左：

(1)牛　多飼爲役用，分水牛黃牛，各區多飼水牛，因水牛不畏水，力又大。管理飼牛一頭，令一人牧之，每日放牧一次或二次，放牧歸後，牽往水塘飲水，並行沐浴，而黃牛則無須沐浴也。

(2)猪　爲日常肉食品，銷途甚大，農家多飼養之。普通約分肉用與種用二種，肉用種爲多，色黑白，飼養法與各處同。

(3)鷄　每家必飼養三四羽，無專業經營者，多放於屋內外，設木塒或竹籠以爲晚間棲宿，飼料殘飯米糠。

(4)鴨　鴨之飼養，九十區爲多，有專業營利者，分鴨母鴨仔，鴨母爲生卵用，年產卵百五十枚，鴨仔由小鴨養六十日即長大，大後可供肉用，重一二斤。日間放於收穫後之稻田或涌中，自行覓食。

(5)鵝　農民多飼養之，有專養生卵，以卵孵鵝仔者有專育肥而出售者。產卵之鵝，年分四次，每次七八枚，飼料鵝仔飼米碎菜葉，長大時以穀類菜葉飼之，每隻重約七八斤。

(十三)蠶桑

(1)蠶　養蠶乃二十年來之新起事業，該邑農民視順德人養蠶獲利之厚，乃起而爲之，集中於石龍附近及峽內坑尾大朗一帶。種桑養蠶各法皆倣效順德，蠶種分大造輪月二種，每年共養七造，春天三月起，養至九月止。蠶病有軟化黃殭紅殭白殭，以殭病爲多，各造中以二三造爲多。防除法，蠶發病後，蠶具用石灰水洗滌，蠶室用火薰之，頗收效驗，每年產額約繭二三千担。

石龍無繅絲廠，僅有收繭店，其秤繭用司碼秤，須九三折，而每兩銀又須九五扣。近年繭價既較低，又被奸商折扣，故此業亦進步少而退步多也。

(2)桑　爲剌桑一種，統計各區栽桑面積約五六千畝。栽培法係用分根法，春季或秋季行之，株間距離約五寸，行間尺許，每年冬擧行刈莖中耕　及五月八月中耕除草施肥二次，所施肥料人糞尿，或肥田料。採桑在三五八九十各月行之，每次每畝約四五百斤。虫害有黄毛虫，在夜間食葉。病害則以白黴病爲多，防除法，虫害則撒蠔灰，病害則尚無法也。

(十四)森林

該縣三九十區，地勢平坦，無森林之可言，四七八等區，雖峯巒層叠，大可經營，惟盗賊横行，政府未易保護，常受濫伐，以致濯濯，間有赤松散生而已。近來大嶺已開辦林業振興公司，該公司分植赤松果樹茶樹等，並兼畜牧，將來如能獲利，定多從風而起者也。

(十五)水産

莞縣濱臨江海，水産頗富，約述如下：

(1)鯉　有海鯉河鯉二種，河鯉出東江，以蘆村三椏海爲佳；海鯉生虎門外鹹水中，其味不及淡水産。

(2)鱸魚　有黄花白花二種，以夏時爲美，産虎門太平東江處，一年約大二斤，最大者約二十餘斤；淡水産者味清，鹹水産者味濁。

(3)蠔子頭　虎門出産頗多，取鹽腌之，銷售中外各埠。

(十六)農産製造

(1)製糖　製糖方法，糖業調查報告書，已詳細記述。兹約畧分述如左：

榨蔗。用舊式石磨，牛二頭或三頭牽之，蔗液在石溝流出，以桶盛之，普通每小時榨出蔗液三百至三百六十斤，其每百斤蔗搾出之液量爲五十八至六十一斤。

煮糖　分漏糖（白糖）片糖，缸糖（砂糖），粉糖四種。

漏糖　一灶設三鑊，一水鑊，二二鑊，三熟鑊，蔗液先在水鑊煮沸，用有孔銅壳拂取汚物，隨投以蠔灰，約無腥味爲止，加灰後用布濾過。其液分注二鑊煮之，二鑊水分將無，移於熟鑊共煮，而二鑊則再注以已濾之液，熟鑊糖液已濃，乃滴少許花生油，頻攪拌之，此時乃挑出少許糖液於冷水中，如不散開，則取出傾於圓錐形瓦器中，用鐵鏟攪之，如有黃泡浮出，卽取去之，如是再攪，約經十分鐘攪一次，約五六次，見無黃泡浮出卽止，而液將結晶矣。計每鑊二百斤，糖液可製出漏糖五十餘斤云。

片糖　與煮漏糖相同，不過不用布濾糖液，煮熟時放瓦盆中，頻頻攪拌，迨見有將結晶之勢，則傾於鋪有草蓆之木架，以木耙盪平，迨其冷至適度，置長木於架上，用錐於木邊劃之，卽成片糖。

缸糖　煮法尤易，熟後畧攪拌，傾於缸中卽成。

粉糖　糖熟後任其結晶，放冷擊碎而已。

（丷）草蓆　用鹹草爲原料，以小麻繩爲經，編成橫行蓆，或染作五色，織爲種種花紋，用爲鋪牀墊地，長闊不等。年輸出香港南洋一帶，約二三十萬餘張。

附林產製造

竹蓆　竹蓆多產自寮步，近莞城亦有製造。其法用黃竹刮去皮節，破開爲細條，中貫數行小繩，邊緣以藤結之，則潔滑平均，無纖毫隙罅，現又改爲光邊，尤爲精緻，價格每張一元至四元。

（十七）特產品及輸出品

(1)特產品

(A)女兒香　產於金桔嶺牛眠石鷄翅嶺等處，昔時須貢之朝廷，視爲珍品。其氣香而清，能除穢疫，上等一斤值七八元，下等約一二元。採取法，先斫樹頭之一邊，係在東面，次年又取樹之一邊，則往西面，三年則取南面，四年則取北面，周以復始，而樹無傷。

(B)青麻　俗稱火麻仔，產於五七區，屬草本植物，土人常和糖以作茶飲，能清大腸。其製法，將麻仁用水蒸之，然後傾入砂盆擂爛，用布袋濾過，取其水和以糖，即可供飲料，麻仁每升二毫。

(C)粟紅糯　產於三區水南，九區石碣一帶，用爲治腹洩病及健脾，但收量比尋常水稻少，故土人少少種之，以供藥用。種法，雨水後播種，谷雨插秧，大暑收割，管理施肥與水稻同，每畝收量約二担。

(2)輸出品

輸出之農產品，向無統計，據土人云，鹹草黃麻糖草蔗鵝鴨爲大宗，魚類花生黃豆荔枝薑蠶繭蕉亦不少，大都運往香港廣州南洋一帶。

(十八)農林前途之觀察

莞縣地位優良，出產豐富，水陸交通，極稱便利，惟農民智識固陋，墨守舊法，不知改良，遇有病虫害，束手無策，應將前設之縣立農事試驗場恢復，將各種耕作之新法 及病虫害之防除，試驗推廣，俾得有所取法，東西各區，時有水患，田園冲壞，應行濬治河流并修堤防。至林業則由政府獎勵種植，訂章保護，倘能如是，則莞縣農林前途，庶有發達之希望也！

（出自《广东农业概况调查报告书续编》上卷，一九二九年）

東莞縣農業概況

尹中興

(一)農業環境

本縣位於東江與珠江會合點，土地面積四、〇八〇、七五〇市畝，人口八八一、九三八(男四七五、四五三，女四〇六、四八五)人，水陸交通，堪稱便利，全縣交通之重心，乃以莞城、石龍、太平三處爲樞紐，對廣州香港方面，有廣九鐵路及廣九公路，南北貫通，橫跨全縣，爲全邑對外貿易之兩大主要交通脉絡，其餘縣內各區鄉鎭之公路幹線縱橫全屬，計有莞太、莞龍、莞樟、莞中、寮霄、寶太、常平、淸塘、淸樟、東樟……等公路全長二六〇公里，水路交通，則利用珠江及東江支流，河滘縱橫可行駛汽船，及舟帆等船隻，本縣之農產品，可循水陸方面運銷各地，異常快捷，此皆促成東莞農業發展之最大因素。

本縣之土壤，有珠江三角洲暨東江三角洲冲積之壤土，土質肥沃，其餘多爲砂岩、石灰岩、花崗岩所風化而成之砂土，砂質壤土、白粘土、紅粘土等較爲瘦瘠，其中尤以白粘土爲甚。因常年氣候溫暖，雨量充足，故適宜於水稻、雜糧、甘蔗及香蕉荔枝杧等果品常年氣溫平均爲攝氏二一度，最高爲攝氏三三度，最低爲攝氏五度，全年雨量以七八兩月爲最多一年總量平均一七八〇公厘。

本縣灌溉之水源，乃以珠江及東江流域爲主利用其潮汐關係灌溉其支流分佈於縣屬東南及西北，西南各部，橫跨全屬，供全縣耕地灌溉之面積約佔65%其餘少部份之山田，多利用溪澗之水流，自行築壆蓄水或自鑿山塘，以供灌溉，而所使用之工具，多爲舊式之人力水車，或用人力挑担，目下本縣正行開築寮霄運河中，使引導三區峽內之洪水經蓮花山拗由霄邊出海，增加灌溉面積，同時減輕本縣之水患。

(二)土地之利用狀況

甲、耕地

本縣耕地總面積二、〇三八、三六五市畝，佔全縣土地46.9%，各種農作物內含秈粳稻一、二二三、〇五九市畝，約佔全縣耕地總面積百份之五六、三，糯米六一、一五三市畝，約佔全縣耕地總面積百份之三，甘薯三五四、六九〇市畝，約佔全縣耕地總面積百份之一七、二，木薯六、三八三市畝，約佔全縣耕地總面積百分之〇、三五，芋頭四八、〇〇〇市畝，約佔全縣耕地總面積百分之二、四花生二四六、二四〇市畝，約佔全縣耕地總面積百分之一一、二，大豆七九、三七二市畝，約佔全縣耕地總面積百份之三、四，小麥六、一九〇市畝，佔全縣耕地總面積百分之〇、三，油菜子一二二、一二〇市畝，約佔全縣耕地約面積百分之五、六，豌麥豆四、七六五市畝，約佔全縣耕地總面積百份之〇、二四。

乙、林地

本縣之林地，其中以天然林佔面積九四、〇〇〇市畝，人工林佔面積二四、六〇〇市畝(內包括縣內厚街覆船崗一五、〇〇〇市畝，爲半天然及人力補植)。

丙、荒地

生荒：所佔面積二二一、七五〇市畝。

熟荒：所佔面積一〇、二一〇市畝此皆爲戰前開墾，後因戰爭影响，地方治安環境不良，管理不易，而行放棄耕植。

(三)農村之生產情形。

甲、農作物

本縣農作物之種類，普通以稻米、花生甘薯、芋頭、白菜、蘿蔔、小麥……等，稻谷遍佈全屬尤以珠江三角洲及東江三角洲一帶爲多，花生於縣屬三區各鄉較爲多植，甘薯、芋頭以一三四區各鄉爲最多，白菜、蘿蔔等，各鄉均有種植，小麥除三區有少數外，其餘各鄉均無。

乙、耕作狀況：

本縣農民習慣以季節爲耕植標準，每年三月(春分)前，開始春作種植甘蔗、花生、粟、芋、木薯等，四月(淸明)稻荳播種，五月(立夏)稻種移植，甘蔗培土(夏至)豆開始收穫，早造谷初熟，七月(小暑)稻小收，尾造谷播種，且宜種蔬菜，豆類，(大暑)稻大收，八月(立秋)晚造稻秧移植，(處暑)秋作開始，種甘薯、菠菜、豌豆、椰菜、蘿蔔，(白露)收芋蔴，種生菜、君達菜、菠菜、葱頭、收花生，十月(寒露)收木薯(霜降)收晚稻、十一月(立冬)冬作開始種甘薯、油菜、茄子、四季豆、豌豆、收甘蔗搾糖，至一月收秋薯及其多作物。

丙、經濟作物

本縣經濟作物之種類，大概可分爲水草、蔴、蓆草、甘蔗等。水草則多產於五區各鄉，其餘則分佈於全屬，其中則以甘蔗之產量較太宗，平均每年產量約二、四〇二、九六〇市担(合蔗糖三六〇、四四四市担)除供本縣自給之需要數量外，每年運銷廣州及香港之蔗糖爲數達二二〇、四四四市担，其收入約達二二、四八五、二八八、〇〇〇元本縣之蔴，多數爲黄蔴，其產量不多，每年約產一〇、〇〇〇市担足供本縣之自給。

水草每年產量約一六一、六〇〇市担除供本縣之消耗量外，每年運銷出口南洋各埠約一二〇、〇〇〇市担，其收入數約達一三、二〇〇，〇〇〇，〇〇〇元

菸草之產量每年約七、〇〇〇市担，其數不敷供給本縣之消耗。

丁、農村之副產品

戰前本縣之養蠶業，曾興起一時以三區常平、大朗、東坑、寮步、茶山等地爲最盛，後遭戰爭影响而陷於停頓，至今仍未有規復。釀造間或有之，但爲數亟少，且因經營規模簡陋，其產量不多，不敷本縣供應。農村之手工藝，多在利用收穫後之時間，作結繩織布，竹織，織草蓆，地蓆等項之工藝，成本較輕，運銷便捷，此類之工作，多爲婦女操任之。

戊、農村之特產

本縣之特種產品如水草，荔枝干，女兒香，烏杬，香蕉，大頭菜，堪稱特種產品，水草每年之產量一六一、六〇〇市担本縣五區一帶農村，每以水草之出產，爲經濟之重心，本縣之商人則利用水草織成草蓆，地蓆等，運銷外埠，爲出口商品，每年獲利爲數頗鉅。

荔枝干亦爲本縣之特種產品，每當荔枝豐收之年，本縣商人則利用荔枝以炭火將之焙乾，用木箱包裝運銷全國，及海外各埠，爲出口商品，輸出量頗鉅，其餘女兒香，烏杬，香蕉，大頭菜頭，亦爲本縣之特有產品，多運銷廣州香港等地，尤以女兒香爲全國有名產地，惟出產數量不多。

己、災害：

本縣之災害，多爲水災，而旱災，風災較少，水災的起因，原以東江之河流日遭淤塞，每遇連綿天雨，則河水因而氾濫，遂成水災，而縣屬曾爲受害之區域，則以東江三角洲上流一帶爲甚，受災面積約佔全縣25%平均每年或每二年一次，遇害之災區，則全部農產失收，損失亟鉅，現正興築堤圍防止水患以增生產。

庚、畜牧：

本縣牲畜普通飼養之種類，多屬牛、羊、猪、犬、鷄、鵝、鴨等。牛每年平均產量約達一一、二六〇頭，羊每年產量六、〇〇〇頭，猪每年產量約一二、二五〇頭，犬每年產量約一一、〇〇〇頭，鷄每年產量約三〇四、〇七三隻，鵝每年約產一一、三六〇隻，鴨每年約產二〇二、七一六隻、其用途，除牛用以幫助耕植，及搾乳，狗用以守門外，其餘牲畜，均充作日常肉食之用，牲畜之放牧多就其本村附近之草原，除耕牛在於工作時間，就田間放牧外，其餘均全數往外間放牧，天氣炎寒時，稍加保溫之棉具，對牛羊等類喂以稿草或熟粥等。

辛、耕作制度：

全縣耕地總面積——地主佔40%自耕農佔30%半自耕農30%佃農佔全縣農民55%

租佃制度——業主將土地直接批與佃農耕。

租佃之關係——業主與佃農。

租佃之輕重——分上田每市畝租谷250市斤，中田每市畝之租谷180市斤，下田每市畝50斤。

租期——按三年或五年一次或長期批與佃農謂之永佃。

壬、農民經濟與生活

1.本縣爲餘糧縣份，原足堪自給，農產品有餘裕時，則多運銷外縣每年可獲利三佰萬元以上，倘遇災害時，則本縣粮食不敷自給，戰前則由外來洋米補充，至於農民經濟不足之數，乃望豐收之年補塡之。

2.本縣農民生活，大部份均能自足自給，當每造收穫以後，對主要之食粮，則預行留下必需之自給數，所餘之數，便逐一變賣，以供衣料，燃料及其他生活必需日用品之消耗，每年農民之收支，大部份頗能相抵，惟有些小數純粹佃農，因要支持多方面的應付，間中或有週轉不便，而行向其他人揭借，而關於借貸之方法，有下面二種：（一）當每造下種以前，貸與谷種若干担，俟收成後，則如數交還（或原數叁份之一利息）（二）直接貸款，週息3%至10%查以上之貸欵手續，多屬信任性質，甚少立據或其他繁瑣手續——完——

（出自《广东农讯》第四期，一九四七年）

東莞沙田農業考察報告

梁光商

本校農學院，農藝教授丁潁先生，爲使各同學實地觀察，藉增學益起見，於八月十三日，偕同技師林亮東先生，及同學等共十三人：前赴沙田稻作試驗塲實習，并到太平，東莞，調查鹹水草之栽培，織造法等，至十五日始返校○茲將調查所得，報告如次：走馬看花，掛一漏萬，在所不免，尚希讀者教之○

1. 遊踪記略

八月十三日，晨六時半，由農學院起程，師長同學，一行十人，分乘汽車二輛，抵長堤太平渡碼頭，落聯安輪，林先生及同學二人已先到；輪渡雖不甚大，但頗整潔，尚稱安適○無何，船卽開行，時天將雨，同儕以閱報，看書，唱歌，奏琴，取樂；而宣傳賣藥者，踵相接，聊聽一二，亦消遣之一佐○十時飯畢，淫雨霏霏，搭客多入睡，稍頃，雨晴，步至船頭，烟雨迷漫，虎門在望，前有三山，横列江中，宛如水上浮珠，狀至可觀○二時半，抵沙角，虎門要塞總臺部在焉○舍舟登陸，約行五許里，遙見金黃色之田疇中，屹立白屋一座，宛若金氈托銀樓，此卽本校沙田稻作試驗塲也○抵步，稍憩，登樓遠望，南有圍堤，外有港汊，貫通於海，左右水閘各一，所以資啓閉，利灌放也○大堤蜿蜒，環繞南西北三面，禦潮汎也○中有廣漠平原之稻田約千畝，至堤外稻田，更不知凡幾，屬於本塲者約五十餘畝，類皆分區試驗種植者；各區品種不同，成熟期各異，青黃雜列，若豆腐乾然，說者謂井田制度爲豆腐乾塊者，於此試區間，或可想見矣○東面極目處爲高山，横列如屏障；山上有國防建築物，蓋虎門要塞範圍也。麓有民居，與西南田舍有異，或亦水陸性民族之所由分耶？移時，丁教授宣布開始田間觀察，就中試驗研究問題頗多，調查觀察，直至六時許始竣事。晚膳後，師生相偕出，泳者六七人，觀者凡八九，繼由丁教授解說水閘之構造，用途，及改良計劃，與夫取水分析之標尺設置等。無何，天色垂暮，返樓聽「教授，及本塲技助林竇二先生，講述鹹水田之耕種法。旋技工獲鮮蝦十餘斤，據稱係水閘排水時用網所捕者；平均每晚可提十數斤云；海岸魚蝦之利，於此可見。十時半，食蝦粥，稍談，即登樓席地而寢。時涼風習習，蚊蚋絕無，遠較廣州為勝。

翌晨，盥漱畢，沿堤向西訪問農村，三數茅屋，便成一村，屋用木架茅蓋，中鋪以板，面積約方丈，出入僅一門，有厨室畜舍二三間，較人住者，尤為淺窄，一家數口，日出而作，日入而息，以度其共同生活。查其氏族，則為蛋民，概受圍管（二手田主）招致以事耕者。詢其生活狀況，則慨然謂：『去年五谷不登米價平踐，耕二牛田，（耕田多少以牛計，每牛約耕八十畝）損失甚鉅，今改耕一牛，更不足食矣。農品跌價，穀賤傷農，雖偏僻海隅，亦難免于患。農村破產，影响之大，可想見矣。繼折向堤東行，排水溝中，小鴨數百，浮游其間，牧童二人，手持竹竿，上下擺動，低聲長歌，使鴨馴服。再東行約里許，越山腹，抵海岸；遠望沙灘，漂渺無際，水天一色；儕輩爭游水中，與洪濤巨浪相衝擊。往來其間，採蠔殼之精英，一若置身於金沙銀海，冀獲寶貝而歸者。採集既富，循原路返。途次互相品評，有如鯉魚，蓮花，或類匙羹，色澤；一經定名，愈形珍貴，此亦旅行中之趣事也。午飯既畢，休憩良久；即整衣履；參觀虎門砲臺。路經一新農村，據稱為虎門要塞司令所創建者；居民類皆蛋家，茅屋十數間，排列齊整，有禮堂一座，聞為平民夜學校址；草地一幅，顏其門曰新村公園，既無樹木，一片荒蕪，蓋村民不暇娛樂也。離村里許，樹林草木，鬱鬱葱葱，乃要塞範圍。轉落山坡，有一苗圃，育苗蔭棚面積約二畝，樹苗頗多，足見造林之至意。南行數十丈，抵中山門，時雨從後來，遂投刺參觀，由胡副官及譚技士領導前往，先登百草山，抵巔遼望，大小虎山，上下橫檔，沙角，大角，威遠諸島，錯雜其間，沿岸及諸島上，均見有堅固砲台，形勢極為險要；旋導往其他礮位，並由胡副官詳加說明焉。遊覽移時，胡譚二先生，招待茶會於消費合作社。四時許，返塲。旋卽調查稻作試驗，六時工竣○晚膳畢，相偕散步於南堤上，適有漁婦三四人，在閘口急流中，拉網捕魚，獲蝦極多，均覺喜形於色○旋與之借小艇，泛遊於田疇水溝中；迨夕陽西下，薰風南來，吹動稻穗，如浪湧波翻；所謂麥浪者，殆如是也○能遊歸來，又是新月懸空矣○師生環坐禾塲上，談農話，賞月光，尋織女，看牛郎，亦韻事也○而東面村莊，概入沉寞休眠狀態，只有一二燈光，在居宇樹林中，掩映微明而已○農村夜景，亦頗可觀，旋進蟹粥，稍談乃寢○

十五晨，略進早粥，六時半，乃整裝沿太平公路而返○行約四里，始離廣漠之鹹水沙田，而入淡水青山之境地○有蔣王二大村莊，東西相望，中隔田疇，公路縱貫其間；在鈎心門角之古式屋宇中，高聳出十數座之新式洋樓；據云：沙田業主，概屬二村○忽一回想，而富有階級性之兩幅村落畫圖，不意在腦海與眼簾中映出○八時許，抵東北村，調查鹹水草之栽培：該村人口二百餘，種草者居半，因無田耕種而赴安南者又百餘人○旋乘小艇，直泊太平市；十一時許，品茗於安樂園○隨卽參觀和昌，建夢，各蓆廠；及到阜源，時女工紛紛放工，街上婦女，貫手攜香燭，載欣載奔者絡繹不絕，蓋時屆七夕婦女乞巧故也○後到牟製革廠，規模頗大，有三十四馬力之發動機一架，其餘機器約值二萬餘元○惟以工人做節，提早放工 主人亦甚忙碌，不能詳問，頗以爲憾○一時半，搭莞太車，二時許，抵東莞城，歇息於縣立中學校○旋卽遊覽公園，園中樹林鬱茂，風景頗佳○三時半，搭太龍車，沿途鹹水草之栽培甚多，尤以厚街附近之面積爲最大，眞不知幾千畝也○黃蔴之種植亦多，從車窗上，可見有青莖，紅莖，紫莖三種，類皆整齊秀茂，出產諒亦不少；蓋同爲製地蓆之原料也○五時半，抵石龍，略進晚餐，卽乘六點四十分之快車返省，抵校已八時矣○

2. 實習情形

田間實習，分爲二組○調查觀察，計關於育種者，有：1. 純系分離試驗，2. 交配育種試驗○關於耕種方法者，有：1. 直播試驗，2. 翻耕密植試驗，3. 插秧多少試驗，4.

插秧疏密試驗，5.晚造遲插試驗，6.晚造撙插適種試驗等○關於土壤肥料者，有：1.排水灌溉盆栽試驗，2.硫黃石膏對於鹹土改良試驗3.硫酸錏對於米質及土壤之關係試驗，4.多肥試驗，5.肥料種類試驗，6.三要素試驗，7.田間排水試驗，8.水稻抗鹹性試驗等○其詳細結果，當另行報告之○蓋非本篇所能盡也○

3.農村概況

沙田之耕種制度，頗爲特殊○享有田產者，無論公田私田，概依慣例，以十年或數年爲期，於前秋定期標投，以高價者得○標得者卽爲圍管，（卽中間地主，或二手田主）乃由圍管於半僱用性質，招致疍民耕種○疍民向圍管租田，則依三七分租，卽收穫後，圍管得七成，佃戶得三成也○而疍民之承耕期間，亦無一定，有一年者，有數年者，大抵視圍管之喜怒，與佃戶信用之良否而定○故佃戶對圍管，常送禮物討好之○此種業佃制度，實形成沙田地方粗放耕作法之主因；因多加肥料人工，而佃戶所得無幾，反不如粗放少收之爲愈也○

佃戶租田後，卽以月息一分八厘利率，向圍管揭銀以應耕田之需，就其圍田之所在，建茅屋，買耕牛，普通耕牛一頭，可耕一小圍，卽八十畝○其耕種法，亦屬特別○蓋沙田概爲鹹水，必於春季淡水來後，始可開耕，因冬期多耕後，蒸發大，表面鹽分成粉白色；尤其初翻起時，若有雨打成點穴，則蒸發鹽分更多；反之，表面光滑之土，則反光力強，因蒸發而出之鹽分較少○然若淡水未起，均不能播種○因此，春耕恒較淡水地方爲遲；約在清明或穀雨，開始播種，芒種或夏至，開始插秧○早造插後，約十日左右，卽於行間植晚造種，名爲撙插○以避免早造遲收，晚造後植之害，早造插秧，行距甚濶，普通爲16×8寸○插後不施肥，亦不中耕除草○其管理之最要工作，卽爲灌漑排水○每一小圍內，約有平疇之稻田一頃（實則約八十畝），概無基壆，只有深濶各五尺之排水溝，依溝以爲經界○每一圍或數圍，於接港汊處，設一水閘○潮水長時，則灌水，水足閉閘；退時；復開閘而排之○若水過鹹，則閉閘以拒之○每年舊歷九月底，至次年三月底，水最鹹；六七月時，水至淡且濁，灌之可積肥。八九月，與三四月兩時期，鹹淡之變化至大；故在初九，廿三之潮水不甚長退時，，最要注意提防鹹水云。水之鹹度分辨法，普通用：1.煲茶飲之，以試鹹度高低；2.觀水色，黃濁則淡，反之則鹹；3.觀察沉澱之下降速度；4.觀風向，若吹東北風卽爲鹹水來之徵候，但最淡濁時則否；5.嘗味法，卽先食糖，後飲水以試之；6.觀來魚之種類等。然指揮啓閉者，概爲各地之積有經驗者，其鹹度辨認法，亦多秘而不告諸人。

早造最遲至八月底卽可收穫，收時，有在夜間行之，晝間則睡眠或捕魚蝦者，魚蝦甚多，卽每晚放水閘時，可得十數斤。但要時送圍管，尤其圍管生日時，須送較多之禮物，否則快要批田云。割禾時，或早造插秧時，往往僱用工人，每日工銀六毫，耕一條牛之田（八十畝）者，每年約須僱用工人百餘名之多；每於收穫時給谷以折工價。早造割後，晚造卽繼續生長。普通晚造收量，恒較早造爲好，以其生長期長也。而每畝年收量，約四百斤，每家耕田八十畝，連養鷄飼鴨，年約得五百元，食用約百五十元，雜費二百元，出入仍不能相抵云，至修圍壆時，則由圍管出本，佃戶出人工，合力以爲之。

最有趣者，則爲婚姻。問經雙方家長，允將其數歲之幼年子女成親後，卽訂定聘金若干，（大約二三百元）此後女方家長，得隨時向男方家長借錢，借時不論多少，雖數毫亦可借與，但錙銖必記，至所借之數，適與旣訂聘金之數相等時，卽爲女子出嫁之日。歸家後，卽爲夫婦，相安無異。是爲沙田蛋民之婚姻制度也。

4. 鹹水草之調查

鹹水草別名莞芏，古稱芏，一名夫王，又曰江離子，學名 Cyperus malaocensis, Lamrck, orcyperus tegetiformis, Rexburgh. 屬於莎草科之宿根草。莖細長，約五六尺，橫斷面爲三角形，爲織蓆原料。閩浙兩粵多植之，而以廣東東莞產者爲最有名，就廣東而論，以東莞厚街附近產量最多，涌口，雙江，太平均有出產，西江沿岸，德慶，及羅定，連灘各地亦有，計民國十三年廣東地蓆出口，凡值一百五十六萬餘両，（海關両）其數頗鉅。茲將厚街附近之栽培狀況，織造方法等，述之如次：

·鹹水草植於濕潤地方甚爲適合。農民種草之田，多屬租用，曩日每畝年納租銀十餘元，近以草價低落，仍需租金八九元。草種一畝，約需十元至二十元不等草種一畝可種三十餘畝。其植法，係將秋期收穫後殘存草田之下部，鏟起分株移植之。植後不中耕，亦不除草，因其株間狹窄，中耕除草，易傷根部有害分孽也。生長期間，灌溉排水，最要注意，普通多植於鹹水田，但有鹹水灌溉之淡水田亦可種之，年中有七八個月爲淡水者。種後，繼續灌水，但以田面僅能保持水濕爲度，蓋使空氣流通，陽光充足，地溫增加，發育健強，促進分孽，及基部之伸長易也。若灌水過深，則浸淹根際，草頭變黑或變赤，色澤不佳，價値大減，故灌水不宜過多。最好晚間灌水，以防地溫之放散。若天旱時，即插秧二三週後，雖不灌水，而田面乾涸，亦無防害云。施肥方法：平時不需施肥，於收刈前數十日施之，普通每畝施花生麩三擔，亦有施肥田料（硫酸錏）者，約須60170斤。用肥田料之田，次年要施80190斤，因其分解易而流失多也。肥田料每擔十餘元，工少易行，故農民亦喜用之。但施麩類者草重質美，強韌度較大；施肥田料者，草輕而質遜，強韌度較小，惟生長特快。施麩者六十日可刈，施肥田料者，五十日則可刈矣，若刈之過遲，則基葉萎黃，易受風害，折基倒靡，根部變黑云。

收穫時間：植後約經十個月左右，至次年七八月間，即可刈取。但肥田有經一百日之時間可刈者，則一年刈兩次也。收穫過早，收量較少，充實不良，強韌性缺乏，且其色淡薄，變色容易。若過遲，可多收，但色變褐，質脆弱，裂製時，卷縮不能完全，品質變劣。以基部充實，花蕾將開時，爲最適。收穫時間以晴天爲宜，若爲雨天，則草易壞。刈取後，除去枯基屑基及有病虫害者，將草結爲一束，運返家內以便調製。

調製及收量莖莖大，而爲三角形，不適於用。故於鮮草斷面，未凋萎時，破裂爲二片，而後乾燥之。破法，用一長尖形兩邊利之銅片薄刀，將草莖中部，由刀之尖端匀分爲二條。破草工作，男女大小，合家均可工作，一日可破草十把，(每把六十斤)，破工價錢，以2.5把爲壹毫，每日可得工銀四毫。陰天不利破草，因缺乏陽光晒曝，則草易腐壞，色澤不佳。破後，用手將每束之草撒開成半圓形，於庭園或道路上晒之。大約每畝收量，有十五六擔，生草六十斤，可晒得乾草壹拾斤。計乾莖對生莖上收量比率，約爲17%。每畝約得乾莖二百七十斤，乾草可藏一二年久藏之則發潮云。

蓆草之出售：普通農家，多非自行織蓆。乾草後，即視草之長短優劣，分爲等級，售之於市，亦有庄口到農家收買者。以頭部白色，莖部青綠，長短大小均勻者爲最好。上等草，每擔可賣四元左右，其次者，三元，最下者則2.5元。往昔艸價爲3—5元，去年跌價爲2.—2.5元。計每擔乾艸，需本銀15元。若種草十畝，要虧本50—60元。在此不景氣中，經營失利，實意中事。其他艸寮之建築與修補亦屬不貲。蓋搭一寮，面積約六井，搭工以井計，每井六元，需費三十六元，可歷五六年，其生活亦云苦矣。

織造法：第一步爲紡繩，其法將等大之艸二條，置於一舊式紡車紡之；亦有用三條者，而細草則合二條爲一也。紡繩以斤計，每人每日可紡十餘斤，可得工資二三毫，小女工亦能紡也。紡繩後，第二步爲染色。即依預定之種種圖案，將草染色，而後織成種種花紋之地蓆。若爲素光者，則不須染色。染時，用一大木尺，架於面前，將艸度之，乃置於顏料鍋(煮沸)中，染成需要之顏色；計其色有紅色，天青，黃色，薯莨等；其顏料多購自德國云。第三步爲牽經。經絲用黃蔴，以密者爲好。將經絲掛於機上，機之構造極簡單，有二柱，上架一橫木，中有簆，及箝板各一；其濶有一碼者，有數碼者，視織蓆之大小而異。經絲排妥後，第四步爲織蓆，每機二人，一人持竹穿繩，一人翻簆，壓繩，收口，大張者三人，一穿二壓。織成後再經晒曝，包捲，而出售。此織造法之大概也。聞河南有用新式機械織造，而印成種種花紋者。

工廠之設備：織造概爲公司之大經營，査大平市有庄口數十間；專司運銷地蓆與蓆草於香港者，亦有三間。和生，建業，阜源等規模較大。茲就和生言之，計有新式紡艸机二十餘架，爲香港深水埗鴻興機器廠出品，其餘織造機有五六十架，俱爲舊式之手織機，織造工人，概用女工，約有七八十名，每機需工人二，每日可織二十至三十碼，無花者可織四十碼，工價一・一元，總計每日出蓆約三千餘碼云。

製品出售：織品普通幅一碼，長四十碼爲一卷，每卷需乾草 40—70 斤。有花紋之地蓆，大至二三方丈者亦有之。織品以有光澤，富彈力，草之大小均等，經絲多者爲佳。地蓆之上焉者其經絲達一百六十條云。查由洋庄口，輸出歐洲各地者，據海關統計 1913—1915 年之輸出額如下：（此外乾草之輸出香港者亦不小。）

	1913年		1914年		1915年	
	數量(捆)	價格(海關両)	數量(捆)	價格(海關両)	數量(捆)	價格(海關両)
廣州	157,259	1,220,329	113,472	885,084	62,486	456,150
九龍	105,205	816,391	73,522	575,677	50,683	371,506
合計	262,464	2,036,720	186,994	1,460,791	113,169	827,656

查蓆草之栽培，爲東洋特產，日本出產頗多，但其質則非我國可比。基上所述，具見東莞蓆艸之出產爲數非少，惜其製造尚爲手工業，未能利用新式機器；倘能改良耕織，注意經營，則利源之開發，誠非淺鮮也。

5. 蟹寮訪問

蟹爲海產，鮮有知其須經飼養者。路過太平，見養蟹之設置甚多，因往訪之。據云：每寮五塘，每塘面積約一畝，係將田坭掘起爲基，深約五尺，爲平底。基壆上，概用竹竿密圍之，所以防蟹他去也。當春天淡水起時，即由廣州，或汕頭，澳門各地，收買瘦蟹（每擔價約二十餘元）

，運返後，放於塘中，灌以鹹水，平時貯水二尺，暑天增至三尺或五尺，冬季三尺左右，在二八月溫和天氣，則二尺五寸爲適，每月注鹹水二次，隨又換以清水，時或因水不適，而死去甚夥云。其飼料爲生蜆，養蟹一擔，需蜆六擔。每蜆百斗，價值四元。死蜆不適也。養肥後，分膏蟹與肉蟹兩種，膏蟹係由雌蟹養成，厴大，成長方形大者邊茸毛，其小者無有也。厴內藏有膏質甚富，富蛋白質，所以形成卵者。肉蟹乃成自雄蟹，厴細，畧成三角形，無膏，而爪圓多肉。將肥蟹置於酒釀中，經月餘，即爲醉蟹云。計每年可養四五次，春季爲第一次，約需十日至二十日。夏季亦宜，八月後爲末次，則需時三月之久，因天氣漸寒，蟹藏泥中，少出覓食也。蟹肥大一次，即退殼一次，因其爲貝殼，肌肉擴張，即須破殼而出也。由蟹仔養成膏蟹，需年餘之時間云。聞經營是業，需資六七千元，每年可獲純利數百元，此農家之最好副業也。

（出自《农声》一百七十九—一百八十期合刊，一九三四年）

東莞縣經濟調查報告

本路沿線經濟調查員譚伯偉

廿六年七月十二日，隨同馮隊長漢元赴東莞縣城調查經濟狀況，上午八時乘快車至石龍站，轉乘莞龍公路長途汽車赴東莞縣府請求協助工作，當由縣府派出第四科王科長科員周作霖接洽，並蒙王周兩君指導各種工作，均得順利進行，實深感謝，玆將此次隨同馮隊長出發調查所得印象，概述如下文。

位置、地形、面積、

東莞縣爲粵省五大縣之一，人口約近百萬，地廣物博，交通利便，形勢重要，爲珠江之門戶，其地位於本省之中南部，形畧長方，東西長而南北短，西部自石龍以西，屬廣州三角洲範圍，東界惠陽，南毗寶安，西接番禺，北與博羅增城分界，地勢以東南兩部爲最高，多崇山峻嶺，有銀瓶咀山，高約九〇〇公尺，爲全境最高之點，中部岡陵起伏，地勢亦高，北部附近東江之地，漸趨平坦，西部爲東江與珠江滙流出口之處，形勢低陷。境內陸地面積，據陸軍測量局統計有八千二百四十二方里，伸合二七三四・八八方公里，即約一〇五六方英里，至全縣面積，連水道包括在內，約有九千二百六十六方里。

地質　土壤

該縣地質，其屬岡陵之地，火成岩居其大部，水成岩次之。火成岩之種類頗多，依其露出情狀，約可分爲三類。

1. 石英斑岩
2. 塊狀花岡岩
3. 片蔴狀花岡岩

水成岩部，多屬紅色岩層。

此外由縣城至虎門一帶，爲東江冲積平原，居東江入海之處，河流交錯。所積沙泥、來源甚遠，故其中不免有由珠江帶下混合積成者。

土壤大約可分爲下列三種：

1. 山岡原生殘積土：山岡高地均屬之，佔全縣面積最多，大抵皆原生殘積土由岩石就地風化並經溶提積聚而成。

2. 谷底沖積土：凡在岡嶺間之底下坑地均屬之，其構成物質，大概由於坍近山岡風化殘餘之土受雨水沖下積聚而成者居多，間亦參雜附近江河帶下之物沉積而成

3. 河流沖積土：凡基于河流運帶物沉積而成之土壤均屬之，占全縣面積次要地位，爲稻作產物之主要區。

水利　交通

境內大小河流，均以東江爲總滙，東江自東北部入境，自石龍以下，分爲兩大支流，再分爲若干小流，其形如網，繞西向南而入於海，縣城以東之境內小河流，發源於中東南三部山嶺者，均趨向北部而經東江，其大者爲九江水，觀瀾水，貫通中部，統觀全境水利，除東江固屬重要之運輸航路外，其他小流，於農田水利，區間輸運，均有相當利益，惜近下游之處，常於春夏之交，甚或秋冬之季，仍有水患，自東岸基圍築成，潦禍遂減，年前廣東治河委員會與中區綏署，及東莞明倫堂提倡在石龍之南近茶山處建塞淡水閘，以防水患，而資灌溉，閘內低地之受捍衛利益者，奚祗千頃有餘。

該縣交通，陸有本路自其中部之石龍入境，向南迤東而過縣內各大小市鎮。公路開闢約二十餘綫，計長五百五十里強，其已築成通車者計有龍太公路，莞樟公路，寶太公路，清樟公路，觀天公路，清塘公路，清東公路，塘天公路等共長三百餘里，在建築中者有龍潢中公路，常梅公路，龍橋公路，寮邊公路，塘梅公路，塘橫公路等，共長約二百里，計劃尚有常大公路，東塘公路，莞濟公路，觀梅公路，北高公路等。至於縣城及市區內之三合土馬路，計一二區共有約八千尺，三區亦相若，太平鎮則有一千八百

尺強

水道交通則有東江及其支流，終歲通航，運輸利便，惟南部與極東一隅，距離鐵路水道均遠，交通畧嫌不便耳。

氣候　農產　林場

縣境距離廣州之東，不過百里，其氣候約與番禺縣或廣州市同，惟其地位稍趨於南，故極南之部，早春晚秋，氣候畧暖，稻田播種與收穫，較別處常早二三星期，惜縣內無氣候觀測器具，其變遷情形，無從稽考，然以廣州之氣候紀錄推之，或相差不遠也。

全縣農產，以水稻爲最大宗，蓋全縣稻田面積，約有一百五十一萬華畝，每畝耕作早晚兩造，平均可收稻穀四担之譜，共得六百餘萬担，除本地消費外，約有二百五十萬担運銷於外，其次則爲甘蔗，占該縣農產之次要地位，境內第二、五、六、七、八等區，多植竹蔗，用以製糖，年產糖約可二十萬担，總值約在三百二十萬元，又次則爲蓆草，厚街附近，雙岡，官美夏一帶，生產尤盛，草田面積約有三萬八千畝之間，每畝每年平均產草十担，共計約三十八萬担，每担估值四元，共約值一百五十二萬元之數。此外植蔴占地亦廣，爲近年農產得意之作物。至其他雜糧，水果等作物，散見境內各區，荔枝出產較盛，茶山附近所產稱茶園黑葉者尤爲遠近知名。

關於林場之舉闢，該縣曾於廿二年測定黃旗山一帶三千餘畝爲林場地址，嗣因限於經費，造林祇五百畝餘，旋被無知鄉民縱火焚燒，所餘不及百畝，廿三年春，又造林一千一百九十餘畝，連補植及去年造林面積共一千六百四十畝餘，所植林木，以赤松爲主，有加利，合歡，油桐，森樹，黃槐，白槐等次之。據前年統計，赤松約五十三萬穴，其餘樹木約有萬三千株，至各區造林面積，計二區羅村約一百畝，五區大朗約一千二百畝，六區茶山約一百畝，八區河田約一百畝，十一區太平，懷德，南沙等處，共三百五十餘畝，共約一千八百五十餘畝。

工業　礦產

該縣工業，以製造炮竹及草蓆爲多，五六年前爲炮竹製造之全盛時期，製造工廠達二十餘家，製品運銷省內外及南洋美洲等地，年値粵幣三百餘萬元，嗣硝磺爆烈品物徵稅過重，物價飛騰，一方又以行炮竹花稅率太高，以致成本奇貴，售價特昂，職是之由，銷路日弱，其一部份資本較活之商號，爲便利經營起見，多遷澳門或廣州灣等處設廠製造，以期避免硝磺專稅及炮竹印花等費，一面又可就近銷售出洋，減省運輸手續費用，則貨價稍輕，銷塲自暢，尋而各家廠口，亦僉以遷地爲良，紛紛他徙，夫彼長此消，理有固然，不數年間，縣內炮竹製造工塲，現在僅存六七家，苟延殘喘，綜計每年出品總値，全數不過六十萬元，回首當年，不勝今昔之感！

炮竹之製造，先將所需各種紙料，勻染色澤，曝乾之，然後切紙爲條，捲而成筒，截作段，長及寸，再醮以水，置於木器，研而實之，而炮竹遂具雛形，復經裝藥，插引，編結，裝璜等工作畢，即能上市，其歷程計經十八重手續。

1. 開紙：將原來紙料，逐頁分開，以便染色。
2. 染色：將紙張勻染各種色澤，紅綠黃各色尤多。
3. 曬紙：紙張染色後，曝於日中，乾燥可用。
4. 切紙：將面紙切成六十八米達長，二十米達活，底紙切成八米達活，長度與面紙同。（指普通細小炮竹而言，）
5. 捲條：以底紙兩張，面紙一張，鐵骨爲心，搓之成條，旣成，將鐵抽出，外直中通。
6. 綑紮：將捲成之紙條三百五十枝綑成一束。
7. 截筒：將紙條截爲小筒，大約每一束紙條，可截成一英寸高之紙筒八千筒。
8. 搓筒：以紙筒略醮水，置木製機械上搓實之，搓成後，筒雖紙製，而甚堅硬。
9. 打餅：將經搓紙筒，以幼繩縛束，形狀如餅，每餅計有紙筒一〇〇九筒，名曰打餅。

10 塞尾：已經打餅之紙筒，首尾洞開，須將一端閉塞，以便貯藥。

11 蓋頭：塞尾完竣後，用薄紙醮水將未經閉塞之一端蓋貼，因每餅紙筒除貯藥之孔外，餘隙甚多，故須蓋頭，以妨耗費藥料。

12 開口：每餅紙筒，既經蓋頭，則貯藥之孔口，同時一律封閉，又須逐孔刺通之，如是則貯藥之孔雖洞開，餘隙依然封固也。

13 貯藥：將配合爆烈藥粉，置於已開口之每餅紙筒上面，柔力勻鋪之，自能漏入貯藥孔中。

14 插引：貯藥既畢，安引其上，（炮竹引係以紗紙炭粉捲成之）

15 塞口：插引後，再將炮口閉塞，炮竹遂成。

16 裝璜：以各色彩紙，裝飾炮竹之表面，鮮艷奪目。

17 編結：炮竹裝璜後，即編結成串，每串由四十枚起，至數萬枚止不等，惟炮竹業之行中數目，號稱一萬枚者，而實際祇得四千枚耳。

18 包裹：將已編結之炮竹，包裹完好，即可上市。而炮竹製造之歷程止矣。

炮竹藥料，以白藥爲主，硫磺，銀粉次之，炭粉爲引，蓋白藥炸力上衝，硫磺則向橫爆發，銀粉易燃而有光。炭粉則用爲導火線焉，發放之際，響聲震耳，火花射目，藥物之配合份量，大約白藥占十之六，硫磺十之三，銀粉十之一，然亦有以土硝，硫磺，炭粉等物製造者，成本雖較減低，惟燃放時遠不及白藥銀粉製造者之閃亮奪目也。

至各種原料價值，茲幷估計如次：

白藥：每桶重八十斤，廣州售價約七十四元，香港售價約四十五元。

銀粉：每礶重十斤，廣州售價約四十二元，香港售價約三十元。

炭粉：每担約值粵幣十五元。

硫磺：每斤約值粵幣二三角之譜。

土硝：未經煮煉者每担約值四十六元，已煮煉者約值五十五元。

面紙：每担約值粵幣十七元佳者值廿四元（即炮竹之表面用紙，多產南雄和平等處地方）

底紙：每担約值粵幣六元（即炮竹之捲心用紙貨多由廣西來粵。）

染料：紅色染料每担約值粵幣二百五十元，綠色約值三百元，大概染紙一百斤，需染料四斤左右。

炮竹之銷售地，大約國內占十之三，國外占十之七，南洋一帶，銷場甚盛，美洲各埠畧遜之。其出口途徑，多係集中縣屬太平鎮，由渡船載往省港，售與洋商轉運外國行銷，流於國內者，除粵省銷費外，一部則由滬輪運至上海卸貨，所有各項運費，均由買家發付，至購貨交銀期限，大約與洋商交易，多係定爲一星期，國人往來，則可延至兩星期或二十日不等。蓋我國民族，素重道德，誠信相孚，闤闠經營，千金一諾，非有意外，從不爽言也。

粵省草蓆業，風稱暢盛，其輸出價值數字，占全國總額百份之七十三強，草蓆所需原料，均係就地取材，蓋省內各地蓆草產量極豐，農人多視爲主要作物之一，綜計全省蓆草產量，每年可收五百九十餘萬担，尤以海康縣出產最豐，東莞縣居其次焉。

東莞縣屬，太平鎮，厚街，雙岡，官美夏附近一帶，蓆草耕作面積約有三萬八千餘畝，每畝每年平均產草十担，共計約有三十八萬担左右，其蓆草業之盛，概可想見矣。

蓆草種植畧如種稻，於農曆正二月間下種，六七月即可刈穫，肥沃之地，產草高者及五六尺，刈後，每草分破爲二，就日曝乾，分別長短，捆紮成束，每束約重五十斤，肩負墟場，每百斤售價平均約在四元之譜，總計共值一百五十二萬元。

織蓆工場規模甚小，多設於縣內太平鎮，及連灘之間，從業工人甚衆，旺月時期可臨時鳩集，淡月時，則別謀生理，織蓆用一木機，狀似織布機而略大，機有筬，爲堅木製成，較織布之筬稍長而粗，苧蔴爲之經，蓆草爲之緯，先取蓆草分別長短粗幼，浸入水，半小時出之，穿蓆經於筬中，前後推拉，上下移動，蓆經開闔，則加草一條，筬向下壓，使草密接，又屈其根端，以爲蓆之邊緣。循序漸進，至一定長度乃止，至兩端經絡，俟售入蓆庄後，再行僱工編結，每具蓆機，司事者二人，如織花蓆，則另一人專司扯花工作。如布然。

織造草蓆分扁草及扭草兩種，扁草蓆即以原條蓆草織成，臥蓆及蓆包多屬之，扭草蓆則先將兩草扭結成紆，然後製蓆地，蓆多屬之，蓆之花式分雜花，時花，扯花，及印花數種，雜花，時花，扯花均先染色於草，後用機織成花紋，印花者則將既成白蓆覆以雕通花紋之洋紙，醮色塗製之，有印複色花紋者，塗色至數次始成，此種工作，多由蓆庄僱工處理，印花後，入爐用熱汽蒸乾，花紋乃不脫色。

蓆之名稱甚繁，有以形狀名，有以暗號名，亦有以英文名者，光怪陸離，非業此者不辨。其尺寸之大小，參差不齊，視運銷地之需要而定，每蓆面積，普通由尺五寸起至七尺餘，長有達十丈不等，其運售數量單位，亦不一定，有以八十張爲一件者，曰八十庄，而三十庄，十庄，五庄，在所均有，因其種類繁雜，致每件價亦甚紛歧。考其輸出地域以外國爲大宗，國內因有江，浙，溫州，寧波等地，亦以產蓆著，故銷售甚少。至國外銷場以英國爲最大，荷蘭畧遜之，法，德，美，印，則又次焉者矣。

(附草蓆工廠調查表)

東莞縣草蓆織造工廠調查表

廠名	地址	職工數量	資本額	出品種類	原料種類	原料來源	備考
和盛	太平	男一百五十人 女一百人	九萬元	草蓆	草繩	土產	銷場多在外埠製造以人力爲主
和生	仝	男八十人 女一百二十人	五萬元	仝	仝	仝	
天成	仝	男五十人 女七十人	四萬元	仝	仝	仝	
建業	虎門寨	男三十人 女九十人	九千元	仝	仝	仝	
阜源	仝	男二十人 女七十人	七千元	仝	仝	仝	
利昌隆	仝	男十五人 女六十人	五千元	仝	仝	仝	
惠昌隆	仝	男十二人 女六十人	三千元	仝	仝	仝	
利興隆	仝	男十五人 女五十人	三千元	同	同	同	

永和隆	同	男十二人 女六十人	三千元	同	同	同	
建棧	同	男二十人 女八十人	四千元	同	同	同	

該縣草蓆之運輸方法，多在石龍及太平鎮爲出口總滙，由渡船分別運往省港，交辦庄躉售批發，其在石龍出口者，間亦有由本路代運，頗不在多數也。

花生米？爲東莞縣農產之較大宗者，除供本地食用消費外，餘均用以搾油，故該縣搾油工業，昔曾甚盛，近年農人多植蔗蔴等作物，花生產量漸稀，同時又因農產稅率征收過高，運售困難之故，此業日形衰落，降至現在，縣城搾油工廠，僅存六七家，每家雖有搾油槽五六條，惟開搾只一二槽而已。故其產量祇足供本地食用，無運銷外地之可能矣。

搾油工作大概係先將生仁蒸熟，晾乾，磨成細粉，廣州製油工廠，多用電力發動機，利用機器磨粉，惟該縣油廠磨粉，仍係用舊式砍舂爲之，工作甚緩，生仁成粉後，踏爲大麵，置於油槽，搥壓之，油液遂由槽下小洞流出，乃將大麵出槽炒炙，踏爲細麵，每個重量約一斤，復入槽將尾油搾出，工作始完，大約每槽需用生仁三百斤可搾油一百三十斤，至一百四十斤不等，餘麵則售爲肥田之用。

縣屬樟木頭，常平，南沙一帶，產礦頗多，尤以錫與石爲盛，年來商人集資開採甚衆，惟未見有若何成績，茲將該縣礦區表列如後。

附東莞鑛區調查表

東莞縣礦區調查表

地點	礦別	礦質	面積	曾否開採	交通狀況	開採者	備考
樟木頭田心鄉	錫	平常	三十八公頃三公畝四分五厘	試採	利便	蘇明	
風門鄉	仝	仝	七公頃七十畝	仝	距樟木頭車站十里	傅紹謙	
常平鄉城洞	仝	仝	五十九公頃五十四畝	仝	距樟木頭車站11里	蘇鳴一	
樟木頭旂嶺村長坑	仝	仝	三公頃七十一公畝	仝	距樟木頭車站十里	鄭梅村	
常平朗基圍銀坑	仝	仝	未詳	仝	利便	沈香林	
田心白果洞	仝	仝	仝	仝	利便	張景芬	

常平刁塱村	仝	仝	七百二十公畝	仝	仝	胡樹森	
樟木頭大窩山	仝	仝	二十七公頃九十七畝	仝	仝	蔡麗堂	
南河牛埗山	石	尙佳	未詳	開採	不便	協成公司	
南河鄉	仝	仝	仝	仝	仝	碩利公司	
枕箱山	仝	仝	仝	未	仝	王友竹	
南河鄉	仝	仝	仝	開採	仝	陳玉	
鵝鴨山	仝	仝	仝	仝	利便	福泰公司	
南河鄉	磁土	平常	仝	未	不便	廣源公司	
樟木頭	錫	仝	同	開採	利便	利興公司	

名勝古跡

該縣境內名勝古跡甚多，其著者有宋代建築之象塔，明萬歷時建之榴花塔，惟以年湮代遠，風雨剝蝕，不無所傷，年前邑人劉品甍等捐欵修葺，煥然一新，鄧縣長慶史並爲之記，茲附錄如後，榴花之所以建，讀此當明梗概矣。

重修榴花塔記

夷考邑乘，塔爲明萬歷間鄉先賢袁昌祚，袁應文所倡建，蓋以溫塘諸鄉，以兩溪爲帶，出峽而通東江，故於此地鎮以塔也，時代遞嬗，由明而淸而民國，於今幾四百年矣，風雨剝蝕，雷電轟礴，不無所傷，加以鄉人迷信，竊取磚石，累日有加，不有重修，恐將湮圯，邑人劉品甍等倡義務捐，鳩工堊墁，補漏塞缺，塔基以固巍然奐然，書曰：惟德其物，自茲以後，登斯塔者，其亦念先賢之經營不易而愛之護之，勿介有所損乎，斯塔高踞山巔，俯瞰銀塘，花溪，我漢族英雄熊將軍曾集義民抗異族於此，懷古愴今，思慕之情，不禁悠然而生矣，夫豈徒爲山川鎮壓物已哉。是爲記。

關於東莞縣經濟調查工作尚多，此行因時間忽迫，未能諏諮博訪，罣一漏萬，自在意中，且俟將來本路沿綫經濟調查工作全部完成時，容當有以補之也。(完)

(出自《广九》季刊第三—四期，一九三七年)

東莞縣調查報告書

本隊在博羅調查蕆事，卽轉赴東莞，業於六月十日，調查完竣，玆將該縣政治及經濟狀況，畧述如下：

⑴ 位置與人口　東莞地處吾粤中區，爲一等縣治，東鄰惠陽，東北連博羅，西隣番禺，南接寶安，西南界中山，西北界增城，縣屬劃分十一區，地方遼濶，人烟稠密，關於自治方面，尙有多數鄉公所，仍未成立，人口亦未調查完竣，現由各區鄉鎭人口約計，所報難免䟽漏，玆將各區鄉鎭人口數，分述如下：第一區城內，一鄉一鎭，人口一一四一八，第二區城外十二坊，四十七鄉一鎭，人口四九九八七，第三區石龍，九鄉一鎭，人口九四一七六，第四區淸溪，十一鄉，人口九四九七〇，第五區常平，十五鄉，人口一二五六二八，第六區茶山，九鄉，人口六〇一八〇，第七區寮埗，二十三鄉，人口五八六五九，第八區厚街，十五鄉，人口四八七六三，第九區到滘，十八鄉，人口三〇一七〇，第十區中堂，三十九鄉，人口八五九六八，第十一區太平二十九鄉，一鎭，人口七八三五〇。

⑵ 物產　查境內田地，約計一四五五〇〇〇畝，水田以第一，二，三，六，八，九，十等區爲最多，旱田則以四，五，七，十一等區爲最多，物產以穀，糖，花生，蓆草，爆竹爲大宗，黄蔴，荔枝，臘腸次之。常年產穀四百一十萬石，以第三，四，五，七，八，十等區爲最多，除供給本地外，尙有多量運銷於廣州。年產蔗糖二七五〇〇〇担，以三，四，五，六，七區爲最多，花生出產，以四，五，七區爲最多，全縣合計產量，二〇〇〇〇〇担，第八區之厚街，涌口，白壕，溪頭，雙崗，第十一區之上沙，南沙，下路崗，白沙等鄉，地處濱海，出產蓆草，足稱繁富，該草爲織造地蓆之原料，故以上兩區人民，織蓆爲業者尤衆，據業此者言，在民十六七年時，運銷於金山，花旗，日本等地之花蓆，年値四百萬元，至十八九年時，尙屬平穩，惟自二十年後，日形衰落，已減十之八九，至去年冬，銷量驟增六七倍以上，殊有恢復原狀之希望，若能因勢利導，力予提倡，當此農村崩潰中，亦增加生產之一助也。至縣城所產之爆竹烟火，夙所著名，在民十八九年時，運銷於金山，花旗，安南，及省內各地者，年値四百萬元，自二十年後，因澳門設廠製造，以稅率重輕之關係，遂致銷量日減，現亦已減十之八九矣。黄蔴出產，以二，三，七，九，十等區爲最多，合計年產七〇〇〇〇担，運銷於廣州，荔枝出產，亦屬不少，常年產量，約七八〇〇〇担。東莞臘腸，亦頗著名，製造最頁者，則爲城內江祥記，誠以風色氣味，調劑得宜，

故能暢銷一時，朶頤稱快也。綜上觀之，該縣物產，足稱豐富，惟近年來，貨失其值，兼以歉收，農村經濟，遂日形枯涸矣。

(3) 交通　有廣九鐵路經三，四，五，六等區，以通省港。公路：省道有東樟省路，縣道有莞樟，寶太，龍太等，鄉道有九：曰清塘，清樟，東清，塘天，觀天，常梅，奮勇，克敵，威武等，莞樟公路，由莞城至大朗，現已通車，由大朗至樟木頭段，橋樑尚未完成，其餘各公路，均已築成，現尚計劃興築者，有龍僑等公路，全縣共有鄉道六十七條，合計路線，長約五百五十餘哩，已成者二百餘哩，在建築者約百餘哩，在籌建中者約二百餘哩，水路有輪船可通惠，博，省，港。電話設置，尚稱完備，除縣屬各機關團體，各區公所，公安分局，以及各商號，均可通話外，并有長途電話，能與鄰縣惠陽，增城，及廣州通話，至第一，二，四，五，六，十一等區，各鄉多有裝置電機，與區公所駁線，其餘各區鄉，多因籌欵窘難，尚未設置，縣屬已設郵局及電報局者，計有縣城，石龍，太平等處，各區亦有郵務代辦所，該縣水陸郵電之交通，均稱利便。

(4) 教育　縣屬教育，頗爲發達，有縣立私立完全中學各一間，共有學生四七六人，縣立初中一間，學生一五〇人，縣立簡易師範一間，學生一一五人，完全小學一七三間，學生二〇七四一人，初小二二四間，學生一二八三五人，社會教育，有民衆教育館一間，圖書館三間，附設博物館，民衆學校十二間，學生八三〇人，職業補習學校三間，學生一八六人，識字或問字處二所，閱報處或閱報牌十所，公共體育場一所，公園三所，全縣以一，二，三等區，辦理較爲完善，其餘各區，則因經費支絀，設置簡陋，僅具規模矣。

(5) 公安與警衛　全縣共有公安分局十一所，按區分設，所有警察，均屬站崗，辦理尚强人意，縣兵一中隊，駐紮縣府，警衛常備隊，共有七中隊，除第五中隊缺一小隊外，其餘各中隊，均足三小隊兵額，統計隊兵，七百二十名，各區鄉後備隊，亦已編妥，該縣治安，在民元以來，匪氛頗熾，自辦聯防警衛以後，所有股匪，次第肅淸，刻下雖有少數散匪，惟經警隊隨時嚴密踪緝，亦已不能活動，故地方安謐，村落鮮驚。

(6) 商業　縣屬商塲，最繁盛者，則爲第三區之石龍鎭，附城十二坊鎭，第十一區之太平鎭等處，其餘各區，各有三數商塲，惟商業不甚發達，查石龍鎭，水陸運輸，均稱利便，故各地貨物，雲集於此，於省佛陳外，稱巨鎭焉，共有正式商店約千間，其所販貨物，以穀，米，油，鹽，蔗糖爲多，附城十二坊鎭，亦有商店千間，商品以黄蔴，荳，油，爆竹爲大宗，太平鎭卽虎門，直通省港，有商店四百餘間，商品以花蓆洋貨爲大宗，惟邇年來，以百業蕭條，每况愈下，因之人民購買力銳減，雖以上列各繁盛商塲，亦爲潮摧波撼，陷入茶然不振狀態矣。　　調查隊第三隊主任游　熙報告

（出自《统计月刊》第一卷第十期，一九三五年）

從化縣農業調查報告　民國十年

李翹芳調查

(一)位置

從化縣屬流溪水上游。東界龍門增城。南界增城番禺。西南界花縣。西界淸遠。西北界佛岡。北界新豐。縣治現分二十區如下。

	區署所在地	位置		區署所在地
第一區	城內	附城	第十一區	錢崗村
第二區	荷村	中部	第十二區	陂下墟
第三區	街口墟	中部	第十三區	棋杆墟
第四區	沙隙	東	第十四區	白鶴橋
第五區	荷太逕墟	東	第十五區	獅前市
第六區	石坑墟	東	第十六區	蘇村三八墟
第七區	雞籠崗	東	第十七區	良墟口
第八區	神崗墟	南	第十八區	牛背脊
第九區	鰲咀墟	南	第十九區	呂田
第十區	水南頭	南	第二十區	鍾洞

(二)地勢

全縣平原與山嶺殆四與六之比（據康熙辛未年縣誌則云山約居其半實不止此也）北部地勢高而多山。中部平坦。西部次之。而多岡陵埆地。東部山嶺平原。殆各居其半。南部地勢較低。而縣稍南倘多平原。若極南之部。則又山嶺較多也。

（三）氣候

南及中東西各部。氣候與廣州市無大异。北部則較寒。晝夜氣溫。變化頗劇。而以極北之呂田等處爲最。冬時常多降霜。即在夏暑。亦每覺晝熱而夜則凉云。

（四）耕地狀況

土質及水旱情形　全縣田土。以東部爲最佳。蓋土多粘壤。表土頗厚。又山水充足而灌溉易。地勢略高而排水良。水旱均少。收成自然較優。如第四區之鰲洞錦洞。第六區之生石留洞溉洞。第七區之雞籠岡等處。均土人推爲好田地者也。惟第五區之鳳院等處。以近流溪水故。間受水患。而土多冲積。質固未嘗不良也。次爲中部。又次爲西部。畑地最多。間受旱患。南部則每受水患。北部受水旱較少。而土質則較瘠也。

水利　北部地勢高。有山水以資灌溉。故水旱少。東中南部。亦大抵可藉坑水與人力車以溉水。計全縣較易患旱者。殆西部耳。

交通　水路之交通。全藉流溪水。此水自縣之北部良口而下。越中東南各部。經花縣番禺南海地界。以達于珠江。計由該縣縣城以至廣州市。船隻來往。均需二日之譜。當夏秋間。可行載重三數萬斤之船。若冬春水涸。則祇可行載重萬數千斤之船耳。然帆船通常祇上溯至良口爲止。自良口以上。則甚不便也。陸路交通。則以一由流溪水岸以至縣城。一由河遶潖江經該縣西部以至縣城之二路爲行旅較多云。

耕作情形　北部除種稻外。兼有種松杉茶製紙燒炭等。中東南部，則種水稻兼營果樹園藝與蔗糖業。蚕業中南部有之。而正在萌芽。畜牧如養鵝鴨等業。亦常見于中南部。而未及鄰縣清遠之盛也。

(五)農民經濟狀況

田地租價　田地租價。以中南東部爲較昂。玆就縣城附近言之。上田每畝價約九拾元。每年租穀三百斤。中田每畝價約五六拾元。每年租穀二百斤上下。

長短工價　工價中東西南各部。大畧相同。計長工每名年約二拾五元。至三拾元。短工忙時每名男日二毫半。閒時一毫半。北部如拾九區長工每名約廿元至廿五元。短工忙時男日二毫。女一毫。閒時男日一毫。女半毫。

大宗產品價(以在縣城中計算)

品名	價格
稻穀	百斤四元
肉鵝	每斤二毫半至三毫
肉鴨	每斤二毫
甘薯	百斤七毫
石灰	百斤六毫
花生油	每斤二毫
蔗糖	百斤九元
西瓜	百斤一元至二元
懷荔枝	百斤四元
松柴	百斤四毫

炭	百斤九錢
乾草	百斤二毫

大小農及經濟情形　以中小農爲多。每戶耕田二三拾畝者。殆居百分之七八。其經濟亦頗局困難。

(六)(作物)

(1)水稻

全縣固以種水稻爲最多。但其法亦與他處無甚異。惟北部之第拾七拾九兩區。于選種法・多行穗選。至有可取。而特其多有灰出產。故肥料以施石灰爲主。每畝有施石灰百斤至五百斤者。恐其終有耗竭地力之患也。拾九區又有種割頭禾者。當早造插秧時。以大穀和晚稻穀種撒之。至早稻成熟刈收後。留其殘稿。任大穀再抽芽發葉。至冬間又收穫之。如此雖晚造可省去蒔秧之手續。但收益亦終不及。祇宜行于多水災下等之田耳。

(2)蔗糖

糖蔗寮當清光緒年間。全縣約有四拾所。近祇存廿所。則日就衰落可知也。其故一因蔗之收量日減。二因土匪日多云。計現在蔗糖。每年額產約四拾萬斤。

種植及製糖　均與清還無異。至製糖工價。則大抵斬蔗工八名。每日共銀一元四毫。搾蔗煮糖工三名。每日共銀七毫半。均另供食。以每日搾煮十個水爲度。有多照加工銀。每個水約製得片糖五十斤。

(3)花生

花生油原爲該縣之著名產品。但亦有昔盛今衰之概。據土人云。前卅年附城之街口墟年收花生約三百萬斤。其他各墟約百萬斤。近則統計不過八十萬至百萬斤耳。產地以西部爲多。次東部北部。

花生衰萎之原因　最甚者爲蝨地病。此病在高阜之畑地最多。在時有潦水浸過之地則較少。花生罹此害者。常至失收也。

（十七）黃荳

以北部之十九區種者最多。其畑地種此者。約居十之七云。但僅足本地之用。無多出口。

種法　歷來連栽。選黃熟者作種。以器盛而密封之。至翌年夏至節。開封取出。點播于畑地。作闊大平畦。約直七寸。橫五寸。作穴下種四五粒。覆以火灰。自後不施肥。祇除草培土一次。經七八拾日。則可收穫。每畝收豆實一石左右。

品質。本地產品。用以製豆腐及腐竹。此外來品質良而且多。譬之本地產一斗豆可製腐二百四拾角。外來品則得二百角。且質較粗耳。

（十八）茶

茶以縣屬拾九區桂峯山產者最佳。每斤價銀二元。但出產無多。次爲同區之黃草岡。年產約二千斤。每斤價銀六毫至一元。然產量最多。有發達希望者。則當推第七區之大嶺山民福植牧公司也。

茲附述調查大嶺山民福植牧公司情形如下

該公司可算爲大農經營。茲專述之。實足爲墾荒者之參考資料也。

沿革　大嶺山係鳳院歐陽世德堂管業。初由三水人嵐纖南組織公司承批墾植。時宣統年間也。始養牛羊及植棉。香蕉。布加利。松。烏欖。荔枝等。至民國四五六年停辦。七年鄭仲澤等。再組公司接辦。其經理人爲台山梅傑民君。乃日本鹿兒島農林學校畢業生也。計自七年至現年。陸續墾闢。現已墾闢種植者。約八百畝。所種以茶爲主。而泥梳以涼粉草及薑。現成績已頗佳。將來殆未可限量也。

位置及地勢土質　縣城山距之東北約五拾餘里。高百餘丈。東界龍門。南界增城。西臨大石洞。北界明洞約。東至西卅里。南至北廿里。面積可十萬畝以上。傾斜度自五度至卅之譜。產花岡岩石灰岩。全山泥石夾雜。土質灰黃。爲砂坩土。表土深約八寸至尺餘。多生芒草。山之下半。可引水灌溉。

交通　產物概由陸路運送條城街口。約五十里許。復轉行水運至省港。

氣候　氣溫比縣城畧低。玆擇錄其昨年自記每月某日之平均最高最低溫度如下

月	日	最高度	日	最低度
舊曆正	二十	六七、〇（華氏）	十四	四四、五（華氏）
二	十五	七三、六	廿一	五九、五
三	廿四	七二、六	九	六二、六
四	廿三	七六、六	十三	七〇、〇
五	廿九	七九、三	十三	七六、三
六	一	八四、三	十九	七二、〇
七	十八	七八、三	廿九	七二、三
八	十九	七七、六	三	七四、三
九	十四	七〇、六	廿一	六五、三
十	一	七二、六	卅	五二、三

十一	廿	六五、〇	廿	六三八、〇
十二	十	七六六、〇	七	四四、六

右記溫度。係每日上午九點、正午十二點、下午五點、共測三次之平均數。據云甚寒時。山頂可結霜六七寸厚。現白色。肉眼能辨云。

工值　男工日三毫半女工日二毫

工作時間　分二等。一住塲工。自日出至落止。一行山工。自上午七點至下午四點止。

工頭　每工頭管女工十餘名。兼作工。

墾地　招人墾地。以去盡浮石草木根掘翻泥土深六寸爲度。每井前給值九分。現加至二毫半。

茲將其歷年植牧各物簡述如次

(1)黃牛及羊

前牧各百餘頭。只吃山草。不與飼料。後因保護難而廢。

(2)棉花

前植頗多。因旱多枯死。遂荒。

(3)、懷荔枝

全不施肥。現存數十株。約幹徑二寸。高四尺。結實不多。

(4)、烏欖

約二百餘株。生長頗佳。

此外如有加利等。均間有存。在現梅君主旨。概不注意于上數項。而專植茶涼粉草薑三種。

薑

多大肉薑及山薑二種。以山薑爲多。凡新墾地。初年大抵種此及茶。據云、陰濕地則收量多而易爛。旱地則收量少而耐久貯云。

種法　在傾斜地植之。行間一尺五寸。株間七寸。覆以草。全不灌溉與施肥。五月間苗高尺許。即行培土。又除草二次。至十一月收穫。每種薑百斤。約收得六七百斤

本利　計昨年下薑種七千五百斤。種銀及工值共五百元。收得薑共四萬斤。

收穫後之處理　入山薑于桶。加水以棒攪之。去皮洗淨。煮熟晒之。晴天七八日至十日。可成乾薑。約原生薑六百斤。得製乾薑百斤。

銷路及價格　沽于廣州市生藥行。每乾薑百斤。價約十六七元。

涼粉草

有大紅莖種。葉大而高。粗生。收量多。有細莖種。比上較細小而難生。但質較美。有白莖種。質亦平常。但大莖細莖二種。價畧相等。白莖則較平。故現種大莖種者多。

種法　種茶之地。初年混種薑。次年則混種涼粉草。法于三月至五月端節以前。插枝。株間一尺。行間一尺五寸。只除草。無培土施肥灌溉等項。

收穫　初年舊曆八月十五左右刈一次。二年五月九月共刈二次。三年五月或九月刈一次。以後則少生。收量計種苗百斤。第一年收乾者百斤。二年二百斤。三年百斤。該公司現年收得乾者七萬餘斤云。

處理。收後晒之。晴天自八點晒至十二點時。見葉略萎。手拗其莖不折時。即以禾丁打之。至變黑色。乃堆積。覆以簑衣。一二夜。令醱酵合度、變黑色時。再攤開晒至七八成乾。即收埋成束。此草以久貯爲好。以葉多色黑者爲上質

銷路及價格　沽于增城排潭墟轉辦洋庄。價格自四元至十六七元一百斤。

茶

有白心、青心、古勞、紅心、豬肝色等種。現種有八九畝。

土質　肥瘠不甚論。大抵以傾斜略潤而排水佳良者爲適。方向宜東南。陽地味淡而帶香氣。陰地味濃而帶澀云。

氣候　以溫和清潤爲適。過于暑熱。則生病害虫。

種法　初年混植蔻。二至四年混植涼粉草。株間約一尺五寸至二尺。或春間或七八月播種。種後以覆草爲適。一因可令表土不流失。二可作肥。三可減少雜草之叢生。故每年行覆草。則所得茶質亦好。但要慎防火耳。

收穫　種後三年少收。五年可多收。收期爲三、四、五、六，七、八、九、月。共約六次。或十月十一月可更收一二次。計該公司昨年共收得乾茶約千斤。本年三千餘斤。

刈枝　自第四年起行刈枝。應下刈中刈高刈。則相樹之強弱而定。時期爲二至七月。過期則所生嫩芽防冬霜之侵凌云。

採葉　採葉季次及方法。與土法無異。每女工一名。日可採葉四斤至七八斤。

製茶法　一、製紅茶。常于七月間製之。以其需藉日熱也。法採生葉即日晒之。至手握覺柔軟時。乃搦揉之。則起變化醱酵。見紅褐色。更堆積一二小時。又攤開晒之。再搓成條、復令晒乾爲止。　二、製綠茶有二法。當春夏間

採生葉後。即入鑊加火炒之。手搓之。至乾則呈青蠟色。名火茶。適于銷流本地。如若上火炒至軟無腥臭味起香氣時。取出搓之。再日晒之。搓至成條。名銀針茶。適于辦洋庄用云。

銷路及價格　消于本地及辦洋庄。每百斤就地出售。價四十元。計產出祇三數年。土人已多賞用之者。其發達大有望也。

(七)園藝

(1)西瓜

論蔬菜園藝中。以西瓜爲著名。考其在清康熙年間。縣誌已有西瓜佳于省城之說。此物除良口以北外。其他各區均有。年產約值銀一二萬元。

品種　一、瓜形長者名猪仔瓜。又名横瓜。一、形圓者名圓瓜。品質以前者爲較佳。但需肥亦較多。且較難生。

栽培法　夏曆正二月間。擇砂壤鬆潤無水侵者作畦。幅六尺。高尺餘。由畦之中央。每距三尺作穴。種下一株。每畝約種三百株。迨苗長後。每株留正蔓一條。横蔓二條。餘悉去之。正蔓長二尺時。留瓜一枚。如不佳。棄去另留。又經廿日。可再留瓜一枚。約每株前後。留瓜一枝至三枚。餘悉去之。肥料每株施花生麩一斤。另淋人尿。西瓜多與芋蔗夾植。忌多雨。

收穫　夏曆五六七月收穫。計每瓜自初生至成熟。約需三十日。

銷路　多沽諸廣州市。

(2)荔枝

果樹園藝中。以荔枝爲多。而荔枝則以南部爲多。如第九區之木棉鄉。其最盛也。次爲中東西及良口以南各部。至良口以北。則氣候過寒。不適于種荔枝也。

品種　以懷枝爲多。次糯米磁、黑葉、桂味、狀元紅。又次妃子笑、新興香荔、三月紅等。大抵南部尙多佳種。至中東西部。則類種懷枝也。

（3）桃李

桃李以第五區之鳳院村爲多。年產可三四十萬斤。該村除此外。又種柑橙桔等。其果樹園藝、有蒸蒸日上之勢也。

土質以冲積砂壤土不至過旱者爲適云。

品種　李以紅李爲多。味酸甜。樹粗生。多結實。種後三年有收。八年後每株可收百餘斤至二三百斤。又有香蕉李。成熟較遲。果色淡黃。味似香蕉。甜而不酸。但較難生。桃以實生爲多。無佳種。

種法　李用分株繁殖。桃用實生繁殖。每株橫直距約一丈。肥料以已結實之樹言。每株約施人尿五十斤。

銷路　本地及廣州市。

（4）其他

柑桔類　此類以茶枝柑冬紅桔葉橙爲多。成績則推第一區之禤家園及鳳院。禤家園之桔柑。用駁折苗。自民國初年種植。至現在有柑九十株。年收七十餘斤。桔五十株。年收八千斤。各株之距離約一丈二尺。土質壤土。畦間不侵水。惟冬天須排水。淋溉肥料。每株施人糞尿百斤。據云、該處柑桔壽命不過十餘年。又柑發見枯枝落葉時。必漸至死。難補救。惟桔發見時。速去枯枝。倍加肥培。尙可救生云。

柿、南部木棉高庄等處爲多。次東部。又柿乾以北部之良口爲佳。霜美而味良。

欖　東部與增城交界之錦洞多植左尾烏欖。但白杭則概少。

（八）畜牧

（1）鵝

此業可分爲養鵝母草鵝肥鵝三種。養鵝母業。計全縣有廠八間。雖不如清遠之盛。但孵出鵝苗較壯健。沽價亦。殆風土使然也。草鵝即購鵝苗放牧六七十日。即行出沽者。其業因時價漲落而生盛衰。不能一定。惟養肥鵝實較高爲該縣畜牧事業之最足稱者。茲述于次。

地點　營此業者。以附城之街口墟爲至多。凡米店大抵皆兼養之。每店養數十頭至三四百頭。殆因該墟地瀕流溪。凡育成肥鵝。可由船運至廣州市銷售。而船行穩靜。非如陸運之振動。肥鵝少受驚擾。即運至銷售地時。其所減體量亦微。（據云由該墟運至廣州市所減體量約一成至二成）故此業之盛行。實有由也。

肥飼法　選生後六七十日之草鵝約重三斤者。入欄內飼之。蓋皆舍飼。不復放牧也。欄宜分設于陰靜之室。每欄約方邊六尺。四周圍以木格。底排疏眼竹　。離地尺許。欄外邊置長形木槽。以貯飼料。瓦埸以貯水。飼料宜常給足。初用外穀。或混以糠及甘藷等。經二十日後。改用淨穀。再經十日。計共飼一月許。可出沽矣。貯水之埸口宜略窄。蓋濶則鵝飲水時。易濕及胸部。胸部受濕。則肥育難矣。水宜清而忌濁。故須隨時轉換。通常三斤重之草鵝飼一月後。可重五斤至七斤。每育成肥鵝一頭。須食去外穀十餘斤。淨穀六七斤。

銷路　多沽諸廣州市

（九）森林

中東西南各部。山林均多荒廢。惟北部之第十八區。尚有可稱。全縣林產輸出。實以該區爲最也。

距縣城東北部百里以外。有大嶺、西坑仔、三托石、黄草崗、鷄枕山等大山。縱横綿亘可五十里。均属十八區管地。

而林木最多者。其地冬多霜。晝夜氣溫。相差頗甚。山高百餘丈。表土深厚。色黑褐而發肥。墳墓亦少。誠天然好林地也。林木以松爲多。次杉竹及雜樹。雖大抵由天然下種。而一片青葱茂密。頗有可觀。其伐木年齡。約隔十年許一次。除竹以製紙、杉作器用外。所有山松雜木。類作燒炭才料。其年伐多少。亦無一定。大抵招人承伐。訂定年限。承得者、即兌人包工。伐木燒炭。每燒炭百斤。給值四毫至六毫。至訂約年滿。無論該山林木伐盡與否。亦須交回山主。不能再伐也。每窰一次燒得炭二千至四千斤。運費由陸路肩挑至良口墟。計程四十至六十里。每百斤給值七毫至一元。再由良口水運至廣州市。每萬斤四十至七十元。

(十)輸出品

輸出口以柴炭爲多。次如鵝豬雞糖油西瓜桃李柑桔橙等。均詳于上。不復贅。

(十一)特產

花生油可爲著名特產。其餘如山產之素心蘭、墨蘭、使君子。據該縣誌所云。亦算爲有名著也。但產額無多耳。

(十二)農林前途之希望

提倡造林。改良蔗糖花生業。種植綠肥等。均爲振興該縣農林之要着。可與鄙著之清遠縣調查報告參觀。

（出自《广东农业概况调查报告书》，一九二五年）

從化縣調查報告　游熙

本隊在東莞調查蕆事，卽轉赴從化，業於七月十日，調查完竣，茲謹將該縣政治及經濟狀況概述如下：

（1）位置：從化地處吾粵中區，爲三等縣治，東鄰增城，西接清遠，南連番禺，北界新豐，西南界花縣，東北界龍門，西北界佛岡，全縣面積約計七千二百三十六市方里，縣屬劃分六區，第一區爲附城街口，第二區桅杆，第三區神崗，第四區柯木逕，第五區良口，第六區呂田，境內除五六兩區，山嶺重叠外，其餘各區，多屬平坦。

（2）人口：該縣人口，於民二十一年，開始調查，繼於二十二年春，在警衞常備隊中，調選識字隊兵十餘人，分爲三組，加以訓練，每組担任兩區，由編練員指揮，親往各鄉村，按戶調查，復經編釘門牌，業於去年十月，調查完竣，所得結果頗爲確實，計第一區劃分一鎭十三鄉，一百九十八里，四千九百三十四戶，二萬一千一百八十九人，第二區十鄉，一百六十三里，三千六百四十九戶，二萬四千五百七十八人，第三區十三鄉，二百零六里，四千九百零八戶，二萬五千二百二十四人，第四區十七鄉，二百七十九里，六千一百三十四戶，二萬九千八百四十四人，第五區十四鄉，一百六十四里，四千一百五十一戶，一萬八千一百四十八人，第六區十二鄉，一百五十九里，二千四百四十七戶，一萬九千八百零五人。

（3）田畝：境內土地，不甚肥沃，山嶺佔多，農田居少，而全縣田畝，業經調查完竣，計第一區三萬六千零六十八・四二畝，第二區四萬二千一百三十五・五七畝，第三區四萬八千一百五十七・八五畝，第四區四萬九千一百八十五・九七畝，第五區二萬二千五百六十五・九一畝，第六區二萬三千八百二十四・一一畝。

（4）物產：物產以穀米，柴，炭，荔枝，烟葉，福紙，鎢礦爲大宗，縣屬各區，常年產穀，除自給外，均有盈餘，如不運銷外地，足敷本縣兩年以上之糧食，他如雜糧蔬菜等，亦足自給，惟查二十一年晚造，及二十二年早造，均遭剃枝蟲與螟蟲爲害，二十二年晚造，及二十三年早造，復遭旱災，以致連年歉收，幾至不敷自給。五六兩區，山嶺重叠，多產柴炭，均由水路運銷廣州，統計木柴年約一千五百五十萬斤，木炭一千一百七十萬斤。荔枝出產，以三區爲最多，查二十二年，合計產量，六十六萬斤，但其性質，易受災害，今年因氣候不調，且遭蟲害，已減十分之九。烟葉產於二區之和平塘蓮兩鄉，年約三十八萬斤，因土質關係，其餘各區鄉，甚少出產。五六兩區，產竹甚多，故造紙者亦甚衆，其製造方法，以苗竹爲主要原料，在竹未抽枝條時，卽將其伐下，不須剝皮，削成長約三尺之竹條，置於浸竹池中，排列堆叠，每間一列，撤佈石灰一層，灌注溪水，以淹沒竹面爲度，浸至百日，纖維已經分解，卽洩池水，取竹去皮，放進水車中臼碎，再用脚磨擦成漿，置紙糟中，加入富有粘性之藥液，在紙糟中，用力攪匀，使成淡稀之漿液，用紙簾輕輕在漿液中拖過，漿卽附簾，如是逐張叠在紙板上，然後壓去水分，置於焙紙壁上，燒火於壁內，俟其全乾，自行脫落，遂完成其製紙工作矣。查五六兩區，所產之福紙，分粗福、幼福、長江福等三種，均以七百二十張爲一隻，粗福每隻重二十五斤，値銀七毫，幼福每隻重五十斤，値九毫，長江福每隻重五十斤，値一元八毫，在民元以前，兩區人民，幾至無家不造紙，自民元以後，因銷路阻滯，產量日減，近年所出，合計不及萬担，良可慨也·鎢鑛產於四區桃源鄉大嶺山，五區太平鄉黃龍呔，米步鄉石嶺，六區五平鄉石橋仚黃龍呔等處，產地面積甚廣，藏礦亦頗豐富，均經於二十一年開採，去年八月間，因價格高漲，（每担値銀八十元）利之所在，羣爭趨之，故當時有公司十餘間，本年價跌，各公司多已停辦，現祇有天寶海通興源利民等四間而已，近更發現六區兩林鄉之大夌嶺古田爐等處，藏有金銀煤鐵礦頗豐富，當此農村崩潰中，如能組織公司，從事開採，亦增加生產之一助也。縣屬所產花生油，昔日尙稱著名，量產亦頗多，惟自民元以後，花生連年失收，原日種花生之地，易種其他，或致荒廢者，滿目皆是，花生之產量已減，搾油者亦日少，如附城街口鎭，原有油搾數十座，現亦僅存一二，比較往昔，一落千丈矣。

（5）教育：有縣立初級中學一間，學生一三五人，簡易師範一間，學生七七人，完全小學七間，女子小學一間，私立小學六間，共有學生一，二二六人，初級小學一九五間，學生四，三四三人，社會教育，有縣立圖書館一間，附設於中學校內，由中學兼任管理，計有中西文圖書四千餘冊，有縣立閱書報處，設於街口鎭，黨部閱報處，設於縣黨部，自治區每區設閱書報處，附於區公所，全縣計共八所，有縣黨部辦民衆學校一間，一區各小學附設民衆夜學計共五間，二區各小學附設民衆夜學四間，三區各小學附設民衆夜學六間，四區各小學附設民衆夜學八間，五區各小學附設民衆夜學四間，六區各小學附設民衆夜學三間，統計三十一間，學生六百二十五人，縣城之東，有中山公園一所，面積約六百六十餘井，其餘各項，多因經濟所限，尙未設立。

（6）交通：公路計有從化南路，由街口至太平塲，可通廣州，路長三十三公里，現由快利公司行車，共有車輛五架，從化西路，由街口至淸遠屬之鰲頭墟，路長三十三公里，由順利公司行車，共有車輛四架，從化北路，由街口至溫泉，路長二十一公里，共有車輛四架，由溫泉至良口段，尙未築成，街民公路，由街口至民生市，太水公路，由太平塲至分水，均已建築完成，惟未通車，從化東路，及鳳鷄石路，尙未築成，水路有流溪河，又名小北江，發源於第六區，經良口街口以達番禺通廣州，有民船行駛，郵局一所，設於街口鎭，各區均有郵寄代辦所，電話除第六區尙未裝置外，其餘各區公所，及機關團體，均可與縣府通話，縣屬交通，頗爲利便。

（7）商業：縣屬街口鎭，離城三里，爲商業區，有商店二百餘間，逢四九日爲墟期，商業較爲發達，其餘各區塲，合計商店不過二百間，均以五爲一墟，多屬小資本經營，生意冷落，商品入口，以洋雜貨布疋爲大宗，出口以穀米柴炭爲大宗，各墟擺莊生意，似亦不弱於商店，惟自農村崩潰以來，各行日形冷淡，大有今非昔比之慼。

（出自《统计月刊》第一卷第十一期，一九三五年）

龍門縣農業調查報告　十八年

林純煦
何慶功調查

(一)位置及區域

龍門縣舊屬廣州府治，東界河源，西界從化，東南界惠博，西南界增城，北界新豐，縣治在北緯二十三度四十五分，經度距離京師中線偏西二度三十分。全縣地勢西北高而東南低，地形畧成橢圓，全縣面積約三百一十萬零五千四百四十五畝五分，居民號稱十八萬，分縣行政爲十二區，如下所列：

第一區爲附城，在縣之中部。

第二區爲左潭，在縣西。

第三區爲鐵岡，在縣西。

第四區爲高明，在縣之西北。

第五區爲上建，在縣之北。

第六區爲茅岡，在縣之東。

第七區爲路溪，在縣之東南。

第八區爲龍華，在縣之東南。

第九區爲沙逕，在縣之東南。

第十區爲麻搾，在縣之東南。

第十一區爲永漢，在縣之南。

第十二區爲南崑，在縣之西南。

(二)氣候

該縣氣候溫和，於夏至立秋間爲最高，而於冬至後至翌年春分間爲最低，計年中冷熱時期，各約三個月左右。其雨量於芒種夏至間爲最多，秋分後至冬末爲最少。年中下霜通常在十月間起至翌年三月間收，至於下雪，則非常年有也。

(三)耕地狀況

(一)地勢　查該縣農地面積約共二十六萬畝左右，就中水田可佔二十二萬畝許，殆皆栽種早晚水稻二造，其餘旱地則栽種甘薯花生爲多，在第九區沙逕之功武鄉及麻榨，永漢等處，則有一部分栽種糖蔗者。至其地勢平均大概屬平原者，約佔百分之五十七，山谷約佔百分之十二，岡陵起伏約佔百分之五，山嶺約佔百分之三，傾斜田地約佔百分之二十三云。

(二)土壤　農地土壤以在村心中平原地勢者較爲良好，係屬壤土爲多，除上建茅岡及龍華之一部分地方，常用石灰之田地，其土質多堅實磽薄外，餘屬半輕鬆。土顏色以灰黃及灰白爲多，肥度亦屬中等。至於旱地乃多係黃色之沙，土質雖輕鬆惟不肥沃。

(三)水利情形　就一般而論年中早造時期，雨量稍多，殆無旱患；晚造時期，雨量較少，在地勢高亢或僅賴山澗小水，及山塘水灌溉者，則每有旱患。查此種情形之農地，約佔有十分之四左右，其餘應用河流陂水車水，或源流長遠之山溪水灌溉者，則水利無缺。

(四)荒山情形

全縣山嶺面積有八百餘萬畝之譜，而荒山之數，則約佔其百分之四十左右。查其山嶺荒廢之原因，不一而足，蓋連年治安不好，民生困難，對于收穫年齡長久之森林事業，多捨而不圖，亦爲增加荒山原因之一；其次因森林事業少人經營，而野火焚林遂多不注意防範矣。故該縣之荒山非位置與土質之不宜，實因人事之玩忽所致也。

（五）運輸交通

境內交通多賴陸路。而陸道運輸則用肩挑，其大宗出入口貨物之運輸，則有通帆船之河流二條：一由縣城經龍華入沙，逕出增城之正果，流入增城河，與東江會合；一由永漢至增城之正果亦與縣河會合，此二河流共有三數百號，帆船運輸出入口之大宗貨物。當春夏水漲之時，船行便利惟秋冬之時，水淺灘多行極感困難，且年來沿河土匪，抽收行水多次，商船營業亦感困異常云。

（六）農作情形

（1）冬耕　冬間栽種大小麥者，惟永漢及附城爲多，其次沙逕高明麻榨南崑等地，亦畧有之。至行冬耕犂田（又名轉霜田）者，則惟高明永漢南崑等處客籍人之農地，多有行之。

（2）春耕　多於清明前後行之旱地，用乾耕栽種花生爲多，稻田用水耕栽種旱稻。所用之農具，悉以犂耙爲主，其稻田於春耕墾地時，有純用石灰爲基肥者，有用人畜糞灰或廐肥爲基肥者。

（3）秋耕　即爲二造之耕作。其作物以晚稻及甘薯爲主要，耕作方法，與各處大都相同。

（七）農民經濟狀況

（1）農戶　農民中田主約佔百分之十五，半佃農約佔百分之四十，純佃戶約佔百分之四十五。其田塲之大小，在田主所耕者多爲四五畝，半佃農多在十畝內外以至十餘畝，純佃農則由五畝至十畝爲多。若以平均計之，每農家之耕地面積，在十畝以下者，可佔百分之五十，在十畝以上者，可佔百分之四十，在二十畝以上者，佔百分之十一云。

（2）田地價　水田每畝上等者通常值五十元，中等約三十元，下等約十餘元。旱地每畝上等約值二十元，中等約十元，下等約數元。

（3）肥料價及農具價　石灰每百斤約七毫、花生麵每百斤約六元、人畜糞灰每百斤約七毫，犂每張約二元半，耙每張約六元，鋤每柄約一元二毫，鄧鋤約一元，草鏟約三毫，禾鏟約值一毫。

（4）農產價　能供役用之牛，每頭水牛約值六十元，黃牛約值三十元，猪肉每百斤四十元，雞每斤約五毫，鴨每斤三毫半，鵝每斤三毫，魚類每斤約三毫，菜薯芋頭每毫三斤，甘薯每百斤約一元左右，乾花生每百斤約九元，穀及小麥每百斤約五元，花生油每百斤約三十元，甘蔗每毫約五根，黃糖每百斤十一二元，通常蔬菜每毫三四斤，黃麻每斤約一毫半，棉花每斤約一元三四毫，乾柴每百斤約五毫，木炭每百斤一元，茅草每百斤三毫，苗竹每百斤約三毫半，草蓆每百斤約一百四五十元。

（5）人工價　長工每年工資約三十六元；短工尋常時每工男二毫半，女一毫半；農忙時男工五毫，女工三毫，通常每日供膳三餐，計長工之全年食費約需四十元左右，短工每日約需一毫半。每日工作時間，約十小時該縣農工皆就地供給。

（6）田地租　承種田地，以納租穀法爲多，間有少數旱地則納租金者。查水田每畝年納租穀上等田約二百斤，中等田百五十斤，下等田約七八十斤，旱地每畝年納租金上等者約二元，中等約一元半，下等約一元。其收租方法，均由田主往收租金，多限一次完納；租穀則分早晚二造均納，爲遇荒歉之年，則酌量減收若干成云。

（7）租田制　佃農承種田地，須寫立租約與田主，其租約程式與各地相同。至承種田地之方法，多由佃戶與田主直接商洽，不須介紹手續，亦少有押租預租之例。租田年限殆無定期，除有少欠田租，或田主欲收回自耕，則可永遠耕種云。

（8）農產貿易及大宗出產　農民出售農產，多在各區市場，如屬大宗農產，則有商人收買，再由水道轉運出口。茲查得該縣大宗出口之農產品類及數量，紀之於次：

種類	每年出口數	出產地
穀	約四百萬至八百萬斤（每百斤五元）	各區
麥	約三四十萬斤（每百斤五元）	附城及永漢爲多
草蓆	約十餘萬至二十萬元	上龍門屬各區
苗竹	約四十萬根值約八萬元	南崑
丹竹	約值二萬元	沙逕
杉木	約值二十餘萬元	高明爲多
木炭	約值十餘萬元	一八九十十一等區爲多
竹紙	約值二十萬元	南崑
生猪	約六七萬元	各區
鷄鴨鵝	約萬餘元	各區

（9）借貸情形　農民中常借錢欵及糧食者，十居八九，其借貸原因，多係糧食不繼，故於三四五等月間，青黃不接時，及十二月間需欵過年時，農民借貸者最多，其十二月借者，多屬糧食或錢欵，於三四五月借者，則以錢欵

爲多。普通農民借貸爲數不多，故少用抵押品物，通常錢款利率以月息三分爲多，糧食則每百斤加息五十斤，早季還本，冬季還利。一般放債者，係屬田主、殷富，或商人。此外全縣有當店三間、鄉村亦有標會組織，可爲農民周轉之機關。

（八）畜牧

（一）家畜　以養猪爲最普遍，除極貧小之佃農外，莫不養之，所養之猪供就地屠宰外，年中約有三數千頭出口。其次養牛，則多供耕田役用，大概田主養牛爲最多，每家可數頭以至數十頭，或自己飼養，或租給佃農飼養，年納牛租穀一百五十斤至一百八十斤云。至於牛之出口，則屬甚少云。

（2）家禽　以養鷄爲最多，次爲養鴨，又次爲養鵝，皆屬農家副業，故飼養情形，與各地毫無二致，計年中鷄鴨之出口，値約萬餘元云。查該縣附城有專業經營之鵝廠二間，　其經營飼養，稍有足述之處。　茲特將調查所得畧紀如次：

（1）鵝廠之位置　在縣城南門外河邊，一爲南向，一爲北向，即河之兩對岸也。

（2）鵝母之數量　兩廠共養母鵝約一千只，每十只須配以雄鷄一只。

（3）鵝廠之設備　計有工人室，儲藏室，孵卵室，及鵝舍各一間，其工人室在正門之左側，共住工人三名，由正門而入，即爲鵝舍。舍中無特別建設，惟中置竹欄二張，殆爲自由伸縮，鵝之大小或隔離有卵鵝與無卵鵝之用者，在鵝舍之左邊隅墻挖砌一小門，高約二尺，闊約一尺，由小門而入有一地窖，鋪以稻草，爲鵝之產卵處。其產卵時，不須人工管理，雌鵝自曉入內產卵云。其儲藏室係由正門而入之鵝舍右邊，開門內進一小室內，置飼料（穀）及雜用器具等，再由儲藏室開門進內，即爲孵卵室，室中列置竹籮，襯以稻草，爲鵝之孵卵數，每數置十卵用一雌鵝伏孵，出雛時期須三十日。又其室中異常黑暗，絕不透光，室中雖有一窗，但僅備檢查時之啓用，平時則緊閉不開，詢其所以，則謂室暗鵝方靜伏云。

(4)飼養及管理　普通鵝或產卵期間之鵝每日早晨即放牧於河中，幷早晚給飼乾穀二次，共約半斤許，至傍晚時候，始驅歸鵝舍，其產卵之鵝皆自曉歸舍產卵，不用人工管理。在伏雛期間之鵝，則於早晨給飼料一次，或稍放牧片刻，又驅歸伏雛，但須節減食量，以祇供其營養，而不至危害其軀體爲度。蓋其所以然者，因多給與飼料，則恐營養過足，軀體肥壯，短少其伏雛性期，但究竟每日應給與飼料之標準量幾何？該廠主不肯詳言，祇謂師傳方知。至伏雛後之鵝軀體多瘦，每日給與飼料，比普通鵝須多一二兩，使其早日復元，而促其產卵云。

(5)鵝之生產及利益　每鵝每年可產卵三次，每次卵量八個至十二個，但平均每鵝年中可產卵三十個，通常產卵時期於五七九月爲多，但亦不能概論。其卵悉爲孵雛用，每足十孵爲一藪，其出雛之數，大概平均可得九成，每只初出之幼鵝可值四毫半至五毫，以此計算，則每只雌鵝，每年出息可十二元零至十三元零。又每日平均飼以乾穀半斤計(値約一分八釐)，則全年飼料需九元左右，兩相抵時，每年每鵝本身所得利益，約可三元左右。

(九)作物

(1)水稻　該縣水田面積約可二十二萬畝許，皆能栽種早晚水稻二造，惟查一般稻田均不甚肥沃，耕作方法亦屬粗放，故每畝全年收量平均不過四百餘斤至五百斤許。計全縣年中產穀總額約可一萬萬斤左右，除釀酒製粉等銷用外，年中出口穀數可四百萬斤至八百萬斤云。前將該縣水稻栽種情形畧紀于下：

早稻　其普通所種之品種，有油赤，嘣慶早，烏尾粘，白米粘等，通常早稻皆於清明前後浸種三日後，起水屯芽約三日，然後撒播於秧田，其秧田於整地時，每施以石灰爲基肥，至播種後十日許，施人糞尿水或人糞尿灰一次，闊有再施生麵一次者，至谷雨前後剷苗分秧。至其稻田亦有於整地時施以石灰者，亦有施以廐肥者，迨分秧後有於半月後用脚耘一次者，亦有絕不耕耘者，但通常概不再施補肥。至大暑時節收穫，每畝收量二百餘斤至三百餘斤，殊不一律。

晚稻　普通所種品種有白壳絲苗，黄壳絲苗，及江頭粘等，皆於夏至前後浸種二三日，種籽稍萌芽時，即行播下。其秧田多用火土灰草皮灰等爲基肥，至播後半月許施人畜糞及生麵肥各一次，至立秋前後遂剷苗分秧，分秧半月後，用脚耘一次，亦有於未耘之先，施以石灰者。收穫時期在立冬前後，每畝收量約二百斤許。

(2)小麥　於永漢及附城地方種麥最多，其次麻榨，沙逕，高明，南崑等處，亦畧有種之。聞清末時期各地種麥頗爲普遍，後因地方秩序日劣，關于保護農作之禁規日弛，因之種麥者遂日益減少云。其種時期多在立冬後條播於晚稻跡田，播種時通常施人畜糞灰基肥一次，至翌年清明前後收穫，每畝收量可六十斤產，現在年中出口之麥，約有三四十萬斤云。

(3)甘薯　各區皆甚多栽種，實爲農民主要之雜糧，多種於旱地或早稻跡田，其所收穫之甘薯，爲作本年食用者，則堆置於房中，如留爲翌年食用者，則收薯洗净切爲薯片，煮熟晒乾，臓起至翌年食用時，再行煮過，或蒸過，以爲食用，每百斤生薯值約一元左右。聞一般貧農每收自己所產之穀糶去，換買甘薯，以作糧食云。

(4)花生　各區地方皆有栽種，其花生大都用於搾油，全縣年產油額，尚不足供就地之用云。

(5)葛薯　在永漢地方多栽種之，其薯大者可斤許，品質亦佳。年中出產，約數百担，除就地銷用外，畧有少數出口云。

(十)特產

草蓆　於一二三四五六等區所謂上龍門地方者，多栽培之。年中出產約值十餘萬至二十萬元，皆運銷於廣州。

竹紙　惟南崑地方出產之，聞往昔清末時期，該處有造紙廠不下百十間之多，年產紙額可值百萬元，迨至民國以來，交通多梗，沿途土匪抽收行水，益以洋紙充斥，影响所及遂日形減少。查近年來祇存造紙廠二十餘家，年產紙額值不過二十萬元左右，其紙品爲普通草紙，即包物用者。每百斤值約八九元云。

蔗糖　於第九區沙逕爲最多，年產額可四五十萬斤，第十區麻榨十一區永漢，均稍有出產，此二區年產糖額共約三十萬斤左右，統共所產之糖尚不足供全縣之用，故無出口。

茶葉　惟南崑地方畧有出產，而產額甚少，殆祇能供給該區之用。

筍乾　第九區西溪地方產之，係用甜竹筍製者，品質極佳，無論如何烹調，均極爽脆云。惟產額無亦多，祇供就地人士講爲送禮之用耳。

棉花　於上建龍華永漢等地，有種之者，其品種聞係前廣東地方農林試驗塲所寄送，當時分發各地栽種，成績極佳，後因地方治安不良，種者多無心整頓，遂於無形中日就式微。現在上建之棉花，在該縣頗有聞名，惟產額甚少，而價極昂，即就地買用，每斤亦需一元三四毫云。

（十一）園藝

（1）蔬菜　除各地農家栽種少數爲自己食用外，於各區市塲附近地方較多種之，尤於附城及永漢爲多。但亦祇供市塲需要而已，並無出口。至其所種蔬菜，四時品種皆有之，就中可稱爲地道者，惟芥蘭菜及永漢產之紅皮蘿蔔。聞紅皮蘿蔔之種籽，須由廣州花地採買云。

（2）果樹　各地均畧有散植之，龍眼黃皮柑柚桃李枇杷等果，但品種無特佳，產額亦甚少，不過畧供就地零星販賣價已。至果園之經營，惟附區之潭田，約有果園一座，面積約五六畝許，所種以柑桔類香蕉為多 荔枝龍眼等亦有多少，聞現在年中出產約值八九百元云。其次永漢地方於近年來 亦漸有着手經營者，但現在尚無成績 惟可希望於將來耳。

(十二)森林

查該縣現有森林面積，約可五百萬畝左右，但多非稠密叢茂之森林，其中亦以松林為最多，次為雜木林，再次為杉木林及竹林。其松木林各區皆有，大概屬人工種植者，不及百分之四十，雜木林除各鄉村之每個家屋之後，必有雜木林一二畝，至三四畝係屬人工林外，其餘悉屬天然之林。其天然之雜木林，於附城區及龍華沙逕麻榨永漢等區屬為最多，杉木林則於高明區為最多，該區出產之杉木可佔其全縣十之八九，皆屬人工之林。至於竹林則於南昆為多，其次鐵岡沙逕亦畧有之，亦皆人工林也。查該縣近年關於森林之出產，出口數，計杉木年約二十餘萬元，木炭年約十餘萬元，竹紙約二十萬元左右，苗竹約八萬元，丹竹約二萬元左右。

(十三)農村教育狀況

龍門教育甚為落後，查全該祇有縣立高小學校二間，民立高小一間，其縣立者，一在縣城，一在沙逕；其民立者設在永漢，為該區客籍人所公辦，統共全縣高小學生不及二百人。此外初級小學計附城區有二十九間，高明區有七間，沙逕區有三間，麻榨區有二間，永漢區有二間及平校一間，其餘左譚，鐵岡，茅岡龍華，南昆等區，各有一間，統共全縣有初小學生約二千四百八左右。其所有學校多不健全，非師資不合，則經營缺乏，至其失學兒童當不下百分之七十云。

(十四)農林前途之觀察

該縣地廣人稀，對于農林事業，原有振與之可能，但細察其情形，不第地未盡其利，卽人亦未盡其力，是固由於地方治安不良之影响，而地方上缺乏有機肥料，農民向來濫用石灰，以致土質變劣，亦實爲該縣農林事業不振之重要原因。故今後農民方面似宜注重畜牧，以增加有機肥料，幷須減施石灰，以恢復地力，政府方面，尤宜速行設立農業教育學校、及試驗機關，以研究改良而推廣之，庶乎有濟也！

（出自《广东农业概况调查报告书续编》上卷，一九二九年）

龍門縣調查報告

羅思溫　　　　　　　二十四年十一月

本隊於九月十七日在龍門縣開始調查，以水陸交通均感不便，乃於第壹區調查竣事後，卽前往各區調査，作連環式途徑，由一區二區三區十二區十一區十區九區八區七區而至六區然後折返縣城，稍事整理，旋赴第四第五兩區行遍十二區，計程五百一十里，歷時四十天，長途跋涉，沐雨櫛風，亦可謂「勞人草草」矣。謹將該縣概況分述於后：

(一)位置與疆界　龍門舊屬廣州府治在廣州府東北，至廣州三百一十里，東至河源二十里，西至從化一百里，南至增城一百二十里，北至新豐一百二十里，東南至博羅六十里，東北至河源二十里，西南至增城一百里，西北至從化九十里，此四境周圍接壤之大概也。地形橫狹而縱長，東西距一百二十里，南北距一百八十里，地勢西北高而東南低，萬山重叠，磅礴蜿蜒，全縣面積六，七三一平方里。耕地面積，據田畝調查呈報爲二十四萬三千六百畝。

(一)戶口　該縣人口調查，迄未完竣，據民國二十二年人口調查結報統計，全縣男丁數五萬九千二百三十六人，女口數四萬八千七百五十二人，合計十萬七千九百八十八人。

(三)自治區劃　全縣劃分爲十二自治區，四鎭，壹百零八鄉，第一區爲附城在縣之中部，轄一鎭二十九鄉。第二區左潭在城西四十里，轄四鄉。第三區鐵崗在城西七十里轄五鄉。第四區高明在城西北七十里轄八鄉。第五區上建在城北四十里轄六鄉。第六區茅崗在城東四十里轄三鄉。第七區爲路溪在城東南六十里轄六鄉。第八區龍華在城南四十里轄一鎭七鄉。第九區沙逕在城南六十里轄九鄉。第十區麻榨在城西南百里轄一鎭五鄉。第十一區永漢在城西南百一十里轄一鎭二十三鄉。第十二區南崑在城西南百里轄三鄉。

(四)交通　境內阻於崇山峻嶺，陸道交通頗感不便，現日既完成公路，祗龍門至平陵墟一段三十里，通博羅楊平墟接駁省道河博綫，今春山洪暴漲冲毁橋樑二度，困於經濟，迄未修復，而河源平陵墟商人，又以通車後數百脚力卽告失業，影响平陵商業，不允資助。現日興築中：有龍增軍路，由龍門至茅崗經龍華，沙逕永漢而達增城，定年底完成通車。水道交通：可由二區左潭墟至城南，經第八區龍華墟，第九區沙逕墟，第十區麻榨墟，出增城之正果墟，流入增城，卽增江之上游也。又永清水，源出南崑山，經永漢墟至龍虎灘與縣河會合。此二河共有民船三數百號行駛，春夏水漲時，船行便利，每當秋冬水涸，船行濡滯，行旅多遵陸，笨重貨物運輸實利賴之。電話總局設在縣城，有二十門總機一座。沙逕有六門總機一座。電話綫路有「龍河綫」通河源，「龍惠綫」通惠陽，「龍紫綫」通紫金，「龍川綫」通龍川，「龍增綫」通增城，縣屬各區通話者，僅有第一，第六，第八，第九，第十，第十一，等六區；不通話者亦居半數，縣城各機關學校間亦有裝置話機者，惟以絀於經費，年久失修，線多生銹，聲音固已微濛，而時多斷線，更感不便。縣城設二等郵局一所，兼代理電報，各大墟塲設郵政代辦所，然信件往返，多有定期，不能隨時付發，甚感濡滯。

（五）物產　糧食以稻作爲主，惟查一般稻田，不甚肥沃，時虞旱魃，而地廣人稀，耕植方法，亦屬粗放，每畝全年收量平均不過三百餘斤，除第十二區業紙爲生糧食不敷外，其餘各區均有盈餘，平年全縣出口，可有二十萬担。什糧以薯，芋，麥，花生爲最，頗堪自給。草菇一，二，三，四，五，六，等區，所謂上龍門者多栽培之，比年價格跌落，經營者寡，年中產量，僅六七萬斤，據云在四五年前，草菇價旺，祗潭田及某某圍村，亦可產萬數千斤，其產量之大，可以概見。第一區有鵝廠二間，在縣城南，一爲南向，一爲北向，兩廠共畜鵝母約千隻，每十隻配以雄鵝一隻，每隻鵝母年產卵約二十個，專爲孵雛用。統計全年產鵝仔二萬隻，產後二三十天即發市，每隻現値四五毫，除在本縣境發售外，多運銷博羅新豐等地。竹筍第九第十二兩區均產之，第十二區爲苗竹筍，於冬時上市曰冬筍。第九區西溪所產者係用製甜竹筍，品質極佳，無論如何烹調均極爽脆，惟產額無多，祗供就地人士購爲送禮之用。油榨五十七座，大小參半，大榨每榨產油百斤，小榨每榨二十餘斤，年產油三千一百六十五担，在昔本地油坊，各有廣大晒地，原料充足，常多運銷鄰縣各地，民元以還，時局多故，農失其時，原料日形竭蹶，今日反見外油源源輸入，不禁有今昔殊觀之感。糖寮三十二座，近年栽植日事擴展，年產糖四千五百担，尙不敷供給本地之用。菓木如荔枝，橙，柑近亦有人注意及之，惟以土性不宜，種植不易，且十年樹木，當此農村經濟崩潰，家非富有者，不敢草率從事。紙業以第十二區爲盛，幾全數業紙，第三區亦產之，計共紙槽一百五十八口，製紙工人六百三十三人，近年產紙一萬四千二百担，民元以前紙業鼎盛，祗惠屬人民來此業紙者，在千人以上，曾於某年冬工人停槽回家度歲，結隊而行，浩浩蕩蕩，道經龍門，羣情惶惑，緊閉城門，事後始發覺爲工人回鄉渡歲，至今傳爲盛事。石灰窰二百四十八座，年產灰一十四萬二千一百四十担，其用途有三：肥田，供建造，製紙，尤以肥田銷途至廣。竹排有苗竹，丹竹，結筏行，銷增城東莞，年產一萬二千五百担。木炭以九區，十區，八區爲多，專供烘蠶之用，自蠶業失敗，頓失銷路，年產七萬四千二百担○杉木以四區爲多，區內多白屋巨構，悉以杉建築，二區，九區，十區產量亦不弱，在去歲極度衰落中，出口亦有五六百梢，每梢約千株，運銷廣州，東莞，增城○牲口家禽雖多，出口殊難統計○工業尚停滯於手工業時代，紙、糖、油、繩、革履、織蓆、均墨守成法，無足紀述，此龍門物產之大畧也○

（六）商業　本縣交通匪易，商業多屬小資本之經營，商務未見發達，營業以縣城爲盛，正式商店約二百間，在城外之東廓鎮，販賣貨物，多爲油、鹽、糖、豆、疋頭、什貨，家常日用品物○出口貨以土產穀、米、草菇、牲口、家禽等○墟塲以永漢爲盛，商店約百間，麻榨、龍華、沙逕、次之，商店各三數十家；鐵崗、左潭、茅崗、高明、路溪、上建更次之，商店各十數間，均以三日一集市，惟高明墟，則以一六爲墟期○比年土產賤價，收穫商因而縮手，內地經濟窮蹙，購買力弱，商業愈日形冷淡，商店多實行緊縮政策，裁員減費，每與商人言及，輒搖首嘆息○

（七　教育　龍門教育，基礎甚爲薄弱，全縣有縣立初級中學一間，爲羅前縣長仲達手創，維時不過五六年，絀於經費，而地方人士又不甚重視，設備簡陋，圖書儀器，均付闕如，現教職員六人，學生四十餘人，分三級，曾附設鄉師班，經於去歲畢業，人數三十餘人，現因招生不足，在停辦中，三班僅十三人，入學時祗得十分之三四而已○完全小學七間，初級小學七十八間，統計全縣小學高級部，學生三百零二人，初級部學生數三千零一十四人，現省教育廳分設短期小學四所：一在左潭，一在路溪，一在高明，一在上建，實行掃除文盲，重作新民，實民之衆福音也○

（八）治安　該縣山深嶺峻，而又毗鄰新豐縣界，負險守隅，嘯聚綠林，民國以還，時局多故，致匪徒橫行，恣意刼掠，小姓零村，多流亡轉徙○民國十八九年，羅前縣長任內，匪徒浩浩蕩蕩攻打城池，幸地方人士，急公家之難，荷戈挾盾，無敢或後，僅免以禍○比年大局鼎定，極力捜剿，地方安謐，無復當年風聲鶴唳矣○現全縣共有縣兵一小隊，警衛隊三獨立小隊，一駐縣城，一駐麻榨，一駐永漢○公安分局三所，附城公安分局，所有警察，均有訓練，及站崗，辦理尚強差人意○麻榨公安分局，以所有經費稍涉苛細，經奉令辦理結束○永漢分局，有警察十數名，現地方人士，以該分局警察「日不站崗，夜不查棧」，於治安無保，實際徒重人民負担，正呈請縣長，轉呈民政廳核辦云○

（出自《统计月刊》第二卷第十二期，一九三六年）

台山縣農業概況調查報告

民國十九年四月　卓正豐

（一）位置

台山縣原稱新寧逮民國三年乃改稱台山位居廣州城西南三百六十餘里緯線居赤度北二十二度十五分經線距北平中線偏西四度十五分東界新會南界赤溪及海西北界開平西南界恩平東西廣一百三十餘里南北長一百四十餘里全縣分爲十九區及八分區述之如下

區別	所在地	區域
第一區	縣城	附城約一里
第二區	公益埠	城北約五十里
第三區	新昌埠	西北約三十五里
第四區	廣海城	東南約九十里
第五區	冲蔞墟	東南約四十五里
第六區	荻海埠	西北約三十五里

第七區	海晏街	南約百二十里
第八區	端芬墟	南約六十里
第九區	潮境墟	西北約二十五里
第十區	都斛市	東南約七十里
第十一區	墩寨市	南約五十五里
第十二區	三合墟	西約三十里
第十三區	未成立	
第十四區	寨門墟	西南約百五十里
第十五區	那扶墟	西南約百一十里
第十六區	未成立	
第十七區	上川島	南約百五十里

第十九區	白沙墟	西約七十里
二區分署	五十墟	東約十五里
二區一分署	新榮市	東北約二十里
二區二分署	水合墟	東北二十五里
五區分	四九墟	東南二十里
七區分	那馬	南百二十五里
八區分	海口埠	南約六十五里
八區分	吉那	南約六十里
七區分	汶村	南約百二十里

（二）地勢

台山縣原稱新寧故有上新寧下新寧之分自改台山以後則稱爲上台山下台山第一二三五六九十二十九區爲上台山第四七八十十一十四十五十七區爲下台山查其所以稱爲上下台者因縣屬地勢中部畧高南北稍低故也全縣屬山嶺約占

全面積十分之六以上考其山脈皆由新興縣天堂山而發及至雙石頂山頓起高峯爲衆山之祖分支而行自西徂東散佈全縣水從山走及水交而山止焉故上台山之水北流入珠江經新會而出崖門入於海下台山之水則會合於三义港而出海上台山縣則以縣城至新昌水爲最大但不能行船西北則有白沙水東北則有沙涌水白廟河皆可以行儎重數十担之帆船下台山則以矬峒水爲最大西南爲那扶水東南有潭溪河亦可以行儎重數千斤之帆船此縣屬地勢之大概也

（三）氣候

台山縣屬內部多山南部近海故四時氣候乖異據下台山海晏區之老於航海者言風由四面至者曰颶風颶風將至則現虹蜺名曰颶母其作必自東而北而西而南乃定若不如此順至則間日必復發故諺云颶風不順而至南預計再來不待三等語於寒暄大抵三冬多暇至春初乃有數日極寒冬寒不過二三日復暖立春之日最宜寒春寒則一春暖春暖則一春寒故人望立春寒卽所以望一春暖云立春之日又宜晴春晴則一春晴春雨則一春雨卽不雨亦必陰故人望立春晴卽所以望一春晴云此等農諺雖或有未盡可信者姑記之以爲有心研究者參考之資焉台山氣候雖無下雪但有微霜近歲年來以民國十九年爲最多云然通常之年最低温度多爲攝氏四五最高温度則多爲三十八九度至雨水大小無定風災常有但不甚劇烈耳

（四）耕地狀況

1 土質　縣屬土質分爲數種近江邊之土多灰黑色表土深厚在廣大平原之土多砂質壤土土質肥美近大山下之土腐植質頗高含肥亦富低下之田全數植水稻稍高之地專植花生白豆旱禾山之略平者亦多梯形耕地耕中農民殷富者雖多而亦勤於種植無怪乎其爲富縣也

2 水利　縣中江河雖不少而河面狹淺祇可行駛儎重三四十担之帆船而已故水上運輸不甚利便且其水位太低對之農田非用人力不能取水灌溉自動水車不能利用專用龍骨車車水又山嶺雖多而山澗亦甚少且無樹木以涵養水源故農

家種植若無雨水則必用人力補救矣故水利實不足言也

3 交通　縣屬交通年來公路四達且新寧鐵路由北至南由中至西陸路運輸頗爲利便但河流淺狹除縣之北沿新昌荻海可行輪船外餘則祇可行儎重數千斤之帆船水路交通不甚便利也

4 耕作情形　台山農作除兩造水稻及薯芋外其餘作物則寥寥無幾藍靛竹蔗雖間有多少而非年年種植不足記述作工者以女人多間有男人亦係受僱而來者因該縣男人以出洋或經商爲業耕田者十無一二也

(五)農民經濟狀況

1 田地租價　台山地積雖廣而人口亦稠密田地價之高昂實爲廣東各縣所無者租金則又與各縣不相上下上等田無水旱之災一年可耕二造且就近耕戶者每畝值一千元以上離鄉畧遠在三五里以內而無水旱之災者每畝約八九百元中等田年可種二造間或有水旱之災者亦值五六百元下等田年祇可種一造者亦約三百元上等旱地每畝約三百元中等旱地每畝約二百元下等旱地如山崗等亦須百元左右查其田地昂貴之原因皆由富戶衆多之故至於租金則又不甚貴上等田每畝租穀二担至三担之間照時值計不過十六元至二十元耳中等田每畝租穀二担左右照時值計十元至十五元下等田每畝租穀一担左右照時值計六七元耳至上等旱地之租每畝約六七元中等約四元下等約二三元不等查其田地價如是之貴而田地租不能隨之而貴者則以人工太昂故也再地價高昂以台城之南斗山左右爲最台城之北次之台城之西又次之

2 長短工價　長工之價除每日三餐外每年約須百二三十元短工忙時除供給午餐外男工每日一元半至二元女工一元至一元半常時除三餐外男工每日一元女工五六毫亦有不供膳者則加多四五毫而台山工人皆三羅高洲人居多本地絕少僱用者

3 大少農及經濟情形　縣屬自耕農居多耕十畝以下者約百之七十耕十畝至二十畝者約百分之二十耕二十畝至

三十畝者約百分之十而海晏一區則有三五家耕沙田至二三頃之多者但聞係中山新會人也至經濟情形充裕者約在百分之九十以上蓋縣八口約一百萬左右而往新舊金山二埠謀生者約有六七萬往歐美各埠者約有十萬往南洋群島等埠者約十餘萬其餘在國內各省縣經商者約三四萬總計出外謀生者約有三十餘萬人每年由外處滙回欵項則約有四五千萬元故縣屬居家男女往往窮奢極欲雖百物騰貴仍不減其奢華也

4 農產品價格約如下表

品名	數量	價格
穀	每担	七元
番薯	每担	四元
芋	每担	五元
鷄	每斤	一元
鴨	每斤	.八元
鵝	每斤	.七元
鴿	每隻	.七元

牛	每斤	.七元
羊	每斤	.九元
魚	每斤	.八元
紫菜	每斤	.八元
茨菇	每担	八元
塘菇	每担	四〇元
花生	每担	七元
松柴	每担	二.五元
山草	每担	一.五元

以上產品皆無輸出其價格較之廣州香港每元價約高二毫以上

（六）作物

1. 水稻　早造穀種有百日早粘仔香稻（米極香故名）細粒綠豆白夏至白尖鼻白暹羅白等春分前後浸種浸一日担回

家內旱晚浴水約三日之久乃撒於成糊狀之田約十五日則可移植該縣農民人力不足僱工價又貴故至立夏尚有插田者晚造穀種則有廟包錦粉粘黄粘白壳矮脚鹹粘光赤等類夏至前後浸種浸法如前播種後三十日以上始可移植立秋前插完上等田可收穫三担餘晚造收量比早造約多一担左右旱禾穀種則有銀粘花壳白壳數種春分前後點播或條播

2 芋類　芋有早芋米芋黄芋紅芽芋鷄爪芋檳榔芋湴芋數種種法在春分前後將砂質壤土之深厚而肥美之田犂耙鬆碎起四五寸高之平畦約濶一尺四五寸畦邊開穴距離約一尺五寸先施以草木灰或水糞等後放芋種（芋大則取其一段芽爲種）再覆以土中間則或種薯或豆角苦瓜等類小蒲前後施肥一次繼培以土以後約隔四十日再施肥一二次秋分時前後則可次第收穫上等收穫每畝二十餘担中等十餘担下等十担左右

3 薯類　薯有大紅薯深薯掃把薯毛薯（其身有毛又名甜薯）牛角薯木番薯（又名薄豐）葛薯等以上數種除毛薯深薯掃把薯木番薯葛薯數種年種一造外其餘可種二三造而毛薯深薯則用細薯爲種每株距離約二尺葛薯則用薯仁木薯則用薯枝皆春分前後種植冬至前後收穫

4 蔗類　蔗有竹蔗玉蔗二種玉蔗則廣海附城五區分四區九區五區十區等地方間有種一畝幾分者作生果食竹蔗則第十二區三合地方有三四百畝蔗寮三四所每年出糖三萬斤右左蔗地則以山崗旱地爲之種法如常每畝年用花生麩二担左右

5 玉蜀黍（又名包粟）　玉蜀黍分爲七葉粟九葉粟糯米粟粘米粟白粟紅粟數種種植期在春分前後行點播法每株距離約六寸行間一尺左右施水肥或草木灰二三次立夏前後收穫

6 藍靛　藍靛分爲二種一大葉藍二細葉藍又名高脚藍亦名大藍台山獨二區分五十墟左右有種之該處有浸藍池十餘個池圓形濶約八尺深三尺左右底邊有一小孔爲放水之用池邊另一小池約細三分二於大池池邊有孔數個由上而下爲貯靛放水之用但近年種靛者寥寥無幾出產無多因洋靛平而土靛亦因之跌價加以人工又貴故少種植云種法則將地犂耙

鬆碎起三四尺濶之平畦行條播法行間距離約一尺春分前後播種除草施水肥二三次大暑前後收穫上等者可得藍葉八九担收後再施肥除草一次至霜降前後又收一次名藍芽約得藍葉二三担製法最宜注意者割藍當在辰早未見日光之前割之若日光一出割則收靛必少三分之二云故割藍回後須即時落靛池以水浸之約一個對時觀其藍葉變乃去其骨取其水每生藍一担加已發石灰七斤猛攪之觀其水已澄清靛已凝成乃靜置之至其靛已沉澱於底則去其清水再過小池澄定之又去其清水即靛糊也每藍葉百斤可靛糊二十餘斤云

(七)園藝

1果樹　台山果樹有荔枝龍眼梅李桃柑橙烏欖白欖黃皮石榴等皆有出產但寥寥無幾祇屋邊餘地間有三五株而已並無大宗種植之果園

2蔬菜類　有紫菜茨茹又名塘菇因產於塘故名其餘普通蔬菜瓜果均有出產惟茨菇一項頗爲特別故特記於下查縣屬各區均有少數茨菇種植惟第二區斗垌地方有塘約四五畝所種的茨菇其色白身長一寸至四寸大者重三兩以上其味甜而粉故價格比之別處所產者約高四五倍可惜出產無多年僅數十担耳查該塘土質幼而嫩滑表土深尺餘色黑頗似腐植質土紫菜生於海邊石巖之上其色青惟不如赤溪縣銅鼓所產者爲好已詳於赤溪縣報告中茲不再贅

(八)畜牧

1牛　牛有水牛黃牛水牛約占七成黃牛三成全縣約二十萬戶以三戶有一牛計全縣約有牛七千頭牛價約四百斤重者值銀二百四十元較之各縣約貴二三十元

2豬　平均兩戶有一豬全縣約有豬十萬頭而酒米店中養二三十頭者亦有之農家多則二三頭少則一頭或母豬一隻而已飼養則以薯葉殘羹爲之

3 羊　廣海四區南灶地方有養羊二十餘頭者寨門十四區白沙十九區皆有養二三十頭者下川則有養數十頭者羊舍用木園之天面搭葵地台亦用竹或木板以其可以清除羊糞也羊有患口爛者則以榕樹鬚煲水洗之二三次則愈其餘各病詳各縣調查報告中

4 家禽　有雞鴨鵝鴿等而以養雞者居多數百戶之中約占六七十戶鴿亦有養之鵝則有養一二千者第七區海晏十區都斛第二區公益第四分區南灶皆有飼養鵝仔由陽江買入每對約銀四毫左右飼養五十餘日約有三斤重之譜可賣銀一元三四角每百隻約食穀七担云

(九)森林

台山縣屬祗有松林各區均有種植除古兜山一帶數千方里完全荒廢外其餘各區荒廢者亦約一半有奇各山土質內粗砂黃色之土爲多種松無有不宜

(十)荒山荒地

縣屬山嶺約佔全面積十分之六而荒廢面積又約佔十分之八以上至荒田惟第十區都斛地方有百餘頃但此係海之沙田似不足怪也惟鄰近冲村之處非近海之沙田亦約有七千餘畝此則甚可惜也又八分區海口埠地方亦有荒田五六千畝晚造間有種植早造則完全荒廢

(十一)特產

特產有塘菇紫菜蠔豉三種塘菇產於二區斗垌紫菜產於四區廣海十七區上下川十五區那扶等處每年約數十担蠔豉產於廣海海晏萬頃洋每年亦約數十担

(十二)輸出品

輸出品中以魚爲大宗查廣海魚船每日平均約起魚九十担輸出省城澳門香港等埠者約七十担餘則本地用也那扶之石灰年輸出恩平開平新會者亦數千担紫菜亦有多少輸出但其確數無法調查

(十三)農村教育狀況

台山縣教育頗爲發達茲列表以明之

台山縣學校數量及學生人數統計表(十九年四月調查)

項目				數量
中等教育	中學	校數		5
		學生	男	1248
			女	38
	師範	校數		4
		學生	男	521
			女	317
	職業	校數		4
		學生	男	351
			女	20
初等教育	小學	校數		1105
		學生	男	54067
			女	16516
	幼稚園	校數		1
		學生	男	35
			女	34
共計	中等教育	校數		13
		學生	男	2120
			女	371
	初等教育	校數		1106
		學生	男	54102
			女	16550
總計	學校數			1179
	學生數		男	56222
			女	16550

(十四)農林前途之希望

台山人民舍本逐末金錢雖富而物質缺乏自應銳力改良農林以資救濟查台屬稻作之區多欠缺水利苟雨水稍少則春耕有不能遍種之虞聞近年來無水春耕之田恆達數百頃甚可惜也似宜開塘畜水或掘井取泉以供灌漑而免坐困此水利之宜改良者一又縣屬第十區都斛地方有荒田約七千畝據該處土人謂此地植禾不生查其不生之原因係因土壤酸性過度且沙土過少所致似宜加以梘性肥料如石灰等物耕種數年當可成良好之田而八區之海口埠地方亦有荒田約四五千畝查其

荒廢之原因據稱該處水性過鹹種禾不生等語似宜購取中山縣四區適於鹹水之長蜢穀種種之當可適於生長此土壤之宜改良者二又台屬森林以松林爲多惟疏密不宜尤欠整枝技術故生長不良且台屬各山皆可種茶而西山地方尤爲適合似宜先將已成松林加以合法整理其未造林及未成林之荒山則以改植茶樹爲佳此森林之宜改良者三至於大隆垌荒地面積十餘方里土質肥美又無水旱之患祇以交通梗塞匪徒嘯聚似宜軍民合力剿滅闢作農田便成良好之農田也而下川荒島山環海繞氣候風景極佳似宜興辦畜牧以盡地利此荒地之宜利用者四凡此諸端畧陳管見尚望台人起而行之此卽最所希望者也

（出自《广东农业概况调查报告书续编》下卷，一九三三年）

增城縣農業調查報告 十八年

林純煦　何慶功　調查

(一)位置及區域

增城縣舊屬廣州府治，東界惠博，西界花縣，南界東莞，東北界龍門，西北界從化，縣治在北緯二十三度二十分，經度距京師中線偏西二度五十分。境內北部多山，南部則較平坦，其地勢亦北高而南低。全縣面積，合計約三百零九萬零四百二十九畝，居民約三十萬左右，分全縣爲十二區，但已設立警區者，則惟附城，新塘，派潭，正果四區而已。茲將該縣各區地名及所屬村數紀列于次：

第一區爲坊都，在附城統屬一十六約。

第二區爲梅都，在派潭統屬一百二十四村。

第三區爲牛都，在正果統屬一百六十五村。

第四區爲賢都，在小樓統屬一百一十五村。

第五區爲慶都，在坑口統屬六十四村。

第六區爲雲都，在神崗統屬五十九村。

第七區爲福都，在福和統屬一百七十六村。

第八區爲上都，在麻車統屬九十五村。

第九區爲下都，在石灘統屬三十四村。

第十區爲寧都，在仙村統屬八十八村。

第十一區爲湖都，在唐美統屬一百二十二村。

第十二區爲甘都，在新塘統屬一十六村。

(二)氣候

該縣氣候，其氣溫於小暑後至處暑間爲最高，而於冬至後至翌年雨水間爲最低。年中冷熱時期各約一個多月，至其雨量則於芒種大暑間爲最多，秋分後至冬間爲最少，結霜亦殊不多見云。

(三)耕地狀況

(1)地勢　查該縣耕地面積共約七十餘萬畝，就中水田約有五十萬畝左右，皆栽種早晚水稻二造，其餘高亢旱地及埧地，則栽種雜糧花生黃蔴糖蔗烏欖荔枝及柑桔等果類。至其地勢平均，大概平原約佔百分之五十五，山谷約佔百分之八，崗陵起伏地約佔百分之七，山嶺約佔百分之四，傾斜約佔百分之二十六。

(2)土壤　一般農地皆係實積土，質半輕鬆，顏色以黃灰及黃白爲多，砂多屬中幼，大概壤土可佔百分之七八十，粘土可佔百分之二三十。其土地肥度，於甘湖寧等都爲稍高，餘則不甚肥沃。

(3)水利情形　該縣水利不甚良好，在增江下游兩岸之農地，每於夏秋水漲時，因石灘處之河口狹窄　消流困難致河水泛溢成災，所旱經過時期不久，每次約三數日而已，亦非年年爲患也。在秋冬之季，則一般比較高亢田地，不能利用河坡水灌溉者，間有旱患。查此種有旱患之農地，皆係賴天然雨水或山溪小水以爲灌溉者，其面積約可佔農地百分之四十云。

(四)荒山情形

全縣山嶺約佔該縣面積百分之六十五左右，卽約有一萬二千四百餘方里，而荒山面積又殆佔山嶺百分之四十五左右，所有荒山皆因無人種植及被火燒燬而致。其荒山土壤則多屬黃赤，并極乾旱瘠瘦，對于有用木材之生長，恐亦不甚良好也。

（五）運輸交通

查陸路交通運輸有已成廣九鐵路，起自廣州之大砂頭而東至沙村站，計一十九英里入增城線，經新塘（甘都），唐美白石（湖都），雅瑤仙村（寧都），石夏，石灘，石瀝滘（下都增城線以此站止）各站，接入東莞線，以通九龍。至水路之交通運輸，則有增江可行舟楫，上通龍門，下至石灘，入會東江，惟增江之上游河狹水淺，祗通蓬船，載重不過二三萬斤。若夏秋水漲，間可通行淺水汽船，至其下游已會合東江，河面既闊，積水亦深，其舟楫之利便，實可與對岸東莞各處相等量齊觀。仙村一隅，上滙綏福水，下連十字滘亦然。洎乎新塘以下，則汪洋巨浸，帆檣雲集，雖海船巨艦，亦不時來往，其貨物輸運，可直通廣州香港以及其他之海岸。故廣州東路市場，新塘一鎮，實不亞於東莞之石龍，蓋石龍以陸運勝，此則以水運勝也。

（六）耕作情形

（1）冬耕　於晚稻收穫後，大部分將其跡田犂轉，間或種以小麥，在牛都地方，則頗多栽種酥醪菜者　梅都牛都亦間或栽種菸草。

（2）春耕　於清明前後將所有農地行春耕一次，其旱地則栽種花生黃麻等作，在賢都梅都牛都等處，則間或栽種涼粉草；其水田至谷雨前後，則須復行一次春耕，然後插植水稻。

（3）秋耕　其水田於旱稻收穫後行秋耕，栽種晚稻或甘薯，其旱地則視前作物之收穫期遲早如何，如早者亦復栽種甘薯之類。

（七）農民經濟狀況

（1）農戶　農民中田主約佔百分之十，半佃農約佔百分之四十五，純佃農約佔百分之三十五。其經營田塲之大小，通常在田主約有二十餘畝，半佃農約二十畝左右，純佃農則多不過十畝內外云。若計其混合的平均，則每農家耕地之面積在十畝以下者，約可佔百分之四十；在十畝至二十畝者，約可佔百分之四十五；在二十畝至三十畝者，約可佔百分之十，在三十畝以上者，約可佔百分之五云。

（2）田地價　水田每畝上等約值百元至二百元，中等約六十元，下等約二十餘元，至三十元；旱地每畝上等約三十元，中等約十元，下等約數元。

（3）肥料價　通常所施用而有買賣者，畜糞灰每百斤約五六毫，人糞灰每百斤約八毫，人尿每担約四毫，花生麩每百斤約十元，石灰每百斤約一元三毫。

（4）農產價　能供役用之水牛每頭平均約八十元，黄牛約四十元，猪肉每百斤約四十元，鷄每斤約六毫，鴨每斤約四毛，魚及類鵝每斤約二毫半，甘薯每百斤約一元五毫，薯芋每百斤各約五元，濕花生每百斤約六元，小麥每百斤約五元餘生油每百斤約四十元，甘蔗每毫約二根，黄糖每百斤約十三元，蔬菜類每毫約三四斤，柑每斤約一毫，年桔每斤約半毛，柳梨每斤約二毫，沙田柚每個二毫，菠蘿每個約半毛，荔枝每百斤平均價約十元，熱欖每百斤約三元餘，蠶蛆每百斤約一百三十元，黄麻每百斤約十元，烟草每百斤約三十一二元，茶葉每斤約二毫，棉花每斤一元，乾柴每百斤約八毫，木炭每百斤約二元，草每担約三毫，竹類每百斤約八毛云。

（5）人工價　長年農工頭手約六十元，二手約三十元，三手約十五元；短工忙時男工每天約一元，尋常時每日約三毫，女工則極少僱用，所有農工每日皆供膳三餐，計需費約一毫半至二毫，其長工年中須供給草鞋雨帽簑衣手巾剃頭等費約四五元，每日工作時間約八小時以上。該縣農工供給，忙時不足應用，多由龍門河源惠博等處僱請云。

（6）租田制　佃農承種田地，悉與田主直接商恰定後由佃戶送田鴨若干，或折合銀若干（數毫）與田主爲定禮，并以口說爲憑，不用租約，亦無預租押租等情。租田年限亦少規定，倘能年年清租，而又無特別情形，當能永久耕種云。

（7）田地租　田地租以納租穀者爲多，間有旱地則或納租金，其每畝水田年納租穀上等約二百五十斤，中等約二百斤，下等約百零斤，每畝旱地年納租金上等約五六元，中等約三元，下等約數毫至一元。其收租方法，有由田主往收者，有由佃戶送到者，但由佃戶送到，則每担穀每十里路遠須給担力銀一毫半左右。其租穀年分二季量納，一在六七月間，一在十月間，若遇荒歉之年，則由佃戶酌量減納，以兩不相虧爲是云。

（8）農產貿易及其大宗出口　農民出售農產品，多係農民自己担赴市塲，如在水運方便之處，則多搭付渡船，運至城市出賣。其境內貿易之中心爲縣城，其與外境貿易之大市塲則爲石龍廣州。查該縣年中輸出大宗農產之種類及其數量，約如下列：

種類	出口約數	出產地	每担價
穀米	八百萬斤至一千萬斤	各都	六元五
小麥	三十萬斤	各都	五元五
黃麻	五十萬斤	麂都爲多	十元
煙草	四十萬斤	牛都梅都	二十八元

酥醪菜	五十萬斤	牛都	六元
凉粉草	五十萬斤	牛都賢都梅都	五元至十餘元
荔枝	三百萬斤至四百萬斤	牛、慶、坊、上、下、湖、寧、甘等都	十三元
烏欖	四百萬斤至五百萬斤	賢、梅、牛、慶、上、雲、福、湖、等都	三四元
欖核	一百四十萬斤	仝上	六元五
白欖	十萬斤	甘、湖、寧、福等都。	八元至十元
香蕉	十萬斤	甘、湖、寧、福、牛都。	二元餘
菠蘿	二萬斤	牛都	四元
龍眼	五十萬斤	甘、湖、寧等都。	八元
石榴	十五萬斤	仝上	五元至十餘元
黃皮	三萬斤	仝上	
柑桔類	十萬斤	牛、坊、甘、湖、寧等都。	十五元
柴	四百餘萬斤	上增城各都	八毫
炭	一百餘萬斤	仝上	二元
猪	八千頭	各都	
牛	四千頭	各都	
鷄鴨鵝	三十餘萬斤	各都	

香粉	十餘萬斤	梅都
節瓜	數萬斤	甘都

(9)借貸情形　當地農民中常須借貸錢欵或糧食者，不過佔百分之二十左右，因多數貧農，雖衣食不足，但能作苦力，以維持其生活。就借債之農民，通常所借之數，爲錢欵則在十元內外，糧食則二三担而已。此等少數借貸，通常不用抵押，如大宗者，則須自已之不動產業或果樹等。其借期常不一定，利率亦多不等，最低者月息分半，高者三分，通常則爲二分。境內有當店十間，農村中有標會組織，爲農民藉事儲蓄與周轉之機關。

(八)牧畜

(1)家畜　以養猪爲普遍，殆爲農家必有之副業，計全縣所養之猪，除供境內宰食之外，年中出口約有八千頭左右。至於養牛，其目的多爲耕田役用，但有塲地與人工者，亦較多養以爲取利。查該縣年中牛之出口，亦約有四千頭云。

(2)家禽　就中以養鷄爲多，次爲養鴨，又次爲養鵝。查其飼養情形，與他處無異，全縣年中鷄鴨鵝之出口，有三十萬斤左右云。

(九)作物

(1)水稻　查該縣共有水田面積約五十萬畝左右，年中皆可栽種早晚水稻二造，惟晚稻一造，每有旱患，故間有改種甘薯者。該縣所產穀米，足供民食而有餘，計年中出口總額約八百萬斤至一千萬斤左右。又查該縣小稻收量多不甚豐稔，此則與土壤品種人事等有關者也。茲將其水稻栽種情形畧紀于次：

(1)早稻　其普通所種之品種，有揀赤，早赤，大赤，金包銀白穀仔，新粘，秋香，六十日，及糯等，其播種時期，通常於清明前後浸種，二日夜後，起水屯芽約二日，遂撒播於秧田，其秧田於整地時施人糞尿爲基肥，至播後十餘日，復施人糞尿爲補肥，計播種育苗有二十日許，可剷苗分秧。當剷苗時，先撒施以糞灰或生麵粉，然後剷苗分秧。迨分秧後一月許，用小齒耙中耕一次，間有於中耕前後施以糞灰一次者，但通常則多不施肥。其早稻除六十日早於分秧後兩月許有收獲外，餘皆於大暑前後收，每畝收量約二百餘斤至三百斤左右云。

（2）晚稻　普通所種品種有白絲苗，赤絲苗，牙粘，油粘，黃粘，露赤，白殼粘，及糯等，通常於夏至前後浸種約二日，起水屯芽約一日，遂播於秧田。其秧田亦於整地時施一次畜糞爲基肥，及至立秋前後拔苗分秧時，再施以糞灰或生麵粉一次，至分秧後一月許，施以人畜糞灰，同時用小齒耙中耕一次，通常早者爲黃粘在霜降後收，餘則立冬前後收，計每畝平均收量約二百斤左右。

（3）小麥　該縣麥作不甚普遍，較之數十年前亦有日就衰傾之象，其栽種情形，無異他處。其麥多不作糧食用，悉以販賣出口，查年中約有三十萬斤許云。

（4）花生　該縣各都地方皆有栽種，悉用爲搾油，惟產量不足供就地之用，年中須由廣州輸入不少云。

（5）糖蔗　該縣糖蔗除甘，寧，湖三都無栽種及下都甚小外，其餘各都地方莫不種之，多種於沿河垻地及高亢之旱地。其糖蔗於二十餘年亦爲最盛，年來則日就衰微，故近年蔗糖之出口爲數甚少云。

（5）黃蔴　各都地方皆有栽種，而以慶都屬地爲最多，通常爲絞繩之用。查全縣黃蔴出口。年五十萬斤云。

（9）甘薯　各都莫不種之，其種地多屬旱地，或患旱之早稻跡田，所有甘薯，悉作雜糧食用，或爲家畜飼料。

（7）涼粉草　於梅賢牛三都地方多栽種之，年產總額約五十萬斤，多運銷於外洋云。

（8）菸草　松牛梅二都多種之，通常於冬至前後種於晚稻跡田，至翌年二三月間收，年產出口數約四十萬斤云。

（十）園藝

（1）蔬菜　蔬菜品種通常者皆有種之，除農家栽種爲自己佐餐之用外，在各都市墟附近，畧有少數專業經營者，但其產量不多，祗供市墟之需要而已。查惟甘都新塘一帶每年可有節瓜出口，約數萬斤，及牛都地方有酥醪菜乾出口，約五十萬斤云。

（二）果樹

烏欖　查其種植歷史，約有百數十年，其產地：於梅，賢，牛，慶，上，雲，禰，湖等都，皆有種植，而以牛，慶，上，雲，禰等都爲最多。其種植方法，通常先行播種育苗，其播種時期，可不拘定，其實播之苗，有移植者，亦有不移植者，其品種如未經接木之實生苗，則有捲頭，金中，黃葉，菁蘧等分，就中以黃葉及金中爲佳，如已行接木者，則統稱之曰左尾，其已接木與未接木之欖核極易分辨，未接者核祗一仁，已接者（左尾）核有二仁云。通常植欖在實生苗七八年後，於春季二三月間用左尾接過。其法於實生苗之二尺餘高處截去，依法接以左尾二三年生枝一條以至三數條，視其樹勢情形而定，接後四年，可畧有果結。其開花時期在四月間，果熟時期在九十月間，通常收果法，悉用竹桿擊落。種後管理年中施肥一次，於二月間爲多，所用肥料，普通爲人畜糞尿或生麵水等，若有寄生枝，須時行除去，除此之外，無甚管理。又欖樹如遇大霜後，則多枯死云。查該縣烏欖年產總額，約有四百萬斤至五百萬斤。

荔枝　品種有掛綠，桂味，糯米糍，西角子，懷枝，三月紅，大棗，甜欖，狀元紅，貯麻子，進奉，黑葉等，其品類質佳者，爲掛綠，桂味，糯米糍，西角子，甜欖，狀元紅，貯麻子等，就中尤於縣城西門外西園所植之二株掛綠爲最有名，致其樹勢果形，與普通種不易分別，惟果肉特別乾爽與香甜云。其產量甚少，且常隔一二年結果，惟其價值殊昂，殆無一定標準，因其著有聞名，普通人不易購得，祗供各處要人富商之特派專員到買而已，故每斤掛綠荔枝，常值三數十元而不一定，查其栽培方法，亦無異樣。此外品質稍次者爲黑葉 進奉，再次爲三月紅懷枝。其種植最普遍而收量最多者，則首爲懷枝，次爲黑葉，此二種荔枝，殆佔產額中十之八九。其樹勢以懷枝及西角子爲高大，其果核屬細小者爲桂味，糯米糍西角子等，屬大核者爲掛綠，黑葉等，其大少核兼而有之者，則惟懷枝，一般荔枝之繁殖法，用駁枝爲多，其管理施肥，則與烏欖畧同。查全縣出產荔枝，其品質佳者，祗在本縣銷售，其出口者惟懷枝及少數之黑葉耳，并多乾製發賣，計年產總額約三百萬斤至四百萬斤云。

白欖 品種有山頭，三方，貢欖，水欖等，就中以山頭爲最佳，次爲三方，又次爲黃欖欖，再次則爲水，通常三年生之實生苗移植後，再三年可行接木，接後三年，可有果結云。其產地多在甘，寧，湖等都，年產額約十萬斤。

菠蘿 於牛都地方多種之，其種地多在斜傾之山麓，通用梢心或分蘖苗繁殖，其植期在二三月間，約種後三年，可有果收，現查全縣年產額約二萬斤許。

香蕉 於甘，寧，湖，福，牛都等地方栽種之者，年產總額約十萬斤許。

柑桔 此等果類於牛，坊，甘，湖，寧等都多有種者，此種果作，爲入民國以來始栽培之，但聞近年以來，虫害劇烈，無法防除，復呈衰落趨勢， 近年產額年約十萬斤許云。

龍眼石榴黃皮 於甘，寧，湖等都有種之者，計年中龍眼出產約五十萬斤左右，石榴約十五萬斤左右 黃皮約三萬斤許，皆運銷于廣州香港爲多云。

（十一）蠶桑

增城蠶桑惟下都屬石灘，元洲一帶，稍有經營之者， 聞在四五十年前，該處養蠶者有五十家， 及至近年，因繭價日低，養蠶者逐日減少。查現在祇存十家左右，每家平均每造養蠶種約十二兩許，每兩種約可得乾繭四十餘斤至五十斤，年養六七造，所出之繭，悉運往石龍發賣云。

（十二）森林

查增城全縣現有森林面積約可佔山嶺百分之五十五，殆有六千八百餘方里之多，其森林主要樹種，松木佔其十之七八，成林之象，以純林爲多，其餘雜木杉木竹類等統居其十之二三而已。在鄉村附近者，多屬人工林，遠僻者悉爲天然林，其森林所在地，於梅，牛，賢爾等都爲多，年中木材出產甚少，即松雜柴炭亦統計不過四五百萬斤云。

（十三）農村教育狀況

（一）學校數　初中，有縣立初中一所設在縣城，於民十七年秋創辦者。高小查第一，二，九，十一，十二，等區各有一間，第三區有二間，統計全縣共有高級小學七間。初小查第一區有十五間，第二區有四間，第三區有六間區有四間，第五有四間，第六區三間，第七區八間。第區八六間，第九區四間，第十區六間，第十一區七間，第十二區十二間，統計全縣共有初級小學七十七間

私塾　統計全縣共有私塾七十八間。

平民義學　統計全縣共有平民義學二十五間。

（二）學生數　初級中學生一班，計六十五人；高級小學生，全縣共四百五十八人；初級小學生；全縣四百五十八人；私塾學童，二千九百一十七人；平校學生，全縣二千三百七十九人。

（三）教職員數　初中現有教職員十二人，高小現有教職員三十九人，初小現有教職員二百九十二人，私塾現有塾師九十四人，平校現全縣共有教職員六十人。

（十四）農林前途之觀察

增城農業在農作方面，佔最大之面積者，厥惟水稻，而水稻之生產，較諸數十年前，收量日形減少，查其原因，乃由土地肥力不能維持，及水稻品種劣變，與農工缺少，人事粗放之所致也。其次蔗糖業及蠶絲業較之十數年前，亦衰落殊甚，此蓋作業不精，受國際貿易之影响所至。若夫果樹經營，烏欖荔枝，是其大宗，但年來亦無甚增進，其餘菠蘿香蕉桔柑類，雖爲最近新興之果業，但晚近數年經營此業者，亦覺殊多困難，今後亦有日就衰微之懼。至於森林方面，年來國家多故，匪患頻仍，民生凋敝，對於獲利期遠之森林，亦無暇經營。查該縣現在木材之需用，全賴他處之輸入，卽柴炭之出口，亦爲數無幾。總上情形觀之，則該縣農林前途之希望，惟有視此後政府方面之維護地方，及研究試驗機關之設立，以改良倡導之耳。

（出自《广东农业概况调查报告书续编》上卷，一九二九年）

增城縣調查報告書

調查隊第三隊主任游　熙報告

本隊奉命派赴增城調查　經於三月十四日，乘廣增公路汽車，於是晚抵步。翌晨晉謁與縣長鳳聲道及來意，請予通飭所屬協助，并分謁各機關團體，詢查各種情形，藉資參攷。十六日開始下區調查，業於四月四日，調查完竣。謹將調查所得條陳如下：

1. 位置與人口：本縣位居粵之東隅，與番禺東莞龍門博羅從化等縣相毗連，爲廣東二等縣治；查縣屬原日劃分十二都，於民三年改都爲區，追舉辦自治，仍舊劃分十二區，合共二百七十八鄉十二鎮，第一區原名坊都，區公所及第一公安分局，均設立於縣城，二區梅都在派潭墟，三區牛都在正果墟，第三公安分局，亦設於此，四區賢都在腊埔鄉，五區變都在橋頭鄉，六區雲都在神岡墟，七區福都在福和墟，八區上都在蔗車鄉，九區下都在石灘墟，十區寧都在仙村墟，十一區湖都在白石墟，十二區廿都在新塘墟，第二公安分局，亦設於此。人口尚未調查完竣，現據各區鄉鎮長所報，男女合計三十一萬餘人。

2. 物產：縣屬除二，三，四區，山嶺重疊外，其餘各區，多屬平坦，土質肥沃，惜荒地頗多耳！物產以米穀，荔枝，烏欖爲大宗，蔗，糖甍，酒，雞次之，他如薯，芋，蔬菜等，亦足自給。全縣產穀年約一百三十八萬石，除供給本地外，尚有十萬石左右，運銷於廣州，其最佳者，爲六，七區所產之絲苗，米質軟飲而味香，其種類：分矮脚，高脚兩種。矮脚者——爲正絲苗，每石百三十斤，價值十二元，高脚者——每石值十一元五毫。荔枝以縣城西門西菴所產之正掛綠爲最著名，其肉爽而味清甜，剝其殼衣，用紙包貼，歷時三日，該紙仍不致爲汁所濕，此其特性也，每隻有葉兩片，作人字樣，葉之上面，有綠色小荔枝一顆，荔枝則生於兩葉下之中間，故名掛綠，價格最貴時，每斤三十餘元，最低亦須十五六元；惟僅得一株，產量不多，卽豐年最熟時，亦不過產十餘斤耳。其次則爲普通掛綠，桂味，黑葉，槐枝，糯米糍等，各區均有出產。查民二十一年，合計產量，約十萬担，其性質易受災害，據經營此業者言：「咸謂去年因氣候不調，且遭蟲害，產量已減十分之四，今年復遭厲風吹折，花多跌落，結實情形，可預斷其銳減，尤有一粒全無之虞。」誠爲該縣農村經濟之一大影响也。烏欖產量，亦復不少，全縣合計年產七萬担；但其用途不大，祇可製造欖豉，作佐菜之用，而縣屬缺乏製造廠所，故多運銷於廣州，殊爲可惜耳！

.3 教育與慈善事業：縣屬教育，不甚發達，祇有初級中學一間，學生六十九人，簡易師範一間，附設中學校，學生五十八人，完全小學三十五間，學生四二二三人，初小一百四十一間，學生六六一八人，多因經費支絀，倘屬簡陋，他如民教館，通俗圖書館，公共體育塲等，畧具規模，慈善事業，則有縣立救濟院，設立於縣城，一切設備，頗爲完善。

.4 交通：陸路有廣九鐵路，橫貫第九，十，十一，十二等區，廣增公路，則由廣州經六，七區至縣城，路長百三里，增灘公路，由增城至石灘，路長三十里，福新公路，由福和墟至中新墟，路長二十五里，均已通車，其未築成者，有增龍公路，由增城經正果以達龍門，增從公路，由增城經腊埔派潭以達從化，福從公路，由福和墟至從化，新新公路，由中新經大和永和而達新塘。水路有河流二：曰增城河，發源於龍門，經縣屬正果至縣城，通石灘而接東江，有民船行駛。曰綏福河，發源於縣屬第七區，經神岡而接東江。縣城及新塘各有郵局一所，各區亦設有郵務代辦所。長途電話，已設分所者，計有縣城，石灘，新塘等處，各區公所及機關團體商號，亦多已裝設電話，水陸郵電之交通，均倘利便。

5. 商業與金融：縣屬商業，倘稱繁盛者，則爲新塘鎮，其次則爲縣城。查新塘鎮，地處東江下游，水運利便，其所販貨物，以油，鹽，欖，糖，洋雜貨，布疋爲多，共有正式商店二百餘間，縣屬各商塲，多在此地採辦貨物，惟近年來，各行生意，倍形冷淡，殊有今昔之嘆。縣城有商店百餘間，一，四，七日爲墟期，每逢墟日，鄉民則趁墟買賣，頗形熱鬧；惟遇閒日，殊爲冷落。其餘各區商塲，有派潭正果神岡二龍坑貝中新福和鎮龍均和大埔九和石灘仙村雅瑤白石大和永和等墟，合計商店，不過三百餘間，均屬小資經營，市面流通貨幣，以雙毫銅仙爲多，港紙省券次之。借欵利率，通常月息三分；惟以不動產或生產品爲抵押之借欵，殊有特別情形，卽無論利率高低，在借欵之日起，不滿三個月還本，亦作三個月計利，故有「出門三月息」之嘆，而普通商業信用借欵，則無此例。

6 風俗習慣：縣屬人民，本地約佔十分之六，客家約佔十分之四，第三，五，六，七等區，多屬客人，其餘多爲本地，因言語習俗之關係，早已暗分派別，舉凡辦理社會一切事業，彼此殊難聯絡，卽第三區之教育而言，原有全區合辦之區立第一小學校一所，後因本地與客家，發生意見，以致分裂，在五年前，已將區立第一小學，改爲瑞山小學，經費全由本地負担，客家則另辦東山小學，各自行政，彼此向不通婚，甚至時相鬥毆。烟賭之風頗盛，家計稍裕者，多備烟具，卽在社會上服務者，如各區自治人員，亦多在機關上設局吸烟，以爲應酬賓客之需，賭博塲所，各區林立，生喪婚嫁之費，頗爲奢華，教育未甚發達，迷信之風尙熾，毎年迎神賽會者，遍地皆是，演戲建醮，浪費不淺，今後苟能普及敎育，提高民智，則陋風惡習，庶可漸移矣。

（出自《统计月刊》第一卷第五期，一九三五年）

新會縣農業調查報告民國十一年

陳澤霖調查

(一)地理方面

(1)交通

新會之交通。可稱便利。蓋有江門商埠及新寧鐵道在焉。火車日凡開通車二次。直抵台城。例車四次。二次止於會城。二次止於台山之斗山。又火車可直通鶴山縣。輪拖之由江門啓碇往省澳港及各縣者。日凡十數艘。由會城開往三江(縣南)一帶者。日凡三艘。往陽江及高州者。兩三日即有一艘。由江門或會城啓碇開行。台山恩平開平三縣之來往省港輪拖。有六七艘。出入必取道江門。可以附搭入客。路程之相差。由江門往省港澳歧等處。皆七八小時可抵步。縣內交通。由江門往井根鄉。則有人力車。往會城則有汽車。但汽車因與火車之利權衝突。未能開車。電話亦已開辦。可由江門通至會城。

(2)區分及保護

分之屬紳者執政者。有東北西南兩局。每局皆有廣大之田畝收租。作經費。故附有鄉團於其中。另抽收農民保護費。其鄉之不繳納者。必自辦鄉團。或爲其勢所不能往收者焉。縣辦者則有十一區警察分所。所之附近尚稱太平。但離所稍遠之處。則匪風甚熾。刦掠之事。時有所聞云。

(3)水利

近河一帶。(如外海、河塘、潮連、天河、東甲、百頃沙、三江、等附近。約占全縣田地之半。)水道密如蛛網。灌溉排水兩極便利。近山田土。(如杜阮、井根、大澤、古井、文樓、等等。)苟非大旱。溪水亦足以供給。誠得天惠之獨厚也。其水流之大者如下。

縣東數里有文溪。出圭峯山。經縣城而入海。

東南六十里有鱸州海。

東北十五里有江門河。通番禺及縣之東境。出虎頭門而入熊海。六十里有橫江。

縣南廿里有熊海。通香山涯門。百里有涯門海。通香山新寧及烏豬洋。

南西廿里有天台硤逵水。由馬尾山經大冲口南折而入於海。

縣西五里有紫水。出龍山。經汾水岡妙蔵橋入熊海。十里有神仙井。潤水也。冬煖夏凉云。六十里有青髻洋。集恩開台諸潤。出蜆岡潭陽。至牛肚潤迎汐而滙於薑汪洋。一百一十里有湯湖。長溪也。中流較上下爲煖。故名湯云。

(4)氣候

新會無測候所及農學機關。氣候如何。無由詳悉。然大概言之。當與廣州市相去不遠也。

(二)林業方面

(1)山嶺

小者居多。然亦有數十方里者。茲擧如次。

縣東三十里有峽山、龍護山。

南東三里有崑都山。廣約三四里。三十里有鱸州山島。四十里有主子嶺。橫亘數十里。

縣南二十里有仙湧山。大約八十里。二十七里有熊山島。六十里有潭波羅山。八十里有冀山、崖山。大四十餘里。

南西十里有大路峽。二十五里有天台山。五十里有石逕山。八十里有蓮岐山、古兜山。大殆與崖山相等。九十里有獅子山。

縣西三里間有大云山、龍山。三十里有石船山。三十五里有將軍山。大約十數里。八十里有胄稼山。一百五十里有金山。山有瀑一。冬天亦有一方尺水量間。高下約二丈餘。謂此山從前有金沙產出。故名。現山下已闢田矣。西北四十里有羅傘山。亦有瀑一。水量與高度亦如上。遠望之、皆似白蛇數十丈。蜿蜒山間。頂平。有田數十畝。五十里有臨漢峽。大殆四五十里。六十里有崑山。

縣北二里有圭峯山。十里有綠屏山。其頂名天王占。登之全縣在望。謂前陸軍測量局派員測量。高有千四百尺海拔。與王子嶺、仙涌山、崖山、臨漢峽、稱爲縣之五大高山云。其東有龍潭。乃瀑之下注處。深七尺左右。舉首望之如銀柱。高二丈餘。長約里許。四十里有大澤山。上有瀑一。噴泉一。噴口五寸左右。噴高二尺餘。週年不絕。因未得土著引領、及游擊保護前往。故未能親詣其地觀覽。五十里有龍蟠山。六十里有大雁山。聞上亦有一瀑云。

北東三十里有疊梅山。爲綠護屏之小支。

（2）山質

山嶺之分佈。已如上述。其中之岩石。殆皆爲花岡岩。山穴貯水。多現青皮。土人謂爲磐地水。土質多砂或礫。

（3）林木

縣人多植赤松。自然生者亦以赤松爲較多。竹亦隨處皆有。其他各種林木亦然。尤以古兜山、崖山、仙涌山、王子嶺、四山之林木種類爲複雜云。

自然林　新會森林。縣官需不保護。故近縣城與鄉村之山。除少數點綴風致、及土豪祖山附近之寥寥百數株外。則皆童山。一望與穗之白雲瘦狗無異。惟匪徒出沒之區。尚有自然林之存在。縣中五大山嶺。能因其勢力得以保全自然之林者凡四。得于其中往來者。除箇中人外。祇有一二生藥採集翁。常出沒其間。此四山所產吊鐘花。聞瓣多而密。且有芳氣云。

人造林　人造林比自然林更少。但絕無僅有中。得陳二跡中大滘。一爲合股制之公司。每股十元。村投人資。極爲踴躍。但提倡者、乃一與農林業毫無素養之銀虫。故收足資本萬元後。即與太公批山。約一方里。撒播赤松種　。僅播至山地之半。即將餘款存于其所與人合作之銀號。而不加聞問。及後鄉中股東屢催他繼續作業。而他置之不理。賬款又不清算公佈。遂有控諸于縣之說。後因股東大多數爲同鄉之僑外者。遂不果。該公司亦無形終止。

別一人造林。則因鄉人雖已被騙。而所播之種籽。源源乎萌芽繼長。鄉間紳士。即提議太公植林。于冬間由各家按丁捐工播種。太公除購籽種外。尚供作工者飯食三餐。連續舉行三載。至第四年。則無人願作此事。聞因飯食太劣云。今去初發起時。已經八載。所播籽種。已成爲矮林。鄉紳以收入所關。乃嚴禁私採。

（4）木商

新會縣之木業商店。全在江門。共計有十餘所。每所資本皆在十數萬以上。常聯合二三所往西北江購木。亦有單獨運輸者。其消路多爲五邑。

（三）農藝方面

（1）水稻

新會田土之用于植水稻者。約占全面積之半。中分冲積洪積二種土質。即近山近河之不同也。

耕耨　近河之田。因其爲粘質壤土。表土又太深軟。不能利用畜力。凡一切工作。無不以人力爲之。故工價極昂。通常每畝地一次之耕鋤費。多至三元云。

近山之田。則爲砂壤土。多用畜力耕作。費用無如上之大。

管理　水田之灌溉排水及除草各事。每人約可管四畝。每造除草二次。補肥一次。或不施。補肥用人糞尿或化學肥。

播種　早造播于驚蟄。每畝用種八斤至十一斤。

插秧　每畝地四千株左右。六七條作一叢。然有多至十餘條者。

移植　清明後。(谷雨間)多用縺秧。

施肥　移植後每十日一次。共三次。第一次排水下屎灰。每畝二担。第二次下麻麩于根頭。每畝六十斤。第三次一百斤蟥莧碎與三或四斤屎和勻。每畝下三担。此爲最普通之完備者。次之　第一次下屎三四担一畝。第二次麻麩五十斤。第三次蜆灰一担。或一二次施礦物肥。共數十斤。三次蜆灰數十斤。此施肥法。多用于近山之田地。因農人較窮。田畝較平而多也。然此等農民。亦有不下肥者。還青十日前。有插烟骨約廿斤者。管理除草二三次。于下肥前施行。

收穫　小暑後。約舊歷六七月間。

收量　近河之田。每畝四至十担。近山之田。二至五担。

價格　每担上者五元。下者四元。

晚造　晚造茫種播。處暑立秋插。插後六十日後收。約在舊歷十月間。收量較早造多些。管理與早造同。施肥亦然。刈稈殆刈近田面。而早造則有因早造禾未刈而插晚造者。則刈一半稈莖。此惟近河之田。始有舉行。

糯稻之栽植。多在晚造。方法與粳同。收穫較遲十日。

稈每担三毫或四毫。

品種　早白、米身短。稈亦短。葉毛平。米良。宜于瘦地。收早而少。崖佬白、米身長。葉淡黃。米中良。抵抗力大。不施肥亦高長。齊頭黃。米身大而圓。稈高而粗。豐收。米中良。泥赤白、米中。宜于砂壤。鼠牙仔、米身瘦小而白。

晚、麻包錦、米精良而粒細。宜于山間田。不怕冷水。葉毛順上。黃莞。霜降白、米白。禾短。大糯、小糯、龍牙占、禁風雪、等。無甚特異之處。晚造禾之插于早造未刈者。早造禾須距離一尺二寸或八寸。其他普通距離爲八寸與六寸。

虫害不大著。有之則爲蝗虫。

（2）陸稻

近山之田。間有因不易得水而栽培陸稻者。其播期爲春分。收穫爲夏至。栽培法爲條播。收穫量爲每畝一至五担。中耕除草共二次。補肥一次。極少病虫害。秫種色深黃而無芒。禾高約二尺。葉稀疏。

（3）番藷

植番藷之地。無一定面積。約占全縣田地5%間。其次造作物。多屬煙草。植藷子苗畦中。經廿日後。幼莖四展。即將莖切成六七寸長一條作苗。處暑前將田起畦，畦間一尺五寸。畦高一尺。處暑前後。即將畦開穴。（穴間五寸）每穴施以屎灰五六兩。（每畝約用四担）及麻麸一小酒杯。（每畝約八十斤）然後混以泥而插苗于其中。栽植期間。至少除草二次。（每人日除七分地）每月反莖一次。又施補肥（屎）三次。每次四担。其收量每畝十至廿担。

品種有尖葉及純圓葉。尖葉者、藷紡錘形。而白心。圓葉者、橢圓而紅心。至其他圓形白皮紅心、長圓形紅皮紅心等、皆有。但不若前前二者之普及也。通常一人耕七八畝。多者耕至廿畝云。

（4）葵

新會田土之用於植葵者。約占全田土面積一成。蓋植葵之地。集中于江門會城之近河一帶也。其利永久而作業簡單。近來農人多栽植之。而結果之樹。非數十年不可。三四月花開于葉間。晚秋成熟。每樹可結實一斗。（樹幼者較少）昔時每斗六七元。近則漲至十元有奇。

葵之栽培。即分爲三種。皆用移植法。秋或春間播種於苗床。播後二三年。已有五葉。即行起畦定植。定植之距離。八寸至一尺。使其葉不能開展。如一枝條。而採爲扇用者、名曰玻璃葵。每畝年採八千至一萬枝。每萬近年值七八十元。

其距尺半至二尺、而祗留三葉、餘則以草縛之、隨長隨採者。名曰三旗葉。亦能製成上等扇。每年採萬二三枝。每萬值六七十元。其距離四尺或六尺而任其葉自然伸長者。曰長柄。年採三四次。每畝共可穫二萬柄左右。每萬近值三四十元。其下部之老葉。亦值一二十元一萬。平均每年可採老葉一二千柄。其葉柄多作燃料。但多有長至八九尺者。故亦可選其纖維製繩。每百斤可售得廿元餘。

生活期、前者至少有二三十年。後者雖至百年。亦不絕其收益。故縣中之栽長柄者占過半。土質爲粘質壤土。表土深軟而排水佳良。雖不用灌溉。而現在植葵地域。則皆沿河。故有葵許出水不許入水一語。農人謂葵不怕潦。但不能植於近山之砂質壤土云。

葵之肥料。往昔皆用人糞尿。近則多用化學肥料。施用量素不攷求。而以經濟爲標準。通常長柄每畝年施肥料約十二元。三旗、玻璃、則十四五元。若遇豐收。則有施至廿餘元者。施法按收穫之次數而于採前一二月施之。（通常多分二次。亦有分四次者）

病虫害、農人無甚報告。目之所見。則各若葉上有白色菌病。一若棉虫之附着。而同時亦有棉蚜、介壳虫、混于其中。農人無法治理。其害則令葉起黃斑而穿孔。本塲亦有此害。聞戴病虫害技師正從事研究云。

葵之管理。祇在育苗時及定植後一二年間。須中耕除草。過此則祇施肥採葉各事而已。

(3)蘇

有苧麻青麻二種。苧麻為宿根植物。青麻則一年生草本植物也。兩者皆植于縣內近山之砂壤土。面積不廣而散處各方。其較盛栽者。則為牛灣附近。

苧麻多用分根法蕃殖。但亦有用實生法者。時期皆在春初或秋初。分根之手續。於植前一年。多施以肥料。使之生新條作苗。植時將苗裁斷。祇留近根處之四五寸。而分埋于細碎之畦上。露出寸許於地面。以草覆之。畦溝約一尺左右。穆植距離為六寸至一尺。植後約三十日出芽。斯時當淋之以稀糞尿。約一月後。即將新芽刈去。再施以肥。使多生橫枝。直至種後五六月葉已變黃。即刈取之。此後每六七十日刈一次。刈後施肥中耕除草。計年可收三四次。翌年四五月。則再行如法刈收。施肥量無一定。大抵為五六元至十元間。收量每畝可收麻莖二千斤上下。

青蘇之栽培法。於正月間起畦條播。條間約五寸左右。播後覆以細土及木灰。約經十日。即已發芽。至二寸許。即略為拔疏之。但宜留意保全其葉淡綠而狹長及莖短而壯者。同時並舉行中耕除草培土。至高約尺餘。則除草中耕。皆可免却。因青蘇須得長直之莖而密植也。收穫于開花之前。此時葉已變色。採收方法。不用刀刈。而連根拔之。收量每畝可得蘇莖約四千斤。

病虫害、芽出後則有為鳥食去者。稍長則有地蠶食葉或莖。餘無別害。

(6)烟草

畳草多植于與鶴山交界之田地。面積約與桑等。土爲砂壤。表土約有七八寸。九月(舊曆)初播種于苗床。播前宜先浸水三日。至苗長四五寸。即可移植。移植期爲十月至正月。苗可買。其價每千五毫至三元。通常爲一元。每畝須苗約一千一百株。定植前起畦。畦高一尺五寸。畦面濶一尺五寸。畦底濶四尺。品字形植二行。株間一尺三寸。畦濶一尺四五寸或二尺。移植時、每畝施鋪三至五担。屎灰四至八担。植後一週內。早晚挑溪水灑之。過此則日灑一次。或否。高約一尺。即行除草。植後四十餘日。即行培土。並施屎灰三至七担。迨花蕾將放。則摘去其心。芽亦同時摘去。普通多長葉十五片左右。葉變黃色。(舊歷三月間)即爲成熟。由下而上。隨熟隨採。(約採四次、每次三葉、迨四月間、即可採收完了。)作工于午間。採後分脚葉、又稱烟脚,中葉、又名腰、頂葉、又名煙托、三種。頂葉多運有蔌末。發酵乾燥後。即行發賣與煙店。然亦有商人入鄉收買者。(調製法見農家工業項。)每畝約得乾葉二三百斤。平均每担卅元左右。

採法有全株梘刈者。每担廿元左右。

(7)

栽培之法。播于正式月。移于四月。種籽細小。故苗床亦須精碎。移植之畦亦然。畦濶三尺。而叢植二行。每叢五六株。叢間一尺五寸。與他行成(三角形。每月中耕除草一二次。或培之以土。百日後。即採其種籽。賣諸種子販。種籽販則帶往台鶴等縣分售云。每畝採種十數斗不等。每斗約值三四元云。

(8)澄豐

乃一年生灌木。根大而富有澱粉。故縣人亦取之製粉作餌。

栽法于二月間。將地耘耙完畢。起作高畦。濶約四尺。中間一溝。畧施以大糞及市街廢物。而將尺許之莖幹。斜插共中。而覆以土。每距約三尺間。植後二三月。中耕除草一次。再閱三月。則中耕除草外。並行培土。植後經八九月。則葉片黃落。即以刀刈去其幹而掘取之。每畝可收千六七斤云。

（9）蔗

江門蔗之在廣州。亦頗有名。因其爽脆不亞於潭州玉蔗也。

栽植法用插枝。枝條於去年預爲留備。留種法則多自刈壯蔗之尾。束而放于塘中。一二日後取出堆放。蔗既收穫。即耙地冬耕。次年再耙一次。於二月間起畦。高尺餘。濶五尺或六尺。植二行。畦間二尺左右。蔗尾斜插。有用蔗肉平放。使芽由兩傍向上生長者。每條蔗種約有三四芽。蔗種與蔗種之間。約留空五寸或六寸。中耕除草培土施肥每四五十日一次。肥之種類爲人尿。初稀後濃。共四五次。約用三四十担。又施以碎麻麩三四次。共三四百斤。第一次于種時放下。第二次起則每六七十日一次。蔗高至三尺餘。即豎木柱作架。而採老蔗葉掛于架之橫木上。蔗增長尺餘。則橫木亦多加一枝。直至植後十月。即可不採老葉掛于架上。而從事收穫。（未穫前之土地常有水。）收穫量每畝可得五千餘條。每條高有八尺左右。粗約八分。（直徑）皮光滑而脆。色黃綠而帶紅。水分充足。糖分丰富

夏威夷蔗農人亦極願栽植。到處皆有少許。農人呼之爲金山蔗。因其由僑民携歸云

（10）花生

新會縣之花生。殆爲砂質旱地作物。否則以之作間植用。能得灌溉之田。絕少栽之。

栽培法于二三月將地起畦。畦高數寸。濶數尺。每隔一尺開一小溝。溝內放屎灰。每畝約五六担。然後每距六寸左右下花生肉二三粒。下後覆之以土。則播種之事畢矣。此時適當約爲舊歷三四月。種後約一月左右。即除草中耕。此時若見生長過盛。則有拔去一二幼苗者。再經一月。亦除草中耕。此時有並行培土或撒土于葉上者。然大多數則

以一木板輕壓其葉。使蔓莖得與土面吻接。又約廿日。即摘去其正芽。至八九月則葉焦枯而成熟。乃去蔓犂起而以篩篩出之。或不去其蔓。並根犂起。待稍乾燥後。即打落之。每畝收量普通可得豆二至四担。

品種爲黃蜂腰、珍珠豆、大花生、三種。皆非新會原有。用途多作口果。

病虫害皆有。已寄回病虫害部審查。

(四)果樹方面

(1)橙

集中於會城一帶。該地土壤爲冲積土。地肉深軟。而排水灌溉。兩得其便。

蕃植用二年生檸檬作砧木而拔接。然亦多有用駁折者。時期在春初。但亦有在夏秋間者。翌年四月方行定植。定植前起畦。濶二丈一尺。畦間作溝。濶三四尺。深二尺餘。(每年冬季排水培土。故通常所見溝深三尺。)植三行。株間七尺。由上觀之。成梅花形。聞若能少植一行。植成品字形者。其樹更大而果更良云。但通常所見植二行者多。把畦面改爲濶七尺至一丈。而非二丈一尺也。

植後行間頭二年種瓜菜。三年多種蔗。第四年則不混植他物。而常中耕除草。初一年開花時。則摘去之。翌年則否。然有因經濟困緊。植後第四年即長果者。果結于九月至十二月。多分二次收穫。十一月正月。或十月十二月二月三次者。

收量每株平均四年生五至十斤。五至十年四十至六十斤。最多有生至一百五十斤者。每担卅元或廿餘元。施肥年二次。每株十餘斤。第一次施於摘果後。第二次六七月間。花後淋稀尿一二次不等。肥之種類爲大糞者居十之九。

虫有白蝶。狀如棉絮。生於秋末。多附着於枝叉。有如雪初晴之象。不知何害。捲葉虫亦有。食心虫甚少。

病害有Scab. Culker. 等。農人稱曰蜂針。雖間有因之早落。但農人謂無甚大害云云。

品種有柳橙。橙形圓而有柳紋。成熟較早。而皮亦較厚、且脆。色深黃。味甘甜。

甜橙。橙亦圓。但帶日字形。無柳。底部必有一菊花狀圈。成熟比柳橙遲。而果亦略細。皮薄。色黃而微紅。味甘蜜。據農民言。愈不圓滑畸怪者。愈味美。若良種橙。以利錢剖開。置于紙上。而紙不濕云。

香水橙、果與甜橙無異。但圓而不帶日字形。光滑可愛。味甘香而富水分。皮亦不厚。

紅橙。形圓無柳。底部亦無菊花狀小環。果比上三種皆大。成熟遲。皮不薄。亦不脆。完熟時味甜而略有酸意。

有些農人告余曰。若欲橙之甜蜜。可用盆地法促成之。其法將已收穫三四年之橙。晝爲掘起。而去其根傍之泥。浸于河水中一晝夜。同時將橙田深耕。並細碎之。而再植于前時之穴間。(如前爲[illegible]。現則爲[illegible])云云。此法浸一晝夜。是否有傷於樹。則未經目見。但移植可促樹身衰老。而得老樹甜橙。則學理所能究也。

(2)柑

柑之栽培與橙無大異。成熟於定植後第四年。至第十年則有將田盤反一次者。

七八月(舊曆)間育苗。苗多育于縣之禮樂鄉。或有自行折駁者。買苗則約需六元一百。畦濶一丈八尺。溝濶二尺四寸。春間定植。每畦亦三行。株間距離六尺。施肥年共四次。每株用量約卅五斤。定植初年。肥之濃度爲十水三屎。次年水屎各半。三年則和水三成。第四年起。則不和水於屎而施與之。除草年四五次。收穫第四年。每畝可得廿担。至六八年。每畝可收四十担。第十一後漸少云。

新會柑有二種。一種色紅黃果形小。散布縣之各處。一種色較黃而果形大。(較潮州柑小) 種于三江一帶。兩者皮皆薄而光滑味甜。

病害多為皮瘰。俗曰釘。甚者則肉亦酸化。

（3）

栽植法亦與植橙法相通。成熟於第四年。定植於舊曆四五月。畦濶一丈四尺。溝濶一尺二寸。株間七八尺。年施肥三次。正五九月。第一次于植後一月間淋之。水六尿四。較大則水四尿六。畦間第一年植蕃薯。第二年植蔗。第三年植瓜。第四年即長果。正月開花。三月結實。每畝自卅羅至一百四五十羅。

（4）檸檬

檸檬之栽培管理與柑同。不復述。

果形中大而圓。色褐綠。味酸。

（5）木瓜

木瓜土人有呼為懶佬果。多植於不近水源之砂土。約十五個月成熟。播于正月。移于五月。每畝百餘株。距離六尺至八尺。植時每分地下尿灰一羅。年間除草四次。施肥每株與以二大杓尿。舊曆九十月收穫。每株收廿餘斤。每担賣價兩四五。至紅熟時則二三兩不等。每人耕一二畝。而株間植些蔬菜或番薯。

果形上下小而中大。每個重一斤半至二三斤

（五）蔬菜方面

新會農人。對於園藝之作業程序方法。依調查所知。殆全無異於廣州城之附近及本場之普通法。故無甚可述。然其著名產品。亦當列出也。故錄之如次。

（1）白菜

葉柄白而大。葉綠部反細小。煮而食之。味清甜而滑。菜形類北方之瓢菜。而高大則過之。

種植期自舊歷五月至八月。十月仍有種者。

播法用撒播。播于精碎苗床上。

苗長二三寸。即選其葉柄大者。定植於菜園。園土深五寸至一尺左右。濶四尺餘。傍有一尺濶之行人路。路傍有溝。深約一尺。濶亦如之。內貯溉水。定植距離爲方五寸至七寸一株。常蓋有鮮草寸許。日淋水三次。三日後撤草。使葉得受日光。肥料每畝由卅元至六十元。補肥每次下尿廿担。基肥用尿灰。約四十担。用礦物肥代尿者。則開五十倍水。亦每次下約廿担。（一畝）葉忌爲肥所浸。百日後即隨時收穫。每畝收量自廿担至六十担云。收後即用長柄鋤反土。（長肉鋤鋤肉長尺餘）反後碎之。作圃、而再行種植。其產品以八九月爲最良云。

會城北門坑之白菜。比江門尤美。植期更長。市上十月亦有新鮮白菜往港省澳歧等處發賣云。

江會二地每日約共產白菜六十担至百餘担。

（2）芥藍

芥藍與前述之白菜。皆新會有名之菜蔬也。　以產于荷塘之「鑊底地」者爲美好之冠。該地爲腐植質壤土。地勢低下。色略黑。所出之芥藍。葉小而莖則粗壯脆嫩。甘滑無渣。花色白。出自江門附近者。花色亦白。形殆相等。但葉較大。聞種亦多採自荷塘云。前者稱鼠耳。後者稱白花。此二種外。尚有黃花種。品質與前兩者無大異。惟每易硬化。故一般出口芥藍。多是白花種。蓋白花者可說是荷塘產也。因之而黃花一種。價乃較低云。但事實上。芥藍最易交雜花粉。故多爲黃白花相間者。農人亦樂之。播種期多在七八月。先播於肥沃之苗床。至長巳三寸餘。即行移植于園地。園地深約八寸至一尺。濶約四尺。傍留小道。爲工作時之站立地。道傍爲溝。溝深尺餘。濶亦尺餘。各株距離爲六至八寸。幼期蓋歸草或稈。一如白菜。但爾後則不加添。其灌溉施肥。亦同白菜一樣。至花蕾已出。即行刈去。刈後其傍別出新芽。此芽即第二造也。第二造共施肥三次。首次施乎收穫後。二次三次于約相隔六七日間。每次施量廿餘担一畝。多用尿。既穫第二造。則第三造亦如法舉行。通常多收三次。然亦有收第四次者。但其莖一造比一造細小。年可種二回。每回約可收三四十担一畝。

有些農人、於第一次刈後。即用小鋤耙根株之空地中耕一過。而下些基肥。植第二回之幼苗者。至第一回之第二造收穫時。即全株拔去。如是年種三回。則可得較大之莖云。

其他蔬類。如芥菜，生菜，蘿蔔，蓮藕、森薯、粒葛、沙葛、冬瓜，南瓜，絲瓜、苦瓜、黃瓜、節瓜、豌豆、豆角、葱、蒜、薤、韭、芹、莞茜、薑、辣椒、等等。於江門及會城等之繁盛區域。無不應有盡有。但產額不多。栽培法與其他各處(指廣府內)無何種差別。且較小農鄉。則瓜菜之耕作。祇供自己應用而已。無大可述之處。故畧焉。

(六)畜牧方面

(1)牛

新會之牛。雖有水牛黃牛二種。而目前之所見。則以黃牛爲多。水牛祇居小數。縣人食牛之嗜好。不大普遍。雖開通如江門埠。日亦不過宰三數十頭而已。故畜牛者、全爲農役用。牛舍極簡單。不論庭前天井。或屋後食厨。皆得爲之。飼養管理。一無定法。祇耕後放諸有草地任其採食而已。牛體中少者居多。日約耕三四畝而已。冬天則備稈草飼之。

(2)羊

縣中之羊。可說絕無。然亦有於會城附近養十數頭專供縣中各大宗祠祭祀之用者。種類爲山羊。飼養費極微。除冬，天給些稻稈或少許酒糟外。（無定量）三季皆放牧於山邊。羊舍爲茅棚。大約一井餘。共計養者、不出三四家之數其中有家最多時養至二百頭。有乳供給縣城少數學界之需。及後因賭敗沽清。其陳跡頗不劣。羊舍用單隅駱梁式。前高八尺。正樑高丈餘。後高七八尺。南面具四窗二門。舍深二丈餘。濶五丈許。地面略作龜背形。開前時畜舍共分十餘隔云。今人事已非。內居農家二戶。

（3）猪

猪爲新會農家副產品。雖不及養鷄者之多。然以戶口論。約占（鄉村）六成。每農戶自一二頭至三數頭不等。猪之毛色有全黑者。有黑白二色者。其中以後者爲多。所謂廣州種是也。抵抗力頗大。染疫者、七八年之飼養家不逢一次。故鄉人遭猪疫者。多說時運不齊。管理頗簡。幼時多放牧。晚間則飼以蕃薯、南瓜、薯藤、米、或飯焦粥。其粥量猪大六十斤重左右者。約用米一升。八十斤重者。用米二斤。糠四兩。分二次餵之。肥至百二斤間。即行賣去。猪舍多在廚房內。

（4）鷄

新會農人之養鷄。殆每戶皆然。其數目自三四隻至十餘隻不等。每隻每月約產蛋十隻。劏鷄體重由二至四斤。多放牧。日飼糠谷少許。其巢多放于近門之屋隅。通常年產且百餘隻。鷄重二斤餘。毛色不一。皆本地種。適應力甚強

（5）鴨

新會農人之飼鴨。[illegible]近河一部分。故其隻數。大不及雞之多。而其群數。則非有雞所可及。通常自六七頭起至廿餘頭止。然三四百成群者。亦數見不鮮。重量三至五斤爲多。產且年五六十隻。日間放于涌中。任其自行覓食。或給些浮萍及谷與之作補充品。鴨舍爲茅造。或屋內餘地。甚少飼之以粥者。

(七)蠶桑方面

(1)蠶

蠶乃新起事業。集中于門附近各鄉。種紙及管理法。皆採法順德。若養蠶多者。則請順德人一同管理。其法頗繁。順德蠶桑既有專一的報告。故此處從畧。其產額約為三萬員。

(2)桑

新會縣之栽桑。乃近十餘年新起之事業。其利比稼穡較厚。然栽植面積不大。(未及全縣田畝一成)但江門附近各鄉。則殆無不有之。因離鄉縣桑市不遠也。(來回不過四五句鐘、但多為自用。)本縣無桑市。但墟日或鄉市中。常有担往發售者。

栽植法、為起畦平植。畦闊丈餘。溝闊八九尺。深約三四尺。行間尺四五。株間七八寸。春季或秋季買苗定植。定植前。施以市街廢物。每畝約二三十担。又混以大糞廿担左右。每年冬天舉行根刈並中耕除草。而于行間植桑。株不種桑者。則施糞尿十担左右。及市街廢物數担。二五八數月。亦施如量之肥。年採六次。在三五八九十各月中行之。每次每畝約收五百餘斤。除冬耕外。于五八月舉行中耕除草。虫害未聞。病害多有白粉病。或赤澀病。品種荊桑魯桑皆有。

農田之改作桑田者。至少須立批約廿年。免租一二年。以後則年納七八兩或十餘兩銀之田租。佃戶不理國稅。

(八)農家製造方面

(1)葵扇及棚用葵

此二物之製。分工甚繁。統計之、不下廿六七種。每種工作。終日經營、工價不出二三毫之外。但有數部份日可得四毫者。然皆自食。除食外所餘無幾。故執製扇工者。以婦孺爲多。(以件數計工值)扇之製法。則採後張之于空地上晒之。晒一二日後。放入火櫃。燻以硫磺。燻後剪去其梢。再以火燻之。然後交與女子工夾邊。夾邊用葉柄之皮及篾。亦由女工用刀製成小條。經火櫃之硫磺燻過者。然亦有用線及篾合其邊者。合邊後、即算工作完了。每扇一柄。費工共四文。一人日夾百柄左右。精良者、黑白綠由工人包出。每柄三先。棚葵用老葉。採後晒乾燻過。即可以小竹或大篾夾成一片。長約四尺。每十片可售三錢餘銀。火櫃大約八立方尺。內燒六至十兩硫磺云云。

(2)製麻絮

麻既收後。即將枝葉切去。浸于池中。約半日。取出。於基部折斷之。使木心外露。而以雙竹管夾其皮。用力拉之。則皮自與心木相離。再放水漚六七日。然後取出。以木鎚打之。以水洗之。晒乾後、即得麻絮。頗潔白。每百斤麻條。可得麻絮五六十斤。

(3)製煙

煙草採收後。即以疏竹夾之。約叠四重。夾後相並立于空地。使每面皆得受日照一二小時。葉已萎温。然後持進屋內。次日亦如是。至第七日。即將內中二層與外邊二層相調。又如前晒七八日。即可裝叠而赴市出售。此時有仍再晒六七天而後賣者。

(4)繅絲

縣內有一絲廠。位於江門火車站之傍。爲順德人經理。資本則順德人與新會人各半云。內有女工三百餘。構造組織。一如順德者。現所出絲爲蒸汽直繰六頭之合絲。成立已一年。頗有盈利云。

(5)製果餅

柑橘類之未熟而先落者。縣人多取作柑餅。乃柑一斤放鹽四兩醋四兩漬之八九日。然後下糖一斤。漬二三月。取出晒乾壓扁即成。檸檬餅亦如法泡製。但晒後再放鹽醋如前法。漬二三日。晒半乾而加以砂糖半斤。裝罐而賣。

(6)製羌餅

以亞佗所製爲最妙云。其法將生羌以鹽醋各等量加水浸過面。煮之二三小時。又浸一晚。次加甘草八角丁香等香草。每斤二兩左右。放于日光下晒之。晚加以蓋。晒至半乾爲止。乾後磨碎。搓成方條。用刀切片。紙包而出售。然亦有依羌之原形出售者。每斤八毫。有運往南洋市場者云。

(九)農民經濟方面

地價　地價約分數等如下。近河之灌溉便利而可種菜果者爲上等。每畝五百至七百元。種葵稼禾三百元。至五百元。次之　二百至三百元。近山者則由百元至五百元。此價格之評定。非僅由地味之厚薄。而地土之多少。與人口比例。殆占三分二之評定勢力。因人口繁衆之區。其保安力亦大也。

地租　有三七或四六分者。有收谷者。有收銀者。收谷者由二籮至十籮。收銀者由五元至四十元一年。

工價　長工由僱主供食。則每年卅元至九十元。自食則由六十元一年起碼。散工由三毫至五毫。有祇供午食者。亦有供兩餐者。工作由早六時起至晚五時止。

物價　各項物價。因交通方便。故與廣州所差無幾。若以物价加運費而與廣州香江比較。尚可平六七厘(6%7%左右。大宗出口品可平15%。

資金狀況　新會農人。對於資金之需求。不甚要緊。故借銀之利率。多在一分與分半間。二分利息。則無人願借矣

蔬市　新會蔬市。共有二所。設於北街。一名華豐。一名泰記。每年共有四萬元之交易。每造成市日數七八日左右。兩者皆爲順德人經營。各造平均價格。每斤一兩四錢。

肥料商　近來因盜賊猖獗。人糞尿之運輸不易。（因土匪對于糞艇亦收沒拿人）而各肥料商。則鼓其如簧之舌。發廣銷流。故化學肥或肥粉之名詞。占領農人腦海之一重要位置。至實行採用者亦約有全農戶之三分一以上。聞銷于于新會一縣之外國肥。年達十餘萬云。單營肥料業之商店。不下二十家。觀其肥料。屬淡質者居亦之七八。屬磷質質者十之二三。因人商業。道德不講。雖新得農人信仰之礦物肥。亦多混以雜物者。（木炭砂泥）良可慨也。

麻舖店有數所。頗大。聞年經營額。共約十萬元云。（非全消縣內）

果商　設於江門。共有十餘所。每所連欄計約七八萬元資本。每年經營數目。殆共有二百萬元云。

菜商　亦設於江門。共三四所。每年賣出貨價。約十萬元。

葵商　共有數十家。集中於會城。聞該行值主云。每年總產額約有二十萬元云。

（十）新會之我觀

新會之調查既畢。對於余母縣之愛念。油然而興。蓋縣中之農民。絕未受有教育。農事技術。絕無研究機關。故農村小學。農事試驗場之設立。刻不容緩之急務。農村之建設。亦[illegible]縣農學界所當負之責任也。目下盜風猖獗。百業多廢。雖由地方多故。然內爭有以促成之。而地方長官。不能從民生方面着想。使人民有可安守之業。今亦不能辟其咎。爲今之計。當思恩威並施。興業以弭之。否則無以衛交通。保治安也。縣中交通。雖得天然之便。而多築馬路以通各鄉。則亦屬不可緩之事。林業荒廢。則大宜獎勵。以盡地力。樹作日漸衰落。（果樹老死之田近多改植葵）則亦當設法維持。以保名產。至葵桑二種。耕作已蒸蒸日上之勢。又極宜留心扶助也。總而言之。爲縣官者、不能把我縣十分八之農民置諸腦後。而實業局長一職。更不能隨便給諸不負責之戚友也。能如是、則新會之農產。必大有加增。而稅收亦富矣。予日望之。

（出自《广东农业概况调查报告书》，一九二五年）

新會縣經濟狀況調查（三十三年二月調查）

面積、戶口及人口統計

（現在行政區域共分五區）

第一區 面積 三五〇方里
戶口 六六〇四
人口 男一三一五三 女一四〇一一 合計二七一六四

第二區 面積 一六〇方里
戶口 一五三六〇
人口 男二八九一九 女二八八一二 合計五七七三一

第三區 面積 一八〇方里
戶口 五四八七戶
人口 男九〇六〇人 女一三一一八人 合計二二一七八人

第四區 面積 五〇〇方里
戶口 七四一五戶
人口 男六五四〇〇人 女三七四一六人 合計一〇二八一六人。

第十三區 面積 一〇〇方里
戶口 五六〇〇戶
人口 男二一五〇〇人 女二一三〇〇人 合計四二八〇〇人。

治安

第一區 民國二十九年創立第一區署，并會城警察所，組織警察局偵探隊，但附城之南，治安仍未安定。

第二區 區內設立聯防分局，局長由區長兼任，附設聯防總隊，駐區警察分所，每於夜間均備訊號，各險隘道口分設步哨，而各鄉村由聯防隊負責保護，治安尚稱平靜。

第三區 區內有聯防分局直轄聯防隊一分隊，各鄉有鄉聯防隊勤務防守，治安情形。尚稱安靜。

第四區 設立外海警察所，次有第四區聯防分局及各鄉聯防隊，統計區共有聯防隊員三百餘名，治安頗好，尤以外海、南山、麥園、金溪等鄉，較爲寧謐。

第十三區 查該區南接縣屬第八區西北附近無人地帶，在未成立聯鄉之前，治安未善，自聯鄉組成後，每一村之邊境興築砲壘，加緊防衛，次有友軍常處駐防，故自三十年至今，頗稱寧謐。

交通

第一區 有會江公路直達江門，日常有省營汽車往還六次，有單車百餘輛，由會城至江門水路由北而東而南有環城河，自西江支流直通江會，每日有帆船車渡輸運物品，寧陽鐵道因事變已廢，須費七八年之工程方可完成通車，附區署約一里遙，設二等郵局一所，交通堪稱便利。

第二區　有寧陽鐵道，事變後已廢，現未通車，江北公路由江門至河口有汽車往來，岡洲公路由江門至會城，每日有省營汽車，往來頗便，有海金北路，由潛頭至外海，該路線無汽車往還，每日由土人以單車接客，有江佛公路，北至南海佛山，西北通鶴山，因治安問題，車輛甚少，水路有西江流域之白沙河，但河流甚險，江水流急，鄉人來往多由單車或步行，有港輪船行駛江門北街，每隔五天或八天開航一次，查附區署約二里遙設二等郵局一所，交通頗稱便利。

第三區　區屬地方原爲新鶴公路首段地區，該路自東而西由區境佛子坳經潭石坑鄉舊社鄉木朗鄉盧瑤鄉井根鄉迄騎龍山附近止，長貫區屬中心，越鶴山界以迄平地嶺，區內路線長凡四十餘華里，運輸素稱便利。區屬運輸，現仍稱便，又江佛路亦以本區爲重要道線，自江門起經區屬潭石坑鄉雙外灣溪鄉丹灶鄉入縣屬第五區界，循鶴山縣界以迄南海縣之九江而達佛山，往發廣州江門陸上交通，以是爲幹線，至各鄉鄉道與兩公路相聯繫，道路往來成一交通網，除陸上道路外，祇有兩狹窄之小河，一爲天沙河，自縣第五區天河鄉起經本區各鄉村自北而南至縣屬第二區白沙鄉出口，引導至第三第五兩區山嶺潦水入河消泄，係自民國初年浚鑿，數載始成，現亦爲水道交通之一助。又有自天沙河舊社段溯溪流直上，經盧瑤木朗杜阮井根各鄉，以宣泄沿各鄉各山嶺潦水，此係舊溪河，原爲天然造成，所有木朗盧瑤杜阮井根等鄉物品輸運，均賴此河爲載運要道，此該區交通概畧情形。

第四區　有海金北潛公路，由外海經金溪北街潛頭通海直達江門，內河由外海直達江門，距離約一華里，事變前有汽車行駛，現在祇有單車往來。海道有江外日艇每日由江門往來外海，有潮江日艇每日來往潮蓮，江門區公所附近半里許，設有三等郵局一所，交通可稱便利。

第十三區　有禮江公路　由禮樂達江門，每日有單車九十餘輛沿途接客，新建築有維新公路，在本年三月中旬可完成，其路綫由禮樂新街環繞南堡張闕而至北街，入江門市，計劃汽車往來每日六次，其路完成後，兩地物資之交流，比前可增數倍，水路有江門河貫輸禮樂北部，支流甚衆，可通三埠等處，每日有帆船來往江門，又有公益輪拖雙水輪拖往來於禮樂，交通頗便。

一　般經濟

(一)主要市鎮

縣府所在地　江門鎮

第一區　新會城

第二區　江門鎮

第十三區　禮樂市

(二)墟　市

區別	墟市	所在地	墟期	交易物品
第一區	鷄鵝墟	新會城朱紫路	農曆逢一、三、四、六、八、九日	鷄、鴨、鵝、菜種、
第二區	江門墟	江門墟頂京果街興寧路	農曆逢二、五、八、十二、十五、十六、日	鷄、鵝、鴨、猪、狗、貓、及菜種子、菜果、秧苗
第三區	井根墟	井根鄉	農曆逢一四七日	菸葉、土穀、日用品、農產品、
	杜阮墟	杜阮鄉	農曆逢三六九日	菸葉、土穀、日用品、農產品、
	丹灶墟	丹灶墟	農曆逢二五八日	菸葉、土穀、日用品、農產品、

	昌和墟	舊社鄉新鶴路側	未定	菸葉、土穀、日用品、農產品、
第四區	外海墟	外海鄉	農曆逢三六九日	雞、鵝、鴨、
	潮連墟	潮連鄉	農曆逢二五八日	雞、鴨、菜種、
	荷塘墟	荷塘鄉	農曆逢三六九日	雞、鴨、菜種、
第十三區	禮樂墟	禮樂長興街	農曆逢一四七日	雞、鴨及農產品

(三)流通貨幣

儲劵舊法幣

(四)銀錢數目

第一區　錢莊號三家。

第二區　廣東省銀行江門分行一間，錢莊七家。

第十三區　錢莊十五家。

(五)借貸機關及利息　銀行貸款週息一分至二分

(六)典當業

區別	地點	店號	設立年間	組織	資本額	期限	利息	主要典當物之比率	近三年來之典入贖出金額比較
第一區	新會城賢洲路	均利	民國九年	合資	四萬元白銀	四個月	每月三分	衣物值百元者典式成	三十年典入二十萬元大洋贖出一萬五千元大洋 三十一年典入三十萬元大洋贖出一萬五千元大洋 三十二年典入二萬五千元大洋贖出一萬元大洋
第二區	江門眾興路	利生	民國廿八年	合資	一萬元大洋	三個半月	每月三分	衣物值百元者典式成	三十年典入十萬元大洋贖出九千九百九十元大洋 三十一年典入二萬元大洋贖出一萬二千元大洋 三十二年典入十五萬元大洋贖出二萬元大洋

(七)商行

區別	類別	資本額	家數	附註
第一區	酒	一萬元儲券	一	尚有不滿一萬元資本者約三百間專營故衣雜貨等物，並不滿五千元者約二百間是營食物收買雜架業。
	醬料	五千元白銀	一	
	糧食	五萬元儲券	一	
	柑皮	六萬七千元白銀	一	
	書籍	八萬元白銀	一	
	茶酒	十式萬元大洋	一	
第二區	丸散	一萬五千元儲券	二	尚有不滿一千元資本者約百餘家專營食物及故衣業
	丸散	一萬二千元儲券	一	
	金飾	壹萬元儲券	二	
	糖麵油荳	一萬元儲券	一	
	雜貨	五萬元儲券	七	

	糧食	一萬元儲券	三	
	餅業	五百至一千元儲券	三	
	香煙	五萬元儲券	一	
	臘味	五百元儲券	一	
	書籍	二千元至七千元儲券	二	
	找換	式萬元儲券	七	
	酒家	一萬至二萬元儲券	二	
	蒔菓	五千元至一萬元儲券	二	
	布莊	一萬至二萬元儲券	三	
	咸魚	一千至五千元儲券	三	
	旅業	一千至五千元儲券	二	
	洋雜	五千元至一萬元儲券	二	
	藥材	二千元儲券	一	

區別	類別	資本	家數	備考
	神香	五千元儲券	一	
	醬園	一千至五千元儲券	二	
第三區	糧食雜貨	五千元儲券	二	除上列五家外概作小販買賣店約五十家左右
	菸葉雜糧	四千元儲券	三	
第四區	果欄	五千至一萬元儲券	二	尚有不滿五千元者計百餘間專營小販故衣食物館
	果欄	一萬元至一萬五千元儲券	二	
第十三區	菓菜欄	一萬元至五萬元大洋	五	
	菓菜欄	五萬元至十萬元大洋	七	
	菓菜欄	十萬至十五萬大洋	二	
	菓菜欄	十五萬至二十萬大洋	一	
	雜貨店	一千至五千元大洋	三	
	雜貨店	五千元至一萬元大洋	二	
	雜貨店	一萬至五萬元大洋	一	
	茶室	一千至五千元大洋	二	
	茶室	一萬至五萬元大洋	二	
	銀業找換	一萬至五萬元大洋	九	
	銀業找換	五萬至十萬元大洋	五	
	銀業找換	十萬至二十萬元大洋	一	

（八）工業

區別	類別	廠名	地點	設立年月	組織	資本	職工人數	原料	原料來源	出產數量	銷場	設備
第二區	肥皂	東華	江門文昌沙市	民國九年	合資	四千元（銀白）	男工六 女工八名	苛性曹達及各種油類	本省及四鄉	每年平均七百二十箱	江門	煮梘鍋一座
	紙業	江門紙廠	江門文昌沙	宣統元年	股份有限公司	一十二萬六千六百元（白銀）	男工七十 女工八十名	爛布禾草碎紙	本省及四鄉	每年平均四千六百八十二擔	江門石岐廣州澳門	100疋動力分內外機及蒸汽機

[illegible]區	米機	協豐昌	外海鄉	民國三十二年	合資	二十五萬五千元儲券	男工三十 女工二十名	土穀	本鄉	每年三百萬斤	本鄉	20疋馬力機一副
	糖廠	德興隆	外海鄉	民國三十二年	合資	五千元儲券	男女工二十名	甘蔗	本鄉	每年平均產糖五千斤	本鄉江門	20疋馬力搾糖機一副
	糖廠	華豐	外海鄉	民國三十二年	合資	十萬元儲券	男工三十 女工十名	甘蔗	本鄉及中山	每年平均產糖五萬斤	本鄉江門	54疋馬力搾糖機一副
	米機	五豐	外海鄉	民國二十四年	合資	十八萬元儲券	男工式十八名	土穀	鄰近各鄉	每年平均三萬斤	本鄉	40疋馬力機一副
第十三區	米機	大有	禮樂南堡	民國二十七年	合資	五萬元大洋	男女工十八名	土穀	本處	每年平均二十二萬斤	本鄉	45疋馬力機一副
	米機	兆豐	禮樂南堡	民國二十八年	合資	十萬元大洋	男工十二 女工五名	土穀	線外江門	每年平均五十萬斤	本處江門	50疋馬力機一副

農村經濟

第一區

(一)耕地與農戶

甲、耕地一四〇〇〇〇畝

乙、戶口六六〇四戶

丙、農戶四二二四戶

(二)農戶占有耕地

自耕農千餘戶佔耕地一萬畝，占全數之七二%

半自耕農數百戶佔耕地三千畝，占全數之二一%

佃農二千餘戶佔耕地約一千畝，占全數之七%

(三)租佃

納租金：上田一千元　中田八百元　下田六百元（儲券）

納租穀：上田式担半　中田式担　下田壹担

(四)田賦　每畝儲券二十四元

(五)工資　男工每日工資儲券七十元　女工每日工資儲券五十元

(六)田價　上田每畝五千元　中田每畝三千五百千　下田每畝式千元

(七)借貸　查該區無借貸機關

(八)產物　每年收穫谷約七萬餘担　葵一千三百五十萬柄

(九)糧食需求與供給　查該區尚欠穀萬餘担方數足用，其購入之谷米多由三埠等處運入，每担約儲券七百餘元。

第二區

(一)耕地與農戶　甲、耕地二〇、〇〇〇畝

乙、戶口一五三六〇戶　丙、農戶四五二〇戶

(二)農戶所有耕地

自耕農一一一〇戶佔耕地四〇〇〇畝，占全數之二%半

，自耕農一一五〇戶，佔耕地四五〇〇畝，占全數之二三%，佃農二二六〇戶，占耕地一一五〇〇畝，占全數之七五%。

(三)租佃制度

納租金：上田八百元　中田六百元　下田四百元

納租穀：上田二擔　中田擔半　下田一擔

(四)田賦　每畝儲券二十四元

(五)工資　男工每日工資儲券四十元　女工每日工資儲券三十元

(六)田價　上田每畝四千元　中田三千元　下田一千五百元

(七)借貸　查該區無貸款機關設立

(八)產物　每年收穫穀六萬擔，甘藷約四萬擔，瓜菜約一萬擔，查菓類產量無定，故未能估計。

(九)糧食需求與供給　查該區每年尚須十萬餘擔，方能敷用其運入之穀米，多由三埠江門等買入，每擔八百餘元。

第三區

(一)甲、耕地四五〇六畝

乙、戶口五四八七戶　丙、農戶二五七二戶

(二)農戶占有耕地　自耕農五百餘戶，佔耕地一〇〇〇畝，占全數之二二%半，自耕農八〇〇戶佔耕地一七〇〇畝，占全數之二七%，佃農一二〇〇戶佔耕地二三〇〇畝，占全數之五一%。

(三)租佃

納租金：上田九百元　中田七百元　下田五百元

納租穀：上田弍擔　中田一擔半　下田一擔

(四)田賦　每畝儲券二十四元

(五)工資　男工每日工資儲券四十元　女工每日工資儲券三十元

(六)田價　上田每畝八千元　中田每畝五千元　下田每畝三千元

(七)借貸　經當地銀行及縣府籌商進行中

(八)產物　每年收穫穀六千二百五十擔，蕃薯約一萬二千擔，菸葉約六百擔。

(九)糧食需求與供給　查該區每年尚欠三萬餘擔穀，及什糧一萬擔，方能敷用，其輸入之糧食，多由產米區及江門等處。

第四區

(一)耕地與農戶　甲、耕地二五五五〇畝

乙、戶口七四一五戶　丙、農戶一三一五戶

(二)農戶占有耕地

自耕農三七五戶，佔耕地四〇〇〇畝，占全數一六%，半自耕農三二七戶，占耕地五七〇〇畝，占全數二三%，佃農六一三戶，佔耕地一五八五〇畝，占全數六一%。

(三)租佃

納租金：上田九百元　中田七百元　下田五百元

納租穀：上田二擔　中田一擔半　下田一擔

(四)田賦　每畝儲券二十四元

(五)工資　男工每日工資儲券七十元　女工每日工資儲券四十元

(六)田價　上田每畝五千元　中田每畝三千五百元　下田每畝千五百元

（七）借貸　查該區無貸欵機關設立

（八）產物　每年收穫穀約五萬八千四百四十擔，甘藷四萬八千七百五十擔，芋頭一萬四千五百擔，冲菜六萬擔，芥蘭菜三千擔，甘蔗四萬擔。

（九）糧食需求與供給　該區以人口比計，每年須要穀五萬餘擔，方能足用，其運入之穀，多由鄰區三埠及江門等處。

第十三區

（一）耕地與農戶　甲、耕地九二〇〇畝　乙、戶口五六〇〇戶　內、農戶二七〇〇戶

（二）農戶占有耕地

自耕農一〇〇〇戶，佔耕地四一〇〇畝，占全數四四%，半自耕農九〇〇戶，佔耕地三九〇〇畝，占全數四二%，佃農八〇〇戶，佔耕地一二〇〇畝，占全數一四%。

（三）租佃制度

納租金：上田八百元　中田六百元　下田四百元（儲券）

納租穀：上田二擔半　中田一擔半　下田八十斤

（四）田賦　每畝儲券二十四元

（五）工資　男工每日工資大洋一百二十元　女工每日工資大洋八十元

（六）田價　上田每畝大洋七千元　中田每畝大洋四千五百元　下田每畝大洋三千元

（七）借貸　查該區無貸欵機關設立

（八）產物　每年收獲谷約二萬七千餘擔，甘藷約二萬擔，芋頭約一萬五千擔，葵四百八十萬柄，桔、蕉、菜類，多少不定，故無統計。

（九）糧食需求與供給　查該區全年尚須穀十萬餘担方可足用其運入之穀米多由三埠及江門等處。

（出自《经济月刊》第五期，一九四四年）

三水縣農業概況調查報告

民國十九年六月　卓正豐

（一）位置

三水縣位居西江北岸卽北江及小北江之水滙流入於西江之處也故名曰三水縣治距北緯二十三度十二分經綫距北平中綫偏西三度三十六分零二十五秒東北界花縣北界清遠西北界四會西界高要東南界南海人口約二十一萬南北長約一百一十里東西廣約五十里全縣分爲五區如下

區別	所在地	區域
第一區	三水河口	附城里許
第二區	西南埠	距城二十里
第三區	三江墟	距城七十里
第四區	黃塘墟	距城五十里
第五區	蘆苞墟	距城六十里

（二）地勢

縣屬西北部多山東南平原故地勢西北高而東南低境內山脈盤旋交錯總計山嶺面積約佔全縣地積百分之七有奇

(三)氣候

縣屬氣候與廣州畧同年中春夏間則多南風雨量亦多冬多北風而雨量亦少最低温度在大寒後立春前約華氏三十六至三十八度左右最高温度在立秋處暑間約在華氏九十六七度左右

(四)耕地狀況

1 土質　北部山嶺衆多皆屬冲積之砂質壤土土色灰褐表土亦深含肥質頗豊富南部低平之地以冲積土爲多土色灰白表土深厚含肥甚富

2 水利　縣屬因大小北江及西江之水入境會合其中支流可通小火輪之水縱横交錯運輸頗稱便利天時亢旱農家可利用車水灌溉故可無旱災之虞洪水之患亦甚稀少

3 交通　境內有大小北江及西江可通火輪之水道外其餘可通小輪之水亦甚多兼有廣三鐵路由縣城直通省城故交通可謂便利惟東北部多山之地因山嶺崎嶇又無公路運輸除小數可由水路外餘多用肩挑交通之利當較南部爲遜色也

(五)農民經濟狀況

1 田地租價　田地價格與租金南北微有不同南部平原土地肥沃每畝約二百元至三百元不等租金年約二十元至三十元北部因交通不便每畝約百元至二百元租金在十餘元至二十元其餘山崗粗砂之旱地每畝僅數十元租金數角至一元左右

2 長短工價　長工年約四五十元短工忙時每日男六毫女四毫平時男四毫女二毫均由僱主供膳

3 大宗出產品價格如下

品名	數量	價格
穀	每百斤	六元
花生	每百斤	六元
豆	每百斤	八元至一〇元
西瓜	每百斤	一〇元
牛	每斤	•四元
豬	每斤	•五元
雞	每斤	•六元
羊	每斤	•四元
松	每百斤	•八元

4 大小農及經濟情形

縣屬農民耕五十畝以上者約百分之二三耕三十畝至五十畝者約百分之八九耕十畝至三十

畝者約百分之四五十耕數畝至十畝者約百分之三四十至經濟則北部較南部爲困難因南部交通便利經商亦多經濟頗稱充裕北部因交通不便多屬自耕自食然雖非充裕亦可自給

（六）作物

1 水稻　縣屬水稻可分早晚二季其品種屬於早造者有黄穀白粘小糯花穀等屬於晚造者有白壳白粘大糯黄粘等其選種方法早晚二季皆同早造清明前後插秧小暑前後收穫晚造大暑立秋插秧立冬後收穫其播種及管理方法大畧與南海同

2 花生　以縣屬東部各區爲多惟年間出産尙不敷全縣之需播種期多在春分前後以草木灰爲基肥間有施水肥一次爲補肥者亦有施用石灰爲補肥者收穫期多在大小暑前後每畝用種約十斤可得豆二三担

3 黄豆　亦以東部各區爲多立春後種植用點播法每畝用種約五斤可收穫豆一担至二担祇用草木灰爲基肥除草一次不施補肥播種後約一百日卽可收穫收後又可復種法與前同

（七）蠶桑

縣屬蠶桑以南部各區爲多平原之地十分之七皆爲桑田其養蠶種桑方法皆與順德各地無異每年出繭約三四百担左右

（八）果樹

該縣果樹除龍眼有少數出産外其他各類産額極少然皆在各地屋傍餘地散生管理不法無專闢園地栽種者故無栽培方法可述

（九）畜牧

1 牛 全縣農家皆有飼養以供役用間亦有乳用者其管理方法與各處大畧相同

2 豬 農家多有飼養多者三四頭小者一二頭專以殘羹爲飼料間有各墟市酒米家畜飼至二三十頭者每日飼養二次若豬仔則三四次不等

3 家禽 以雞爲多鵝鴨次之然皆爲農家副業無專事經營者其管理方法甚爲簡單日間放之任其在屋外或地塘中自由覓食而已

（十）森林

該縣森林以天然生產爲多本地人甚少種植然皆以松木爲多杉木林殊不多見故該縣森林材木鮮有出口

（十一）農村教育狀況

該縣農村學校甚少但有普通中學一間學生約三百人縣立高小三間學生約四百餘人初小四十五間學生約千五人女子高小一間學生八十餘人以二十一萬人口計兒童約十分之二失學兒童總數約萬人以上

（十二）輸出品

該縣每年出產以西瓜爲大宗又以北區產額最多其餘猪松木等亦不少龍眼亦有輸出惟不若西瓜之多耳

（十三）農林前途之希望

該縣無特別出產惟境内土地肥沃且少砂石南部有河流鐵路交通可稱便利但農民智識固陋墨守舊法不知改良遇有病虫之害則束手無策應宜設立縣農事試驗塲將各種耕作新法及病虫害防除法試驗推廣俾農民有所取法北部多山嶺宜闢公路以便運輸奬勵農民造林依法保護能如是則該縣農林前途庶有發展之希望焉

（出自《广东农业概况调查报告书续编》下卷，一九三三年）

清遠縣農業調查報告　民國十年

李翹芳調查

(一)位置

清遠居北江下游。縣城在赤道北廿三度四十二分卅秒。北京西三度廿五分廿秒。縱約一百二十七里。橫九十七里。東界從化花縣三水。西界四會廣寧懷集。北界陽山英德佛岡。縣治前分四屬。近分警察十區如下。

屬名	所在地	現分警察區
捕屬	縣之中部	第一區　第二區　第八區
潖屬	東部	第九區　第十區
迴屬	南部	第六區　第七區
濱屬	西北部	第三區　第四區　第五區

(二)地勢

西北部地勢較高而多山。東部山與地殆各居其半。中部及南部地處北江兩岸。平陽之地較多。據光復後本縣團保總局所查地理報告言。則山占二萬七千三百頃餘。平地中之田。占六千一百頃餘。澤占一萬一千三百頃餘。斥鹵占一百六十頃餘。由此計算。則山與平地之比。約為六與四之比。

(三)氣候

南部及東南部中部氣候。與廣州市無大差。西北部則冬時較為寒冷。降霜頗多。且其深山大林中。有夏夜內須擁棉者。至降雨情況。亦與廣州市同。不事詳述。

(四)耕地狀況

土質：西區部除沿濱江兩岸有少數之夾雜土外。其他概為山谷間田。土質以定積居多。為砂質壤土。表土僅三五寸。有機質頗為缺乏。比較最瘠者也。中部及南部。其沿北江兩岸十數里內者。多屬運積土、及夾雜之砂壤土或埴土。表土既厚。土質頗沃。惟水旱不常。是其缺點。其餘距江岸較遠者。則以定積及夾雜土為多。表土較薄。土質亦較瘠。比較屬于中等者也。東部地爲沿江。比上各部稍沃。土質以夾雜爲多。定積與速積次之。概爲壤土及粘壤土。表土厚四五寸至六七寸。

水利　西北部常資山坑水以爲灌漑。旱災殊少。惟近濱江沿岸數里內者。水旱均較多。而水尤甚。餘則多數有坑水以防旱。而水災亦常少。東部則山谷間田。每有山坑水以資灌漑。即在沿江沿岸之平陽田。多設自動水車。以供挹水灌田之用。旱亦常少。惟邇來山林日荒。河道日淺。（河道日淺之原因、論者謂由軍隊所致、言之似亦有理、）一遇大雨。輙成決堤泛濫之災。又濱江下游。地勢較低。每遇西北江漲。間有受其影响者。

交通　交通以中部及南部爲較便。蓋其地處北江。此江之帆船及汽船。終年往來不絕。運輸稱捷。至陸路則爲粵漢鐵路經過之道。通過此二部之程。計一百廿五里。又由北部搭船至三水或西南、（市鎭名）轉乘廣三火車、以至廣州市。亦頗便利。東部則水路交通。常賴湟江。此江爲北江支流。年中祇通帆船。須自黃口汎以上。東陂重滘。上航殊多費力。所賴陸路有粵漢鐵路火車。以利運輸。西北部常賴濱江以爲水路之交通。此江亦爲北江支流。祇通帆船。而自沙河以上。水底多石。航行倍難。陸路則當出涉山踰嶺。此水尤甚。較爲不便也。

耕作情形　西北部之第五區。居濱江上游。山多石嶺。居民耕山者。以種雜木燒炭爲多。次杉松茶竹筍等。而其平地中。水田不過占十之五六。旱畑實占十之三四。水田產稻、不足供本地之食。故常用旱畑種植包粟。以補食糧。計全區年中以包粟爲常食。居十之三四。餘外種花生黃豆竹豆亦多。第三四兩區。則平田普通種稻。惟其中之合頭鋪瀧頭二處。間有蔴菜。亦不過百數十家耳。山則植松爲多。其次杉竹筍菜等。中部及南部。其沿北江兩岸附近。以種蔴竹蔗花生爲多。此外水田則以種稻爲普遍。而種烟亦屬不少。如第八區之源潭。實產烟著名地也。東部則山多產松。水田大都種稻。次則煙草。蠶桑則其中之第九區有百餘家。第十區不過三數家而已。至果樹亦以該部爲較多。然殊不足以言發達也。

（五）農民經濟狀況

田地租價　地租每以同等之田地。因其所在之處不同。往往租價亦因而異。不能一概論也。今略分述之。一、西北兩部。上田每畝價銀五六十元。年租穀百五十斤。中部價三四十元。年租穀百斤。二、中部及南部。上田每畝價銀八九十元。年租穀二百斤。中田價六七十元。年租穀百十斤。東部上田每畝價銀百廿元至百五十元。年租穀二三百斤。中田每畝價銀七十元至百元年租穀百五十斤。而旱地則每畝價一二十元。年租穀二三元或一元數毫不等。

長短工價　長工概用男人。每年工穀六百至八百斤。或工銀廿五元至卅餘元。短工忙時。男人日穀十斤至十五斤。（兼作半夜工則十五斤單作日工則十斤）女人日值穀五斤。閒時男工日值一毫至一毫五仙。女工日值半毫至一毫。均另供膳食。

大宗　品價

品名	價格以當造時中等價計
稻穀	百斤三元半至四元二毫
包粟	百斤三四元
小麥	百斤四元五毫
片糖	百斤十元
筍乾	衣三十五元 百斤筍　蝦二十五元　筍尖三十元 片十五元
花生	百斤五元

茶葉	每斤下五六毫 每斤中二三毫 每斤下一毫或數仙
鷄	每斤三毫以至四毫餘
豬	百斤二十五元
肉鵝	每斤二毫半至三毫
鴨	每斤二毫
鵝苗	百頭廿元至四十元
草鵝	百頭八九十元
鴨苗	百頭四五元至七八元
煙葉	尾三十元　身八元 托二十元　脚五元 秋煙十五元（俱以百斤計）
卝藷	百斤七八毫
草	百斤二毫半
松柴	百斤四毫
雜木炭	百斤一元三毫
塘魚	百斤十二元
石灰石	萬斤二三元（第三區多）

杉　　　　因幹有大小長短價不能一律

大小農及經濟情形　農民一戶耕十五畝至廿五畝者。約占十之六。耕十畝左右者。約占十之三。耕卅至五十畝者。約占十之二。至于耕百畝以上至數百畝者。殆甚少數。至多不過百之一二耳。若夫農民經濟。則近來以水災匪害致多。頗受損失。除少數頗有蓄餘外。則大多數皆日趨困之也。

（六）作物

（1）水稻

品種不一。大抵早造以早白、八十日、二劃早。花雜粘、糯錄、為多。晚造以油粘、鋪狗尾、沙粘為多。早造多行割秧。晚造多行脫秧。肥料則用火灰與豬糞或人糞之混合肥為多。每畝六百斤至千斤。另有灰每畝百斤至百五十斤。收量不一。而大概晚造每優于早造。至種法則與普通無异。可弗贅。縣地產稻。不足自給。向需北江上游發來之接濟。如東部之濱江。從前產稻常足自給者。近亦每告不敷矣。

（2）烟草

品種則以大牛利烟為多。次大隧烟。二種均用以製熟烟者。此外黃葉烟種。（生烟）間有種植。但極少數。不足述也。

經營狀況　此業殆有歷年漸增之勢。查從前總產額年不過百餘萬斤。近則可三百餘萬至四百萬斤。其中最盛者。為八區之源潭迴岐一帶。次為第十區。又次為第六區之三坑、第七區之雲禾約、第九區之湯塘。其餘各區。亦間有種植。多者一戶種萬四五千株至四五萬株。少者亦三五千株。蓋農家種烟。概視為一種之良好副業。以其既能利用農閒。且近來常獲善價。獲利頗優。又種烟跡地。以之種晚造水稻。不施肥而甚為秀茁。有此特點。故種者日多也。

地勢及土質　地勢宜略高、無水浸、且通風透日、乾濕適度者。表土以壤土爲上。砂壤土及粘壤土次之。心土以黃赤色爲良。若黑砂石底。則產出煙葉、色黑褐而質劣云。

選種　選具備固有性狀之烟樹作母本。不摘頂芽。任其開花。迨花落結莢倘帶青嫩時。收採晒乾作種。若待其莢老熟變黑褐色而後收採。則所生之樹苗。開花較速云。

播種　秋分前後作苗床。撒布腐熟之灰糞。與土拌勻。播時略濕畦面。以細沙和種子撒之。隨覆以稾。或幷搭棚防霜。自後酌行淋水。至發葉二指大時。淋以稀尿。至一株有四五葉時。可行移植。

整地及移植　普通概與水稻輪栽。當晚造收稻後。即犂起泥土。暴晒至三四十日許。再犂耙細碎。作畦。高尺餘。三四尺。開穴于畦之兩側。成品字形。每穴相距一尺六寸至一尺八寸。深濶五寸。先施灰糞于穴。與土拌勻。然後移植。植期爲大小寒節前後。植畢淋水覆稈。每畝約植一千四百株。」

管理

留葉及摘芽　苗生至十五六葉時。摘去頂芽。幷除由下部數起至第四葉之腋芽。任其長成側枝外。其餘各葉所抽之腋芽。隨時摘去之。又此第四葉之腋芽所長側枝。生至十四五葉時。亦摘去頂芽。幷隨時除去各葉腋芽。總之，一株正幹留十五六葉。側枝留十四五葉。共計三十葉之譜。正幹最上之六七葉爲托葉。次四五葉爲身葉。最最下數葉爲脚葉。側枝之十四五葉爲尾葉。另自正幹近土際所萌之芽。概不除去。任其成長發葉。是名秋烟。

病虫害　虫害以地蠶及蚜虫爲多。均隨時用人工捕殺之。病害以心腐病爲最可恐。此病被水浸濕過後、或雨多、則起。土人無治法。祇擇無水通爽之地種植。以預防之耳。次爲赤星病（土名老虎眼）白斑病等。

除草培土　培土于埋大攊時行之。除草隨時行之。

排水灌水　有積水隨時排之。非十分乾旱。不可灌水。

肥料　肥料用量。以一千樹計。普通施豬糞火灰混合肥二千斤。花生麩一百五十至三百五十斤。分三次施之。第一次于移植前施豬糞火灰混合肥約為原定量之半。第二次于移植後苗高六七寸時。施餘一半。豬糞火灰混合肥。及生麩約定量之三分一。隨鋤土填平各栽穴。是名埋坎。第三次苗高尺許時。向畦中作縱溝一條。將其餘三分二之生麩下之。同覆土。并擁畦下施之土培大各畦。畦身蓋敷以稈。免泥污下葉。是名埋大攊。

收穫及收量　晚春初夏間。待倒枝最下之三葉發起皺紋時即開始摘葉。先脚葉。次身葉。次托葉。次尾葉。最後為秋烟。計分五次收彩。每千株收量。以乾燥後計。約脚葉十斤。身葉拾五斤。托葉六七十斤。尾葉百八十斤。秋烟三五斤。」

乾燥

尾托身脚各葉之乾燥　以竹織之方眼疎籮二片。夾住烟葉。（葉之排列不可太密且要葉面同向一邊但排列將畢時留三四葉反向排置、）為一夾。曬時每兩夾相挨成屋脊形。第一日約曬二三點鐘久。見葉面起油毛茸豎起。即反轉。曬其底面。如是又見底面反向之三四葉面起油毛茸豎起。即收置陰處。使醱酵。二三日曬法同前。第五六日時見葉已半呈黃色。約曬數點鐘久。亦視各葉面起油、葉緣縮起、與他葉不相粘時。即反轉曬其底面。再見如前狀。即收置陰處。第七日後。若葉尚有小半帶青色。則曬法仍如前。若已轉黃。即可終日曬之。連曬十四五日之久。見葉柄已乾。可以停曬拆取矣。

秋烟之乾燥　此比前較為粗放。即將葉亂布疎竹籮上。夾以他籮而曬之。第一二三日約曬至葉面起油。即收置陰處。第四日以後。則終日曬之。

乾燥後之裝置　尾托身脚各葉。分類裝置。約疊葉二斤餘。即以稈束葉柄爲一札。又將各札用烟絞絞成大把。每把約重五十斤左右。至秋烟則不須如此。祇將烟籧夾成一大包。便可出售矣。

銷路　俱銷售于縣屬之源潭墟烟行。至價值經已詳前。大抵以色赤褐油潤葉肉厚而脉細者爲上。以源潭附近所產爲最良云。

工本及計利　作工以收穫時爲最忙。其他摘芽等工作。可用婦女助之。大抵種三千株。一人管理之。一萬株三人管理之。今以其三千株之收支計算。列表于下。

支出

地積二畝二分	半年租銀十一元
猪糞火灰混合肥六十担	價銀三拾元
花生麩九百斤	價銀四十五元
長工一名	七個月工食共銀四十二元
散工廿二名	五元
器具損失費	五元(烟籧五百張銀廿五元約用五年)
合計共支一百三十八元	

收入　價銀(沽價均照前(五)項內所載下仝)　元

脚葉三十斤	一、五
身葉四十五斤	三、六
托葉二百斤	四〇、〇
尾葉五百四十斤	一六二、〇
秋烟一百斤	一五、〇

合計共收入二百二十二元一毫。

收支比較溢利八十四元一毫。

(3)蔗糖

經營狀況　歷經營此業者。以縣屬之北江沿岸附近爲多。而比之從前。已有漸衰之勢。如第八區之浸潭。從前有糖寮二十四間。現祇十間。第七區之龍塘。從前亦有二十四間。現祇存八間。此外洲心之現存約廿間。江口之現存四間。横石之現存二間。江第九區之現存一間。均係比從前爲少。惟縣城後背一帶。現約有卄間。較舊者畧爲增多耳。總之，合計不過七八十間之譜。據商會宣統元年報冊。謂近來每年片糖。總產額約四百萬斤。但比之前廿年。祗得其十之二三耳云云。今雖無統計可查。恐且不及宣統時之數也。蓋因歷年種蔗。地力日耗。以致收量減少。虧本停種者有之。又以蠶桑較爲有利。因改行種桑者有之。近來更以盜賊縱横。牛畜每被掠奪。遂致歇業者亦有之。欲圖挽救。不惟當求改良。尤宜注意保護也。

種植管理　土質以表土壌土心土黄泥者爲佳。若心土爲黑砂坭。則所產糖色黑而質劣。品種俱用竹蔗。種植或用岡邊旱地。或用江岸水旱不常之運積土。種法與普通無异。收量每畝四千斤上下。

製糖法　舊曆九月初旬開製。至十二月廿六七日止。計每日搾蔗六千斤。得蔗液三千斤。分廿次煮之。共得片糖五百斤。需新蔗及製造工銀八元。至製法概係舊式。與本省各處無異。畧之。

片糖之品質　以[illegible]潭附近所產最良。餘亦于省內頗爲著名。蓋縣屬產糖。類皆色黃白、砂力足、質鬆脆不粗者。

銷路　本地銷廣省城江門各處。

（4）茶

經營狀況　茶之經營。大有日見其少之勢。雖爲本縣特產。然全爲山民之副業。故無有作爲專業而大宗經營者。產地以捕滘二屬之山間爲多。中以捕屬之筆架山爲最著名。至滘屬第十區之丫髻山茶。品質雖佳。惜產量無多也。至一年總產額。有謂約五十萬斤者。有謂約七十萬斤者。究之，皆非確定統計。但據濱江稅局計算。則昨年該屬茶之輸出。共三十九萬七千五百斤。然其中實雜有鶴山縣之江屯茶在內。非純屬本地產出。且祗係一屬之產額。而他三屬更無從得其詳云。

種植管理　土人謂種茶之地。愈瘠愈佳。故高山上之赤褐色砂石土。大抵皆良云。種法霜降後收種。曬一日。去殼。砂藏之。至正月，向山嶺斜處去草整地。每橫直距二尺作穴。下種子八九粒。自後次年八九月除草一次。至苗生三年。可高一尺。當清明時摘去心芽。使多發橫枝。收穫法，在植後三年。年分四次。一春社前收者。名社前茶。二清明收者。爲清明茶。三白露收者。爲白露茶。以上皆收嫩葉。又八九月則摘老葉。摘法如一枝是四葉者摘三留一。則所留之一葉。自由其腋芽而生橫枝。再發葉。每人日可收葉嫩者二斤至四斤。老者七八斤。茶樹大抵十年左右便衰老。斯時掘去。改種他物。而另覓新地種茶。

製法　用鑊炒生葉。至香氣觸鼻時。轉入竹簍。捲至成條狀。再入焙籠。加炭火焙至一時許。既乾乃取出。計每生嫩葉四百斤。可製得乾細茶百斤。

品質　性善消滯消暑。年久貯藏。殊不走味。愈陳愈佳。是其特出也。

（5）其他

麥　年產二百餘萬斤。（據宣統元年商會報冊及民國某年團保總局所報）以捕屬之第二，八區爲多。次爲廻屬之第六七區。　屬之第九區。

花生　據宣統元年商會報冊謂年產花生油約五十萬斤。但比之廿年前。不過得其二三。因受萎死之損失云云。余往調查據土人亦如是說。如源潭附近，從前年可出花生三四十萬斤。近則不過十萬八萬斤云。蓋其種法。大抵開二年則輪作。以致地力衰耗。又選種時。不加注意。遂致病害發生耳。

包粟　第五區最多。蓋籍以爲糧食者也。種于山或烟地。概分早遲二種。早者驚蟄下種。遲者則春分前後。粒有紅白黃等色。種法作幅八九尺。高五寸之畦。每橫直三尺作穴。下種二粒。中開空地。則混植黃豆或竹豆。肥料每株施花生麵二兩。或施人糞尿。又用厚皮樹之葉培之甚良。厚皮樹者。野生于山中。葉鈍楕圓形。約長一寸。濶七分。背有毛。七月開花。色紅。十月子熟落葉。幹高二三尺。四月取其嫩葉作肥料甚佳。近以人多採取。已漸減少云。包粟收量。每畝約百斤。（以淨粟粒計）

此外如第三區之黃豆竹豆。第二區第八區之胡麻黃麻。年中輸出亦頗多。又第六區有草塘三個。第九區有草塘一個。年中輸出乾草於外約二三千萬斤。其草概係野生。用途分飼料燃料蓋蓬料三種。

（七）園藝

（1）蔬菜類

第七區均益局之香芋。龍塘之木薯頭。第九區之羅蔔莪薑。第十區之蒜頭葱頭。均頗多輸出。其中均益局之香芋。及第九區冷坑車步之羅蔔。定推著名土產。蓋其香芋種法。雖與他處無異。但其地則土質輕鬆。表土甚厚。產出之芋魁。長約七八寸。幾如廣西之荔浦芋然。品質粉嫩。在廣州市菜欄出賣。亦算有名。第九區之羅蔔。形頗偉大。皮潔色白。味亦清甜。其銷路除本區外。并常有大帮用艇運往縣城。直至三水縣之蘆包等處。惟此外如芥菜白菜及各種瓜豆。則無甚良種。亦非大宗。不贅述。

(2)果樹類

此業殊無大宗。比較言之。當以第十區有漸興之象。次則第九區。而第六區白米坊之柚。年中產出亦頗多。外此則無足觀也。第十區近十年來。漸多開園種果。一園多者百餘株。小者數十株。其中以荔枝為多。次為圓眼梅桔桃等。頗聞荔枝一種。以縣之東南部及南部。尚可栽植。若北部則不特生長難。即令結果。其味亦帶酸而劣云。

(八)畜牧

畜牧如雞之每家類養十數隻。豬之每家類養一二頭。商店養十數頭。以至三數十頭。實與省內各處。大抵相同。無俟贅述。惟如鵝業。則縣地頗稱興盛。鴨亦各處多養。牛除役用外。間有育之以營利者。而羊亦有多小。茲略分述之。

(1)鵝

業此者分二種。一養種用鵝者。二養鵝苗者。

A'養種用鵝者(土名養鵝姆)

經營況概　以補屑為盛。次廻岡岡滘。至濱屑則惟第五區之淺潭有二三家養之耳。蓋養此者。首須擇水草饒足之所。故地甚平濶多廢塘及草埔之處。最為合宜。如山多地狹之處。殊不相適。又地狹草少之地。常有禁止鵝母事例。蓋謂其食盡野草。無以牧牛。故此業與土地上殊有關係。凡養鵝母所在之舍。土名鵝廠。約計全縣鵝廠可百餘間。一間養鵝母二百頭至千頭之譜。有操為專業者。有兼行耕種者。

選種　選七八月間孵化之鵝苗。育成後、取其頸長肩窄身圓而長者為鵝母。骨格開張而強大者為鵝公。每鵝母百頭。配鵝公七頭至十頭。

擇地　鵝廠宜擇附近水草饒足之地開設之。以便放牧。已如上述。而水欄之設。尤要講求。水欄者、設在水中、四面用疏眼竹篷為之。以便鵝之游泳與交尾者也。其宜與鵝廠接近。俾易管理。固不待言。至于水欄之水。宜清而不濁。柔而不急。水底宜沙而非泥。附近之岸。雖宜涼而亦不可太陰。泥底則鵝之產卵少。岸邊太陰則鵝喜在岸而少在水。致交尾之機會稀而卵多無精也。

管理　管理方法。頗為繁雜。普通必用一精熟之人為頭手。主持一切。頭手技術之良否。全盤生意之盈虧繫焉。故必充二手三手多年。果有心得。乃可升為頭手。則其方法非調查所能盡、文字所能詳可知也。今弟述其大概。以見一斑耳。

甲、頭造鵝之管理

(子)拔羽　頭造鵝者、謂在第一造繁殖時期之鵝也。當春間鵝孵卵已終後。則上年之事業畢。而要為第一造繁殖之企圖。其法先挑出鵝公。另加多穀飼之。至壯、乃酌拔其羽。由此經廿日或一月。并將鵝母拔羽。乃復混合牧之。拔羽期在三四月。

(丑)放牧　拔羽後之放牧。最要注意。故此時概用頭手任之。大抵不可令可恐之聲與色。接觸于鵝之耳目。如少樹之林及生面人多處。均切勿放牧。否則致鵝常顧人屢狂走亂鳴而少食草。由是臀部無肉。不克產卵矣。但如遇此狀。治法宜勿飼以穀。令飢至瘦瘠。乃復給穀。再依法放牧之。亦可挽救云。

（寅）產卵及孵　凡鵝拔羽後四五十日。便產卵。每隻鵝母平均一造產卵七八枚。此時朝晚放牧。餘則任其來往于鵝舍與水欄中。察有伏巢者。以竹笠下墳軟稈。置卵十枚。令其孵之。孵卵鵝母、每間一日趕出。以穀飼之。令浴於水。浴畢上岸。以竹籃圍之。鋪乾稈。俾得踐踏。去盡水漬。察其身已乾。乃提返入伏巢。又如見其太瘦者。提起之。另易他鵝接孵。此提起之瘦鵝。以籠困之。經一二日則醒。乃放入瘦鵝群。別行牧之。凡卵經孵至十五日。則由屋內向瓦面穿一孔。持卵入孔向日光照之。如見內容有如蜘蛛狀紅筋而流動者。為成雛之精。再入巢孵之。否則為孀卵。（土名光蛋）揀出。不令孵。平均鵝母一頭一年約育得鵝苗卄頭左右。

（卯）飼料　頭造每頭約飼穀卅斤。有減少穀量雜入甘藷飼之者。如此則孵出之鵝苗。常身小而劣弱云。喂穀過飽。亦屬有害。蓋令鵝減食草。暑走動。致胸部豐滿。而後臀窄狹。由是產卵必少矣。又鵝母方產卵時。加飼以碎蜆殼。幷先飼以菁。後乃給穀。蓋無菁、則伏巢者少云。菁概生于水中。有韭菜菁、扁菁、白蔗菁、芥菜菁、狗尾菁、種種。而皆適用也。又鵝母孵卵畢。宜單行放牧經若干時。乃徐加穀飼之。則下造所孵出之鵝苗較佳云。

（乙）、二造鵝至四造鵝之管理

鵝之繁殖。分為三造或四造。蓋鵝苗跌價時。大抵養至三造後。便行拔羽。為養下年頭造鵝之企圖。特鵝苗有價。乃至養四造鵝。普通頭造鵝、六月下旬至七八月孵出鵝苗。二造鵝則九十月。三造鵝則十一二月至正月。四造鵝則二月至立夏節。二造至四造之鵝。除不須拔羽外。其他管理。大致同頭造。惟飼穀之量。則較減少。

工價　如一廠養種鵝四百頭。每年須用頭手一人。工價六七十元。二手一人。工價三十元。三手一人。工價廿元。

雜役一人。工價十元。均另供膳食。

價格及銷路　價格寔屬無定。但普路頭造鵝苗常貴于二三四造。每百頭約三四十元。其他各造約二三十元。銷路爲本縣、從化、增城、龍門、永淸、佛岡、英德、及下至佛山大湴北丫等處。（就本縣論．凡中等以上之人家、必購鵝數頭飼之、以爲岡年之用、）

計利　大抵每養鵝母一頭。一年純利自一元至二元五毫。

B.養鵝苗

凡下所述。以育養鵝苗營業者爲限。至養三數隻、以供家用者。不在此例。

經營概況　土人習慣。大抵養鵝苗至六七十日。便行出售。其養成大鵝然後出售者殊少。此六七十日之鵝。半生老羽。身體尙瘦。且向來食草爲多。故土名養瘦鵝。又名養草鵝。而承購此草鵝者。必再行肥育。乃適宰食之用。凡養鵝苗。一家少者百數十隻。多者三四百隻。此則視資本人工及野草飼料供給之難易而定。蓋鵝苗除放牧食草外。仍須日夜喂以靑菜米飯數回。然自夏至早秋間。縣地靑菜殊少。此則操業家所最受困難者。但比之養鵝母業。則有較易者數端。一、資本可較少。二、資本流通易而獲利速。三、水草較少之處。亦可養之。四、隨地可自由放牧。不至如養鵝母之需受俗例禁制。故是亦爲農家之良副業也。

選種　以本地產爲佳。間有由肇慶廣利來者。殊不及也。凡鵝苗身腥臭而輕、或疴白屎、或形不正者。皆爲不良。須選身重壯寔者爲上。而雄鵝背多。因易大也。識別之法。察其羽尖光淨無毛。以手撚臀部有如米粒狀物出出者。是爲雄鵝。若羽尖無光、生毛，臀部無米粒狀物者。是爲雌鵝。

鵝舍　選購鵝苗後。初用籮養之。寒天經十日。熱天經二日。而後移于鵝舍。鵝舍自以乾爽適氣者爲上。中用疏眼竹蓬間爲多格。第一月每格面積七方尺。放入鵝苗廿隻。凡每格鵝數過多。易至互相壓迫而死。且喂養難令均飽。將來必多大小不齊之弊。第二月、則每格面積擴至從前之二倍。放入鵝苗卅隻。而底部當涼寒天氣。最好用乾牛糞末塡之。次則糠灰。均以乾爽者爲上。但禾稈灰因其含梘分多。能令鵝毛變黃。寔不宜用。若當炎熱天氣。則用細砂塡之。凡塡底之物。須時增加乾者。或每日取出曬乾。乃復塡入之。

放牧　鵝雖屬水禽。而當其幼時。寔忌濕氣。并畏烈日。故因天時之寒暑燥濕不同。則放牧法自有以異。一、當早春時之鵝苗。出世後之廿日間。除喂飼後可令向水邊飲水外。餘則祇宜放牧于平地。廿日以外。始可令下水田。又廿五日前。宜放于陰地。廿五日後。始可在陽地放之。二、清明節後之鵝苗。當出世一月以內。亦祇放牧于平地。若放于水田。則每發軟腳而死矣。三、當炎夏早秋間之鵝苗。祇可朝夕放田。午間則但置于陰地。四、仲秋冬季之放牧法。與早春時同。又凡多青苔之水田。切勿放牧之。

飼料　初養時之三十日內。以米飯和青菜飼之。三十日至四十日內。則以煮熟之穀和青菜飼之。約日夜共六回。初時青菜宜細切。後漸加粗。青菜種類。春夏間用苦麥菜。早秋則用田草。(如茭菇草)八九月則羅蔔苗。冬至早春則蘿蔔苗與芥菜。其中以蘿蔔苗芥菜爲最適。田草則最劣。但因時變易。無如何也。四十日以後。則單用煮熟之穀飼之。日夜約共四五回。凡細小之鵝隨時挑起。另行加意飼之。則出沽時較少大小不齊之弊。飼料用穀。以鵝苗百隻養六十日計。約米三石。青菜一千八百斤。穀三百斤。

黃鼠郎及各種穢氣之防治　鵝苗忌黃鼠郎。一觸其臭氣。則足軟毛落。不食而死。預防法用黃皮葉或蒜頭醋或臭水酒于鵝舍左近。但要夜夜如此行之。寔不甚便。最上惟嚴密圍欄。以止其來。及設法撲殺之而已。且最忌穢氣。如見上流有浣洗產婦衣物者。則不可于下流放鵝苗入浴。又路上或遇產婦。或觸死人氣。則鵝苗往往即行頭搖足軟。

顛蹶于地上不已。救之稍遲。不難全群死盡。治法用糖醋酒或人尿灌之。

病害　鵝苗足折。以鮮牛尿浸之或煨薑敷之。足癆、以薑苗塡地。或用青辣椒喂之。此土人屢試有效也。而有一疑病害。惟近數十年來所發生、所常見、所最感痛苦、而各家莫知其病源、而無從施治者。誠農學家所宜研究而補救之也。據老于此者云。從前養鵝苗者。常得十足之數。自前清光緒十六年起始。漸有半途夭死者。初尚以爲偶然。不料自後年年如是。查此病凡鵝苗生後十日左右多見之。亦有廿日後始見者。惟過一月後則少見。至四十日若仍未見。則可決無此病之發生矣。但不論發生之遲早。經一次發生止息後。其幸而免者。決無第二次復發此病者。至其病狀初起時。少食、垂頭、駝背。經一日至三日便死。蓋鵝苗之呈此病狀者。殆九死一生。發病甚劇時。有五七日間。百隻鵝苗竟死去六七十云。至農家對之。並無治法。惟有隨時挑出發病者另飼之。病死者棄之。餘但束手以聽其起止而已。

普通各造鵝苗之生存數　鵝苗生存數最高者爲頭造。即六月下旬至七八月孵出者也。其普通生存者。可百分之九十以上。至二造三造之鵝苗。則大抵生存者、得百份之六十至八十。而以百分之七十爲常。至四造之鵝苗。則在清明前後孵出者。尚可生存百分之五十至七十。若在立夏節者。殊難養活。生存者常不及百分之四五十也。以上言鵝苗生存難得十足之數者。概由前項所述之病害使然云。

工數　養鵝苗百五十隻。須放收正工一名。另料理飼料及打掃鵝舍等雜務。亦須一人半日之工夫。養三百隻、則約須人工二工半。

銷路及價格　草鵝或就地賣與販家。轉沽于花縣高塘墟。或直接自往高塘墟發售。大鵝(指茸毛脫盡老羽出齊者)、則沽諸廣州市鵝鴨欄。價格草鵝每百頭約八九十元。大鵝以重量計。每百斤四十元左右。

（2）鴨

業此者可分為三種。一、養種用鴨者。二、孵鴨苗者。三、養鴨苗者。

A.養種用鴨（俗名養鴨乪）

此業遠不如養種用鵝之盛。資本既少。業此者類屬貧民。但其法多用經驗得來。有足紀述者。

選種　于六月至白露孵出鴨苗。經養至二三月久者。選取作種。選法、雌鴨宜取羽毛黃褐色（如禾雀）或黑色。若純白者、不宜。身宜成筒形而圓長、及頸小眼浮咀大足矮者為合。至雄鴨則通例由預定購卵之孵鴨苗者配與之。大抵雌鴨百隻。配雄者四隻。

鴨舍　每鴨百隻。約占地一井。邊用疏眼竹籬圍之。底用藁稈或牛糞末填之。

放牧　長年放牧。一人牧六十隻至百隻。宜始終一人專任。勿易生手。放牧之地宜平。不平則上落緊而有生軟売卵之虞。又宜靜。若人多喧囂。則鴨受驚恐而產卵少。鴨善食魚蝦螺蜆等水產。至草則惟鴨舌草略食之而已。自要順其嗜好而投之。當兩造收稻後。放牧于其跡地。覓食殘遺之穀。但遇跡地已乾者。要放水浸之。否則雖有遺穀。鴨亦棄之不顧也。

飼料　概用生穀飼之。除兩造收稻時外。均日飼三回。正月至五月上中旬。又七月至九月上旬。均多加穀飼之。自九月收稻後至十二月。均酌減給穀之量。大抵一年內要加意給穀飼養者。約八個月。斯時每百隻日飼穀十五斤至廿斤。

產卵時期及枚數　鴨苗養至百四五十日。便能產卵。其卵常產于鴨舍內。以二三月為最多。大抵每百隻鴨每朝產卵可八九十枚。四五月約六十枚。六月七八十枚。七月無定。八九月七八十枚。十月至十二月五枚正月十枚。平均一頭、全年產卵百四十枚至百六十枚。

價格及銷路　每卵百枚。價一両三錢至一両七錢。以六月最貴。七月以前之卵。概沽諸本地孵鴨苗者。八月至十二月。則作菜蛋沽之。

B.火力孵鴨

業此者、不過數家。法如下。

器具

鴨仔桶之裝置　木桶、高二尺七寸。口徑二尺。底徑一尺八寸。先塡老糠于底。厚五分。次加長江紙四重。桶之內旁。先扭稻稈成條附厚之。次亦加長江紙四重。後用竹篾揷住。以防脫落。

鴨床之裝置　床分上下二層。或上中下三層。每層底部及圍之欄。均用木板構成。長一丈零八寸。闊三尺二寸。欄高五寸。各層相距二尺五寸。先用長江紙塡于床底。凡二重。次敷老糠。中部厚一寸。近邊厚五分。後舖以草蓆。又沿邊之欄。以棉胎條附之。

方法　一面以鐵線擱火爐于鴨仔桶內。桶口蓋以竹篙。令焙煖之。一面炒穀。每鑊約四斤。炒二個字鐘久。試其合度。即入布袋包之。另以布包鴨卵。每包約八十枚。先置大包較熱之炒穀于桶底。次加小包煖穀。然後置鴨卵一包。如此一包煖穀。即加一包鴨卵。層層裝置。則每桶可入鴨卵六包。至近桶口時。又加煖穀一包。次加較熱之穀一大包。後蓋以棉被及竹篙。自後每經十二小時。復取出各包穀。如上法炒煖之。然後與鴨卵相間。置回桶內。

如上用穀煖之。經五日後。即取卵一一照過。見內容有星蜘蛛形者。復包回之。否則檢出不取。再隔五日。亦如法照過。以定去取。而每包卵數漸行減少。約五七十枚一包。如遇天寒。則更酌分多包。凡鴨卵孵後五日成眼。十五六日則成身有毛。若天如上法炒穀煖焙十五六日至十七八日。可移入鴨床。寒天則須炒穀焙十八日至廿日。而廿一至廿三日乃可入鴨床。

鴨床暑天寄置卵一重。寒天則置一重後。上面復加多少。稻草。以大沙紙蓋面。或蓋以毡被。更每日間以手翻卵二次。夜三次。至廿八日則孵化矣。

銷路　本地及鄰近從化佛岡英德花縣等處。

(2)養鴨苗

養鴨苗家數。比前二種殊多。每家養百至三四百隻。或操爲專業。或農家兼爲副業。而中等以上之農。于晚造尤多養之。蓋不惟視爲副業。且藉爲捕食水稻害虫之用也。如當水稻成熟時。發生之紅頭黑身筒狀幼虫。日則潛伏稻叢下部。夜則出而咬斷禾穗。若無鴨以食之。惟有束手莫如何耳。凡養是者。其利雖比養鵝苗較少。(每百隻約獲利十元左右)然罕失敗。生存總達九成以上。且管理易。豫備飼料亦易云。

養法　日間放牧于水田。早午暮各給飼料一次。第一日至卅日。飼以淨飯。卅一日至四十日。飼以煮熟之穀。四十一日至六十日。飼以生穀。計鴨苗百隻以養六十日計。約須米一石。穀三斤。滿六十日便成大鴨。可以沽出矣。

銷路　除本地外。概沽于廣州市

(3)牛及山羊

第六區有草塘三個。面積百數千畝。第九區有黄草塘一個。面積逾萬畝。適于畜牧之用。年中輸出乾牧草于外者頗多。惟就地放牧牛隻以營利者。祇冬天行之。即于是時購入犏牛收肥後。至春天沽出之。此外各家所畜之牛。則但供役用。

山羊概放牧于山岗。一人祇養七八十頭。謂過多則易生病云。其屆冬天。亦但放牧。並無飼料。僅以竹筒裝鹽水、置蠶蛇其中。懸于羊舍。令羊飲吸此水。藉助消化云。

（九）森林

山林之荒廢。以沿北江兩岸附近為甚。殆占十之八九。其他各地。則荒廢者約占十之三四。至已立木之山。概以種松為普通。惟西北部之大山。則除松外。所種之杉竹亦不少。次為荷木、石斑、土梨、黃葉、黎蒴等。林業副產品。則有梘沙、吊鐘花、涼粉草、山豈、封莚、山桔、及其他藥材等物。

山松　種法亦甚粗放。無足紀述。其造材方法。有伐後裁斷去皮。、由山坑放流出江邊後、用船運載出沽者。名流坑柴。如濱属各地有之，有伐後裁斷去皮、不行放水、即直用船運載出沽者。名生乾柴。如濱属之龍頸則有之。有伐後裁斷劈開、束十二三斤一把、名柴把、然後出沽者。如滘廻各属多有之。又有劈開後不行埋把、而逕出沽者。有燒為松炭而後出沽者。至工價則造流坑柴每担銀五分。生乾柴每担銀六分至一毫。柴把每把銀六厘至一分。松柴出產。以濱属為多。據該属稅局昨年統計。輸出額八千二百零七萬五千八百斤。其他各属雖未詳。然決不及如是之數也。

杉　據土人謂種法有數要。一、要先行燒土。後乃鋤鬆植之。二、杉枝要浸水十日乃插下。則不乾尾。三、不宜深植。約入土三寸便合。四、要相距六七尺乃快大。五，要植在山凹陰潤能避大風處。出產亦以濱属為最多。據該属稅局昨年驗出統計為二萬七千七百五十担。（每担八條至十條）其餘各属未詳。而属內則所產不敷自用。年中輸入外處之杉不少。

石斑木及土梨木　有用人丁種植者。但野者居多。二者皆堅實之木。燒炭原料。殆以之為主要。

樹木類薪　俱作薪柴用。以北部爲多。近來各部漸喜種之。

黃桑　濱屬有之。此木不適于燃料。用途未詳。。據土人所說。謂運往佛山陳村供製元寶金用。不悉是否。其造材法。當幹徑一寸以上時。伐斷全株連葉晒乾出沽。

兆木　濱屬第四區之石坎有之。野生。成長頗速。萌芽力强。木材通直。硬度比鴨脚木較堅。土人作柴炭用。近年有剝取其皮出沽。每担價銀一元。聞可供造假皮用云。將皮搥碎。投于水中。能殺魚。

殘膠木　濱屬各地有之。約植後十五年。圍一尺五寸。乃可伐。伐後連皮運出縣城發售。每担價銀一元。供製殘膠用。

炭　亦以濱屬爲最多。據該屬稅局昨年統計。輸出七百五十餘萬斤。又潘屬每年輸出約四萬斤。中以濱屬之橫石白石潭產出者爲最佳。因該地多石山。所生雜木。質較堅實。故製出之炭亦堅實。燃時不爆、且耐火云。燒炭之土窰。概挨山築成。大小不等。小者一窰可得炭三四百斤。大者可得炭一二千斤至五六千斤。每原料百斤。得炭若多少。則由樹木種類及其老幼等而異。大抵生松木百斤。得炭十四五斤至廿斤。其餘雜木則得炭二十至三十斤。製法如下。

如圖甲爲入原料口。乙爲燒火口。一二三爲烟突。在窰邊左右後三方。各一條。先將生木削尖下方。竪直密排於窰內。其上部空處。則堆塞以碎木及幼枝。乃密封甲口。由乙口燒火。初見白烟由烟突出。繼出黑烟。待黑烟出盡。乃連各烟突幷乙口皆密封之。經若干時。乃可出炭矣。至燒火日數。因窰大小而異。小窰二三日。大者四五日或六七日。炭之銷路。以順德南海各絲偈爲最多。

梘砂　山民亦多製之。法如下。

原料　以樹木種類及其產地土質而有良否。以樹種言。最好者羊角漏。燒灰百斤。可得梘砂九十斤至百斤。次則大茶藥。燒灰百斤可得梘砂八十斤。又次爲鴨脚木、杉枝、旱禾藤、山椒等。但以土質言。如鴨脚木係生在黃赤土者。燒灰可得梘砂百分之五十至七十。若生在較肥黑之土。則得百分之三四十而已。又如杉枝有可燒灰得梘砂百分之三十者。有全無梘砂者。皆由產地使然云。

製法　一、燒灰。即伐取樹木連枝葉堆積於山邊平地燒之。察大半變炭時。乃以水灑之。鋤壓之。令火息。運回家再燒之。經二日許。已盡化灰可用。　二、取梘。以下部尖窄之瓦缸。底旁一小孔。孔加以咀。承以竹澗而達於鑊。次向缸底鋪細小石。覆以瓦鉢。乃入木灰滿缸。另煮沸水二鑊。以壳挹之。徐徐淋于灰面。則灰所含梘自溶於水面。由底孔流出。經竹澗以達于鑊。此二鑊沸水淋盡。再淋冷水一桶。察水由孔流出後味已淡甜。乃去原缸之灰。而易以新者。斯時又將前回取得灰水煮沸之。以淋新易之灰。淋盡更淋淨沸水一鑊。冷水一桶。　三、煮梘將灰水滿煮之。至起泡時。不絕攪動。經若干時。已變濃厚。以勺挑之成珠乃爲合度。速鑊拈置冷涼處。仍以棒攪之。至冷則成梘砂。

品質　以色黃白者爲上。黃黑褐者爲下。

價格及銷路　每斤值銀七八分。沽於本地商店。

吊鐘花　縣屬之平岡石坎河洞石馬等處。有多少種植。而實以迴岡第六區太平市之陳玉山所產爲較多且佳。此物計每年總產額。亦不過沽銀數千元。但非普通多種者。故略述其種法。　品種有紅花白花二種。但無論如何。每枝花以有九鐘至拾壹鐘者爲佳。惟平常則五六鐘耳。種法掘野生苗作種。擬種於山間。每株相距四尺。植後三五年。察其壯大者。於四月間施行放花之手續。即向樹離地四五寸處。以刀割其周圍。乃剝去皮部。約長八分至一寸。如通常之殷樹然。自此至拾壹月則伐採之。以水浸其下部。及舊歷年晚。輸出省港發售。凡已施行放花之樹。每有未及時而即開花者。故一年得合時花株之多少。殆聽諸天時。不能預定也。又已行放花之樹。本年如不採伐。亦必自行枯死。

（十）輸出品

輸出品　農產以烟茶、筍、糖、鷄、鵝、鴨、猪、爲多。林產以柴、草、杉、炭、爲多。次爲吊鐘花涼粉草、及其他生草藥。至各種輸出額。則約畧能詳者。已見述前各項。餘則言人人殊。不敢妄爲採錄。

（十一）特產

特產爲烟葉茶葉筍乾等。烟茶二者。均詳於前。茲僅述筍乾之栽培及製法如下。

竹筍

竹筍爲本縣特產。概種於捕濱二局之大山間。總產額向無統計。惟據宣統元年商會報冊。則約乾筍三拾萬斤。據濱江稅局昨年統計。則該局輸出共二拾二萬六千七斤。後數較爲詳確。但單指濱局而言。至捕局產額。則莫能詳也。

品種及特徵之比較。列表如下。

				筍部						
品名	氣候	土質	生長難易	植後幾年有收	收期	收法	收量	形狀	品質	用途

麻竹	喜陰濕	宜肥潤黑泥	較難	六年	七八月	出土二三尺高時刈收	最多	徑大約四五寸	肉頗厚鮮食要浸水晒乾最良	製筍衣筍蝦筍片
馬尾竹	頗耐霜	仝	中	仝	仝	仝	中	徑三四寸	肉厚味最佳餘同右	仝
泥竹	耐霜	仝	中	仝	仝	仝	中	徑二寸色清白潔淨	鮮食要浸水味亦佳	製筍蝦
吊絲巾	最耐霜	仝	中	仝	仝	出土一二尺高時收	中	徑寸許	肉薄較韌鮮食要浸水	製筍蝦
茅竹	耐霜	黑泥則茂黃泥則筍美	初種時難十年後其亂生	十年以外	二三月	見土有裂痕即向掘取	無定	徑三四寸黃黑生毛	鮮食不須浸水肉最良厚味良	鮮食
根竹	最耐霜	不擇	易	五六年	三月	尺許高時收	少	徑五六分	鮮食不須浸水味頗良	鮮食

右各種中以種麻竹爲至多馬尾竹泥竹吊絲竹殆爲麻竹之陪襯品。因此三者所製筍乾。可混充前種而又較易生也。山民種植竹筍。必取其收量多而適于乾製爲主。若茅竹根竹。以鮮食爲適者。沽諸本地。則銷路窄。輸出于都會。則道途遠而運費多。需時久而原味失。固事實上所不能。故種者較少也。抑又聞茅竹一種。別名滿山鑽原因其初種時。雖均數株。至十年以後。忽然發達。直可連及滿山云。俗人以爲此竹種後。至作長滿山時。則原日手植之人。多因勞而死。屢驗皆然。故近來殆無人敢創種者。現存者類皆先人遺澤。噫、成事難之有如是耶。

種植管理：用分頭繁殖。種期爲二月。每株橫直距離。麻竹馬尾竹泥竹吊絲竹爲八尺。茅竹爲四五丈。根竹爲五尺。自後每年夏間除草一次。冬間又除草鬆土一次。無培土。無施肥。亦不須如廣州市種甜竹筍者祇留母竹。因其收筍。除茅竹外。餘俱係近土面處刈取。殘遺土中之頭。自能萌芽生長也。又蘇竹林中、有少數枯死時。如即補植同蘇竹之苗。甚難生活。惟改補以馬尾竹則適。第馬尾竹生後。附近之蘇竹或反受凌至死。故不如暫不補植。而改種芋光答數年。乃復補植蘇竹。

煑筍剖面圖

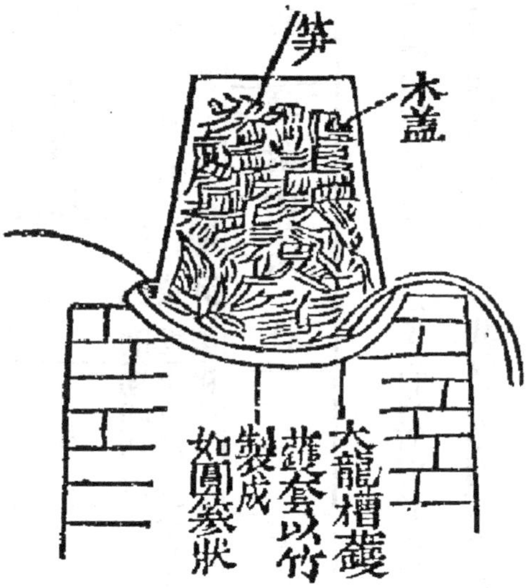

製筍乾法　筍乾有四種。一將包筍之皷籜製成者。曰筍衣。二將筍肉切條製成者。曰筍蝦。三將筍肉剖開全片製成者。曰筍片。四將筍之尾截尖許。全片製成者。曰筍尖。其製法如下。筍先剝去筍籜。截成各筒。去節部不要。惟至尾截尺許。則不去籜節。全留作筍尖。　次擇籜之嫩者、及筍尖筍筒入鉄鑊。加木蓋。水煑約三小時。察已熟。轉黃色而柔軟。即取去。後即將筍筒剖開。去其薄膜。如製筍片。則全片晒之。如製筍蝦。則切條晒之。日間晒於竹棚上。夜間收貯木桶。密封而石壓之。約晒六七天可乾矣。

凡夜間收貯密封。則無黑霉之患。又煑筍時。不能用鹽。否亦變黑。惟酌加甘草同煑。則色較黃而美觀。

每製筍片百斤。約需生筍一千一百斤。製筍蝦百斤。需生筍千二百五十斤。一人終年連除草收穫製造。約得筍乾三百斤。

銷路　沽諸縣城商店。轉售各處。

（十二）農業前途之希望

（1）農業

甲、栽植綠肥以改良土質　縣屬田地。類乏有機質。表土尙薄。且大抵歷年施石灰過量。故泥粒膠結而欠鬆軟。因之水稻收量。逐年減少。改良之法。要在栽種綠肥。查連州與本縣北界相隔不過三百餘里。聞其冬間植肥田子以作綠肥。因之每畝水稻收量可八九百斤云。即據本場試驗植蠶豆以作綠肥。每畝亦約可當生豬五十斤之力。而淸遠田地。冬間有水濫溉。適于種綠肥者。實屬不少。於此時而種肥田子蠶豆麥豆等。以圖改良。似亦便利耳。抑此外于山邊或田邊空地。試種厚皮樹柳葉豆等之多年生植物。而每年晚春初夏當其開花發葉時。刈入田間以作綠肥。亦大可收改良土質之效也。

乙、蔗糖及花生業之改良　據宣統元年商會之報冊。年產片糖四百萬斤。花生油五十萬斤。但比之二十年前。祇得其十之二三云云。則此二者之前頗發達而後竟衰落。可想見矣。查糖蔗產量之日少者。大抵一由于歷來品種。祇用竹蔗一樣。致生厭地之病。二由于地力日耗。補救之法。似宜試植新種。改良土質與種法爲要。至搾法祇用舊式石搾。亦應在改良之列。花生近來彌地病甚多。欲一旦除治之。當屬難事。惟有注意預防。即加長輪栽年限。時換新種。甚者改植他物而已。（加長輪栽年限、如原例種蔗二年、接種花生一年、今改爲種蔗二年、接種其他豆類與陸稻粟芝蔴等一年、又種蔗二年、至第六年、乃類花生之類、）

丙、蠶桑之推廣　縣地蠶業。邇來日有增加之勢。現在一年蠶繭。總產額約三十萬餘斤云。查縣之中部南部東部。適于植桑之地頗多。若能于養蠶種桑更輸以科學之技術。予以提倡補助。而策桑市繭市絲廠等之設立。則前途大有望也。

此外畜牧一途。如豬業則近來豬苗之多半途病死者。雖必由一種之病菌侵害使然。當設法以醫治之。顧醫不過治表之法。而實須爲根本上之預防。則養成強健種鵝爲要着也。試思頭造孵出之鵝苗。常少病死。惟至第四造者則反之。豈非以頭造鵝母休養期久。元氣充壯。故孵出之鵝苗亦强。而病菌不易侵。至第四造。則鵝母歷經生產。元氣耗弱。故孵出之鵝苗亦弱。而病菌易侵耶。補救之法。似宜限制繁殖造數。并研究火力孵鵝方法。以圖減少鵝母生產上之勞劬也。又如養牛與羊。亦富有希望之處。蓋縣屬草塘面積頗濶。適于牧草種植。而各處山崗亦不乏羊之草料也。又如水稻。雖不足本縣之食。然實爲農產之最大宗者。改良之法。如前述之種植綠肥。固爲要着。而品種上亦當有可更新之處。余曾在本場取上造種蘇羅街，晚造種之竹粘、携回湛江試種。攷其收量。比本地各種富多。雖今僅種過二年。或未足據爲定案。然敢信品種上之必可改良也。

（2）林業

縣屬北江兩岸。自北而南百餘里間。荒山實居十之八九。自應趕速造林。即此外已立木之山。亦率甚粗放。不惟去完備之程途尚遠。且濫伐無限。補植不勤。有日即衰落之勢。如不設法維持。則日後不堪設想。振興之方。如限制濫伐、防止盜伐、獎勵造林、增加樹種，改良種法等。皆屬應有之事。至如何施行。必實行時始能酌定。非目前所可預擬也。然今姑就樹種及種法而畧言之。如山松一種。原非甚有利之物。其優點不過在于粗生耳。然以就薪材言。瘠瘦山地。固宜于種松。至較肥潤者。則不如改種其他雜樹。如黎蒴、石斑、台灣相思等。又交通難之地。則不宜造薪炭林與用材林。似宜選產品容積小轉運易之樹種種之。如桐油、茶、香樟之類是也。又土人造林。其樹之距離。漫無一定。是則種法不良之點而宜改者。條難縷述。

（出自《广东农业概况调查报告书》，一九二五年）

清遠農業調查記

曾琢如

清遠位於粵省之北部。全縣分爲四屬。曰補屬，廻屬，濱屬，潖屬。每年所出之農產品。以茶，煙，杉，鵝，蔗，繭等。爲最大宗○今分別述之於左。

鵝

廻屬○草地及小涌極多。故養鵝事業○甚爲發達○其鵝脚矮頸短。身體肥大。肉質幼嫩○食味甚佳。全屬鵝寮總計有二百五十間。每間平均鵝數，約一千頭。出口多運售於廣州市場。

茶

清遠出產之茶。久已馳名各處。而以城北筆架山出產者爲最佳。其葉厚而大。以滾水泡之。味香適口。近數年來有人開闢山地。專以種茶爲業。

杉

種杉之地。多在濱江一帶。所出之杉。其尾自四寸至六寸者居多。先賣於清遠城之杉商。再由該商轉賣於廣州市。每年約有十萬元之收入。

煙

補屬煙葉。素爲煙商所稱許。如大塘，迎嘴，洲心，源潭，潖江口，等處。其農民皆以種煙爲業。近來廣州市各大煙商。開設煙行十餘間於源潭墟。專爲收買煙葉。由粵漢鐵路轉運於廣州市。

蔗

近一二年來。西河東河一帶。農民種蔗之地。其面積比民國八九年時。約增加五份之二。糖寮多百餘間。惟所出之糖。若過濕氣，或雨水。則溶解變水。此爲一大缺點。故皆用瓦缸裝貯之。

蠶桑

蠶桑之出產。以白廟，洲心，逕口，山塘，飛水口，太平市，三坑等處爲最盛。現各處設有桑市繭市。西南順德之收繭家。每在此地收買。轉運於西南，容奇，桂洲等處販賣。蠶桑事業。大有發達之勢。其絲質之光滑。與順德比較不相上下。並駕齊驅。

（出自《农业年刊》第一期，一九二四年）

寶安縣農業調查報告 十六年五月

黃錫疇
陳幹濟 調查

(一)位置

寶安在珠江入海之東岸，西隔珠江，與中山相望，南瀕洋海，與英借九龍租界相連，東界惠陽，北界東莞。縣治分七區如下：

區別	區署所在地	位置
第一區	城內	附城
第二區	西鄉(城西十里)	中部
第三區	深圳(城東四十里)	東部
第四區	雲霖(城北五十五里)	西部
第五區	黃岡(城北七十五里)	西北部
第六區	烏石巖(城北三十五里)	北部
第七區	大鵬(城東一百四十里)	東部

(二)地勢

縣地山嶺多，而平原少，大約山地佔全面積十之六，而平原僅得其四耳。而全縣之中，尤以東北部爲最多，如六區之陽台山，鷄公頭，三區之梧桐山，筆架山，七區之七娘山，重巒屏障山勢峻峭，惟西南瀕海，地勢較爲低窪，雖間有岡陵起伏，然多屬可耕之地也。

(三)氣候

本縣地瀕洋海，氣候溫和，寒熱之差，不甚懸絕，炎熱之時，雖六七月，其最高氣溫，亦僅在華氏表九十度左右‧其他氣候多與廣州相似，惟其氣溫低降之期，常在十二月正月間，因有海風調劑，氣候不甚寒冷，結霜甚少，和暖過於廣州。全年雨量最多季節，則在三四五月間，但六七月間，亦常有颶風爲災。

(四)耕地狀況

全縣耕地可分三種：

(一)水田　西南與西北近洋海之區，平原低窪之地，多闢爲水田，廣栽水稻　而以西北部之四五區爲多‧土質爲黏性壤土，色黑而富於有機質，表土深厚。次爲中部之一二三區，土質乃沙質壤土，色黑而有機質亦富，除植水稻外，亦有栽植蔬菜者，以上皆屬冲積土。此外六七區，亦有水田，然土質不若上述各區之肥沃，且多是定積土。

(二)壩地　土質屬砂質壤土，或黏性壤土，此等地因灌溉不便，水量缺乏祇可供栽植陸稻甘蔗花生等，於三六區爲多。

(三)傾斜地　即嶺邊之地開闢成階級狀者，屬砂質土而色赤，乏有機質，散佈於岡陵起伏之區，除四五區外，各區皆有之，土人常利用以栽植花生，甘薯，沙梨，桃，梅，李及菠蘿等作物。

(五)水旱情形

縣屬雖多低窪之地，然以瀕近洋海，排水佳良，故一二三四等區，水田絕不受水災之害，兼之四五等區，河流交錯，排水灌溉益稱利便。就縣全境論，除間有旱災外，鮮有氾濫之害。

（六）交通

東部雖山嶺重疊，綿亘不絕，然海灣紆曲，毗連香港虎門，加之廣九鐵路橫貫東部，水陸交通，堪稱便利。就水道言之，一區之南頭，有小輪船數艘，直抵香港，需時僅二三小時，一二區農產品多由此輸出香港，二區之固戍，有小輪船往來於東莞之太平，一二四五等區物產，多藉此而轉運於各處，此外七區之沙魚涌亦有小輪船一艘，直達英租界之大埔，而駁接廣九路，非獨七區之貨物，由此運輸，卽隣近寶安之惠陽縣各地之農產品，亦皆由此轉運也。他若大小帆船爲數尤多，港灣之處，舟楫密佈，此往彼來，絡繹不絕，故三六區之果品，一二區之蔬菜，七區之柴炭，專銷售於香港，實因海洋交通便利，有以致之。陸路除東部七區山路傾斜，運輸較難外，其餘多屬康莊大道，加之廣九路橫貫三六區．沿路貨物，由此運往省港，復有粉嶺支路，由沙頭角直抵粉嶺，接駁廣九路，惜此路是英人所築，主權非我有耳。

（七）耕作情形

西路四五區水田甚多，廣栽水稻，園田則間有植鹹草者，然產量不多，遠不如東莞之厚街，一二區水田，除種水稻外，常有上造種蔬菜及芋，迨收穫後，下造改種水稻，每年祗就一區地方計，蔬菜一項，輸出香港者，爲數約有十萬元云。旱田多栽旱稻花生甘薯芋等，常互相輪栽，山嶺地如三六七區等處，多產松木，每年輸出香港，爲數亦頗巨，全縣水田除七區於下造收穫後，畧有冬耕種麥外，其餘各區，罕有冬耕，有此大好之土地，氣候水利，而不知利用，誠爲可惜也！

（八）農民經濟狀況

田地租價　上等水田每畝值銀二百元至二百五十元，每年租穀三百斤，上等旱田每畝價值七十五元，每年租穀一百五十斤；中等水田每畝值銀一百五十元，每年租穀一百斤；中等旱田每畝值銀五十元，每年租穀一百斤；下等水田每畝值銀八十元，每年租穀一百斤；下等旱田，每畝值銀三十元，租銀二元。然因各區情形之不同，及各地土質之肥瘠，而地價常不一致，上列上中下田價，乃就普通而言之耳。

長短工價　該邑接近香港，海洋交通便利，人民僑居異域，爲數頗多，農人生活，畧受影响，故工價頗昂，長工每年工銀九十元，短工忙時男工每日工銀六毫至八毫，女工每日值銀四毫，須另供膳。

大宗產品列下：

品名	數量	價格
穀	每百斤	六元
豆	每石	一十二元
生油	每百斤	三十元
片糖	每百斤	九元
花生	每石	三元
芋	每百斤	三元
甘薯	每百斤	二元五毫
松柴	每百斤	一元八毫
炭	每百斤	三元五毫

沙梨	每百斤	八元
李	每百斤	八元
蠔	每百斤	百二十元
蠔油	每百斤	百六十元
蝦	每百斤	六十元

大小農及經濟情形　統計全邑以佃農爲多，每戶耕田在二十畝者，約佔十之七八，餘則十餘畝或數畝不等，若在四十畝以上者，則不多見。農民子弟，多出外洋工作，每年滙回金錢，以調劑金融，農家頗資臂助，兼之海產豐富，尤爲該邑之唯一富源，故人民經濟，頗覺充裕。

（九）農村敎育狀況

全縣敎育，甚不發達，究其原因，非因地方財力困難，未能負担敎育經費，實因士人之具有資財及智識者，多僑居香港，就近令子弟學習英文，以爲謀生捷徑，不暇爲桑梓提倡敎育事業也。全縣學校設備完備者，不可多見，雖有初中一校，乃今年始由縣立第一高小改組而成，設備尚欠完備，學生僅數十人；其他小學有案可稽者，僅十餘校，亦祇維持現狀，難期發展；他若私塾，更不完備，實無成績可紀，失學兒童，有增無已。夫以比較開通而兼富之地，而任令敎育之落後如此，良可慨矣！

（十）作物

（1）水稻　本邑水田，以四五區爲多，該處水稻，產額除供本邑粮食外，皆運往東莞之虎門銷售，其餘各區常不敷用，每年多由香港運入洋米接濟。其所植水稻之品種不一，大抵早造爲珍珠早，花羅粘，鳥壳仔，麻包錦等，晚造爲絲苗粘，白谷，油粘，八月白，馬尾粘，落湖粘等，此外四區平坦潮濕之田，則盛栽赤谷，此項赤穀，每年出產約萬餘担，分銷本縣及東莞，爲製酒之原料。

栽培法　普通早造，於春分清明之際，先將穀種浸濕，迨至萌芽，卽於是時播之苗田，育苗約經一月　苗高數寸，旋以充分人糞尿豆麯麻肥，一二日後，便移植於本田。晚造則於夏至播種，立秋移植，每造於插秧十餘日，減少田中水量，舉行耘耨，以手扶小竹杖，用足踐踏其雜草，並培土於株根，耘後，復施以蠔灰一次，以作補助肥料。

收穫期及銷塲　早造於大暑前後收穫，晚造於立冬前後收穫，銷售本縣，及東莞之虎門。

（2）蔗　甘蔗栽植以三區六區爲多，二區亦稍有栽培，其餘各區則罕有之。甘蔗栽植，多在旱地，與花生陸稻互相輪栽，其餘各栽法，與各縣相似，惟栽培面積不廣，故出產無多，其銷路多由廣九路輸出香港。

（3）花生　花生各區皆有，於三區六區爲多，各區栽之者，與甘蔗陸稻互相輪栽，多植於土質黏性之壤土及砂質壤土。近年以來，於四五月間，常發生一種莖葉乾枯病，具有傳染性，各區常有之，據老農云：倘該地常植花生者，則此病發生益劇，若經長期未栽花生之地，以之植花生，則此病常不發生，縱有之，亦不及連栽之劇烈云云，此蓋吾人之所謂彌地病者也。

（4）甘薯　甘薯俗稱蕃薯，全縣皆有，而於三六七等區產之爲多，性粗生，養分豐富，土人常取之，以作糧食及供牲畜飼料，因其有白肉紅皮，及紅肉黃皮等之分，故名亦有西南薯，秤錘薯等之別。種植期，分春季與秋冬兩期，春季栽植者，則莖苗繁盛，主根不發達，利用以取薯苗，爲供飼猪之原料，及秋季留種之用，秋冬種植，則利用陸稻收穫之後，繼續栽植甘薯。其時根部發達，收量增多，既可得多量之產品，又可利用休閒之土地，故土人樂於秋季植之。栽培法，當栽植之期，剪苗長約七八寸，斜插畦上，畦高約五寸，每株距離七八寸，施用堆肥與草灰，種後月餘，苗長二三尺，以竹竿挑起其莖蔓，使勿生根，再以牛犂畦之兩旁，隨施以肥，復以犂土，再覆畦旁，此蓋施肥而兼中耕培土也。自插苗後三四月便可收穫，每畝產量約二千斤至三千五百斤，每百斤約值銀二元至四元不等。

（5）芋　芋之栽植，各區皆有，而以一區爲重大輸出品，每年芋之一項，輸出香港，約萬餘担，值銀六萬餘元。品種分早芋檳榔芋等，而以檳榔芋爲佳。當大寒之後，將前造選擇端正肥壯之子芋，用點播法栽植於已經起畦田中，每穴種芋一個，覆以泥土，每星期由畦下撥水一次，除草則每造僅一二次，每畝用豆麩約數十斤，人糞尿約二三担。至大暑前後，則以芋耙（形如鋤重約斤餘），向橫掘取之，刈去其葉，葉之柄以水浸漬之，可供蔬菜之用，每畝芋之產量，約三十担。

（6）薑　十年前薑之產額，爲數甚少，多靠外處供給，後邑人張君聲勢，提倡種薑甚力，影响所及，故三六區近來產額突增，加之價值昂貴，每百斤約值銀十元，栽薑者，莫不大獲厚利，因而產量倍增。至去年供過於求，價值低跌，每担僅值一二元，業薑者，又大遭損失云。

薑屬陰性植物，忌强烈日光，宜栽於高山之麓，品種分竹薑大薑二種，在夏歷正二月，將地整成一尺濶之畦，將前造所選擇强壯而無虫害者。用點播法，插入畦中以土覆之，種後二個月，壅土除草施糞尿一次，以後又再壅土除草一次，施肥約二次，便可收穫。收穫期分二種，在七八月收穫者，曰子薑，質脆而辛味少，在十十一月收穫者爲老薑，纖維質多而辛味濃厚。薑之產額每年約四萬担，多由廣九路運往香港銷售。

（十一）園藝

（A）果樹

（1）荔枝　荔枝出產之地，一二三六區皆有，而尤以一區爲多，往昔產額豐收，土人皆喜栽培之。近來連年失收，產品銳減，業此者，諸多損失，有斫之以供器具之原料者。

品種分淮枝黑葉，桂味，糯米糍等，其中尤以後二者爲佳。樹苗由增城購入，於立春季節種植之，每株約距離二丈許，初植時一月之內，每星期淋水二次，自後每年於七八月間，中耕除草一次，除草後卽於此時施猪糞一次，每隔二三年則剪枝一次。初植之始，荔樹未臻繁盛，土人常利用以栽培陸稻花生甘薯等，至相當繁茂時，則停止栽植他項作物，計自移植之日起，經八九年便可結果，然因種類之別，而收穫期亦因之有異。三月紅收穫期約在四月，餘則在五六月間，每年由二十斤至百餘斤，收穫豐歉無常，該邑所產者，多銷售於香港，病虫害則以椿象爲害最烈云。

（2）柿　柿之出產，以三區六區爲多，品種分合羅柿，紅團柿，長柿，水柿等，其中以水柿爲最優，生長於砂質壤土，在立春時，將野柿行接木法而繁殖。自接木後，每年於九月中耕除草各一次，中耕時，開小溝，施以塘坭擸擁等，每樹約三十斤，植後六年，便能結實。收穫量由數十斤至百餘斤，所收之量，每年無大差異，非如荔枝之無一定數量。在七月至九月間，便可收穫，就六區一隅，此類物產，達萬餘担，每担值銀三元，多運售於香港。

（3）沙梨　梨之產地，多在三六區之崗陵起伏地，質脆而味甜，足與淡水沙梨相比美。品種有紅梨，香水梨，青梨數種。在大小寒時，植棠梨爲砧木，植後三年，於立春前後，行接木法，每株距離約二丈，種後苗木細小，未臻繁茂，土人利用多餘之空地，種植他種作物，與經營荔枝相似，植後六年，便能結果，由數十斤至百數十斤。自接木後，每年九月中耕除草一次，結果後，每年於三月間，在株旁掘穴施猪糞約六十餘斤，收穫期，在六月至八月間。近年以來，梨樹突遭劇烈虫害，產量銳減，該虫長約寸許，散佈極廣，凡發生此虫害者，則全株梨樹之葉，皆爲所食，全無結實，業此者，無不大遭損失。該邑有張君聲勢，具農學智識，曾購噴霧器，注射殺虫藥液，頗著成效，但土人亦不肯倣效，任其損失，此農學之所以不可不講也。

(4)菠蘿　菠蘿亦以三六區爲多，而適宜於瘦瘠砂性土，其性粗生，二三月或七八月間，整成四尺之畦，將母株分植新株，移植於畦上，每株約距離一尺五寸。每年八月中耕除草培土，移植後，二年便可收穫，初二年收穫僅三成，三年則可八成，若培土適宜，可生長至二十年，產品多輸出香港澳門。

(5)檸檬　檸檬出產於三六區爲多，性粗生，分白花紅花二種。時屆立春，將種子播之育苗場，淋水三次，中耕施肥一次，二三年後，即可移植，每年於八月中，除草中耕施肥各一次，五年以後，每株收穫量，約二十餘斤，此後遞年累增。就六區之地，每年產出額數，約四百担，運往香港銷售　近年以來，香港銷流日廣，每担值銀八元，土人以厚利可圖，多樂於栽植。將來此類果樹，必日益發達，佔果樹輸出品之大宗，可無疑也。

(6)其他果樹　除上述各果樹外，當推桃梅李，此等果樹，亦以三六區爲最多，土質適於砂質壤土，桃之品種，分毛桃鷹桃粉桃，其中以鷹桃爲佳，李分竹李紅心李南華李水李，而以南華李爲最佳，梅有青梅黃梅之分。夏歷十月間，將桃梅之核播之育苗場，一二年後，移於本田，李則在大小寒前後，將二年後之桃秧爲砧木，用接木法繁殖之，每株距離約七尺，三年以後，便能結實，收穫期在四五月中，收穫後，即可中耕除草施肥(豬糞或塘坭)各一次。此三者其經營管理法大畧相同，計三區六區每年出產總額，桃則有三千担，每担值銀四元，李則有八千担，每担值銀八元，梅則有五千担，每担值銀六元，此類果品，皆銷售於香港澳門。

以上果樹除荔枝，於一二區爲多外，餘皆產於三六區，而尤以六區爲最，二年前，曾有人承辦一種果類捐，凡輸出之果品，應納捐稅而果類輸出品，遂大受影响後，以土人群起力爭，卒獲取消。按寶安果品出產既多，而水陸交通又復便利，果能提倡盡量推廣，則利源甚大也。

(B)蔬菜

（1）茄　產茄之處，全縣皆有，然爲輸出品大宗者，當首推一區，茄之品種，分火茄（黑茄）荷包茄（紅茄），火茄色黑而帶紅，荷包茄則色紅而尾端畧呈白色，品質較火茄爲良。重陽後，可舉行播種，大小寒後便可移植，火茄則全年皆可種之，而於立秋播種者爲多，此二者移植後中耕除草約四次，隔二日淋水一次，施肥以化學肥（每五日一次，每次約六斤，和尿些少，混水使稀之）爲多，尿次之，種後百日，便可收穫，每隔二日，可採一次，火茄每畝收穫量六十担，荷包茄則四十担，除供本邑蔬菜用外，多運至香港銷售。

（2）冬瓜　冬瓜出產之地，於一區爲多，清明前後，將地整平起畦掘穴，每穴播種子二三粒，數日萌芽成幼苗，拔去弱小而留强壯者一株，中耕除草一二次。除雨天外，每隔一二日淋水一次，苗長至一尺許，便可施肥，以化學肥融解於水並和人尿淋之，每畝每次用化學肥約五斤，每四日一次。百日後，則可收穫，每株約二三個，每個重約五斤，每畝收穫量五十餘担，屆收穫之期，一次收採，不似其他瓜類，次第收穫焉。

（3）絲瓜　絲瓜產地於一區爲多，驚蟄時將種子放於笠內牛糞（牛糞曾經水浸淡者）中，每笠一百株，約一星期後，便可將地整平起畦，移之畦上，每株約距離尺餘，苗長二尺，以竹豎編成交叉形，高四五尺，瓜苗蔓延而上，除草三次，每日淋水一次，施肥與冬瓜畧同。六十日便可收穫，每日採瓜一次，每畝收穫四十担，每担值銀六元，銷售以香港爲多。

（4）苦瓜毛瓜　苦瓜毛瓜亦於一區爲最多，宜種於砂質壤土。種法在立冬前，將種子下於笠內牛糞中，與絲冬瓜相似，一星期後便可移植於地中，施肥與管理概與絲瓜相似。一百日後，每隔四日，可採一次，每畝每次約二担，苦瓜每畝良者，總收穫量三十担，次者二十担，毛瓜每畝則四十担。就一區計之，苦瓜產額約五千担，值銀四萬元，毛瓜產額約四千担，值銀三萬餘元，多銷售於香港。

(5)芥菜　芥菜品種有高脚芥菜，矮脚芥菜二種，該邑各區遍栽之，視爲最普通蔬菜，適宜於砂質壤土，高脚芥菜，則於白露種植，矮脚芥菜，則於秋分種植。植後除草三次，隔日淋水一次，施肥爲化學肥與水混和，前者四五次後者五六次。前者十月之時，則可收穫，刈去其根，晷晒於日光，然後供浸漬鹹菜之原料，後者十一月亦刈去其根，以水洗之，盛於笠內，運於香港銷售。

(6)蘿蔔　蘿蔔出產於一二三六等區，而以一區爲多，品種分耙齒蘿蔔，白英，冬瓜白，龍船，大頭菜五種，而耙齒蘿蔔及白英二種，爲一區特產。茲分別述之如下：

(A)耙齒蘿蔔　形狀細小如手指，由各家自行選種。當清明時，將地整平起畦，畦濶約三尺高四寸，用點播法，每穴約三粒種子，經過六日，拔去弱小者，除草約二次，每二日淋水一次，施用化學肥及尿，六日施一次，每次約値銀元餘，全造肥料約費銀十元。收穫時，將根莖葉拔取，以水洗之，運銷香港，爲暑天泡製蘿蔔水之用。每担價値十六元，惟產量不多，每畝僅收穫三担云。

(B)白英　形大約三倍於耙齒蘿蔔，亦由各家自行留種，在立夏播種。栽培法與耙齒蘿蔔相似，惟產量較多，每畝收穫量約十餘担，但價格較低。收穫時，連根葉拔起，刈去其葉，銷售於本邑及香港。

(C)龍船蘿蔔　在芒種時播種，長約尺餘，重約如白英之三倍。產量較多，每畝約三十担，惟價値較低，不及白英等之價格。

(D)冬瓜白　在白露播種，栽培法與前者相似，惟施肥僅二次。每畝肥料價格約需元餘，產量約四十担，價値亦低，不及龍船價格之半云。

(E)大頭菜蘿蔔　霜降播種，體量重大，長約一尺，重約二斤，管理施肥與冬瓜白相似。每畝產量約六十担，每担僅值銀一元云。

（7）其他蔬菜（蔥蒜）除上列蔬菜之外，當推蒜蔥，此類蔬菜，各區皆有，而於一區爲多。當寒露時，將地整成畦，畦闊約四尺，以蒜種植之畦上，每株約距離二寸，每日淋水一次，每星期施肥一次，每畝價值約十二元，由十月至來年二月，依種植之先後，次第收穫。收穫時，則連根拔取，以水洗之，爲供蔬菜之用，或去其根葉及其莖上部，僅留莖下部，長二三寸，以供浸漬之用；或乾燥之，運銷於南洋一帶。蔥則立秋栽植，栽培管理與蒜相似，惟蔥長年皆有，植後五十日，可將每株拔去其一部，拔時依其方向次第拔取之。每畝約三十担，於一區計之，約產三萬担，値銀十萬元，銷售於香港酒館茶樓爲多。

（十二）畜牧

（1）牛　全縣皆有，分水牛黃牛二種，因其習性不同，各區飼養因而差異。四五區爲平原，而多水田，故多飼水牛，七區山嶺重疊，故多飼黃牛，其餘各區水牛黃牛皆有，而水牛較多；水牛熱天時，常須浴於河塘中，除午間停止放牧，餘則牧之郊野，夜則繫於牛房。黃牛與水牛管理頗似相，但黃牛能耐炎熱，適於山嶺生活，非如水牛之常須浴水也。

（2）猪　猪爲日常肉食之品，各區多飼之，通常以糟水薯苗爲飼料。其管理之法，與各縣同，除本地分銷外，多至香港銷售。

（3）鷄　鷄爲通常貴重食品，無家不飼之，多肉用或卵肉兼用，每年產卵爲一百二十至一百四十只，其管理多不注意清潔，常有鷄瘟之病發生。全邑無以飼鷄爲專業者，其銷售除本地外，多輸出香港。

（4）鴨　本縣飼鴨之業不甚發達，就中於三五七區較多而以三區爲最，飼之者，皆利用海濱溪澗之小動物爲日中放牧飼料。然產額不多，除供本邑用外，亦運往香港銷售。

（5）鵝　飼鵝之業，本縣甚少，除農家間有飼食以供自己食用外，罕有輸往外地。

（十三）蠶桑

邑境蠶業除四區畧有飼育外，其餘各區，無有經營斯業者。近年來因絲價低跌，業此者，多遭損失。飼法與東莞等縣相似，病害亦以殭病爲最烈。

（十四）森林

該縣西部多平原，東部多山嶺，故森林區域，多在東部，如舊台山，雞公頭，七娘山，多栽松木，惜土人濫伐無度，不能造成偉大森林區域。惟每年材木輸出香港貿易額數，亦達數十萬担，爲該邑輸出品之大宗。

（十五）特產品及輸出品

該縣物產豐富，輸出品頗多，其中尤以蔬菜果品水產木炭爲著，如一區之蔬菜類，每年輸出品在百萬元以上，三六區之果實，輸出品值銀在百萬元左右。松木之輸出品，亦值銀八九十萬元，蠔之輸出品，約值銀一百五十萬元。其他魚蝦之屬，輸出數量，雖無確實統計，然亦在一百四十萬元以上焉。

特產除上列產品外，當推水產，水產尤以蠔爲最，蠔之出產，於一區之陳屋、向南、大涌，灣下，吳屋，白石洲，后海，二區之固戍，三區之沙頭，赤尾，沙尾，四區之沙井，福永，盛產之，而尤以四區之沙井爲最多。茲將各區出產價值分列如下：

第一區　二十萬元

第二區　二萬元

第三區　十五萬元

第四區　百萬元

蠔分瓦蠔石蠔二種，瓦蠔以瓦插入海中，於三月五月有鹹淡水時，舉行之，插瓦後，約二三月間，取起而視其有無生螆(俗稱砌毒)，如有，則移之別處、再插入海中，插後，每年拔起二三次，以防泥土埋沒，經三年後，蠔則長大，而可收取矣。每一萬瓦可得七八萬斤，採期分冬前冬後兩種，冬前貨，色紅多生晒，乾則運售於香港，價值昂貴；冬後貨色紅而肥，多爲製蠔油之原料，取油後多銷售於廣州。蠔油就一區而論，每年不下六萬元，而以陳屋蠔油爲最佳，每百斤值銀一百六十元。

其他水產

該縣水產，除蠔爲大宗產品外，則推魚蝦，魚則有曹白魚蜆魚凹魚石斑魚，而以曹白魚爲最佳，乾製之，而銷售於省港，一二三七區皆富產之。全縣魚蝦總產額，約在一百五十萬元以上，誠寶安縣之一大財源也。

(十六)農林前途之觀察

縣屬山嶺土質疏鬆，而表土深厚，最宜造林，但土人多未曉利用山地，廣栽林木，致令童山濯濯，舉目皆是。夫以地瀕洋海，毗連香港，交通既便，運輸非難，果能提倡造林，則數十年之後，全縣林產　當必百十倍於今日。至於舉行冬耕，改良果樹管理方法，實施病虫之預防等，皆寶邑所宜切實提倡者也。

（出自《广东农业概况调查报告书续编》上卷，一九二九年）

寶安縣調查報告

位置：寶安在珠江入海之東岸，西隔珠江，與中山相望，南濒洋海，與英租借地九龍租界相連，東界惠陽，北界東莞。縣治分七區：第一區附城，第二區西鄉(離城四十里)中部第三區深圳(城東四十里)東部第四區雲霖(城北五十五里)西部第五區平湖(城北七十五里)西北部第六區烏石巖(離城三十五里)北部第七區大鵬灣(城東一百四十里)。

地勢：縣地山嶺多，而平原少，山地約佔全面積十之六，平原僅得其四，縣中東北部尤爲最多，如六區之陽台山，雞公頭，三區之梧桐山，筆架山，七區之七娘山，重巒層叠，山勢峻峭，惟西南濒海，地勢較爲低窪，雖間有岡陵起伏，然多屬可耕之地。

氣候：該縣地近洋海，氣候温和，寒熱之差，不甚懸殊，大熱之時，在六，七月其最高氣温，亦僅在華氏表九十度左右，與廣州相似，惟其氣温低降之期，常在十二月間，因有海風調劑，氣候亦不甚寒冷，和暖過於廣州，全年雨水量最多時候則爲三，四，五月間，而六，七月間，則常有颶風爲災。

交通：縣屬一七兩區共有小輪船四艘來往香港，二四兩區有拖渡來往廣州，三六兩區共有廣九車站五處，一三兩區各有三等郵局一所，全縣有公路八，共有汽車叁拾餘輛行駛，計縣道有寶深，寶太，淡平三路，除淡平業已完成通車外，寶深亦已完成一半通車，寶太則須於本年底始克全路完成通車。

耕地狀況：全縣耕地可分三種(一)水田，西南與西北近洋海之區，平原低窪之地，多闢爲水田，廣栽水稻，以西北部之四五區爲多，次爲中部之一、二、三區，土質乃沙質壤土，除植水稻外有栽植蔬菜，以上皆屬冲積土，此外六、七區亦有水田，然土質不若上述各區之肥沃，且多是定積土(二)壩地，土質屬砂質壤土，或黏性壤土，此等地因灌溉不便，水量缺乏，祇可供栽植旱稻甘蔗花生等植物，尤以三、六區爲多。(三)傾斜地，卽嶺邊之地開闢成階級狀者(梯田)，屬砂質土而色赤，乏有機質，散佈於岡陵起伏之區，除四、五區外，各區皆有之，土人常利用以栽植花生，甘薯，沙梨，桃，梅，李，及菠蘿等作物。

水旱情形：縣屬雖多低窪之地，然以近海，排水容易故，一、二、三、四、等區水田絕不受水災之害，兼之四、五、等區、河流交錯，排水灌溉益利便，以縣全境論，除間有旱災外，鮮有氾濫之害。

耕作情形：西路四五區水田甚多，廣栽水稻，園田則間有植鹹草者。然產量不多，遠不如東莞之厚街、一、二區水田，除種水稻外，常有上造種蔬菜及芋，迨收穫後，下造改種水稻，每年祗就一區地方計，蔬菜一項，輸出香港者，爲數約有數萬元，旱田多栽旱稻、花生、甘薯、芋等，常互相輪栽，山嶺地如三、六、七區等處，多產松木，每年輸出香港，爲數亦頗巨，全縣水田，除七區於下造收穫後，畧有冬耕種麥外，其餘各區，罕有冬耕。

農民經濟狀況：田地租價，上等水田每畝值銀二百元，每年租穀二三担，上等旱田每畝價值七十五元，每年租穀一二担，中等水田每畝值銀一百五十元，每年租穀約一担，中等旱田每畝值銀五十元，每年租穀約一担，下等水田每畝值銀八十元，每年租穀約六七斗，下等旱田每畝值銀三十元，然因各區情形之不同，及地土質之肥瘠，而地價常不一致，上列上中下田價，乃就普通者而言。

長短工價：該縣接近香港，海洋交通便利，人民僑居異域，爲數頗多，農人生活，畧受影响，故工價頗昂，長工每年工銀九十元，短工忙時男工每日工銀六毫至七毫，女工每日值銀四毫，須另供膳。

農村教育狀況：全縣教育，甚不發達，究其原因，非因地方財力困難，未能負担教育經費，實因有資財及有智識者，多僑居香港，就近令子弟學習英文，以爲謀生捷徑，不復爲桑梓提倡教育事業，全縣學校設備完備者，不可多見，雖有初中一校，其他高小學亦僅二十餘校，亦祗維持現狀，難期發展，他若私塾更不完備，實無成績可言，失學兒童，有增無已。

作物：（1）水稻　本邑水田，以四五區爲多，該處水稻，產額除供本邑粮食外，皆運往東莞之虎門銷售，其餘各區常不敷用，每年多由香港運入洋米接濟，其所植水稻之品種不一，大抵早造爲珍珠早，花羅粘，烏壳仔，麻包錦等；晚造爲絲苗粘，白谷，油粘，八月白，馬尾粘，落湖粘等。四區平坦潮濕之田，則盛栽赤谷，此項赤穀，每年出產約萬餘担，分銷本縣及東莞，爲製酒之原料。（2）蔗　甘蔗栽植以三區六區爲多，二區亦稍有栽培，其餘各區則罕有之。（3）花生　花生各區皆有，於三、六兩區爲多。（4）甘薯　甘薯俗稱蕃薯，全縣皆有，而於三、六、七等區產之爲多，性粗生，養分豐富，土人常取之以作粮食及供牲畜飼料，因其有白肉紅肉黃皮等之分，故名亦有西南薯，秤鎚薯之別，種植期分春季與秋冬兩期。（5）芋　芋之栽植，各區皆有，而一區以爲重大之輸出品，每年芋一項輸出香港，約萬餘担，值銀數萬元，品種分早芋檳榔芋等，而以檳榔芋爲佳。

果樹：荔枝　荔枝出產之地，一、二、三、六、區皆有，而尤以一區爲多，往昔產額豐收，士人皆喜栽培之，近來連年失收，產品銳減，業此者諸多損失，有伐之以作器具之原料者，品種分淮枝，黑葉，桂味，糯米糍等，其中尤以桂味，糯米糍爲佳。柿　柿之出產，以三、六區爲多，品種分合羅柿，長柿，水柿等，其中以水柿爲優。梨　梨之產地，多在三，六區之崗陵起伏地，質脆而味甜，足與淡水沙梨相比美，品種計紅梨，香水梨，青皮梨數種，其中以青皮梨爲佳。檸檬　檸檬出產於三，六區爲多，性粗生，分白花，紅花二種，時屆立春，將種子播之育苗塲，淋水三次，中耕施肥一次。二三年後，卽可移植，每年於八月中，除草中耕施肥各一次，五年以後，每株收穫量，約二十餘斤，此後遞年畧增，就六區之地，每年產出額數，約數百担，運往香港銷售。桃、梅、李、　此等果樹，亦以三、六區爲最多，土質適於砂質壤土，桃之品種分毛桃、櫻桃、粉桃、其中以櫻桃爲佳，李分爲竹李、紅心李、南華李、水李，而以南華李爲最佳，梅有青梅、黄梅之分，其中以青梅爲佳。

財政狀況：縣庫方面，年收錢粮契稅約四萬元，坐支撥支黨政司法等費約四萬元，現因籌辦改征地稅，並無本年份新粮征收，祗收舊粮，故不敷甚鉅。縣地方款方面，年收約四萬五千元，年支約四萬五千元，現因各捐項短收，故仍不敷支出。

縣屬各機關經費來源：公安局，一分局，六分駐所，三派出所，經費來源由縣地方款補助，舖捐，房捐，警費，魚捐，猪捐，貨佣，地方租，巫捐，駁艇捐，花票附加，及防務，紅燈館暨其他補助費。各區公所經費來源由貨佣，穀佣，舖捐，酒戶捐，屠戶捐等報効費。廿二年度與廿三年度稅收比較，廿三年度較爲短收。稅捐種類分交通捐，花捐，娛樂捐，巫祝捐，戲捐，屠牛捐及省稅附加之錢粮，留縣二成地方款，冥鏹捐。

農村經濟機關，現設合作事業指導員辦事處，籌辦鄉村合作事業。

公營及私營企業：有電燈公司三，當押十二，米機六，行車公司六，均屬私營企業。

自治：自治人員教育程度，受中等教育者約百分之二，受小學教育者約百分之十三，識字者約百分之三十五，不識字者約百分之五十。嘗經受過自治訓練人數：赴省自治訓練所受訓練者十一人，由民廳派員莅縣赴各區訓練經受訓練之鄉鎮里長副共一百七十九人，經受訓練之里長副共四百八十五人，合計六百六十四人。

民衆武力：全縣地方警衞隊常備隊設四獨立小隊。

教育狀況：教育行政：教育局設局長一員，督學一員，事務員二員，經費年三千五百四十元，除局長俸給外，餘由縣在地方款項下撥支。中等教育：縣立中學一校，現辦初中三班，附設鄉師一班，高小二班，經費年一萬零一百一十六元，由縣撥助二千五百九十元，餘由教育經費管理委員會支付。初等教育：縣公私立小學共九十五校，員生數約一萬二千八百三十二名，經費約十萬零八千八百八十七元。經費：全縣教育經費約一十二萬七千零六十五元，其中有一萬八千一百七十八元，其來源計縣行政經費撥一千四百四十元，縣地方款撥五千一百八十二元，中資捐附加，花捐附加，駁艇捐，娛樂捐等共八千八百七十六元，其他縣府補助費五百四十元，省款補助費一千五百六十元。民教：縣民教機關設民教館一，民衆學校三，閱書報處三處，私立及各校附設民校共十三校。文化機關：縣教育會，現有會員百六十八，僅辦本會會務，文化建設委員會，辦理縣文化建設事項，大鵬慈善會，設在七區大鵬出有醒鵬新誌月刊，係地方性質。

廿四年十一月三十日

林長植

（出自《统计月刊》第二卷第十期，一九三六年）

花縣農業調查報告

民國十年　李翹芳調查

(一)位置

花縣居北江下游。東西距四十九里。南北距三十九里。東界番禺。東北界從化。南界番禺南海。西界三水。北界清遠。縣治現分警察區六。如下。

區別	區署所在地	位置
第一區	縣城	縣東北部
第二區	平山墟	縣東南部
第三區	橫潭墟	縣南部
第四區	炭步墟	縣西南部
第五區	闌太墟	縣西部
第六區	獅嶺墟	縣北部

(地勢)

以南北言。則北部多山。而南部多平原。以東西言。則東部地勢較高于西部。故東部多旱災。而西部多水患。全縣比較。實平原約占十之七八。山約占十之二三云。

(氣候)

氣候溫和。與廣州市無大異。

(耕地狀況)

土質及水旱　該縣或以土質磽瘠。或以水旱不常。故農業概無發展之象。今分區論之。第一及第六區。以在北部多山故。雖常得山水以資灌溉。旱患較少。但土多砂壤。表土亦薄。其質又未免磽瘠。第二區爲平山墟小埗一帶。土質似比第一區畧優。但旱魃常見。第三區除在西南之黄岐山小朱村馬步四一帶較多水災外。其他則水災均少。土質鬆厚。據土人以此爲全縣中之最佳者云。然其田底多砂。易于透水。且水道缺乏。農民大抵須于田畔開井。以桔槔取水灌溉。雖能免旱。其費力亦多矣。顧所謂最佳者猶如此。則該縣田土之劣可知也。第四區以近西南。地勢低。水道缺。故旱潦均甚。雖土多冲積。表土常厚。而農業之受損失者最多也。第五區土質砂壤爲多。而水旱不常。蓋亞于第四區云。

交通　縣治離省會祇百里許。更有粵漢鐵路自北而南。横貫其中部。交通亦比較頗便。今分區言之。第一二三區及第六區。除石角李溪外。客貨之交通。多由陸路而達于鐵路。無水道以供運輸。故其地多藉單輪木車以運貨焉。第四五區則概由白坭水以資交通。此水直達省會。通常輪拖一日可來回。

耕作情形　第一區第六區居民。近山者多種松杉。每當兩龍墟期。其運出山貨如柴板與各種農用木器以求售者甚夥焉。其田則以種稻爲主。而兼種煙葉。第二區除種稻外。以種花生竹蔗爲多。但花生則比之光緒二十年前實減少十分之六七云。菓樹如荔枝等。亦有多少。第三區則種稻外。以種麥與馬蹄爲多。蠶桑亦漸有經營者。而荔枝則全縣以本區三華店畢村爲盛。第四五區則大抵種稻。若丫髻嶺附近　蔗糖業。從前固盛。而近則漸衰。又四區之炭步芋。五區之雞錦山沙梨。亦有名云。

（五）農民經濟狀況

田地租價　第一二區田價、每畝自七十元至百六十元。年租自百五十斤至二百五十斤。第三四區田價、每畝自五十元至二百五十元。年租約二百斤左右。第四五六區田價、每畝自二三十元至百二十元。年租二三十斤至百五六十斤。長短工價　長工年約工價四五十元。短工忙時、男每日八毫。女四毫。閒時每日男二毫。女一毫。均另供膳。

大宗產品價　以在縣城中等時價計

品名　　　價格

稻穀	百斤四元
蔗糖	百斤十元
松柴	百斤五毫
花生	百斤四元
猪	百斤二十二元
炭	百斤一元五毫

其他產品。無甚大宗。又如沿粤漢鐵路各地。及第四五區。以交通頗便。物價與廣州市無大異。特略。

（六）作物

（1）竹蔗

經營狀況　此業從前頗盛。故廣州市糖行。亦有花縣片之稱。但至今則較衰。比前者寔減十之五乃至三之二云。今查第二三區之平山至横潭墟一帶。第四五區之賓鴨湖了髻嶺國太墟一帶。約有蔗糖寮共六七十所。每所每年植蔗約八十畝至百二十畝耳。推其衰落之故。一因匪患多。一因地瘠收量日減云。

種植管理及製糖法。與清遠無异。略之。

（2）花生

經營狀況　以第二區爲多。第一區第六區次之。第二區農家。每以田一半種水稻。一半種花生。遞年輪作。近則漸衰。每家年祇種花生二三畝。又種蔗者以竹蔗與花生輪作耳。查兩龍附近。現在花生產額。年共百餘萬斤云。

種植管理　多用平田種之。種法與普通無異其收穫時常放水于田。以牛耙土而採取云。收量畝收二三百斤。

（3）旱馬路

旱馬路以第三區種者爲多。自民國五六年。始有人試種。近則三華店新街一帶。種植頗盛。可謂爲現在比較大宗產品云。

擇地　以水田表土四五寸深底土黃赤色者爲良。若表土過深。則難收穫。底土灰黑。則所生產馬蹄皮黑欠黃澤。售價稍低云。

留種及育苗　當冬間收穫時。取其小形根莖。藏之瓦缸。至明年夏至節開缸取種。排置于陰地。敷以沙。酌行淋水。乃移于苗圃。每株相距一寸五分許。迨大暑前後。苗高一尺。可行移植矣。

栽培法　本園旱稻收穫後。即犂耙數數。乃行蒔苗。每株相距二尺五寸至三尺二寸。蒔畢常放水漑之。並施花生麩作補肥。每畝約三百斤。分三次施之。另八月秋分間。施以石灰。每畝約四十斤。至霜降後。即行排水。

收穫期及收穫量　趕早市者或于八九月間行收穫。通常則自十月起至正月不定。每畝收量一千五百斤至四千斤。

收穫後之貯藏　有收穫後特貯藏以待價者。法以大缸歛之。覆以泥。置于陰涼處。

銷路及價格　多售諸寧州市果欄。價格因時期及貨色上下而異。每約百斤。自二元自八九元。

（4）其他

煙　第二三區第六區年產煙葉約三數十萬斤。但品質平常。油少而葉脉較粗。比之清遠產。每百斤常低二三元。然邇來煙價日昂。業此者每獲利。故種植日多也。

茶　第一區之草竹塘、李婆洞、曹洞等處。從前種茶頗盛。當前清同治光緒年間。有茶行十餘間。設在縣城。收買該處茶葉。爲辦洋庄之用。特立一公共茶秤。每交易銀一兩。扣佣三分。而此秤年可投銀千元。近則以農民作僞故。致茶商萎足。現在此公杯連承五年。亦祇投銀百元耳。此可見昔盛今衰之大較也。又第三區之三華店附近。五六十年前亦多種茶。年產約萬餘担。近則多伐去茶樹。而改種荔枝。約祇存十之一云。

黃豆　凡芋田大抵夾種黃豆。小滿下種。八月收穫。每畝收量約八斗至二石。就地出沽。每石價銀約三兩云。

水稻　早造種以矮仔早、六十日、紅、紅頭禾、花羅粘爲多。晚造種以油粘鼠牙粘爲多。次爲寒露粘。則早熟而米質佳良云。早造多用蒔秧。晚造多用旱秧。至收量則以有吉橡之田爲最優。每畝一造可收四五百斤至六七百斤云。

炭步芋　此芋爲有名產品。以該縣之赤坭白坭及駱村等多種之。種法大抵與甞夾植爲多。其所勝者、是處表土鬆厚。堆培得宜。故收量優而品質且佳也。計每畝約可收芋三千斤。羨千餘斤云。

（七）園藝

（1）荔枝

荔枝關自前清光緒廿年後。由三華店徐茂均提倡。始有種植者。三華店屬于第三區者也。該縣荔枝出產。以第三區爲多。第二區次之。而第三區中尤以三華店爲盛。近更創一植果公司。其進步更有望也。試觀三華店于其北部悲園上。遍植荔枝。綿亘約五里許。每年收益千餘元至二千元。是不特可藉以蔭護全基。而獲利亦不少。誠一舉而兩得矣。

種植管理　品種以懷枝爲多。次糯米糍、桂味。蕃殖概用駁折苗。從前所種者。株距祇得丈許。實屬過密。近由植果公司提倡。以一丈八尺爲度。較爲得也。至管理則敎樹尚有除草施肥之舉。大樹則甚粗放也。

（2）其他

除荔枝外。尚有佳錦山沙梨。亦頗有名。其他如桃梅欖等。雖有種植。而非大宗。畧之。

（八）畜牧

家畜除雞猪各家飼養多少外。其他如鵝鴨牛羊等。槪無專業飼養以營利者。全縣可謂無大宗之畜牧業也。

（九）森林

山林亦日就荒廢。約立木之山居十分三四耳。人工造成之林。亦惟山松。抑疏密無度。濫伐無節。大抵僅足本地之用。而無多輸出。未足稱也。其餘雜樹。則槪由天然野生。更屬少數。故森林一項。亦無多可述。

（十）輸出品

輸出農產品。以糖爲較多外。無甚大宗產品。已分詳于上。但礦產之石灰石。近年輸出頗多云。

（十一）農林前途之希望

一、提倡蠶桑　該縣東隅多旱。西隅更水旱均多。與其以種稻而失收時聞。無寧提倡種桑。則較耐水旱。而失敗自可減少也。且在西隅土多冲積。表土頗厚。以之種桑。實覺合宜。乃查現在情形。祇石角李溪一帶有營蠶桑事業。其他則殆無之。當民國七八年間。周縣長曾辦蠶桑講習所。又勸農民種桑。所產桑葉。槪由官家給價承買。乃辦理正方萌芽。未幾去職。而此舉亦廢。又第三區前數年亦有業蠶桑者。亦以家數太少。桑葉常感有餘不足之患。亦以失敗。殊可惜矣。竊以蠶桑爲永久事業。今欲重新振作。似不宜靠諸變幻無常之官家。而當由人民聯絡同志。協力進行。亡友黃藹峯先生。因籍隸該縣。其所擬提倡花縣蠶桑計劃書。大意主張組合公司。多種桑樹。凡欲養蠶者。得向公司領取蠶種及桑葉、與租借蠶具。異日蠶造收成時。由繭價內取回蠶種桑葉之值。若失收則免之。蠶具借租。則以發涉爲害。此誠宜提倡之善法。而可資取用者也。

二、開闢百步梯水道及設蓄水塘　此策亦曾有人主張。以爲如此。自可減免東隅之旱患。余往查時。亦以此事、商縣署徐耀鈞君親往百步梯附近查察。則見距百步梯之北約二百丈、即蘇氏家塾前。有一鐵爐口水。再進而約百丈至大坑嶺。更有一羊石水。時適季冬。鐵爐口水面闊約五尺。深四寸。每二十秒間。水流速力約一丈。羊石水面闊約八尺。深八寸。每十秒間。水流速力約一丈。而據土人謂當晚春及夏秋時。鐵爐口水當深一尺。羊石水則當深二尺。由此而推。若鑿一水道。引若二水。流過百步梯。而分注于東隅各處。更酌設水塘。于閒時爲蓄水之預備。則灌溉有資。而東隅之旱患。總大減少。抑所鑿水道。大抵長二百餘丈。闊八尺至丈許。使可適用。更加以酌設水塘。所費當匪甚鉅。要其爲費少而獲益多。可預決也。

至于北部山嶺叢密。宜促森林之振興。而隅之了背嶺至佳錦山一帶畑地甚多。亦大可爲發展蔗糖業之地步。祗以近者匪患時聞。遂多荒廢。是亦應亟圖恢復者也。

（出自《广东农业概况调查报告书》，九二五年）

花縣農村經濟概況調查

——徐旭勳——

一　緒言

任何人都知道中國的農村須要救濟，但要救濟中國目前疲弊的農村，應先知道中國農村，究竟是破產到了甚麼一個程度，才好對症下藥，尋求出適當的救濟方案，但是，誰能深切的了解整個中國農村的真實情形呢？把問題縮小一點吧，究竟你自己的家鄉怎樣？我想很少人能囘答這個問題○那末，救濟從何說起？作者本着這個意思，曾于去年乘暑假之暇，特地返到自己的老家——花縣，作一個短時間的調查，不過時間很有限，未能各方面均加以透徹的觀察，祇側重於農村經濟的考察而已●

本來社會的關係，是有連環性的，錯綜複雜的，想解决農村問題，自然不能單從農村方面着手，更不能單從農村經濟方面着手，不過農村經濟的情況，無論如何是解救頹敗的中國農村應先明瞭的重要事體之一，本文之意，亦不外乎此。

二 自然環境

花縣的設立，迄今不過二百餘年，前清康熙年間，才由番禺，南海，三水等縣，各劃地若干建花縣治，是故民性頗爲複雜，客籍與廣府人雜處，往昔常因習性不同，發生衝突，年來民智漸開，互相仇視之風乃戢，然大概民性均屬強悍，富排外性，崇儉樸，耐勞苦，是蓋受自然環境之陶冶，有以使然也。

境內重山複嶺，綿亙不絕，約占全縣總面積六分之五強，田地面積，據去年田畝調查，僅三十七萬餘畝，而全縣人口則有四十萬，平均每人得不到一畝田地，生活之困難，可以想見，因此縣人之往外洋謀生者甚多，然苟能利用山坡之地，盡量開拓，則田地面積，當可增加一倍。

縣境距廣州僅七十餘里，南連番禺，北界清遠，東至從化，西接三水南海，面積約一萬餘方里，粵漢鐵路貫其中，將縣屬無形中劃爲東西兩隅，縣治設東隅，離廣州約九十里，有廣花公路直達省垣，粵路在縣內有新街樂同軍田等站，搭客來往及貨物運輸，均在新街站，故該站爲最盛之區；有花新公路至縣城，並可循廣花公路至省，自有粵漢鐵路以後，花縣爲南北交通必經之路，同時也是軍事上的一個要衝，建國以來，縣人逃避兵燹，已不止一兩次，尤其『軍田之役』大涇橋堆滿屍骨；以及『白坭之役』白坭河水爲之赤，縣人至今猶談虎色變，至縣屬西隅，以前交通純靠水道，白坭河直達廣州，輪拖小汽船等，四時往來無阻，現由白坭至清遠公路亦已築成，交通上更形便利。

東隅一帶山嶺，泉水帶縈綫洩，一小部分田地頗能得灌溉之利，然大部分均苦於旱魃爲患，新街附近及鴉湖蟒湖一帶，每約兩畝必須設一汲水井，有時經旬苦旱，井亦枯涸，屢演成災，早造尙可栽培水稻，晚造惟有將一部分稻田，改種需水較少的雜糧或其他作物；西隅地名濒水，春夏之交常見泛濫，河流兩岸附近田地，易遭淹沒，年中損失不貲，且雨季一過，仍與東隅無異，旱魃堪虞，全縣地勢北高南低，四圍童山濯濯，一遇大雨，山水直瀉，無復留存，水坑多為沙石所淤塞，河床高於田地，雨時則田地淹沒，成為澤國，旱時則河床成為沙漠，縣人之講求水利者，不從根本着想，而各於其鄉村勢力範圍之內，築陂儲水，堵截上流，備灌田畝，縣中水陂凡四十餘處，統計約可灌田十五六萬畝，縣民因爭陂水而械鬥興訟者，不知凡幾。

三　農戶分類

花縣全縣的人口，約有四十萬，戶口約有八萬餘家，因距離廣州不遠，且交通方便，在廣州經營商業者不少，祇以縣屬黃岐山一鄉而言，戶數僅六百八十戶，人口四千四百人，前清光緒年間，在廣州經營穀米業，就有三百餘間，民國以後，尤其是最近數年，雖逐漸減少，但仍有二百多舖。該鄉人之往外洋者，祇安南一地，亦達六百餘人，花縣人之僑居外地者，以全縣人口比例，當在百分之二十以上，分佈於國內，安南，暹羅，新加坡及澳州等處，僅安南一隅，花縣僑民約有四萬，其他各處合國內國外共約八萬人，因之，花縣的農戶，佔總戶數的百分率，是要比較他縣為低。

縣民僑居外地如是之多，其原因雖有種種，而縣屬田地面積過小，不足分配，謀生困難，實為推動縣民向外發展的最主要因素，年來以世界不景，在外失業被逼回鄉者，雖屬不少，然而一有機會，他們又復起程，到外邊再拼他們的命運去，花縣農村之所以能苟延殘喘，這班僑胞未嘗無一些勞績。

花縣的農戶究竟有多少呢？據作者在二十五個鄉村的調查，結果有如下表：一

鄉別	總戶數	農戶數	農戶佔總戶%	備考
佳錦山鄉	500	380	76.0	農戶中間有兼營商業者，但該戶人數過半從事農業，即列入本表農戶項內。
木廣堂村	90	75	83.3	
白坭徐	28	21	75.0	
獅象鄉	216	170	78.7	
儒林鄉	350	300	85.7	
珠高佈	120	60	50.0	
小坳利	330	300	90.9	
平山梁	205	160	78.0	
瀝貝	300	240	80.0	
楊屋	1000	700	70.0	
三[illegible]村	400	300	75.0	
小東坳	200	150	75.0	
馬溪	620	450	72.5	
黄岐山	680	380	55.5	
朱村	220	160	72.7	
田美	880	720	81.8	
横潭街	250	185	74.0	
三華	1380	1104	80.0	
鴨湖	450	405	90.0	
聖頭	600	540	90.0	
水口	800	500	62.5	
鰲江堂	475	427	89.8	
蓮塘	600	500	83.3	
新莊	45	45	100.0	
官祿坳	200	150	75.0	
合計	10.939	8.494	77.6	

根據上表，農戶占總戶數百分之七七·六，本來還也不算十分低，但是，花縣的農戶，許多是兼營商業的，如水口鄉，總戶數是八百戶，其中有六百戶是半商半農，在調查的時候，很難決定其當歸入農戶與否，後來臨時定了一個標準，如該戶人數過半從事農業，便劃入農戶項內，湊成了農戶五百，但是花縣的農民，究竟占總人口百分之幾呢？據調查所得如下表：——

農民占人口百分數表

鄉別	人口總數	農民數	農民占人口總數%
佳錦山鄉	2800	2000	71.4
木廣堂村	350	300	85.7
白坭徐	110	85	77.2
象獅鄉	628	500	79.6
儒林鄉	1000	780	78.0
珠高佈	600	400	66.6
小𡉏利	2000	1700	85.0
平山梁	1400	1000	71.4
瀝貝	1600	1180	73.7
楊屋村	4500	3450	75.5
三輞村	2400	1900	79.1
小東埔	1200	800	66.6
馬溪	3310	2600	78.5
黃岐山	4400	2800	63.6
朱村	1290	900	69.2
田美	5000	3600	72.0
橫潭街	1510	1100	72.8

三華	7650	5400	70.5
鴨湖	2400	1800	75.0
䃁頭	3000	1800	60.0
水口	3400	2100	61.7
縂江堂	2400	2050	85.4
邐塘	3600	3000	83.3
新莊	360	330	91.6
官祿埗	640	450	70.3
合計	57648	42025	72.9

據上表可以知道，在二十五個鄉村中，平均農民占總人口百分之七二·九，全縣人口四十萬，用這個比率伸算起來，則全縣當有農民二十九萬一千餘人，全縣人口中，有八萬人是出外謀生的，那末住在縣內的，大約還有三十二萬，計算起來，農民是佔了百分之九十一强，本縣人之在縣內經營商業或其他業務的，尙有三萬人，以之比照實在情形，也就無大出入。

在三十年以前，花縣的農村，大體還是自給自足，那時候花縣的人口，不像現在那麼稠密，農田的集中，不像現在那麼顯著，改元以後，因爲政治的不安定；外籍縣民的遷入，最主要的，還是受了世界經濟恐慌的打擊，使這整個中世紀式的農村，起了變化，到現在它不能抑制它自己，須絕對的受外界的操縱了，農田集中，也日見尖銳化，大地主比以前有繼續增加之勢，而中小地主則日見淪落，佃農的數目一天多似一天，有產者與無產者階級的對立和衝突，現時似尙隱伏着，然而在不久的將來，一定會有更明顯的的表露的。

花縣的農戶，簡單的可分爲：自耕農，半自耕農，佃農，僱農等四類，若地主間有自己完全不從事農業經營的，則不計算在農戶之內，而這樣將農戶劃分起來，實際上並不十分確切，不過具體地給人一個印象而已，玆將上述二十五個鄉村所調查的結果，表列于后：——

農戶分類表

鄉別	農戶數	自耕農	半自耕農	佃農	僱農
佳錦山鄉	380	55	110	195	20
木廣堂村	75	8	15	50	2
白坭徐	21	2	10	9	—
獅象鄉	170	14	48	91	17
儒林鄉	300	70	72	158	—
珠高埇	60	—	15	45	—
小埇利	300	3	88	204	5
平山梁	160	18	40	86	16
灑貝	240	48	54	134	4
楊屋村	700	120	200	310	70
三輒村	300	30	50	190	30
小東埇	150	30	45	75	—
馬溪鄉	450	100	140	200	10
黃岐山	380	75	100	205	—
朱村	160	30	45	85	—
田美	792	150	200	323	119
橫潭街	185	6	42	100	37
三華	1104	201	326	553	24
鴫湖	405	80	111	214	—
壟頭	540	60	132	382	16

水口	500	84	130	286	—
攊江堂	427	90	203	134	—
蓮塘	500	50	95	305	50
新莊	45	5	15	25	—
官祿埗	150	25	25	96	4
合計	8494	1354	2311	4405	424
百分比	100%	16%	27.2%	51.8%	5%

上表所載，二十五個鄉村的農戶，平均僅百分之十六爲自耕農，其中擁有田地三十畝以上的似較隱健，但是在自耕農中祇占少數，大多數的自耕農，都是中小農，他們自有的田地，自六七畝至十餘廿餘畝不等，這一階級的農民，最爲危險，有時倖運起來，固然可以一躍而變爲富農或地主，但這猶如中彩票一般，希望是微乎其微，可是從另一方面看，他們隨時均有沒落的可能，假如在作物收成的時候，來一兩次的農產跌價，他們既沒有像富農那樣充足的資本，不能將收成了的農產品待價而沽，在農產品跌價的當兒，也祇得硬着頭皮，明知虧本都要馬上將農產品售去，以濟他們一家的衣食，經過一兩次，他們的田地所有權，不知不覺間就會滑到富農或地主手裡去了。在我自己的村中，就有幾個中農，是遭了這樣的事件而宣告破產的，事實告訴我們，在今日中國的農村，中小農的確是不容易立足。

表中所列半自耕農，佔農戶中百分之二七·二，但實際上所謂半自耕農，一小部分和上述自耕農中的小農差不多，然而大部份却與佃農不相伯仲，不過他們還有一兩畝田未曾賣去吧了，其實嚴格地分析起來，他們就應該歸併到佃農那一方，倘若農村的情形像目前這樣的因循下去，不多幾年，他們也就要跑進佃農的欄內了。

至於佃農僱農，他們除却祖公的嘗田仍占有一些份子外，幾乎可說是地無立錐，終年如牛馬般勞勦着，也不過爲他人作嫁衣裳，替田主服役而已，這不獨花縣爲然，整個中國的農村又何嘗不是如此?!

四　土地分配

花縣耕地，據去年田畝陳報，約三十七萬餘畝，然實際上當不止此數，納稅一事，固人民所欲得而避免者，田畝陳報時，難免以多報少，或竟瞞而不報，雖政府當局，亦曾派員測量，並設法圖減瞞稅，惟測量者責在報銷工作，區鄉里長，又各謀所以輕其鄉族之負担，是其收效之微，自在意中。據估計，全縣田畝，當較陳報之數多四分之一乃至三分之一，即約四十五萬至五十萬畝間，其中公田佔有特殊勢力，玆列如下表：——

田畝分配表

鄉別	全鄉所有田	公田	私田	備考
佳錦山鄉	2800	1500	1300	表中公田，包括祖嘗田，廟田及其他公田。私田即私人所有田地。
木廣堂村	500	280	220	
白坭徐	120	60	60	
獅象鄉	1600	320	1280	
儒林鄉	8000	2800	5200	
珠高圻	300	180	120	
小圻利	1600	1067	533	
平山梁	400	280	120	
瀝貝	1400	700	700	
楊屋村	6000	4200	1800	
三甎村	500	300	200	
小東圻	600	360	240	
馬溪鄉	3000	2000	1000	
黃岐山	3000	1500	1500	
田美	4000	2020	1980	
橫潭街	400	120	280	
水口	2000	1000	1000	
蓮塘	6000	3030	2970	
新庄	200	——	200	
官祿圻	50	30	20	
合計	42470	21747	20723	
佔總數%	100%	51.2%	48.8%	

公田佔田畝總數在半數以上，竟達百分之五一○二，是其具有特殊的勢力，概可想見，公田包括祖嘗田，廟田及其他公田如學田等，惟祖嘗田實居絕對多數，爲具有特殊勢力之特殊勢力者，其分配如下表：—

公 田 分 配 表

項　　目	公田總數	祖　嘗　田	廟　　田	其他公田
畝　　數	21747	20947	100	700
佔總數%	100%	96.3%	0.5%	3.2%

祖嘗田在花縣農村土地中，佔最重要之位置，無可諱言○所謂祖嘗田，就是族產，爲一族人所共有的，其所以日漸膨脹的緣故，是因爲有鄉例或族例在，照鄉中的規矩，田地的出售，須「先召親房人等，各不願買」後，再看祖公有沒有承購的能力，祖公沒有能力或不願買受時，才可以賣給別姓或他族，有時祖公要買，即使降價一些也要相就，在這個條件之下，農民之售買田地，多爲祖公廉價所得，而且農民多以田地爲抵押，向祖公借欵，到期不能償還，該抵押品常爲祖公所收買，這樣，田權不期然而然地集中到祖嘗去了，于是祖公就變爲大地主○在花縣，私人的大地主現尚不多，千畝以上的巳是絕無僅有，不如他縣——如南海，順德等——個人地主的發達，但是祖嘗田的龐大，比較起來，是他縣所不及的○

因爲公田尤其祖嘗田的過於龐大，不免流弊叢生，祖嘗田地本是一族的公產，可是管理族產的人，多半是土豪劣紳，族產既爲所把持，也就當做自己的一樣，在平時巳四捨五入，中飽自肥，如果昇平過久，不妨借事生端，和鄰村或鄰族幹一下，乘勢大刮一頓，廣東械鬥之風甚盛，多爲彼輩作祟，只圖從中漁利，生命損失，廬舍爲墟，在所不計，縣屬如畢村，三華，黃岐山等鄉，從前因械鬥損失，有至今尚未復原者，是雖由于主持族產不得其人，要亦因族產過於龐大有以使然也○

復次，田地多集中于營田，並非爲私人所有，人人得而耕之，今年某甲投得，明年或爲某乙，佃人屢易，耕于其地者，不知來年是否仍爲自己繼續耕作，將來耕作之權既不一定，于是在農業經營上，自然少施工本，少下肥料，不思改良，甚或爲謀一時之利，雖摧殘地力亦所不顧，對於農業經營及生產上，影响殊鉅。

作者於去年本縣舉行田畝評價時，曾向縣評價委員會獻議，請將公田評以較高之價，俾可課以較重之稅，而畧減私田的負担，其意蓋欲藉政府之力以爲救濟，終以與公田有密切關係之區鄉長不表示意見，未能見諸實行。

再看佔田畝總數百分之四八．八的私田分配情形又怎樣呢？根據前面所述，自耕農及半自耕農，共有三千六百六十五戶，私田計二萬零七百二十三畝，茲列表示其分配情形如后：—

私田分配表

種類		十畝以下	三十畝以下	三十畝以上
所佔戶數	戶數	3020	508	131
	%數（以總戶數3665爲100%）	82.5%	13.9%	3.6%
所占田地面積	畝數	9200	6620	4903
	（以總畝數20723爲100%）%數	44.4%	31.9%	23.7%
備考				不從事於農業的地主，所有田地亦劃入此項。

私人的大地主，在花縣尙屬少數，一二百畝的也不多，因此其影响不若前者之鉅，問題不若祖嘗田的嚴重，不過地主們多握有管理族產權，這點是不可忽視的。

大地主所以不多的原因，固然一方面因爲土地多已集中到祖嘗田去，大地主不易形成，他方面，早婚也有多少關係，本縣人很喜歡爲其的子女早婚，婚後雖父母雙全，也先行拆產，這樣雖間有大地主，祇是暫時性質，不久又要化爲中小地主的了。

然則花縣竟無私人的大地主麽？這又不然，華僑，富商，官僚等，均有形成大地主的可能，而且有已經成爲大地主的，但其影响于整個花縣的農村，尙不見得十分重大而已。

五　農業經營

一方面因爲田畝面積的狹小，他方面因爲私人的大地主數目不多，花縣的農業經營，普通的是小農經營，大規模的農業經營，面積在千畝以上的，縣內也有幾處，如平山附近姓黃的大有農塲，面積一千多畝，是由政府領荒開墾，闢來栽培果樹的；又如畢村族有的坜地約二千畝，也於年前給一家公司，以每畝四毫的租値租去了，用以植甘蔗蒔禾，但這些大規模的農塲，在縣內猶鳳毛麟角，多屬試辦性質，在整個花縣的農業經營上，現時所占的地位，尙不重要。

據一般的估計，全縣田畝，差不多有七成是栽培水稻的，農民所具備的農具，也不外是犂，耙，鋤，鍫，鐮刀與調製穀類的風車及搬運的單輪手車等，畜力的利用也很普遍，但是家有畜牲的農戶，不過十之一二而已。農民之無力購買牲口者，多于犂田時向有牲口之家租來使用，或竟以人拖犂，權作牛馬，因爲每水牛一頭，値錢由八十至一百二十元之多，這是超出一般貧農或小農的購買能力之外的。

農田中旣有七成是用以種植水稻，那末禾田的經營，在花縣農業經營上的位置是値得研究的，現在我們先來計算一下經營禾田每年所需的工本吧。

每畝禾田所需工本計算表

項目＼田類別	上田	中田	下田
租金	15.00（元）	12.00（元）	8.00（元）
肥料種籽	14.00	12.00	10.00
牛工	4.00	4.00	4.00
雜項	1.00	0.50	0.30
合計	34.00	28.50	22.30
備考	什項如更穀等		

上表爲經營禾田每畝工本計算，上田三十四元，中田二十八元五毫，下田二十二元三毫，普通田租，上田平均年租十五元，大約每造可產穀四担，年產八担，中田租金十二元，年產約六担，下田租八元，年產最多不能超過五担，農民經營禾田，恒視土質之肥瘠而定其所施工本，土質肥美下肥較多，愈瘦則施肥愈少，蓋瘠地施肥多爲土壤所吸收，對於暫時的耕作無大利益，故表上肥料一項，上田較多，中田次之，下田又次之。

農民所恃以爲耕作者，大部分爲租營田，多每年開投一次，佃農一方面因資本缺乏，購買肥料能力薄弱，另一方面因地面之使用權不能長保，誰肯吃眼前虧呢？故施肥之量，常不能如上表所述，收穫自然減少，由是地力日削，上田漸變爲中田，而中田則漸變爲下田。

租營田之膨大，其流弊足使土地之生產率逐漸低降，已如上述，茲再來研究經營稻作每畝收入及支出之比較情形。

禾田每畝收入及支出計算表

項目＼田類別		上田	中田	下田
收入之部(元)	產品收入	48.00	36.00	30.00
	副產品收入	3.00	2.50	2.00
收入合計		51.00	38.50	32.00
支出合計		34.00	28.50	22.30
盈餘		17.00	10.00	9.70
備考		產品收入以穀價平穩時每担六元算，副產如禾桿等是也		

下田每畝每年獲利九元七毫，實際上多不及此數，因下田出產禾穀，很難得到五担，中田年可獲利十元，上田十七元，以本縣情形而論，每人每年最低限度之生活費，平均約須五十元，以此伸算，則每人非經營上田三畝，或中田五畝，或下田六畝，無以維持生活，惟是本縣田畝之數，倘以人口總數均之，每人不足一畝，農村雖欲不宣告破產亦不可得了，因之本縣人口四分之一以上，遂被逼往外經商或營其他業務，有時付欵返鄉，使飢渴之農村，得點滴之沾潤。

縣民僑居外地，滙欵返鄉，雖於農村不無少補，然究屬杯水車薪，且亦祇少數農家能享此種利益，一般農民爲解决其本身之生活問題，乃於正業之外，經營他種副業，就中養猪一事，最爲普遍，家中養猪二三頭，年中可增數十元之收入，於農民經濟上實有大助，縣人養猪，畧與別處不同，所用飼料，多爲番薯藤，參以米糠，價極低廉，大約在猪價平穩時，養猪一頭，年可得利十餘以至廿元，猪糞復可爲田料，誠一舉而两得。農戸中約有六成，均以養猪爲副業，每月畜養二三頭至十頭八頭不等，間亦有養鷄鴨者，惟邇來鷄鴨售價低賤，農民畜之者，乃日見減少。

在未建公路以前，農民于耕作之餘，常用單輪車爲商人搬運貨物，或以竹兜爲客代步，扛抬行李等，日間尚可獲一元數角，以出賣勞力爲副業之一種，計亦良得，可是自公路建築以後，此種工作，差不多通給汽車奪去，貧農之賴以養豬鷄鴨以爲副業者，卽以此種不用本錢之工作爲唯一之副業，而亦宣告結束，亦云慘矣！

花縣農作物之分配，禾田約占七成，栽培蕃薯，芋頭，花生，豆類等雜糧及甘蔗者，約占二成，而種植菓樹蔬菜及竹園等，僅佔一成，雜糧之收入較稻作畧遜，而菓樹之類達收成之時間過長，自非一般貧農所敢嘗試，有之，亦不達籬邊樹一二株，聊資點綴而已。

一般的農業經營，如生產之技術，使用之農具……等，均有改頁之必要，尤其水利問題，在本縣頗爲嚴重，新街附近與番禺接壤的鴉湖一帶，土質肥美而苦旱魃，田地均須開井以汲水灌溉，此種汲水井，縣內約有萬餘個，平均每個開掘裝置費約四十元，總計不下五十萬元，他如爲儲水而設之水陂，全縣約有四十，每水陂須欵二三千元，總計亦不下十萬元，但天時久旱，這些水井水陂勢必失去效用，倘能從根本設法，于山嶺栽植林木，善保水源，並利用新式機器，則全縣農產，當有增加三分之一的可能。

復次欲推進本縣農業經營，如生產技術之改進，但如增加生產，最善莫如坡地利用，政府方面，應設法鼓勵農民從事開墾，任由農民自己選擇其鄉村附近之坡地耕作，規定于開耕後若干時間，或開始耕作前，到縣土地局登記，政府方面如無特殊情形，承認其占有權，並予以若干年免稅，或釐定切實獎勵章則，更從而指導幫忙，收效必速，以作者的觀察推測，如能將山坡之地可以耕作者，盡量開闢，當可多得農田四十萬畝，合現有之數，則花縣可有耕地八十萬畝，夫如是，雖不能確定花縣農村將演進至若何程度，但最低限度，相信亦可使農民處境不至如現在之苦。

上述鼓勵農民開墾坡地，以增農田面積，不特可使現時無立錐地的佃農傭農，可以有田，並能將公田在農田中所占的百分率降低，苟能努力推行，花縣農村庶幾有豸矣！

六　租佃制度

花縣的私人地主不多，他們所有的田地，或完全租給別人，或請僱農經營，或自己經營一部，分租給別人若干，間有全爲自己經營的；但大多數農民所依以爲生者，都不是地主的田地，而是族產——祖嘗田。族產苟非與本族地距離過遠，則完全批與本族人耕種，每當廢歷新年，佃農定期群集祖祠，競投批耕，其標準以出租多者後得佃權，投田有明投暗投之別；明投各人以口出價，互相競爭，有時使租值抬高，超過其應值租額，農民將來繳付租值，未免困難；暗投用票，各書願出租額若干，投入票箱，搖勻，由主事者逐一拈出，其所有出租值相等，則先開先得，或同票者再行競投，然大抵競爭不若前者之烈，現祖田之開投，各鄉多用暗投法，惟亦有因主事者欲省一時手續，仍行明投，不知后來手續更繁，而且易起糾紛，不若暗投之爲得也。

佃權投得之後，雙方均不須明文契約，因有鄉例在，佃農多能如期如數繳款，這實在是一種變形的口約制，就是私家田，其租佃普通亦用口頭訂議；但有時或用明文契約，尤以連續佃耕多年之田地，如菓園竹園等，用明文契約爲較多，若包佃，永佃，縣屬行之者甚少。

本來口約制，並無明文根據，易使田主有所藉口，佃農完全沒有保障；雖縣民習性，崇信守，重言語，但若有一二敗類，不難時起糾紛。就是現時所行明文契約，也是佃農單方面的，以作者的意見，與其後來發生事端，無寧于事前多做一些工作；由地主佃農雙方議妥，各執契約一紙，庶不幸而發生問題時，有所根據而易於解決。

租田多係錢租，尤其是祖田。管理族產的，爲省手續起見，投佃田地，皆以現錢爲標準，租期多爲一年，一年以上的較少，租額約爲出產額百分之三十乃至四十，大抵田地愈劣，其租額占產額之百分率愈高，納租金額，由二三元至十餘元不等了亦有納穀租的，但比較的少○然無論錢租穀租，完全是定租法，田主與佃農議妥租值，或已出租值投得田地之後，年歲豐歉，於田主絕無關係，先定租值毋得短少○否則就構成了『佃戶欠租』馬上可以將田地取回○繳租期間，公田多定清明前若干日，一律繳清，以爲『分猪肉』之用，私田通常分兩季交租，在每造收成後一個月內付清○租值一事，私田除納租之外，不須爲田主送禮，不須押批；公田除正租外，尙須加送值理酒資，每畝平均約三四角，租期長至四五年者，押批大約每畝由六毫至一元○

穀價低賤時採用穀租者影响尙不甚重大，若係錢租，則佃農受極大之損失○縣屬行錢租者十之八九，佃農所受之苦爲何如?!且臃論歲之豐歉，必須納已定之租值，一遇災害凶年，田租之不獲，衣食無論矣，是其不平孰甚?!

愚意以爲納租方式，可由地主與佃農預先訂明，按若干成數，分取收穫物，似較公允，惟于現在時勢而倡是論，人不將謂我開倒車歟?!

七　僱傭制度

大體上說，因爲僱農在農戶中占少數，比率祇有百分之五，僱傭制度，在本縣尙不致成重大問題，而實際這些僱農之被僱，大多數都有親屬互相帮忙的作用，否則在這農村經濟枯竭的時候，除地主和富農外，誰有能力去傭僱農來工作呢？

這里所謂占農戶中百分之五的僱農，是指有長期被僱性質的，他們的工資，有以月計也有以年計，大約僱傭的時間愈短，則其工資愈昂；以月計的，每月工資平均約六七元；以年計的，每年工資平均由五十至六十元○農具飯食，均由僱主供給○這些僱農，即俗之所謂長工，其工作以日論值的僱農，俗謂之散工或日工，散工工資，因時地及工作種類而有差異，農忙時，平均男子每日工資七角至八角，女子五角；平時男子四角，女子二角至三角○惟縣之東西隅略有不同，東隅工資稍昂，西隅較廉○狡黠的僱主，有時且利用勞力者的貧乏與勞動力的過剩，盡量的抑抵工資，故實在情形，僱農所得工資，常較上述數目爲低，尤以近幾年來，因從外洋失業回家的人數日衆，給與僱主減降工資的一個絕好機會。

本縣並沒有大僱主，僱主普通多為富農或中農，他們在自己家人的勞動力不够分配時，才不得已而雇傭外人，對於雇農，在可能範圍內，必榨竭其勞動力。因之一般雇農，與中世紀的農奴，實在沒有兩樣，每日工作時間，平均在十小時以上，農忙時且可延長；長工甚且常常加開夜工，好像是一副農業生產的機器。但在另方面，那些佃農和半自耕農，還在一努羡慕那些長工們的生活呢！

誰不知雇農的苦處較之佃農為尤甚，因為雇主招請僱農時，雙方對於權利義務及其他的一切事件，只以口頭訂議，或竟不經甚麼訂議的手續，鄉間請長工，普通是沒有僱傭條約的，那末，僱農並不須有什麽給僱主藉口，也是隨時有被辭退的可能，如其在年尾或初春，尚可搖身一變而為佃農，否則就須經若干時間失業的痛苦。

散工多為佃農或半自耕農，出賣他們過剩的勞動力，以為他們副業的一種，但在目前農村崩潰的情况中，被傭的機會實在很少，那些專以作散工為生的，差不多可說是游行式的僱農，東南西北的四處去找工作，現時也有「一曝十寒搵食困難」之歎！

八　農產貿易

花縣農產以穀米為主，其次為蕃薯芋頭，再次為花生，蔗糖，豆，麻及烟葉等，但後者為數甚少，所有的農產品，於收穫時，除留一部分供自己消費外，都担往市場求售，出口以穀為大宗，廣州米商在禾熟時節，群到境內收買，或設店在農村市場，專營穀米肥料及煤油等生理，他們將穀米運往廣州，再從廣州運回肥料及煤油。縣屬西隅瀕白坭河的五和墟，店鋪不過一百廿餘間，穀米的出口，每一墟——五日為期——平均為三千担以上，花縣產米之豐可以想見，而另一方面却有洋米入口，其故因在收成的時候，農民為着要還債完息，逼着他們將產品差不多全部賣掉，以濟債主的追討，轉瞬留存着的一些糧食告罄，他們不得不再行揭借或典當來購米，以濟眉急，在這様的矛盾現象之下，農民無時不受剝削的。

有時農民出售農產品，並不限於收成的時候，在青黄不接之際，他們常將農產品預賣，或者以農產品爲抵押，借債來應付口腹或某種事件，在預賣的時候，放債者對於農民的農產品的價值，先打了一個折扣，再加以比普通特高的利息，以農產品爲抵押借欵，也有同樣的情形，不過巧立一些名目，或藉口一些甚麽，如九出十三歸之類，農民受着這樣雙重的搾取，終年勞苦也不外替人家作一副生產的工具而已。

在農村經營穀米，肥料業的商人，又每每在春耕時，將肥料和糧食貸給農民，訂明收成時歸還，若是賒賑，則除依照當日價格伸算外，並較現欵賣出要貴百分之六至分之二十，到收成的時候，如果還不償欵，那就下次沒有交易，農民明知吃虧，也是無可奈何的。

農民旣遭受重重的剝削，農產品的貿易，自然祗有任憑商人或資本家的支配，不能自主的運銷於市場，而農產價格，亦受商人或資本家的操縱，農民差不多是無權過問的，至于農村物價，民國元年和廿四年的比較如下表：——

A. 食糧類價格指數表　　(以民元爲 100)

年份＼品名		米	麥	蕃薯	芋	花生	黃豆	平均
民國元年	價格(元)	6.30	3.00	0.80	1.20	2.50	7.00	
	指數	100	100	100	100	100	100	100
民國廿四年	價格(元)	10.00	4.50	1.00	2.00	4.00	10.00	
	指數	158.7	150.0	125.0	166.6	160.0	144.4	150.8
備考		價格指每担旹						

B. 畜類價格指數表　　(民元爲 100)

年份 \ 品名		猪肉	牛肉	羊肉	雞	鴨	犬	平均
民國元年	價格(元)	0.30	0.20	0.30	0.70	0.25	0.20	
	指數	100	100	100	100	100	100	100
民國廿四年	價格(元)	0.45	0.40	0.50	0.60	0.30	0.40	
	指數	150.0	200.0	166.6	85.7	120.0	200.0	153.7
備考		價格指每斤言						

C. 織品類價格指數表　　(以民元爲 100)

年份 \ 品名		棉布	綢布	緞布	絹布	平均
民國元年	價格(元)	0.08	0.80	0.60	0.70	
	指數	100	100	100	100	100
民國廿四	價格(元)	0.05	0.45	0.40	0.50	
	指數	62.5	56.2	66.6	71.4	64.2
備考		價格指每尺言				

觀上數表可知民國廿四年，農產品的平均價格，比民國元年要高百分之五十强

這從表面上看，在農民方面似有好處，但是，我們應當同時注意，田租固然隨着增高，肥料和許多日常用品也是一天一天昂貴，實際上農民的好處在那裡？何况農民一手把穀賣出，一手把米買進，今日把猪售去，明天把猪肉購回來，還不是貴賣貴買？在農產品價格平穩時，尙不覺得怎樣，一旦農產跌價，而其他物品的價格並不依着同一的比率而低減時，則農民將陷於更苦的境地，事實上，在農產品收獲時，農產品的價格常較平時爲低，這種苦頭，似乎是農民一生下來就應該吃的。

繭品一類，民廿四年較之民元，其價格幾乎低減四成，這是因爲世界不景，我國絲業失敗的緣故，但經營農業所需的肥料，農具，日常用品——如煤油，鹽，火柴等，價格並不見低落，而且有增高的傾向。一九二九年世界經濟恐慌爆發後，半殖民地的中國，不可避免的被捲入這恐慌的狂濤中，花縣也當然隨着整個國民經濟的變動而變動，所以這六七年來物品的價格變動很大，這也是無法防止，而且不能防止的。

九　農村金融

自國際資本主義侵入我國，農民無時不在商業資本及高利貸資本的雙重剝削之下討生活，所謂農村金融，不外是商業資本和高利貸資本互顯神通，聯同來幹那蹂躪農民的工作，整個中國，農民貧乏化的程度，日益加深。花縣當然也不能例外。

商業資本的剝削，表現于農產買賣上；高利貸資本的剝削，在借貸關係上最爲明顯，其結果，農民負債日重，現在先來看我們花縣農民的負債狀況。

花縣農民負債表

鄉別	農戶數	負債戶數	百分比%
佳錦山鄉	380	304	80.0
木廣堂村	75	50	66.6
白坭徐	21	14	66.6
獅象鄉	170	158	90.0
儒林鄉	300	200	66.6
小佈利	300	120	40.0
平山梁	160	64	40.0
瀝貝	240	144	60.0
揚屋村	700	350	50.0
馬溪鄉	450	360	80.0
田美	792	554	70.0
横潭街	185	56	30.0
鴨湖	405	284	70.0
留頭	540	432	80.0
水口	500	350	70.0
總江頭	427	299	70.0
蓮塘	500	250	50.0
新庄	45	30	66.6
合計	6190	4004	64.6
備考	表內現金貸款，其他貸款尚未列入.		

十八個鄉村的平均，農戶之負債者，有百分之 64.6 ，但這個數目，只表示現金借貸，而商店的賒賬，當舖的典當，堂號的會欵，也歸於負債之列，表內還未列入，據估計，農戶各方面的負債者，當佔農戶總數百分之八十以上。

花縣的借貸關係，差不多都以金錢爲媒介物，要借糧食或農具的人家甚少，有之，亦不過是商店的賒賑，然而商店賒賑，還不是和現金借貸一般；不過形式上畧有不同而已，農民有時和鄰戶暫借多少食糧或農具，以濟目前，僅爲一種氏族的互助作用，鄉人所謂『移寬就緊』是，幷沒有利息的計算，總之，花縣甚少專放糧食的人家。

除却商店的借貸，是信用借貸的一種外，其他所有借貸，必須具有相當的抵押品，以田地屋宇爲抵押品而借欵時，通常可借得該項用以抵押物品的時價四成，這樣抵押的借欵，利息比低一點，月息由一分至三分，以分半二分兩項爲最普遍，借貸多以一年爲期，如到期不還，依例該抵押品由債主管業，田主完糧，如農產品爲抵押，多行息三分以上，農產品的預賣，大約先行估計將來的收量，給與八成左右的價值。

商店賒賑賒來的東西，價錢要比現錢貴百分之六至百分之二十左右，這或者是作爲抵償利息吧，賒了商賬若無能力償還，第二年雖然不須加利，可是要再賒就難了，且商業資本者，常携手進行他們剝削農民的工作，農民欠了一家商店的賬，年終尙未償還，翌年這家商店固然沒有再賒的可能，同時別家也將取同一的步驟，拒絕這個欠賬農民的賒數，負債的農民，始終不能脫離他們宰割的鎖鍊。

抵押借欵，利息雖比較低一點，但如到期不還，在往昔便利上起利伸算下去，這樣複利的計算，經政府明令禁止，表面上似不再有，不過狡黠的債主，他們常能翻陳出新，換湯而不換藥的，把農民置之掌上，他們的新花樣是轉單法，譬如，今年某債主借給某農民洋一百元，每月行息二分，年底不能歸還的時候，債主便逼農民轉單，將利息加到本錢上去，算是第二年借的，另立新單，連本帶利由一百元一變而爲一百二十四元，如果閏月就爲一百二十六元。第二年的行息就照一百二十四元或一百二十六元伸算，這不是利上生利是什麽？有時債主想他們轉單，和氣的給貧苦的農民一餐便飯，他們見債主並不強硬追討，就是這樣署上更改把揭單再寫一下，或竟由債主寫好了，他們再行劃押一次，有甚麽問題呢？野蠻的債主們，却到農民的家裏去，逼負債者別立新單，稍示違抗的話，就說什麽過耕抵息，貧苦的農民覷田地比自己的生命還緊要，給這樣的一逼，甚麽也貼伏了。於是債主們嘻嘻哈哈，把算盤打得特別响亮。可憐的貧苦農民喲！你們的命運就是這樣的嗎？

田地就是這樣的逐漸集中起來，今日祖嘗田這樣龐大，無非就是受了那些聰明紳士之賜，因爲祖嘗的收入多寡，常與他們的腰包收入成正比，他們要爲自己荷囊打算，不期然把祖嘗就隨着膨脹起來，直至現在，祖嘗還是有與日俱長之勢。農民借貸的中心，仍是祖公的產業。

祖公擁有多量田地，租項收入，除年中春秋二祭及其他應用開銷外，所有餘欵，均用之貸給農民，意本甚善，不過多爲把持族產者所操縱，中飽之後，更藉以魚肉貧苦農民，自政府明令頒佈禁行複利，他們爲祖公設想，不爲自己設想，既不能公然逼勒農民另立新單，從頭再算，乃放弄玄虛，大施其封屋政策，放欵用競投之法，以出利息高者投得，農民爲急於需欵計，不惜以高利相爭，可是利息過高，償還自然發生困難，屆期，照例做一兩次的短期展限，三日不能至五日，五日不能至七日，七日不能，便實行封割封田或釘封屋宇，不足，再『移親及疏』，而『鄉例嚴於聖旨』，農民簡直如俎上肉，任從假公濟私者的自由宰割。

某鄉曾發生一件討債的故事，情節是這樣的：一個孀婦的夫弟，在鄉中無業閒住，投得祖公欵項一份，規定一年爲期本利清還，因他幷無一定之職業，欵項就不三不四的花完了，該欵到期無法清償，值理們就將他所有的一片屋地投變抵欵，不足，因爲這孀婦是他的最親者，於是『移親及疏法』，就施諸孀婦身上，當督值理們促鄉人動手將她的房屋拆下開投時，無論她怎樣地苦苦哀求，也是無效，夫弟所投的欵項，她事前幷沒有同意的表示，也沒有用過其中的一毫錢，而無辜地將他碩果僅存賴以棲息的房屋拆下投變，無論如何她是不甘願的，然而『鄉例嚴於聖旨』於是她只有自尋短見——上吊——的辦法了。

此種現象，不過是花縣農村所行一般借貸制度產生的結果之一，同樣的事情，正不知有多少呢！

抵押借款，不是一般農民所能染指的，他們本來可以不借款，但是他們不能不吃飯，在青黃不接粒米無餘的時候，他們靠甚麼呢？唯一的去處，便是跑到當舖裡，持着不值錢的衣飾農具傢俬等物，搖尾乞憐地要求師爺們多給一點。在花縣，全縣當舖差不多有二十間左右，另有一些零星小押，當舖通常月息五兩以下三分，五兩以上二分，以前當物，九毫作一元算，叫做九出十三歸，自從明令禁止，現在已不行折扣了。當期有一年半年兩年等，小押的期限更短，大約多為三個月，最多不過六個月，當期愈短，當得的錢，比原物所值價的比率愈高，而斷當愈易。農民為欲多得一點錢，大部分都以短期為較合口味，所以那些零星小押生意也不錯。

除小押外，當舖取息普通不過三分，比較其他形式的高利貸，表面上要寬和得多，但實際上典當的取利，利息尙在其次，主要的是任意估低農民的物價，到期沒收其物品，尤其這幾年來，因為舊衣料出貨時價格的大低跌，其所典農民的錢，最多不過原物所值時價的三至四成，貧農在急如燃眉的時候，對於所當物品的價值，自然無力爭執，惟有隨當舖任意估計，如貪一時當得的金錢較多，不特取贖困難，斷當亦易，一旦斷了當，想置新的就簡直無辦法了。

前述抵押借款，是促進農民的無地化，而典當則使農民無農具化，兩者的發展殊途同歸，同樣是加速農村經濟的崩潰。

比較可稱公允的，便是錢會，錢會在花縣也頗盛行，而且很有相當的效用，做會頭的，多數是祖公或堂號，堂號由村中數姓共同組織，或一姓中若干房聯合組織和祖公一樣，都有相當的產業，在鄉中有一種威力，帮會的甚少能賴債，因為它有處置賴債者產業之權，並一樣可以『移親及疏』。最通行的是十元季會，每年供四次，利率二元半至三元半之間，但無論會頭是祖公堂號或私人，帮會的人，近十年來都已減少，這大概是農村經濟日漸衰落的象徵吧！

本來錢會是中國固有的合作制度之一，爲通融資金的一種辦法，但是主持者差不多全是土豪劣紳，豪紳利用之以為魚肉農民的工具，那是免不了的，且貧無立錐者，信用不足，多不受其帮會，所以，做會畢竟是中等以上農民，才有權利享受。

富農或地主，他們不需要會欵的救濟，投會一定比較遲些，中等以下農民，倚投會爲其救急的不二法門，投會必定較早，那末，獲利者只有富農和地主，中農以下，只受其剝削而已。

僑居外地的縣民，年中滙欵回鄉，以前平均約四五十萬，於農村金融上，不無少助，但當富商官僚等回到鄉間的時候，馬上就成了商業資本者和高利貸資本者，又從事於剝削農民的工作。

總之，農民四面都受剝削者包圍着，這樣的逐漸演進下去，不至吸盡農民的膏血不止，竭澤而漁，農村經濟，雖欲不全部破產而不可得了。

爲今之道，如能由官方設立農民銀行，以最低利率，施放信用借欵，並切實指導農民，組織信用，生產，消費，運輸等合作組織，或有互助於農村的金融通，但這又非政府去提倡不可了。

十　結論

花縣農村，就如上面所述，無時不沿着破產的路綫繼續前進，尤以近數年來，遭受世界經濟恐慌的影响，更是加速其崩潰的過程。

在自然環境上，我們知道花縣的農田面積俠小，旱魃和水災的問題，頗爲嚴重；而無田耕者，在農戶中占了大半，且有與日俱增之勢；土地分配，因爲嘗田龐大，變成尾大不掉；農業經營，多爲集約小農制，以技術的落後，生產效率甚低，農產品在市場上的貿易，常受商業資本者的剝削，佃農僱農，他們毫無保障，度着那些非人生活；農村中的金融流通，無非是商業資本和高利貸資本剝削關係的交織；花縣農民，大有求生不能之慨！

花縣農村，確已達到積重難返的田地，但是就這樣的坐以待斃麼？玆姑擬就其救濟的方策如下：—

(一)開墾方地，鼓勵農民利用山坡，以增田畝面積，使耕者有其田。

(二)把私田的稅捐，通通歸到公田上去，那末，私田租額必定降低，公田租值亦必隨之減少，一方面可輕減農民負担，他方面可限制公田的膨大，同時注意，勿使田地集中到私人地主的手裡。

(三)改良生產技術，尤須注意於水利問題，組織生產合作社等，以提高生產效率。

(四)組織消費運消合作社，避免商業資本的剝削。

(五)切實保障佃農僱農生活，並盡力設法扶助之，使成爲自耕農。

(六)嚴行禁絕高利貸款，由政府出資或指撥祖嘗設立農民銀行，並組織信用合作社，推行低利信用貸款。

上述數端，作者認爲救濟目前花縣農村所應急切施行的，如能官民雙方開誠合作，上下一心赴之，則花縣的農村經濟或有復興的希望。

（出自《农声》第二一〇—二一一期，一九三七年）

廣東花縣農村經濟概況

江　舉

一　農戶分類

花縣因離廣州不遠(約九十里)，且交通方便，在廣州經營商業者甚多，出外洋營生者在全縣四十萬人口中，約佔20%以上，分佈於安南，星加坡，馬來半島及南美洲等處。獨安南一地已有四萬餘人。鄉人稱往外洋者爲『南洋伯』，或『金山丁』一鄉中有幾個『金山丁』算是頂榮耀的事，而此等華僑，每每利用匯水高漲，從外洋匯款回鄉，而他們匯回的款項，大多購買田地，坐食田租。他們『發了財』回來以後，就在鄉中建築碉樓及新式的洋房。田權的轉移，多半是集中在這種人的手上。數年前因金貴銀賤的關係，華僑匯款最爲活躍，而他們則競購田地，所以當時的田價，由每畝200—300元漲至400—500元，近年來因匯水低落，田價又回復了以前的狀態。華僑富商們雖擁有多量的土地，可是甚少自已經營，都是租與本村或別村的佃戶。作者調査縣屬22個鄉村中農戶分類狀況，有如下表：

鄉別	總戶數	農戶數	自耕農	佃農	雇農
獅象	216	170	17	136	17
儒林	350	300	100	200	--
珠高布	120	60	--	60	--
小佈利	330	300	3	294	3
平山梁	205	160	28	112	20
瀝貝	300	240	48	192	--
楊屋村	1000	700	140	490	70

三　輞	400	300	30	240	30
小東布	200	150	30	120	--
馬　溪	620	450	120	330	--
黃岐山	680	380	100	280	--
朱　村	220	160	40	120	--
田　美	880	792	198	475	119
橫潭街	250	185	--	148	37
三　華	1380	1104	331	773	--
鴨　湖	450	405	121	284	--
塱　頭	600	540	72	468	--
*水　口	800	200	40	160	--
纙江塘	475	427	213	214	--
蓮　塘	600	500	50	400	50
新　莊	45	45	5	40	--
官祿布	200	150	30	120	--
合　計	10321	7718	7716	5656	346
各類農戶所佔百分數	100	22.2	73.3	4.5	

*水口鄉800戶中有600戶是半商半農的。

根據上表，在22個鄉村中，農戶佔總戶數 76.8%，水口鄉一鄉，有600戶是半商半農的，在表中倘未列入農戶數之內。自耕農佔農戶數22.2%，其中包含了許多中小地主和富農，他們常常將一部份田地租出，自已也耕回多少；也有些自已有田五六畝，再向別人租進三四畝的。佃農佔農戶數73.3%，其中也包含着自有田一小部份，而大部份是租進的；也有些租進多少，由在家婦女耕種，而自已出外傭工的。雇農在表中僅佔農戶數 4.5%，這是因爲縣屬各鄉村中，祖嘗田常佔有田畝之半數(見下節)，各農戶均能向祖嘗田租耕多少，這是佃農佔大多數的原因。他們甚少因得不到田地使用，而全爲別人雇用的。而且因縣屬水利困難，爲這一自然條件所限制，農戶所耕田地就很難超過四十畝以上；這是雇農佔少數的另一原因。要是在鄉中租不到田耕，他們不是到廣州香港各處作苦力，就是往南洋做一點小買賣。本縣人之往安南星加坡者，不論男女，如赴市集然，一則船費極廉，二則花縣人在安南獨多，親戚兄弟之間，互相引誘照顧，以至安南一地，花縣華僑竟達四萬人之多，近年因世界經濟不景氣的影響，失業回鄉者甚多

二 土地分配

花縣耕地，據縣府糧務處人員所談，現稅田只有三千頃左右。然實際上當不只此數，因有許多田是瞞報漏稅的。據估計，花縣耕地當在五千頃以上。其中祖嘗田實估有特殊的勢力，如下表所示：

鄉別	全鄉所有田	祖嘗田	廟田	其他公田	私家田
獅象	1600	320	——	——	1280
儒林	8000	2800	——	——	5200
珠高布	300	180	——	——	120
小佈利	1600	1067	——	——	533
平山梁	400	280	——	——	120
瀝貝	1400	700	——	——	700
楊屋村	6000	4200	——	——	1800
三楓	500	300	——	——	200
小東布	600	360	——	——	240
馬溪	3000	2000	——	——	1000
黃岐山	3000	1500	——	——	1500
田美	4000	2000	20	——	1980
橫潭街	400	120	——	——	280
水口	2000	1000	——	——	1000
蓮塘	6000	2400	30	600	2970
新莊	200	——	——	——	200

官祿布	50	30	——	——	20
合計	39050	19257	50	600	19143
%	100	49.3	0.1	1.5	49.1

表中所謂祖嘗田就是族產，爲一姓氏族所共有。照鄉中規例，本姓的田地，不能售賣別姓。雖然有些可以賣出，但仍須在『先召房親人等各不願買』以後。在這一條件之下，農民之售賣田地，每爲祖公廉價所得，或爲本族的地主所收買。並且，農民向祖嘗揭借，必以田地作抵押。如到期不還，該抵押品則爲祖公管業，并且有權將之租變，這實在是一種變相的沒收。因此，田權的轉移，除華僑富商外，多半是集中到祖公的名義之下。可是，管理族產的人，必非『目不識丁』的農民所能勝任，多爲舊紳或土豪所把持。中飽自肥，在鄉中實在已成公開的祕密，他們視族產儼然爲個人所私有，而農民卻沒奈伊何。廣東械鬥之風甚盛，而花縣的械鬥亦曾發生過不少次數，其實亦多半爲把持族產者所作祟。每一械鬥，遍請同族，大購槍械，械鬥時的雅片，米食，以及槍彈的消耗，常在十萬八萬元以上，把持族產者則從中漁利。生命損失，廬舍爲墟，均所不計。如畢村，三華，黃峙山等鄉因以前械鬥損失，有至今尚未復完者。這固然是把持族產者的作祟，也是氏族觀念太深的毒害啊！

表中所謂私家田，地主田亦包含在內，縣屬有多少地主，地主佔有若干田，目前尚未有詳確調查。然在一百畝以上的地主，在花縣當不在少數。他們或爲華僑，或爲富商，或爲官僚的後裔。

三　租佃制度

祖嘗田完全由族人租種，其距離本鄉太遠者，則另租與就近的佃戶。若果是本族人租種，則無所謂『批頭』，『批約』之類；若是外族人租種，則必須訂批約，繳批頭，押租，以及管理收租人的鞋金等亦有稱爲酒錢者。在二十二鄉中，除蓮塘一鄉採用分租外，其餘皆係定租。批約普通由四年至五年；批頭亦即酒錢，多少不等，視田主與佃戶的關係而定，如果田主的田，係在外族人勢力範圍之下：

自己去耕種爲不可能者，則該田或可免納批頭，甚至要減低租値，這是因爲鄉界關係所致。酒錢最普通者，每十畝約三，四元，押批約二十元，要是退耕時并無欠租者該押租銀可以取回。租與外族之田，錢租與穀租均有，多以穀租爲標準，每畝穀租租額約佔產量十份之四，如遇荒年可由佃戶偕田主往田中察勘，酌議減租。佃戶如無欠租，在租期內，田主不能任意將取回轉租別人。祖嘗田租與本族人耕種者，其情形稍異，不須批約，不納押租且無鞋金之類。嘗田的使用權用競投法，每年開耕前在祖祠票投，以出租價最高者得，雖然錢租穀租均有，但以錢租爲多數，於每年清明節前必須將一年田租繳納，年歲豐歉，均無增減租值之例，但耕滿一年之後可以退耕。普通租期爲三年或四年。錢租每畝在 10—20 元之間，錢租租額佔產量價値，如果穀價平穩（每担六元左右）時，約佔十份之四，要是穀價若今年這樣低落（每担四元），則佔十份之六以上。近來祖嘗田與私家田，均有採用錢租的趨勢，而錢租則直接影響農民的生活。例如農民一畝田的出息，以稻作來計，年豐時每畝收穫 500斤，納租十五元，肥料七元，若牛工，種籽，工資等不算外，合計已二十二元，若穀價每百斤六元，可得三十元，尙可勉强維持；可是這兩年來的穀價是四元左右，農民們不是白白賠本了嗎？所以他們終歲勞苦，所收穫者僅是飢寒二字而已。

四　農業經營

花縣的農業生產工具如畜牲——牛以及犂耙鋤鍬等，可以說完全是墨守成法的。買不起耕牛的農戶，多向鄰家有牛者搭用，鄉人稱之爲『搭牛』，水牛一頭普通在二百元左右，有所謂郴州種者常値三四百元以上，黃牛每頭約自 80—100 元之間。鄉中有耕牛者約佔農戶70%。買不起耕牛的農戶，只有以人拖犂，這也是常見的事。至若採用機械來耕種的，在縣屬除了中國製糖公司外，農戶中可說完全沒有。該公司係集資開設，在第三區畢村附近向畢族租地二千畝，從事種蔗，用機器製糖；第一年種蔗，因爲虧了本，現正從事改良種植，并計劃由公司供給蔗苗，肥料以及土地等，租與農民承耕，農民祇出勞動，收成時由公司備價向農民購買，但價目當由公司規定；或每畝給回工資若干。據附近農民所談，如照公司所規定之價格購買，恐連食用亦無着落。說到打水機，更是罕見。現時普遍的灌溉辦法，除聽天外，有的就是水車，這只能用於近河流或近池塘之處；其次爲桔槔，從井中吸水，事倍功半，然此外却無別法。第四區某鄉，曾以族款向外購置抽水機一架，價值萬餘元，現各部機件，都靜悄悄地睡在祖祠裏面，據鄉人言，因爲經手人從中舞弊，尙有一鍋爐未曾裝置，所以得物無用。地主有大量的田地，且有資本，足以採用機器從事耕種，可是他們幷不自已耕種，而要坐食地租，或從事投資於都市方面。農民想利用機械，却限於田地與資本，本可利用族款購買機械，而管理族款者却只飽私囊，農民亦不敢奈何。

肥田粉的廣告，鄉中市鎭，觸目皆是。在初頗覺盛極一時，此種肥料，亦確能使田禾興奮一時，是以農民多喜用之。但用之過久，田土凝結；因此近來銷路已不如初來之盛。目前在農村佔有勢力者爲東三省運來之豆餅。無論水田旱地均用之。其次爲石灰，其來源有自英德者，亦有在本處採石自製者。石灰窰在縣內凡十餘家。此外，農民最常用的爲草灰，人糞，畜糞等。

五　僱傭勞動

近來僱用長工的農戶甚少，在調查二十二個鄉村中， 1716 個農戶中僅有36戶是僱用長工的，佔不到農戶數百分之一。這36個僱用長工的農戶，以自耕富農爲多，且都耕種在二十畝以上。長工工資平均每年六十元，若是看牛童，只供食無工資，年中由雇主做一套衣服算是優待。工資在從前是給穀的，現在已完全改用錢銀了。零工工資分平時忙時兩種，忙時男子每天七毫，女子五毫；平時男子四毫，女子二毫。飯食和工具，全由雇主供給。近五年來長工和零工的工資均低減，其主要原因，就是從南洋失業回鄉的華僑口多，加以穀價低賤，農民不再多雇工人，或者賴氏族間互相幫助；同時，花縣在未建築公路時，農民於耕作之餘，以單輪車爲商人運輸貨物，或以竹兜（肩輿之類）爲客代步，日中尙可得一元數角，以補家用。可是，自公路建築以後，此種工作，已全爲汽車所奪，統計沿花新公路各鄉村，以前賴推車肩輿維持生活而現在失業者，約達六百人以上。本縣的男子，常常跑到番禺縣屬的高塘墟以及南海的裏水，西華等處去擺行，亦有稱爲『企市』者，在七八年前，這種去擺行的人很多，可是現在却大大地減少了。因上述種種原因，便形成勞動過剩的現象。這就是近幾年工資低減的原因。說到婦女勞動方面，花縣大部份的農婦，在農作上佔極重要的地位，終日耐勞刻苦沒有休息。

六 農產買賣

這裏的農產，以稻爲大宗，據估計共出產足以供給全縣。有許多商人將本地的穀收買，運往廣州，再由廣州運回洋米，爲的就是洋米較本地米多獲利些。五和，白坭等墟，穀米的出口，每墟每期(五日爲一墟期)，約三十萬斤以上。穀米出口，隨着就是肥料煤油等入口，收買穀米。商人可以操縱市價，因爲每一市集相距常達十里以上，且五日爲墟期，如果這墟期不賣，必須再候五天，或趕其他較遠的市集，然而農民糶穀，多因急需，因此低價亦不能不出售了。可是肥料及煤油等，却不因此而廉價。有些商店，把肥料貸給農民，較之現款買賣時約貴百分之10左右，農民歸還時，穀或款都可以，還穀就依照還穀時的穀價伸算。售賣肥料的多兼營穀米，許多農民在穀價低賤時，因爲需款的原故，（多因還債）不能不將自己所有的穀廉價出售，一俟穀售完了，當青黃不接時，穀價復漲，然此時却不能不買米濟飢；於是農民只有典當借貸來維持生活了。然而典當借貸，到底還是要淸償的，而且利息又是那麼高。因此農民生活更無安樂的一日。

七 借貸制度

花縣甚少有專放糧食的人家，借穀實僅爲一種氏族互助作用，并無利息。有些鄉村，其祖嘗田的收入如果是穀租，那末，此項租穀每在祖祠當衆由族人競投，投的是穀，而歸還的却是錢了。有些是當場交款，亦有延至某一個時期（如春秋祭之前）淸還的，在此時期內不取利息。農村中最通行的就是借錢，欠人錢的農戶有多少呢？在十五個鄉村中，有如下表：

鄉別	農戶數	借貸戶數	百分比
獅象	170	153	90%
儒林	300	200	66.6%
小俑利	300	120	40%
平山梁	160	64	40%
瀝貝	240	144	60%
楊屋村	700	350	50%
馬溪	450	360	80%
田美	792	554	70%
橫潭街	185	56	30%
鴨湖	405	284	70%
塱頭	540	432	80%
水口	200	140	70%
纓江塘	427	299	70%
蓮塘	500	250	50%
新莊	45	30	66.6%
合計	5414	3426	63.3%

上表在十五個鄉村中，欠債的人家佔農戶數63.3%。他們借貸的來源，大概是祖公的嘗產，堂號的會款，當鋪的典當，商店的賒賬，以及私人的揭借等。除了商店的賒賬及以衣服典當外，其他所有的揭借，必須以田地作抵押。通常每畝田可抵押得四成，（值銀一百元者可抵押四十元），有些是視該田地之每年收益如何而定。例如該田年僅得租十元，而當時借銀的年息爲八厘，那末該田可抵押得一百元。揭借多以一年爲期，如到期不還，該抵押品則由債主管業，債主耕種，但仍須由田主完糧。可是債主對該田只有使用權，而無所有權；農民即使甚窘，無力償還欠款時，亦可取回該田轉賣償債，然亦有與債主商量補回田價多少然後斷賣給債主的。商店賒賬，全靠彼此間信用，但較之現款買賣者約貴百分之10。

賒了店賬不還，第二年雖不加利息，可是再賒就難了，而且債主還是要時時追討的，有時耕牛常常爲債主牽去。致於典當業在縣屬分佈於各市集，約有二十家，月息五兩以上二分，五兩以下三分，一年期滿，期滿不能取贖時，農民必須另攜東西去轉當，否則前當物件不復爲自己所有了。開當鋪的人，都以華僑富商及地主居多。近年來，當鋪也日漸衰落了，因爲農民所當的都不能贖回，而當鋪所出的貨却不値錢。農村做會，也很盛行，做會頭的，多數是祖公或堂號（堂號的組織是聯合同族的各房或同鄉的各姓而成），因爲祖公與堂號都有可靠的產業，鄉人都能安心幫會，而且祖公與堂號都具有一種威力，可以處置賴債者的產業。鄉間所通行的會要算是五元，十元兩種。會中利率約自二元半至三元之間。幫會的人家近十年來都已減少，因爲普通農戶要積蓄款項供會，這是頂不容易的事。關於農民向祖嘗揭借的情形，頗値我們注意。因爲祖公擁有多量田地，其租項的收入，除年中春秋二祭以及清明分胙所支銷外，其所有餘款，均用之貸給農民，加農民種種痛苦及糾紛。第一，族產之權，爲族中之舊紳或土豪所操縱，不特中飽私囊，且魚肉農民；第二，借款常用競投法，歸利息最高者所得，農民每因急於需款，不惜以高利息去競爭，可是利息太高，償還時就發生困難了；第三，凡族中男子，均有競投的權利，對於其人能力如何，殊無限制，因此做成了游手好閒的人們用錢的機會。投款以一年爲期，但如能年年清償利息者，亦可延長至若干年。要是利息不清，本亦不還，一俟本利相當時，除由管理者將本人之產業投變抵償外，不足時仍須由其親族償還，不管其親族之願意與否，都是要强制執行的，這稱之爲『移親及疏法』。如其親族有不願意者，則以違反『鄉例』論，便有『出族』的危險。或者由把持鄉事者少數人議決，全鄉人與其斷絕關係，有與談話或來往者，罰！農民在這種情况之下，眞是無可如何。鄉人有句俗語所謂『鄉例嚴於聖旨』，就是這個意思。

八　稅捐

稅捐的種類有田稅，田畝捐，警捐，自治區費，糖捐，榨油捐，築路費以及馬路橋樑費等。田稅每畝三毫二分，田畝捐每畝四毫，警捐及自治區費視該鄉人口多寡而定月納數額，猪捐每担一元，榨油捐每榨二毫，馬路橋樑費一次過每畝二毫，築路費視鄉村之壯丁多少而定，每丁約納六元左右。爲了徵收築路費，在第三區曾發生一件農民反抗的風潮，結果是官廳勝利，農民吃虧。農民在初是抗繳，後來經武裝隊伍下鄉拿人，鄉長被抓到縣裏監禁，農民於是不得不屈服了。有些鄉村要繳四千元，有些要繳三千六百元，至少都要繳四百六十五元。築路費收了，而公路還未完成。農民們眼中的公路，在目前只是有害而無利，既割了田，又賠了錢，更被汽車奪了自己推車及挑担的生意，只是利便了有錢坐汽車來往的人們！

（出自《中国农村》第一卷第四期，一九三五年）

佛岡縣農業調查報告民國十年

李翹芳調查

(一)位置

佛岡縣城居經度二十三度五十五分。緯度偏西三度二十四分。縣境東西廣五十七里。南北距四十八里。東界新豐。東南界從化。南界從化清遠。西及北均界英德。縣治分南北二部。如下表。

	警察區	原名	所屬地
南部	第一區	吉河鄉	分小坑 滑江 龍蟠 龍潭 觀音 龍溪九團 田心 神選 黃田 網田 元降 黃華 共十三堡
北部	第二區	六鄉	分虎山 高台 觀音 獨石 選頭 白石 等六鄉

（二）地勢

縣之中部。有覰音山象山獨凰山等高大之山。橫亘其間。使南北二部爲天然之分界。而北部之水向北趨。南部之水向南流也。然論地勢。實北部較高於南部。特中部爲尤高耳。全縣多崇山峻嶺。平原狹小。大抵山居十之七。平原居十之三焉。至地積未詳。但據前清道光末年縣誌。則已墾之田地山塘農桑水陂共僅九百四十餘頃。由此而推。可知未墾之地尚多也。

（三）氣候

氣候較省會爲寒。冬至早春多霜。十一二月至正月間。常見高山之頂。白推銀花云。而北部尤寒于南部。且全縣以山多地高故。晝夜氣溫之變化頗甚。

（四）耕地狀況

土質　土以定積者居多。而每缺有機物。大約壤土居十之三。幼沙土居十之五。粘土居十之二云。表土深四五寸。底土多黃赤色。要之、全縣土質。多屬中等。例之南順膏腴之區。則判然不同矣。

水利　各地農田。類有山水以資灌溉。故旱災均少。其水源利用法。以修坑作陂引高就下者爲常。間或用自動水車龍骨車等。至水患則除第一區之小僅、第二區之獨石逕頭白石等處、略有外。其餘亦甚少也。

交通　南北兩部之交通。概由陸路。至與外處交通。則屬于南部者。陸路由縣城至遠清之闞前墟約五十里。但近有匪患堪虞。無論客貨。改由水路者居多。水路即吉河。此河自石角墟而下。南流與清遠濱江會合。可通載重萬數千斤之船。但水流頗急。易下而難上。譬在冬間水涸時。其船約二日可達清遠城。而上則須五六日也。其運貨費。自石角墟至清遠城。每百斤自二毫半至三毫云。屬于北部者。行旅去時多由水路。回時多由陸路。陸路自三江至英德城。約百三四十里。近以防匪故。行旅來往。俱有一定日期。聯帮結隊以行。水路由六鄉水至英德獅子口。祇通載重數千斤之舟。再由獅子口可轉用較大之船以出英德城。此水流勢尤較青河爲急。且多灘石。冬間自英德城溯流而上。須十日半月方達至三江云。此可知其交通之困難情形。而公路開設之宜急也。

耕作情形　南北部均以種稻爲主。而南部則田不足耕。人民之出外謀生者。約居三之一。其所產稻。僅敷本地食用。北部則稻米有餘。每年輸出于外者。百萬斤以上云。除種稻外。其他無大宗出產。蓋交通不便。農民又多固陋。故耕作情形。多屬簡單困難云。其詳容後分述之。

（五）農民經濟狀況

田地租價　南部田地。每畝上者百五六十元。中八十元至百二十元。下四五十元。北部每畝上者六十元至八十元。中二十元至四十元。租穀每畝均自百五十斤至三百斤。

長短工價　長工年價二十元至三十五元。短工忙時男每日二毫。女一毫。閒時男每日一毫。女六十文。均另供膳。

產品價　物價第一區與第二區不同。因彼此不易相通也。今表如下。

品名	價格 第一區 元	價格 第二區 元	備考
稻穀	三·七—四·二	二·四—二·八	以百斤計
猪	〇·三二	〇·二七	以淨肉一斤計
鷄	〇·三五—〇·四	〇·五—〇·三五	以一斤計
鴨	〇·二五	〇·二〇	以一斤計

鷄	○·二○	○·二○	以一斤計
茶	○·四○	○·四○	以嫩茶一斤計
石灰	○·四五—○·五	○·四○—○·四五	以百斤計
松柴	○·三○	○·二五	以百斤計
炭	○·九—一·一	○·八	以百斤計
草	○·三	○·○八	以百斤計

大小農及經濟情形　類係小農。每家耕十畝至二十畝者爲常。經濟多屬缺乏。

(六)作物

(1)水稻

僅品種早造以腐吼早、夏至白、村早爲多。次爲花羅粘。晚造以油粘，江西粘、霜降粘，鼠牙粘爲多。次火燒禾、矮脚仔。種法與普通無異。肥料以灰糞(人糞或猪糞與火灰混合)牛糞爲常。收量每畝式百斤至六百斤。第一區產穀敷民食。甚少輸出。第式區穀雖有餘。而大半輸出英德。其運售于第一區者。反居少數。則以彼此交通。概由陸路。而輸運艱也。除水稻外。其他無大宗出產。茲幷述其大概焉。

(2)麥

第一區沿吉河附近。冬間每種大小麥。至第二區則殆無之。

(3)烟草

第二區有少數種熟烟者。第一區則無之。

（4）蔗

第一二區有少數種肉蔗者。其莖長祇四五尺許。皮色粗惡。遠遜於廣州市所出者。至竹蔗則均無之。

（5）芋及甘薯

各家大抵種植多少。以供自用。尚少出售。

（6）茶

第一區南田堡之上營綵洞。第二區高發之鍾屋。均產茶頗佳。前清時有外來茶商。就地設廠。四處採買茶葉。以辦洋庄。後以匪多與土人作僞。故茶商裹足。此業遂衰。祇年產萬數千元耳。

（7）藍

第一區龍潭堡有種之者。但亦少數。

（七）蠶桑

第二區殆無之。第一區從前水頭鳳尾吉田小坑白沙嶺等處。均有種桑養蠶者。近則業此者。祇小坑堡有五六家。年產蠶繭三四千元耳。查其故、一由家數太少。每有蠶好缺桑蠶瘦棄桑之弊。二由土地瘠薄。每畝年祇收得桑葉三五百斤至千斤之譜。以致失敗云。

（八）園藝

蔬果均無大宗。而蔬菜尤少可述。今祇述果樹概況如次。

黄皮　第一區所種果類中。以此爲最多。而尤以縣城所產者爲著名。樹既宜生。而味特甘甜。殆地利使然也。

第一區除黄皮外。尚有龍眼、柿、桃、柚等。至荔支自光緒十八年被雪殺死後。近無復種者。第二區向無荔枝與龍限。祇有少數枇杷桃李耳。

（九）畜牧

畜牧亦無大宗。鷄猪則每家祇畜多少以爲副業。牛則祇農民養之。以供耕用。惟鴨苗或鵝苗則有養三數百頭者。滌田原狹小。水草不多。此業亦無發展地步也。

（十）森林

該縣山嶺甚多。而任其濯濯者。幾乎滿目皆是。約計荒廢之山。居十之七八。而立木者、僅得十之二三耳。且冬間以燒山爲常事。余到調查時。居留凡二十日許。殆無日不見森林之火災也。故其森林亦無甚可觀。茲且述其畧焉。

土質　粗砂埴土居多。表土灰白。心土黃赤。

樹種　以山松居多。約占百分之九五。其餘柯木杉、油茶等。則占百分之五耳。

造林法　天然林約十之七。人工林約十之三。其林多爲山松單純林。疏密殊無一定。

斫伐　山松種後十五年至二十年斫伐。伐法若就地出售者。伐後不去老皮。祇鋸斷劈開之。若預備售諸省佛者。則伐後去皮。截成尺餘長（第一區尺二第二區尺八）一條。名三板碌。多屬徑三寸以上者焉。至伐木工價。在第一區以伐後截斷去皮曬乾計。每百斤給工銀四分半至六分。在第二區、則伐後鋸斷。拾積成簇。每簇高長各六尺。濶一尺八寸。約乾重二千五百斤。給工銀一元。

陸運　每百斤挑運十里。工銀一毫。

水運　第一區由石角墟起。運至清遠城。每百斤運費一錢八分至二錢二分。第二區由六鄉水舟運至英德獅子城。每萬斤運費十五元至十八元。

（附）林產製造

炭　製法與普通無异。第二區產額未詳。但固無多。第一區年產約百萬至百二十萬斤。其炭甚灰糙粗劣。即比鄰界清遠潖江所出者。亦遠遜之。

硯沙　製法與普通無异。以第一區之觀音僾爲多。年產約二三千斤。就地出售。每斤價五分至一毫。

龍鬚草蓆　此爲該縣之特產。惜產額無多。故不甚著名、于外也。今述如次。

1原料之採集　縣屬中部之觀音山。乃縣中最高大之山也。其山多石。樹木稀少。而龍鬚草特生其間。草圓細。徑約厘許。長可三尺。聞有人曾將此草移植他處。其莖漸變粗大。遠不如原地所產云。當舊曆七八月間。附近該山之民。每往採之搜之。

2製造法　製造草蓆者。爲第二區白石鄉荷木圍人。法將龍鬚草晒乾。以小麻繩編織成橫間蓆。

3品質之特徵　此草織成之蓆。與普通橫間蓆相似。而草莖圓細堅潔。格外精緻可觀。且遇濕不霉。尤爲特色。

4價格因蓆之濶窄而异。約自一元半至二元。

（十一）輸出品

輸出品爲稻穀柴炭杉等。均匪甚多。已分詳于前。

（十二）農林前途之希望

一、設公路以利交通　該縣水陸交通。均感困難。己如上述。若此則縱使振興農林。增加巨額產品。亦將以輸出艱運費多而莫圖大利。竊以爲由第一區至縣城。由縣城出清遠潖江界以達粵漢鐵路。宜築成公路。使運輸利便。而後農林之大利可圖也。

二、振興林業　該縣山嶺既多。自宜利用所長。以振興林業爲主要。振興之方。首應設林業公會。聯絡各地人士爲一致之進行。如公共模範林之設置。林樹種苗之採集培植。野火之協全嚴防。以及限制濫伐。禁止盜伐。獎勵造林等。均須先有公會。而後易舉也。至于應種何項樹木。則因土質而殊。不能預擬。大抵土質瘠者。仍以種山松爲主。稍肥者則宜種婆蔴台灣相思石斑等。蓋此等樹雖與山松同充薪炭之用。但三五年可伐一次。比之山松收成較速而收量倍優也。尤有利者。則爲種香樟油桐等。蓋香樟以製腦。油桐以製油。而腦與油運輸便。售價高。比之薪炭。何止倍蓰。諺云、家有一千樹。子孫不憂窮。而日人得台灣後。極力提倡香樟造林。近已大獲其利。此所宜取法者也。要之，該縣欲增進人民之富源。當以造林爲首要矣。

三，改良土質　該縣農田。土多砂質。表土尚薄。有機物概缺乏。故各種農產收成。每覺不佳。其主因殆由土質之未良。是宜施行深耕。使表土增厚。深耕宜于晚稻收成後行之。蓋犂起底層之土。經過冬間風日凌霜等作用。漸就風化乃可見效也。又宜種植綠肥。使土中之有機物加多。其法或于冬間種肥田子蠶豆豌豆于田。至春季開花時。犂入土中。或于田畔餘地。種植柳葉豆假綠豆等。亦于開花時刈伐而投入田中。皆可也。

（出自《广东农业概况调查报告书》，一九二五年）

佛岡縣調查報告

游　熙

本隊在從化調查蕆事，卽轉赴佛岡，業經調查完竣，查該縣於嘉慶十八年，劃淸遠之吉河鄉，（卽今之一，二，三區）建立廳治於大埔坪，復以英德之白石，獨石，逕頭，觀音，虎山，高臺等六鄉，，（卽今之四，五兩區）爲佛岡廳，迨至民國初年，遂改廳治而爲三等縣治矣。玆先將該縣情形，作一鳥瞰如下：

（甲）佛岡縣概况

（1）地勢：佛岡爲吾粤中區，正東東南與從化比鄰，正西西南與淸遠接壤，正北連翁源，東北界新豐，西北界英德，縣屬劃分五區，第四五兩區，高山峻嶺，滿目皆是，一，二，三區，地勢較爲平坦，境內土地，山多田少，因水利不便，地勢較高者，時虞旱災矣。

（2）交通：本縣交通，殊感不便，在民十九年時，曾經計劃興築公路，擬由縣城起，與淸滘花佛公路，及從化西路相接駁，南通淸遠從化，北達翁源，惟路經大廟峽，工程浩大，且因路欵難籌，以致中止，現由廣州來，須搭粤漢車至源潭站，轉乘淸滘花佛公路車至龍山市，再行陸路七十里，一日可達，如乘番從公路車至街口，轉搭從化西路車至鰲頭墟，再行陸路八十里，須時二日，始抵縣城，來往境內各區，亦均不通舟車，而道路崎嶇，行走艱難。至水路有河流二：曰文昌河，由高岡經三江以達英德，曰吉河，由水頭經石角以通淸遠，均有小民船行駛，惟河水不深，船行遲滯，縣屬幷無郵局及電報局之設，縣城及各區，祇有郵務代辦所，數日遞信一次，幸各區公所，均已裝置電話，故消息之傳遞，尙不致十分困難也。

（3）敎育：縣屬敎育，殊爲落後，有初級中學一間，學生八十餘人，昔以錢糧附加，爲主要校欵，近因改征地稅，以致經費無着，目前雖經負責人發起募捐，然屬暫維現狀之計，亦非久持之策，如不另籌的欵，恐有倒閉之虞，全縣合計，祇有完全小學七間，初小七十餘間，多爲經費所限，設備簡陋，至社會敎育，亦因籌欵艱難，多未舉辦。

（4）人民生活：本縣人口約計不及八萬，其中以本地約佔十分之六，客家約佔十分之四，第一，二，三區，均屬本地，四五兩區，槪爲客家，男女多屬居家業農，出外經營工商兩業者甚少，生活程度頗低，不難維持家計，民性儉樸耐勞，敎育不發達，風氣尙蔽塞，因細故而互相爭訟者，時有所聞，迷信神權，蓄養童媳之陋習，尙不稍減，今後如能普及教育，提高民智，則不頁之風，庶可漸移矣。

（乙）各區情形

（1）第一區：該區公所，設在石角鎮，離城二里，區屬劃分二十九鄉一鎮，人口約二萬一千餘爲各區之冠，商場有石角鎮縣城龍崗市等，石角鎮爲商業區，共有商店百間，以一，六爲墟期，縣屬各墟市，所販貨物，多採購於此，擺攤生意，似亦不弱，故每逢墟日，交易場中，頓形擠擁，城內多屬住家，甚小商店，龍崗商店，亦不過十餘間耳，物產以穀米爲大宗，蔗糖，烟葉次之，常年產穀十萬擔，足以自給，蔗糖產於六，八，二十七鄉，共有糖寮四間，均屬小資本經營，年產約千擔，銷流本地，近因價值低賤，多屬虧本，烟葉產於三，四，五鄉，年約二萬斤，該區雇農頗多，平均每鄉約有雇農二十人，其最高工資年達八十元，長期牧牛童工亦復不少，惟工資頗低，其最高者，年亦不過十元，祗供食宿而無工資者，亦佔多數，貨幣流通，以雙毫及銅仙爲最多，省行毫劵，間有行使，惟流動不定，頗難估計耳。

（2）第二區：由縣城向東北行二十里，卽抵南岡，區公所在焉，境內商場祇有瑞洲三八兩墟各有商店三四間，生意極形冷落，南岡原爲區屬商塲之一，昔日商業，頗爲繁盛，惟自民四年後，地方多故，日趨衰落有商店今已完全歇業。該區劃分二十鄉，人口約七千九百餘，敎育祗有初小十餘間，多屬簡陋。物產以石灰爲大宗，花生油烟葉次之，石灰之原料爲灰石，產於田心二鄉，該鄉與古塘一鄉，共有灰窰八座，各有工人六七人，產量向無一定，視需求之多寡以爲衡，因交通不便，運輸困難，不能遠銷，均由附近人民，前往採購，每擔値銀五角，然後擔赴各市塲出售，每擔八角，所產花生，多供本地搾油之用，計境內共有油搾五廠，年約出油四百擔，烟葉產於田心二鄉，及九圍二鄉，每年產量，約一萬六千斤，銷售於各市塲，年產穀米，僅敷區民十個月之食糧，薯芋雜粮，頗堪自給。

（3）第三區：由南岡向東南再行二十里，抵水頭鎮，該區公所，設立於此，區屬劃分二十鄉一鎮，人口約計一萬三千餘人，境內地勢平坦，人烟稠密，土質尙稱肥美，水利亦頗富足，惟農田不多，所產穀米，不敷自給，其他物產，則以石灰，茶葉，杉木，磚瓦較爲大宗，石灰產於田心六鄉，天降三鄉，共有灰窰三座，茶葉產於王田四鄉，杉木產於天降一鄉，磚瓦產於天降五鄉王田一，三鄉，西田四鄉，共有窰廠四間，然亦祇供本地銷用，甚少出口。敎育有文源小學一間，學生八十餘人，一切設備，較爲完善，初小學校十餘間，多屬簡陋，商場僅得水頭鎮，商店八十餘間，以五，十爲墟期，資本以同興當舖，及各蘇杭雜貨之商號，較爲雄厚，其餘均屬小資本經營。

（4）第四區：該區公所，設在高岡，由縣城向東行六十里，山嶺重疊，道路崎嶇，且沿途小溪約二十條，均無橋樑，必須赤足渡過，甚感不便，區屬劃分十一鄉，人口約八千餘人，商塲有高岡，高臺長江，觀音新街等墟，以高岡商業較盛，有商店二十餘間，亦以三八爲墟期，較形熱鬧，閒日幾無交易，即魚肉食品，亦購之不得，物產以穀米，茶葉爲大宗，常年產穀四萬五千擔，除供給本地外，尚有萬擔，運銷縣屬各區，茶葉產於高臺一鄉，虎山一鄉，觀音一鄉等地，以觀音山所產，較爲淸甘香滑，尙稱著名，年產四五萬斤，銷流於鄰近各縣，境內虎山一鄉，有碗窰二十座，糖果罇窰五座，共有工人百餘，所造碗罇，仍守舊法，不甚精緻，碗窰兼燒大小碗碟，罇窰專製燒罇，以爲裝載糖果之用，每隻值銀八仙，在民元前，運銷香港者，年值十萬元，近年滯銷，已減十之八九矣。

（5）第五區：由高岡向北行十里，即抵三江，區公所在焉，該區劃分十九鄉，人口約二萬，物產以穀米，烟葉爲大宗，常年所產穀米，足自給而有餘，薯芋雜糧，亦堪自給，烟葉出產，各鄉均有，合計產量，年約萬斤，茶葉產於逕頭一鄉，惟產量不多，商場計有三江，烟嶺，大陂，逕頭等墟，商業以烟嶺，大陂較盛，各有商店十餘間，三江，逕頭僅有商店各數間，均販零星物品，生意冷落，敎育比二，三，四區，較爲發達，共有完全小學四間，初小十餘間，學生六七百人，辦理亦較爲完善。

四五兩區，山嶺甚多，林產頗盛，境內森林，以松爲主要樹種，舉凡峻嶺丘陵，皆遍佈松之幼苗，故松木出產，昔年由文昌河運銷英德，作柴薪用者，價值達數萬元，林木既多，木炭之出產，爲數亦不少，聞在民國初年，共有炭窰百餘座，工人五六百，年產木炭，不下十餘萬擔，運銷於英德廣州，近年來因受不景氣所影響，貨失其值，銷量日減，一般燒炭工人，多因不能維持生活，改營他業，故邇年產量，已減十之八九矣。

（出自《统计月刊》第一卷第十二期，一九三五年）

赤溪縣農業概況調查報告

卓正豐

(一)位置

赤溪縣居省城西南約四百一十餘里縣治位於北緯二十一度五十六分四十秒經綫距北平中綫偏西三度二十九分十一秒東西距五十九里南北距六十一里東至燕子排十五里與中山縣爲界西至台山海口四十六里與台山爲界南至大排四十里以大海爲界北至台山白石十五里亦與台山爲界東南至三杯酒四十里與中山海道爲界西南至鹿頸嘴三十八里與台山海道爲界東西至瀝茜鼠山十四里西北至絞蔗塘胡蘆嘴十八里均與台山爲界全縣分爲三區分述如下

區名	所在地	區域
第一區	縣城	附城
第二區	田頭鄉	距城二十五里
第三區	銅鼓	距城二十八里

(二)地勢

縣屬地似正方形三面環海一面陸地與台山毗連曹峯山居縣之中部高數千尺四面分支散佈全縣獨田頭一區縱横十餘里縣城一區縱横約數里其地較爲平坦此外平原之地不過一二里耳

(三)氣候

縣境三面濱海近亞熱帶海氣蒸溽土卑而濕一歲之中煖多寒少立春卽和暖春深則稍寒寒則必雨故俗有春寒雨至冬雨汗流之諺四五六月多雨六月至八月多颶風颶風一至波潮隨之瀕海圍田多遭浸沒年年如是但颶風之多少無定而通常之大風則時有之以其近海之故云

(四)耕地狀況

1 土質　土質大概分爲冲積運積二種一區三區之土多屬冲積表土深厚砂質畧多二區之土多屬運積色灰白表土極厚含肥亦富

2 水利　邑內河流絕無第一區雖有名赤溪河向東流而濶不及二丈深不滿二尺夏天可駛十數担之艇冬月則艇亦不能行二區有塘尾河長約十餘里深僅二三尺濶亦不足二丈向西流絕少船艇往來故水利殊不足道也

3 交通　邑內旣少河流又無車路雖三面濱海而無商船來往故一切運輸皆用肩挑現由縣城第一區至第二區田頭雖築有公路路基而有數度橋樑尚未興工聞因欵項不敷開車之期尚遙遙莫定由田頭至斗山之路名斗田公路長僅數里現亦未通車由縣城至都斛之路名台赤公路而都斛一段雖已工竣獨赤溪一段長約十一二里亦未興工開車之期亦難預料第三區銅鼓左右皆大山交通更不足言矣

4 耕作情形　除兩造水稻外餘則以薯芋爲主蔬菜瓜豆等物次之低下之田早造時有水災故多種一造普通男女通力合作重者男人任之輕者則女人任之

(五)農民經濟狀況

1 田地租價　一區三區之田地價格比較二區之田地價格畧低因二區地近台山殷富較多故也一三區之上等田地年

耕兩造者每畝價至多不過二百元每畝租十一二元中等田每畝價百三四元租八九元下等田每畝六七十元租四五元旱地租價與下等田相等至第二區田頭鄉上等田每畝値二百六七十元租十七八元中等田則與第一三區之上等田相等三等田則與一三區之中等田相等旱地亦然

2長短工價　縣屬農民自畊自食者居多惟第二區富厚之家間有一二僱長工者每年除供膳外工金約四十元短工忙時（指六月十月）除給午膳外每日工金一元至一元六毫亦不供午膳則工資多給二三角供給三餐者則少三四角然長短工人皆以來自陽江等處者爲多女工則必自家耕種完畢然後傭於他家工價比男工畧低三分之一云

3大小農及經濟情形　縣屬農民以自耕農爲多半自耕農次之耕十畝以上者約百分之三十耕十畝以下者約百分之七十至於經濟則多覺充裕查全縣人口約二千五百餘戶男女共一萬七千餘人男丁約佔九千左右除耕田外有出外謀生者有取魚爲業者縣中穀米足食而有餘魚肉不待外購柴薪可以自給所缺者不過油鹽衣服而已但俗尙武器每家多數備一槍非左輪則駁殼民十五年間在廣海被官軍繳械後損失甚大云

4縣中農產品價格大畧如下表

品名	數量	價格	出口
穀	每担	七元	少數
猪	每斤	•八元	少數
鷄	每斤	一元	少數

鴨	每斤	•七元	少數
紫菜	每斤	•八元	少數
羊	每斤	•八元	少數
蠔豉	每斤	一元	少數
鵝	每斤	•八元	少數
魚 上等 中等	每斤	•八 •五 元	少數
黄豆	每担	九元	出入無定
花生	每担	六元	出入無定
松柴	每担	一•四元	出少數
草柴	每担	•八元	出少數

(六)作物

1水稻　早造穀種有百日早（種落百日可收穫故名）早糯赤穀早粘鼠牙粘等晚造穀種則有黃壳白壳大糯黑糯粉粘粘仔霜降粘等肥料則以用豬牛糞草木灰爲多間亦有用花生麩者除草時亦有每畝田撒十餘斤化學肥者上等收穫每畝四百餘斤至五百斤除水稻外其他無大宗出產

2坡禾（卽旱稻）　有黃壳白壳龍舟白等種植期春分前後種法如常故不贅記

3薯芋　薯有細海薯（因其薯不甚大種來自海邊云）五指薯（因其外皮帶白內皮藍肉黃故名）浮石薯（因其肉鬆而不結故名）其餘有黃皮白皮紅皮鷄蛋黃（因其肉如雞蛋黃故名）戥錘薯（因其形如戥錘故名）種植期無定以秋分前後爲最多芋則有紅芽芋狗爪芋坭芋等種植期在春分前種法與通常無異

4豆類　有黃豆烏豆眉豆猍豆花生豆等出產無多除烏豆有多少出口外其餘不足本地之用

（七）園藝

1果樹　縣屬果樹有黃皮龍眼等但非專業經營不過植於屋邊餘地全縣總計亦僅數十株而已

2蔬菜　有葱蒜韮等金瓜黃瓜絲瓜豆角白芥菜等物均無大宗出口祇供自食其種法亦無足述者

（八）畜牧

1牛　牛有水牛黃牛二種皆農戶各養一二頭以供犂田者全縣統計大約八百頭左右而已

2豬　農家皆有養之多者養二三頭但以養一頭者爲多酒米店則有養十餘頭者全縣合計二千頭左右飼料除用殘羹而外彙以薯葉菜葉水草（卽水下生之草一名豬菜）飼之豬舍則以閑屋房等爲之並無特別另建者

3家禽　有鷄鴨鴿鵝等鷄則家家養十數翼鴿則間有養之鴨則有養至千百個者年分爲早晚二造早造春分前後起養立秋前後出賣晚造立秋起養冬至前後出賣亦有專養數十鴨母生蛋至數年然後賣者每鴨產蛋多者大約二百五六十枚每

鴨母每月須飼穀四斤左右

4羊　二區之龍海灣地有養數十頭山羊者羊舍則用間屋或搭棚爲之舍内用瓦埕二三個掛於舍中埕内載鹽二三斤及毒蛇百足虫檸檬等物並加水其埕身則常濕羊在舍時則常以舌噬埕身則羊少病云羊若有脚腫之病則取埕内檸檬渣水塗其脚則腫自消云但最宜注意者凡遇大霧必俟霧水乾後始可放羊否則羊食草木葉上之霧則口必爛如有爛口之羊則常以生鹽擦其爛處自可痊愈云

（九）森林

縣屬山嶺約佔全縣面積十分之七而松林又約佔全面積百分之五但此俱屬近鄉村者多其離村鄉稍遠及高大之山則多屬荒山祇有草而無樹土人植樹多用直播法少有用移植法者

（十）特產品

1紫菜　是赤溪之特產查紫菜乃一種海生植物生於海邊大石之中其色青其味甜其性清凉甚爲適口故人多食之縣屬之海龍灣及大角頭海皆有出產但不如銅鼓海所產者味較佳美故銅鼓海所產者每斤值銀一元以上其餘各海產者每斤祇值數角而已其分别法銅鼓海產者色較青綠其他海產者色畧淡白云

2蠔豉　蠔豉一物以中山縣唐家灣出產爲最多且最有名其養蠔法則取石拋於海中三年之後自能生蠔而赤溪所產之蠔乃係天然生於海石之中但所產無多年僅數十担耳

（十一）輸出品

縣屬輸出品有穀米蠔豉紫菜柴炭數種查紫菜之輸出每年數十担每担平均值銀八十元蠔豉輸出亦數十担每担平均值銀百元穀米輸出每年約四百担每担銀約七元至柴炭之輸出則無定農工之家暇時則入山取草或製炭挑入台山富地發

賣故無定也

(十二)農林教育狀況

赤溪教育最爲缺乏查全縣高小祇得三間初小得四間學生共約五百人現田頭二區擬籌辦中學但成立之期尚遠也

(十三)農林前途之希望

赤溪農地已無曠土惟山嶺之未墾者尚多且其土質肥美表土深厚雖間有水成岩夾雜其間而居少數松杉二樹固極適宜於栽植而尤以茶樹爲最適蓋茶樹種地愈高而愈美凡風日時到水氣充足之山皆產名茶今該縣山嶺四面環海風日水氣皆足故決其最適宜於種茶也

（出自《广东农业概况调查报告书续编》下卷，一九三三年）

赤溪縣調報查告　　梁琴友

本隊奉命出發赴恩平高明赤溪三縣，調查經濟及政治狀況，恩平高明兩縣，業經調查完竣，赤溪調查，亦已完畢，謹將調查所得情形，分別署述報告。

（一）地勢與面積　赤溪縣爲有清廳治，清咸豐年間，因新寧，（卽今台山）開平，恩平，等縣，客家與土著發生械鬭，新寧之冲蔞，都斛，四九，五十，那扶等處客民，相率走避於赤溪，田頭，曹冲，等處，後雙方息爭構和，當道爲杜絕爭端起見，巡撫蔣益澧於清同治六年，呈准清廷，乃將新寧，（卽台山）潮居都之赤溪，曹冲，田頭，磅礴，銅鼓，五堡之地折置，設同知一員，管理政事，民國光復，廢廳爲縣，仍名赤溪，負山面海，形勢險阻，位居珠江口之南，爲香港，澳門，與南路，沿岸船舶來往之衝，西北與台山毗連，東南西三面環海，面積約二千八百八十方里，陸占二千一百三十方里，海占七百五十方里，東西距五十九里，南北距六十一里。

（二）風俗習慣　人民强悍好鬥，惟儉樸務農，耐勞苦，尤以婦女勤勞儉樸，饒有古風，凡嫁娶喪葬，不尙奢侈，縣屬崇山峻嶺，遍於全邑，耕地稀少，營生匪易，人多往外洋謀生，然而氣誼團結，關懷桑梓，遇邑內公益之事，莫不踴躍捐助，但逢子午卯酉之年，俗人多集貲，做建醮營齋演戲等迷信事業，動縻鉅欵，此等陋俗，亟宜革除之也。

（三）治安　該縣爲吾粵特三等縣治，地濒洋海，崗巒重叠，道途崎嶇，林木叢生，洋界則接近台山中山陽江，陸地則毗連台山之古兜大隆二山，素爲盜匪出沒之區，截刼洋船，洗刼村居，擄人掠物，民無寧處，雖歷有官軍勦辦，亦難肅淸，民國後，古兜匪帮，陳祝三，羅權，大口意，水東四等匪首，嘯聚匪黨千數百人，時出刼擄，爲禍更慘，歷經五邑淸鄉督辦，及台赤兩縣長官，率軍會勦，僅靖一時，迨民國十三年，十三師奉令勦辦，設計擒殺陳祝三，葉蘭初等匪首，餘匪逃散，匪風遂戢，居民賴安，近數年來，已無匪患，更在距城三四里之要隘地方，建築東北兩碉樓，常駐軍警防守，軍實，除縣兵一分隊駐城外，警衛隊常備隊有兩個獨立小隊，一駐縣城，一駐二區之田頭墟，去年八月成立編練處於縣城，後備隊共編十六個中隊十個獨立小隊，公安局，設於縣政府，由縣長兼，管轄兩個公安分局，一爲赤溪公安分局，設於縣城，二爲田頭公安分局，設於二區之田頭，三區之銅鼓墟，設一分駐所，隸屬田頭公安分局。

(四)自治與人口　全縣分三個自治區，二十五鄉，無鎮，不設里，第一區公所，設於縣城，有九鄉，共一千三百八十二戶，現住人口，男有三千五百六十七人，女有三千三百八十二人，合計共六千九百四十九人。第二區公所，設於田頭墟，有十四鄉，共一千八百七十二戶，現住人口，男有四千八百二十五人，女有四千六百零四人，合計共九千四百二十九人。第三區公所，設於銅鼓墟，有二鄉，共有二百三十一戶，現住人口，男有五百八十七人，女有五百六十人，合計共一千一百四十七人。全縣戶數，共三千四百八十五戶，全縣現住人口，男共八千九百七十九人，女有八千五百四十六人，男女合計，共一萬七千五百二十五人。據該縣誌載，民國三年，共有九千七百一十五戶，人口共有六萬零六百六十九人，近二十年來，挈眷往外洋謀生者，每年不下數百家，現計在外人口，約有三萬餘人。各級自治機關，均已成立，至調查戶口，編釘門牌等工作，亦經辦理完竣。

(五)教育與慈善事業　縣屬教育不甚發達，縣城有縣立小學一間，二區有區立田頭小學一間，各鄉均係初級小學，辦理未臻完善，計除兩公立小學校外，各鄉初級小學共十六間，合計男女學生，共有九百三十八人，因而失學兒童尚多，計男有一千八百八十人，女有一千七百四十人，合計男女兒童失學者，共有三千二百六十人。慈善機關，一區之大衿島，有大衿痲瘋院一間，現有痲瘋人百餘，係由浸信會主辦，又有第一醫院一間，現因欵絀停辦，又日間成立救濟院一間，附設於第一區第一醫院，第二醫院，設於田頭墟。

(六)田畝與物產　全縣多崇山峻嶺，近海之處，地多低窪，肥沃之田地極少，田畝調查，業經完竣，計一區共有一萬一千三百九十四畝，二區共有二萬二千四百三十九畝，三區共有二千一百三十四畝，全縣合計，共有三萬五千九百六十八畝，農產之穀米雜粮等物，均可自給，豐年可運出口，腊蔗質脆味甘，山竹可編籬及製地篛之用，牛羊猪鷄鵝鴨等牲畜，均有出產。又面臨洋海，故海產之魚蝦蟹蜆蠔等海鮮，均有出產，查該縣接近台山，各項物產，均藉台山爲銷塲，而銅鼓海大排處之紫菜，尤爲特產，惜產量非多，每年祇值六七千元，鑛產則麻石，隨處均有，而開採者尚少，祇銅鼓處有石廠二間，鐵鑛錫鑛均有，銅鼓處，且有土人，用人工開採錫鑛。

(七)商業與金融　縣屬人口稀少，交通不便，商業冷淡，縣城共有商店五十三間，田頭共有商店四十一間，銅鼓衹有商店六間，販賣貨物，多油糖什貨布疋，及土產之穀米牲口魚鮮等物外，貨則採辦於澳門江門石歧等埠，均係小資本經營，田頭則稍爲繁盛，建築物，亦較優，附近之台山人，亦均到採辦山貨，及海鮮者，市面流通貨幣，以雙毫銅仙爲多，銀毫劵及港幣較少，該縣出洋人多，金融恒藉外滙，方能充裕，近因外僑滙欵日少，銀根亦因而短絀，借貸利率，因而高漲，用不動產，或生產抵押借欵，月利在二分至三分以上，信用借欵利率較輕，而借貸匪易。

（八）交通與郵電　縣屬多山，道路崎嶇，交通梗塞，民國二十三年一月將第一區之荒園仔，及第二區之月角塘等處之公田變賣，得銀七千元，用以建築省道，卽台赤公路，自縣城北門起，至台山白石鄉止，長十華里，民國二十三年十月，路基已經完成，尙有橋樑二度，及大小涵洞十二度，尙未完成。縣道，卽赤田公路，由縣城北門起，至二區之田頭止，長二十五華里，共費銀約四萬四千元，其欵係由中區綏靖公署，撥助八十四元，及丁口，每男派銀三元，女派銀二元，餘均由南北洋華僑捐助，及錢糧附加而來，路基已成，無欵購車，近則被水冲崩多處，毀壞不堪，水道則縣屬小水，不能通航，境內交通梗塞，縣城方面，前拖輪通澳門江門石岐等埠，後因客貨少而歇業，近衹用帆船，駛至崖門海口，接駁各埠拖輪而已，然船小浪大，頗爲危險，祇可儎貨，而搭客甚少。田頭墟，可用帆船通台山之斗山廣海等墟，全縣無郵政局，縣城及田頭，各設郵政代辦所，電話，係官督民辦，總機設於縣政府，共裝設電話機四架，卽縣城一區公所，警衞隊部，二區公所，及北碉樓而已。

（九）飢饉狀況　縣屬農田，去年早造被潦浸，晚造風災，農耕失收，而一區更甚，在茲靑黃不接之秋，無米爲炊，嗷嗷待哺者，有六七百人之多，自五月以來，由縣黨部，參會議，一區公所，共同發起籌欵施粥，否則餓殍載道矣。

（十）農工狀況　全縣多屬農人，傭工者甚少，除少數從事手工業者外，其餘大都入山採樵，及至海濱，捕捉魚蟹等類而已。

（十一）財政狀況　財政分縣庫收入及地方收入兩種，分述如次。

（甲）縣庫收入

（1）地稅總征額　該縣田畝調查，約四萬畝，每畝平均，約五十五元，照田價征收百分之一，計征二萬二千元，嗣因人民以評價太高，復經奉財廳核准，依照原評定田價減爲八折征收，計全年可收一萬七千六百元，除留縣五成地方欵外，實得八千八百元。

(2)契稅總額　該縣契稅，向屬無多，僅有斷典契稅兩項，每年約有斷契產價五萬元，照產價減征値百征四，連大學費在內，計征二千元，典契產價約四千元，照產價減征値百征二，連大學費在內，計征八十元，合計共每年可收二千零八十元。(3)房捐　全縣商店，約一百三十間，每間每年征收房捐毫銀一元二毫，分春夏秋冬四季征收，計全年可收一百五十元。

（乙）　地方收入

(1)地稅留縣五成地方欵額　該縣田畝調查，約有四萬畝，每畝平均約五十五元，照田價徵收百分之一，計徵二萬二千元，嗣因人民以評價太高，負擔過重，復經呈奉財廳核准，依照原評田價八成征收，計全年可收一萬七千六百元，除解庫五成外，實得八千八百元。(2)契稅附加中資捐　該縣全年約有斷賣契產價五萬元，照產額每百元附加中資捐一元二毫，計收六百元，典契產價約有四千元，照產價每百元附加中資捐八毫，計收三十二元，合共每年可收六百三十二元。(3)田畝捐　該縣征收田畝捐，係因警衛隊經費不敷，併田畝調查費用，經已呈請財廳核准一次過征收，計全縣約收毫銀九千元，除扣撥田畝調查費四千元外，其餘五千元，撥爲警衛隊經費之用，現有未收者一千四百元。(4)防務八十字義會溢利　該縣防務八十字義會，歷奉財廳核准，由縣招充，除繳財廳日餉九元外，所得溢利，撥爲警衛隊編練經費，現計全縣每月充得銀五百九十元，除繳財廳每月正餉二百七十九元外，實得溢利三百一十一元，計全年三千七百三十二元。(5)菸絲附加捐　該縣菸絲附加捐，歷由縣府招商承辦，現查第一區承商認繳月餉一百一十元，第二區無人承辦，交由當地公安分局代收代繳，計每月合共可收一百九十元，計全年約二千二百八十元。(6)冥鏹附加捐　該縣冥鏹，向由縣府招商承辦，第一區無人承辦，由赤溪公安分局代收代繳，第二區承商認繳月餉四十八元，計每月合共約收六十六元，計全年約收七百九十二元。(7)警費　該縣警費，向由各公安分局代收代繳，計每月合共約收四十三元，計全年約收五百一十六元。

地方支出

(1)公安局經費，月支六十九元六毫，計全年八百三十五元二毫。(2)赤溪分局經費，月支一百一十六元七毫，計全年一千四百零四毫。(3)田頭分局經費，月支一百三十二元九毫，計全年一千五百九十四元八毫。(4)警衛隊及編練處經費，月支一千一百五十四元七毫，計全年一萬三千八百五十六元四毫。(5)縣兵經費，月支一百三十七元，計全年一千六百四十四元。（6）倉捐，月支八元，計全年九十六元。（7）監獄及囚糧藥費，月支五十四元一毫，計全年六百四十九元二毫。（8）臨時費，月支二百元，計全年二千四百元，全縣全年地方欵收入一萬八千一百五十二元，全年支出二萬二千四百七十六元，比對不敷四千三百二十四元。

民國二十四年七月

（出自《统计月刊》第一卷第十一期，一九三五年）

高要縣農業概況調查報告

民國十九年七月　卓正豐

(一)位置

高要在省城之西位西江中部之北岸卽肇慶府之首縣也北界廣寧東界三水南界高明西界雲浮東北界四會西北界德慶東南界高明全縣人口約六十萬東西廣約一百七十里南北約一百三十里全縣警察分爲九區茲爲詳列於后

區別	所在地	區域	附記
第一區	縣城	縣城	
第二區	六步墟	離城三十里	
第三區	大灣	離城十五里	
第四區	新喬墟	離城廿五里	
第五區	白土墟	離城廿七里	
第六區	廣利墟	離城二十里	
第七區	貝水市	離城六十里	

第八區	金利墟	離城七十里
第九區	要古嵩灣	離城五十里

(二)地勢

縣屬山嶺叢集平原地方甚少山嶺約佔全面積十分之七八平原地面積僅佔十分之二三耳其山高者達數百尺除一三兩區平原較多外其餘各區平原絕少一二千尺高之山嶺舉目皆是

(三)氣候

全縣氣候各區無甚差異最寒之時約華氏表三十六七度至熱之時約九十六七度春夏雨多秋冬雨少至風則較近江面之地方爲大云

(四)耕地狀況

1土質　縣屬土質多是定積土表土深厚含肥亦富離海稍遠之地多是冲積土

2水利　縣中農田患旱絕少即到亢旱之時亦可引山水灌溉惟西江水漲常有大水之害故農作物不慮旱死祇慮浸死矣

3交通　縣屬交通中部接近西江南部公路四達均稱利便但北部高山峻嶺闢路不易故交通甚爲困難

(五)農民經濟狀況

1田地租價　高要縣亦屬富庶之區人烟稠密故田地價格頗昂上等田無水旱者每畝二百元至三百元租金十五元至

二十元中等田少水旱之災者每畝百五十元至二百五十元租金十元至二十元下等田常患水災者數十元至百元租金十元以下

2長短工價　長工由年三十元至百二十元短工忙時男六毫至一元女四毫至八毫膳食皆僱主供給

3大宗之出產品及其價格如下表

品名	數量	價格	附記
穀	每百斤	六元	
蔗草	每百斤	一〇元至二〇元	乾計
金桔	每百斤	一五元至四〇元	
沙田柚	每百個	五元至一五元	
竹	每條	半毫至一毫	
杉	每條	七毫至一元五毫	二寸尾者計
松	每百斤	六毫至一元	

梨	每百斤	一〇元至三〇元	
蠶繭	每百斤	無定	
薯莨	每百斤	三元至五元	
鵝	每斤	三毫	
鴨	每斤	三毫至四毫	
猪	每斤	四毫至五毫	
牛	每斤	四毫	
鷄	每斤	六毫	

4 大小農及經濟情形　農民畊五十畝至百畝者約百分之五畊三十畝至五十畝者約佔百分之十五畊二十畝左右者約佔百分之五十畊五畝至二十畝者約佔百分之三十至經濟則以第四區之新橋第五區之白土地方較爲充裕因該二處出外謀生者衆在雪梨埠者最多且該地平坦無水旱之災農產豐富故也其他各區亦有充裕者但困難者較多云

（六）作物

1 水稻　穀種有細粘辦粘烏君仔赤米仔晚造穀種有紅脚油粘天堂粘辦粘等插種插田收穫各法及時期均與四會三水縣同

2 芋　有黃芋（色黃）紅芽芋香芋等

3 薯　有紅心薯白心薯四月五月薯等

4 羌　有大肉羌小肉羌黃羌風羌數種

5 豆　有花生豆黃白豆紅荳豆等

（七）蠶桑

蠶桑以二區之六步七區之貝水爲多但養蠶者非如順德之專門養蠶而不兼營他業者蓋該處農民當蠶造時則養蠶否則兼營其他作物查該二處雖無繅絲織造廠而每年出繭亦達數千萬元云

（八）園藝

1 梨　梨產於縣屬第五區海中大約有三百餘株不施肥不除草間有在梨樹下之空地種以豆麥等物其梨樹之大株而秀茂者每株收果有二三担此處地方之梨豐收之年共計亦約有數千元云

2 柑橙　以第九區爲多大槪有百餘畝年中每畝施花生麩三次每次約百斤收穫之高者每畝可得果五十担至一百担云

3 金桔　金桔則以第六區水坑地方爲最多種植面積約有三四百畝價高年之每畝可獲銀二百元其藩殖法與柑橙同亦多有用檸檬頭接駁者管理施肥手續亦與柑橙同其法詳番禺縣調查報告中

4 沙田柚　近江邊地方種之爲多大約有數千株以上

5 波蘿　波蘿出自二區六步附近皆種於山之稍平處每年出產約數百担

6 蓮　蓮有藕蓮實蓮二種藕蓮亦間有結實者但不多耳實蓮亦有長藕者但不佳耳又有白花蓮紅花蓮黃蓮「即玉蓮」之別白花則花白春分種蓮霜降前後收種此蓮水不宜深大約一尺數寸水便合紅花蓮水不甚深皆春分前後種立秋前後收黃蓮水亦宜淺收穫則在大暑前後至蓮之形狀則白花蓮身圓頭短紅花蓮頭尖黃蓮與白蓮同

(九)森林

高要森林祇有竹松杉數種最多者爲松各區均有但天然生者約居三分之二人工種者約佔三分之一其次爲竹竹則有棚竹蔑竹籬竹筆竹數種產地以四區之新橋附近爲多故竹器以新橋爲最有名者即此故也杉則二四兩區間有種植但出產不多耳

(十)特產

1 肇實　以新瀝塘產者爲最佳該塘濶約十丈長約六十丈年約出實十五担得仁七担半每担約值六十元至百元次之爲貓衣涌清仔潭爛銅塘大垌波海等塘年約出實六十担得仁三十担每担值銀三四十元至五六十元查新瀝所產者煲熟則散開如花其餘各塘所產者則否至種實之塘其水深約數尺當其開花結子至成熟時則裂開其實則墮於塘底至冬月乃用竹織之器可漏坭而不能漏實者撈其實撈之不盡所餘者即留作下年作種云

2 芓草　產於五區白土附近又名生草即蓆草也其草之特別與別縣不同者爲草直無枝有暗節色青綠種法先取草頭假植至春分前後移植於草田每距離一尺左右如是者約二年半則有草收穫每畝約得草二十担每担值十數元至管理手續初種一年須除雜草一二次及將收草之前數月須施肥一二次其草乃青秀並須長年蓄水數寸否則草尾乾枯價值必減又割草後犂鬆其田不用再種約二年後又有草收此次之草多而且佳云倘第二次收後察其生長仍佳則可再長一次然後改植

水稻輪植水稻一二年又可種草矣至製草之法收穫後晒至半乾則用砂坭洗擦之再晒乾則成白草若用坭汚之不洗淨而晒乾則成黃草其坭亦不脫云若用以織蓆或銀袋者則將草濕之靜置二三日搥扁之則可織蓆耳

3 梔子　梔子爲藥品之一亦可爲染料出產於二區六步皆用揷枝蕃殖種後二年始有收獲每株距離約三四尺每年除草施肥各一次每畝年收乾梔子數担每担值銀十五元至三四十元

4 茨莨　茨莨爲染料之用分爲藤莨簕莨二種藤莨用藤種如種蕃薯一樣其膠較少簕莨用仁種之其膠較多種植地以種杉或種果之空地間植約三年始有收獲每畝可得茨數十担每担值二元至四五元不等

(十一)輸出品

輸出品果類則有柑橙金桔沙田柚梨等每年約數萬元蠶繭亦約有數十萬元豬鷄鵝鴨亦約十萬元其餘蓆草竹器梔子茨莨松杉竹等約數十萬元

(十二)農村教育狀況

高中一間學生約四百人中學一間學生約三百人高中師範一間學生約三百人女子師範一間學生約二百人女子小學一間學生約一百人完全小學十二間學生約一千八高小十五間學生亦約一千人初小七十六間學生約五千人共約學生萬人以六十萬人口推算失學兒童約在二萬人以上

(十三)農村前途之希望

高要縣屬山多田少已無荒廢之田地惟荒廢之山嶺則甚多殊爲可惜亟宜設立苗圃多育樹苗勸導人民領荒造林以盡地利而圖補救甚願地方有司與邑中人士起而圖之此卽余之所希望也

（出自《广东农业概况调查报告书续编》下卷，一九三三年）

高要縣調查錄

郭華秀

芡實

產地　肇慶城外新瀝。。肇實之著名出產處。。卽此地也。。其附近亦有之。。

地勢　是池沼。。卑濕低窪之地。。土是漿狀。。粘質沖積土。。坭土深厚。。凡淺坭之禾田不能種之以深坭滋者佳。。

狀態　芡實葉背紫色。。有鬚長二分。。柔軟不刺人。。甚尖銳。。其葉脈向背處凸。。高約四五分。。支脈高約二分。。葉面青綠色。。每支脈節處有鬚。。斜形。。硬及刺手。。尖銳。。長二分。。葉圓形如蓮葉。。直徑約二尺或尺餘。。有長莖約八九尺。。直徑五六分。。莖中有大細孔十個之多。。如藕莖橫斷面形莖細白色或紅白色。。莖軟身有鬚甚密。。長約一分。。尖銳而柔軟。。芡實在坭中有大殼包之。。至十月時。。殼老自退爛繼而爆裂。。大殼直徑四五寸如碗。。含有實數十粒。。

種法 取種晒乾。。用缸藏之。。一月播種。。或即取即種。。每畝用種子三十三斤。。撒播田中。。播後二月。。將萌芽。。乃將水放去約深三寸。。若水太深易致浸死。。凡買得芡實種子。。未播時。。須用水浸之。。至播爲止。。不可換水。。播後水乾不佳。。若有水七八尺亦不宜。。須萌芽漸高水漸高乃佳。。不用施肥。。不用除草中耕。。切不可養鯉魚黑鯇白鯇塘虱等。。因恐傷害該苗也。。但鯪魚大頭魚可養之。。因不侵害芡苗。。最忌水浸。。水浸過葉則傷。。今年因遭水浸。。收量大減。。只三十籮耳。。若不浸有八九十籮云。。第一年落種。。以後永不用播。。

收穫 於十月時。。乃收採。。將水放乾。。有一尺餘深。。用一疏條竹簝向坭中搜採。。將坭洗濯除去。。拾取其子。。取得後。。用一谷圍堆埋熅之。。約十餘日。。乃晒乾。。至可夾開爲止。。於是沽之。。或請人剖開。。每五十斤工值五毛。。沽價每五十斤十八元。。

栽培面積 大約最佳肇實之地。。約百畝租銀數百元。。新滙著名芡實產量約一千元。。其餘別處所產約八千元云。。

特點 新滙芡實之特點。。在保熟時冈開花反轉。。鶴山古勞則不能。。（記

者未將古勞茨實比較未知如何）

沽場 新瀝正茨實。。其銷場在肇慶城賛元堂蘇家園二間字號。。

蓮藕

產地 肇慶東較塲外。。

地勢 是深溢池塘。。水多之地。。肥沃粘土。。四圍有高基圍之。。

品種 有廣藕花藕二種。。

廣藕即肉藕。。味甜。。可作菜用糖製藕等。。其節長。。花白色。。葉與花藕同。。每年要落種。。

花藕即粉藕。。亦可作菜用。。不甚可食。。味淡不甜。。節短與密。。花紅色。。第一年落種。。以後不用。。其蕃殖力甚強。。雖有一節。。亦能再萌芽發葉也。。

種法 每三尺半遠植一本。。一畝地用種約十株。。以成株藕種者。。最佳。。種時水深一尺。。以後水可漸高。。種植期在二月。。但十一月亦可。。藕塘不可養鯇魚。。因食藕笋。。其餘各種皆可。。施肥用牛屎。。因牛屎輕鬆。。人糞亦佳。。一畝用牛屎五六担。。「指濕言」現今之人多不落肥。。因地肥美故也。。

收獲

花藕生入坭中深約四五尺。。但以四尺居多。。廣藕約一尺餘深。。

花藕十一月收。。廣藕八九月。。每畝收成好者五六担至十担。。每担四元。。過四月不採則發新葉。。生硬不可食。。日久腐爛。。二月亦有採也。。

此處種藕面積約二三百畝。。

黃芽白菜又名肇菜

產地 肇慶城外密仔園。。

地勢 種在屋邊曠地。。地傾斜。。高低不一。。坭土黑色。。沙少坭多。。輕鬆肥美。。四圍有水塘灌溉。。極爲便利。。

品種 有高腳矮腳二種。。其種概由省城買來一在肇慶城不能留種。。今人名黃芽白曰肇菜。。因肇慶密仔園所產最佳故名。。

種法 播種與平常無異。。約在九月行之。。移植在十月。。每株相離一尺二寸。。畦闊二尺五寸。。植二行。。其罅隙間植生菜白菜。。淋水時間。。於晚間行之。。朝早不淋。。種後七八日施肥一次。。施至其色結實乃止。用草東之。第一次收後。又復再種。

栽培面積　種蕹菜之地。過百畝之多。其最佳者。約一畝之地。以近綠色之水塘者爲正。該處之人常沽完正蕹菜後。多由外處購入連根成株。種於土中。以充正貨。

藿香

產地　高要縣水坑村。及祿步之水南村附近。

地勢　種藿香之地。是平原禾田之濕潤地。不乾燥。無水浸者。土質是輕鬆黑色坭土。多與薯葛間植。

蕃殖法　用芽插法取芽長二寸半。將葉剪去一半。先掘一穴闊三寸。深一寸半。用坭包至該芽約二分深。乃插於地中沙土約一寸深。

種植法　每株相離一尺五寸。種於畦面。用禾草蓋之。種後淋水。用細孔之花射淋之。朝夕淋二次。不可大力射下。以濕爲止。淋二十日水。以後隔一日淋一次。天旱每日淋一次。日光太烈。用草遮面。晚間除去。經二月久。乃施肥用牛糞人糞。每本每次一斤。六月又施一次。不用中耕。祇除雜本。凡留種者。該樹要搭棚遮之。免霜雪侵落。而致受傷死亡。

收獲 十月收獲。將根取起。晒乾。成束沽之。每畝最好者。收成約六七百元。劣者二三十元不等。

高要縣。全屬藿香。產額約五萬元。

桂樹

產地 高要縣祿步隔嶺村及水南第處。

地勢 種於山岡。及傾斜山坡之地。赤色或黑色沙坭土。

品種 有大葉細葉二種。

大葉者。味苦辣。葉長大不能冲水飲。因有苦味。肉質乾枯不潤澤。

細葉者。葉尖細。味甜辣。充板桂皮。（即玉桂皮也）多用冲水飲。熱氣食之最佳。肉黑油潤。皮色相同。價值兩者同樣。

蕃殖法 用實生法。四月播種。每一寸半遠。種核一粒。約半月久。可萌芽。地瘠瘦者。落火灰。播種後。即用松毛四尺長者。交叉搭成人字形遮之。觀畦廣闊而用松毛高低。或用陰棚蓋之亦可。不可太密。。今年播種。。明年可移植。。此時約有一尺高。。

種植法 移植期在二月至四月時。。將苗掘起。。用黃坭攪成漿狀。。塗於秧根。。如根五寸長者。。則醮漿坭五寸。。以坭多爲佳。。漿後可十日不乾。。將根醮落坭漿處。。則黏緊。。不必用手揸握。。但坭漿須攪至極有黏力者爲佳。。漿不可太濃。。以稀而適中爲佳。。種於平原之地。。不用掘穴。。將鋤頭一掘。。乃順手將鋤頭大力一轉。。則成四方形。。於是種樹其中。。掘穴深淺。。視根長短而定。。種後覆土。。若鬆地。。則宜舂實。。硬地不必舂。。一據云不掘一深穴之故。。因坭掘鬆而易乾。。且旁邊之草掘死。。夜間無草吸抽地下水分上升。。易致坭土乾涸云云」種後不用淋水。。天旱淋之。。種生後。。經二月久。。可以除草。。向四圍鋤之。。每年鋤一次。。不用施肥。。未種之前。。宜先一年整地。。將傾斜山坡整成一畦一畦。。預備種桂。。每株相離六尺。。兩桂之間。。種薯莨。。又桂與薯莨之兩旁。。種植山芋。。

收獲 種後六年。。乃收成。。由三月收至五月止。。八月亦有一次。。但祇可收二十日久。。樹圍大至二三寸時。。若不斬之。。待至九年十年亦可。。或長至極大亦可。。大條桂皮。。不能自捲。。細條者易捲。。成筒且好樣。。價值高。。每條長折斷一尺四寸。。

剝皮之法。。宜卽剝。。忌晒乾。。乾則難分。。或用水浸之乃剝。。亦可用牛角剝之。。牛角長二三寸。。闊四分。。彎曲形。。向樹皮之橫面而剝。。剝後晒至八九成。。大約七八成者居多。。而沽於水南或祿步墟。。

逢三年斬一次。。斬完第一次之後。。再出芽。。有五六條之多。。斬法以離地高一寸者爲要。。第一次所斬刀口宜向上。。若斬折有裂。。則不能萌芽。。須要小心。。第一年所斬。。最宜先模皮一尺三寸高後。。乃斬爲宜。。如此可不傷樹。。壽命有百餘年。。

價值

有黃桂赤桂二種。。黃桂者。。刨去皮青也。。價較高。。每担廿元。。不刨去皮青者曰赤桂。。每百斤十五六元。。

有桂碎桂通二種。。桂碎者卽枝尾之碎者。。每担一兩餘。。大者三兩。。卽橫枝之小枝或大枝不能成條者而碎之之類。。桂通卽赤桂黃桂之大條。。其皮捲合成條者。。每担三兩餘。。

多辨外洋。。大約最貴價值每担十餘兩。。其本無大用。。只可作薪柴貴。。將落雪之時。。則平。。落雪後又貴。。及至歐洲戰起又平。。祿步墟有桂稅分局。。每担抽五分。。桂碎折半。。每年約有三千元收入。。羅定有玉桂總廠。。因羅定桂多也。。高要縣全屬每年產桂一百至十萬元。。或云四十萬元。。西江沿岸多玉桂。。雲浮亦有之。。

蟲害

有一種桂蟲。。向樹半身或枝椏處食入木質部。。但不蛀頭。。至樹枝枯死。。另有一種食葉蟲。。不甚大害。。

（出自《农事月刊》第二卷第二号，一九二三年）

高要縣調查錄　（續第二期第二號）

郭華秀

軟藤節萇、藤軟、萇形圓。底細少毛、色澤與硬藤同。

硬藤節萇、藤硬、萇形圓、底長大。毛多。

節萇之藤蔓延、無論生至何處、則向節生、萇仔可生長至三丈。源源不絕、初種五六年之萇、俱生在頭。自後萇俱生在節。

芻萇種籽八角形、內有三斂紋、藏子五六粒。形扁。

脂胭萇。胭脂色、皮黑。葉胭脂色。

種法

薯萇種法、各有差異、茲分述之

節萇種法、節萇無種子、只種藤、用舊年所生之藤、不可過老。又不可嫩、該藤宜長六寸、節在其中、種至節五分深爲止。便有收獲。可連收三十年之久。但年老則薯少。

芻萇種法　於霜降前後將芻萇之仁收藏晒乾。至三月播種。播後、用松毛遮之。。大約每本離一寸播一粒。。播後施火灰。。用幼坭覆土。。至五月再施火灰一次。。明年二三四月乃移植。。遲則不宜。。每本相離四尺植一株。。先將苗之飛根剪去。。留回一寸長。。乃種秧尾。。過長宜剪短。。留回尺長可矣。。剪後任他再發。。中耕除草每年一次。。種後三年。。收成以後。。每年收一次。。初年蕢浮土面。。用鐵鏊鏊之、老者乃取幼者留回。。因幼不值錢。。越老越佳。。以無毛者佳。。因老無毛。。取時不可傷根。。以後每年取一次。。第一次可有三四斤。。二次亦約三四斤。。以後四五斤。。若不掘。。任長至二三年久乃掘。。可有七八斤。。宜落石灰於根邊。。使他吸收。。則皮黑色。。而蕢佳。。獲得高價。。

收獲

胭脂蕢種法。。亦用實生。。如勦蕢種法。。不贅述。。

將掘出之蕢。。在坑邊掘一穴。。以水浸至蕢面七八成深爲度。。將坭洗去。。於是將濁水流清。。澄清後。。乃落石灰。。但水不可深。。先落蕢。。後下石灰於蕢面。。一担蕢用石灰十斤。。一經石灰洗過。。則皮黑。。而得高價。。但不耐藏。。薯蕢價值。。每斤八九先。。民國十年每担六元。。

節賣價較賤。。每担二三錢。。亦有與蓆賣混賣得高價值。。

蒲草　即莞土

產地　高要白土村。。該處最多。。

地勢　將不能種禾稻之低窪地方以種之。。是爛泥粘土。。

蕃殖法　用分芽法　於收獲時。。留一部分不刈。。冬間始刈之。。明春掘其新萌之芽而分植。。大約二分地面積之草。。可分開能種一畝之地。。

種法　每株相離六寸。。週年要有水浸田。。但不可浸過。。浸過必死。。及任水流通。。方能生育佳良。。水勿深勿淺。。有水浸之。。則壳薄。。時時水流通。。則草硬。。今四會之草不及高要草之價值者。。因草薄不硬也。。每月除草一次

二月施肥一次。。賣草時。。又施一次。。若不賣。。則不可落。。每畝用生麩二百斤。。

收穫　移植後。。五六月時。。當生育。。九月時。。草身已老。。可收獲。。初種之草不佳。。甚粗。。俟三次密而幼。。割草時期。。由五六月至二月初止。。凡買草之人。。俱是估買。。每畝七八十元。。或一百餘元。。今年

草甚短。少人採收。因風雨少云。大約以風雨多者佳。今年草價低平。無人辦貨。約平三分之二。

製法

肇慶城之婦女。多用大木椎長七八尺。將草排列於地。用椎舂之至扁形。每舂一束。重十四斤。值銀一毫。每日一人可舂二束。

蓆草有二色。黃色青色。

黃色者。初用金色。黃土擦之。將坭開水。大約草十六斤用坭十餘兩。

青色者。用海邊沙擦之。用水開沙。以手擦去青色乃曬乾。

高要全屬產蓆草價值每年二百萬元云。

查白土地方。墟市也。有舖二百餘間。有卅六條村莊。距劉村約十餘里劉村居於山洞。今劉村之人。常出來打劫。白土附近村落。現農業多被摧殘。蓆草亦搶去。常常擄人。無錢贖者。則鎗斃。記者到時。又聞洗刧。中有不允隨行。當堂刺斃。可云慘矣。

注意此篇是一九廿一年十一月廿四所調查。所以時日俱照新歷。尺寸依英尺計。

（出自《农事月刊》第二卷第四号，一九二三年）

高要縣調查報告

趙錦鴻

（佈置與交通） 該縣位於吾粵西區，與高明，新興，德慶，廣寧，四會，三水等縣爲鄰。屬於一等縣治，劃分爲九個自治區五鎮九十鄉。水路交通有西江橫貫爲交通幹道，往廣西所必經之途也。陸路交通，則有高新公路由南岸可通新興；要明公路由沙頭可達高明，惟該路面高低未能劃一，偶遇西潦暴漲，則稍低路面，時被淹浸，有遇此情形時，該路汽車公司必設電船或舢板接駁，故交通尚不至有大窒碍也。電話：除各機關團體裝置外，商店亦多有裝設。

（人口與教育） 全縣人口，據人口調查處報告有五十餘萬人。全縣學校有初級中學校三間，完全小學三百一十一間，初級小學五百二十五間，女子小學三間，省立第四師範學校一間。全縣學生總數二萬二千七百六十一人，全年教育經費三十二萬五千七百餘元。該縣社會教育，頗稱發達，附城設有圖書館、通俗圖書館、閱書報處、公共娛樂場、體育場、民衆教育館等，辦理以來，成績卓著。惟查該縣人口，數有五十餘萬，推算就學兒童，當有五萬有奇，現祗得學生二萬餘，其中失學兒童尚多也。

（商業經濟金融狀況） 該縣商業最繁盛之區，首推肇城，白土，廣利等鎮。祿步、新橋、金利等次之。永安、西頭、大灣等又次之。商業情形，頗爲發達，經濟亦稱充裕，商戶交易，俱以銀毫及省行劵銅元等爲本位。

（物產） 該縣物產多以穀米爲大宗，計產地面積，約四十餘萬畝，年產約有八十萬担。桂皮，多產於二區，面積約七千餘畝，產量約二萬餘担，總值約二十萬元，供造葯材及香料粉等用，多運銷於廣州、香港、湖南等地，爲輸出品之一大宗。香粉，製香粉者有三百間，工人約有一千，年產二萬餘担。草蓆，多出一、四、五等區，年產約六百萬張，總值約二百萬元。薯茛，產地約二萬畝，年產約六萬餘担，總值約三十萬元，供染紗綢之用，多銷於廣州、順德等地。藿香，產地約百餘畝，年產約二百餘担，價值約萬餘元，供造葯材之用，多銷於廣州、香港。其次如桑，多出於二區，約六千畝，年產約三萬担。蠶繭，約八百餘担，價值約十萬元。菸葉，多出於七區，約數十畝，年產約百餘担。竹，及竹製品,多產於四區,該項物產產量甚豐,惟產地面積及手工人數頗難估計,據該行中人言:年產價值當有五六十萬元云云。又查該區之新橋墟,特定四九日爲竹器墟期,觀此可知產量之富也。而瓜菜,什粮,亦可自給。

(災害) 該縣居西江上流,每於西潦暴漲,則首當其衝,崩圍陷基等事,時有所聞,農產物品受災奇重,現附城之景福圍,置有抽水機一具,以禦狂瀾,然祗救濟一部,未能普及各地,人民雖欲仿置,或設其他穩固防禦方法,惟苦需費過鉅,籌措匪易,似此情形,尙有賴於政府之協助也。

中華民國二十四年

(出自《统计月刊》第二卷第五期,一九三六年)

四會縣農業概況調查報告

民國十九年七月　卓正豐

(一)位置

四會縣在省之西北位於北江之西岸東界清遠三水西界廣寧高要北界清遠廣寧南界三水高要東西廣四十餘里南北長八十餘里全縣人口約十四萬人分為上中下三區中下區會設立警察茲將區分列於后

區別	所在地	區域
上區	縣城之北	城北十里以外
中區	縣城	縱橫十里
下區	縣城之南	城南十里以外

(二)地勢

四會地勢西北高而東南低全縣面積約三千餘方里其中山嶺約佔百分之七十有奇

(三)氣候

四會氣候與廣州無大差異最高温度在華氏九十六七度最低温度約在華氏三十五度左右結霜多在大寒之後雨水多在春夏二季

(四)耕地狀況

1 土質　上區土質以冲積土爲多表土畧近櫻色富於腐植質中下區土質運積土多表土深厚色畧灰白含肥分頗富

2 水利　縣屬上區河流細小水不甚深夏天雨水多時可行帆船但天時亢旱則祇可取水灌溉田畝而已中下區河流較大旣可行駛輪船亦可取水灌溉故水利比上區爲佳也

3 交通　上區山嶺崎嶇又無公路而河流細小惟夏季始可行駛帆船交通殊感不便但中區下區則河流較廣週年電船來往又有公路直通廣三鐵路交通頗稱便利

(五)農民經濟狀況

1 田地租價　田地租價上等水田每畝約值二百餘元租金每畝約十七八元惟中區田土較肥而人民亦較富庶故每畝可值三百元至四百元租金則值二十元以上中下等水田每畝約百五十元至二百元租金則十五元左右至於旱地每畝約百元左右而租金則六七元耳

2 長短工價　長工每年四五十元短工忙時每日男六毫女三毫皆僱主供膳又當農忙之時亦有僱用月工者以穀代金每月三担至四担不等

3 大宗產品價格畧如下表

品名	數量	價值	附記
穀	每百斤	五元	

花生	每百斤	七元	
黃豆	每百斤	八元	
烏欖	每百斤	三元	
柑	每百斤	二〇元	
橙	每百斤	二〇元	
柚	每百斤	一〇元	
銀蓮	每百斤	一〇元	
荔枝	每百斤	二〇元	
牛肉	每斤	二毫半	
猪肉	每斤	四毫	
鷄	每斤	五毫	

鴨	每斤	三毫半	
鵝	每斤	四毫	
杉	每條	八毫	二寸尾計
松柴	每百斤	六毫	
炭	每百斤	二元	

4 大小農及經濟情形　縣屬農民耕五十畝以上之田者約百分之一二耕三十畝至五十畝者約百分之八九耕十畝至三十畝者約百分之五十耕十畝以下者約百分之四十至於經濟則中下二區人民以交通利便經商者多故較爲充裕上區則交通困難耕種者多雖非充裕亦非困難也

（六）作物

1 水稻　早造穀種有新興白花壳三水粘高脚白小糯等清明前後插田大暑收穫每畝用種二十斤上等收穫可收穀三担至四担晚造穀種有白壳黄壳銀粘絲苗等大暑後插田小雪前收穫每畝用穀種約十三四斤上等收穫可得穀三担至五担全縣粮食豐收之年約有八個月之粮云

2 花生　花生以下區馬山地方出産最多年中出産約數百担種類有大豆小豆拔豆等三種種法有點播條播二種春分前播種以草木灰爲基肥補肥則有用水肥者但仍以施石灰爲多也大豆拔豆大小暑前後收穫小豆則播種期雖同但收穫

期則須遲兩月每畝用種約十斤上等收穫可得三担餘云

3黃豆　黃豆亦以下區馬山地爲多立春後點播每畝用種約五斤上等收穫可得豆一担至二担但祇用草木灰爲基肥除草一次不施補肥種後約一百日則可收穫收後又復再種

4番薯　薯有白皮紅皮紅心白心等立秋後種植(即收穫花生或黃豆之後)爲最多春分前後種者名爲早熟薯或四月薯每畝用薯藤二十斤上等收穫可得二十餘担云

(七)蠶桑

養蠶之家以中下二區爲多但俱作副業並非主要也桑市有兩所每年出繭約四百担左右

(八)園藝

1柑橙　柑以中區爲最多種植面積約二百畝每畝約七十株全縣合計約有萬餘株查其施肥管理之法每年施肥三次在摘果後施一次(即大小寒後)立夏前後施一次果將熟後施一次每株每年約用生麵三斤或加施塘坭一次種四年以後則每株可收菓數斤至數十斤云至於橙樹則甚少專植者不過於柑樹之間兼植之而已但每年出產亦有三四百担云

2懷枝黑葉　以下區馬山地爲多大約兩種共三百株左右亦小有成園者而以種於屋邊山坡之地爲多不施肥不除草實等於天然生矣

3香櫞銀蓮　香櫞又名佛手或名五指果象其形也產於上區地方爲多種植法與柑橙同種後五年至十年之間收穫最豐每株十數個至三四十個每個重一斤至二斤左右每斤值銀二毫至四毫用途多供藥物及賞玩之用以其氣味甘香亦有用煑糠菓者其功效能除痰行氣云至銀蓮約有百株左右皆二三丈高之老樹年中出產約百十担以上云

(九)畜牧

1家畜　牛有黄牛水牛二種全縣計算共約一萬頭左右水牛每頭約值百餘元黄牛每頭約值七八十元羊則有數家養至百數十頭者每百斤約值三十元左右豬牛家家養之多者十餘頭少亦一二頭專以殘羹爲飼料間有釀酒賣米商人則更養至數十頭之多也

2家禽　鷄則家家皆有養之多者則養數百頭少者亦十數頭其目的多爲卵肉兼用甚少專爲卵用者鵝以黑鵝爲多白鵝則少見鵝與鴨多有專養爲業者多則六七百頭少亦養二三百頭用工人兩名則可管理三百至四百頭自鵝仔脱壳後約養七八十日則可發賣每頭約重三四斤云鴨則養二百頭以上至千百頭者管理人工與養鵝同養六七十日便可出市每頭約重二斤以上

(十)森林

1杉　杉皆產於上區種法與廣寧縣同每年出產價值約萬元左右

2松　松亦以上區爲多不能種杉之山多數種松每年出口價值亦約有百萬元

3竹　竹有棚竹篾竹䓖竹大竹笛竹數種篾竹多產於上區之山嶺棚竹䓖竹大竹則以中下區近江邊之地方爲多棚竹專爲搭棚之用大竹則扎筏運輸貨物之用(淺水河不能行駛船者扎筏最爲適合)䓖竹則專作墻籬及護菊之用其小者可製筆桿篾竹則爲織竹器及扎蔑之用出口價值每年亦有數十萬元云

(十一)特産

1蓆草　四會特產爲蓆草一種產於中區馬山馬房等地方每年產額雖不知其詳而價值則在二十萬元左右該草之用途專爲織蓆及銀袋蓆包之用種植係用分根法如揷田一樣種一年可收穫三年每年每畝施人糞尿或花生麵一百斤除雜草一次收穫量約得乾草三担至五担每担上等價可賣銀十二三元但查該處農民多數自種自織少有賣出者冬月雖有草市亦

不過將自織之用餘者發售耳

2 茶　茶多產於上區地方種植用點播法每穴距離尺許點播種子一粒至三粒以草木灰少許爲基肥再以草蓋之以免雨水沖刷及雜草繁生其餘管理手續與鶴山縣同至出產多少雖無統計大約佔清遠茶二分之一云

（十二）輸出品

四會輸出品以松杉爲大宗竹與柑次之茶葉又次之鵝鴨豬牛亦間有輸出銀蓮荔枝花生油年中出口亦約值一二萬元蠶繭輸出亦有數萬元

（十三）農村教育狀況

縣屬農村教育多數依舊設立私塾計全縣私塾學生約有三千人中學一間學生約三百人高小十五間學生約八百人完全小學三間學生約四百人初小二十七間學生約一千人以全縣人口二十萬計兒童佔一成計失學兒童約在萬人以上

（十四）農林前途之希望

四會地頗廣而人口不多山嶺土質肥美且少砂石最適宜於造林至於河流兩岸表土深厚最宜柑橙除原有種植外亦尚有擴充推廣之餘地並若交通不便之區則亟應開闢公路以利運輸則農林前途自有無窮之希望也

（出自《广东农业概况调查报告书续编》下卷，一九三三年）

新興縣農業概況調查報告

卓正豐

（一）位置

新興縣居省城之西南離省城四百廿餘里位於赤道北二十三度經綫距北平中綫偏西四度一分廣一百二十里長約百三十里東界高明北界高要東南界恩平西南界陽春西北界雲浮全縣人口約十九萬有奇警察原分爲六區近因警費無着祇存二區縣城爲第一區天堂爲第二區自治區則分爲六區分述如下

區別	所在地	區域	附記
第一區	縣城	縱橫五里	
第二區	廻龍墟	離城二十里	城東
第三區	中黃官垌墟	離城五十里	城南
第四區	勒竹墟	離城十里	城西
第五區	垌口車崗墟	離城十里	城北
第六區	天堂墟	離城六十里	城西

（二）地勢

新興縣南部多山地勢較高中部北部較平故農產以中部爲最多也河流則由南向北流大概觀察山嶺約佔全面積百分之七十河流及平坦地則佔百分之三十左右

（三）氣候

全縣氣候與廣州無大差異惟山高地狹早夜寒温之變化甚大通常大寒前後最寒大暑立秋間最熱云

（四）耕地狀況

1 土質　縣屬土質以定積土爲多山嶺雖高而無石表土深厚田地表土亦頗深約有四五寸含肥分亦富

2 水利　縣屬各區農田遇天旱時皆有山水灌溉離山遠而近河者則用水力車取水灌溉故亢旱之年亦無欠水之患至於水災亦少間有大雨一時雨水滯流或有浸數小時之久者然無大碍故水旱之災皆少見之

3 交通　縣屬交通頗覺困難用河流既少公路無多現有公路不過數十里而已且是坭路夏天雨多之時屢有停駛之虞故運輸極爲艱難也

（五）農民經濟狀況

1 田地租價　田地租價因地方貧富農戶多少及土質肥瘠而異第六區天堂墟地方平坦土質肥美殷戶衆多農戶稠密是以上等水田每畝値二百元至三百元租金十元至二十元中下等水田每畝百元至二百元租金十元至十五元其他各區田地雖有肥美者但農戶稀少殷戶不多故上等水田每畝價不過二百元租金每畝十五元左右下等水田每畝百元租金多在十元以下耳

2 長短工價　長工年金由五十元至百元短工忙時男四毫至六毫女二毫至四毫每日三餐皆由僱主供給

3 大宗產品價格畧如下表

品名	數量	價值	附記
穀	每百斤	六元	
烟葉	每百斤	一五元至四〇元	
柑	每百斤	一〇元至二〇元	
橙	每百斤	一〇元至二〇元	
銀蓮	每百斤	六元至一五元	
花生	每百斤	五元至六元	
沙田柚	每百斤	五元至一五元	
荔枝	每百斤	六元至二〇元	
柴	每百斤	四五元	

炭	每百斤	一元至二元	
猪	每斤	.四元	
牛	每斤	.三元	
羊	每斤	.四元	
鷄	每斤	.五元	
鴨	每斤	.三元	
薄楓	每百斤乾	三四元	
黃豆	每百斤	六元	

4 大小農及經濟情形　農民耕五十畝以上之田者間有少數耕百畝以上者絕無耕十畝以下者約佔百分之七十耕十畝至三十畝者約佔百分之三十至經濟則以五區及六區農民較爲充裕因五區交通利便多出外謀生而六區土地肥美出產豐富而出外謀生者亦衆故也其餘各區則畧覺困難蓋皆自耕而兼食力者也

（六）作物

1水稻　穀種早造有絲香早白日仔細粒仔白殼黃殼早粘三水粘高脚小糯等春分播種淸明插田小暑前後收穫晚造有降粘辦粘油粘大糯等小暑前播種立秋前後插田立冬前後收穫上等者每畝得穀三担至五担晚造比較早造每畝約多穀四分之一云

2竹蔗　縣屬水田旱地均有種蔗惟水田則以表土淺而不積水者爲宜種法在淸明前先將土犂耙鬆碎距離三尺至三尺五寸開一小坑深約一寸用水攪成糊狀即將去年冬至以後所斬存之蔗尾平壓於坑內約三分二入坭三分一露天再蓋以砂或草木灰亦有不蓋者至其出芽約有尺餘高時則施以稀薄之水肥若施以人尿則須加水四分之三然後施也逮二三尺高之後再肥一次共約施四五次若專用花生麩爲肥者每畝用麩二百至三百斤上等收穫每畝蔗可榨糖一千至二千斤云全縣年約產糖達六千担以上

3芋　芋有大芋香芋(香而且大)黃芋等大芋即廣州市之大芋相同香芋則氣味芬香芋邋之外多生芋仔黃芋其肉色黃功用主利水去溼故農民種芋必兼少許黃芋此等食味不甚可口通常收穫即洗淨切片而晒乾之置於缸瓦器之內任其久貯生虫虫食芋面遺其囊爲治痢之聖藥服法加糖煮如糊狀一二次則痢必止云云

4薯　番薯有黃心白心薯葛戥錘薯甜薯鷄蛋薯等葛薯甜薯則年種一造其餘則可分多造隨時可種

5豆　豆有花生豆黃豆白豆狗爪豆烏豆蕓豆飯豆黃眉豆等其中以種花生豆爲最多查天堂有榨油店五六間每間每年出油百餘担云

6烟葉　新興烟葉以六區天堂出產最多年約七八千担其所種烟種皆是大葉烟種法在收晚造穀後將田犂耙鬆碎起數寸高之平畦濶約一尺五寸然後將播種育成之烟苗移植之每株距離尺五寸至二尺之間每畝種一千株至二百株移植之後施肥除草每畝約施花生麩二百至三百斤分二次施之至於收取烟葉分爲三種一砂葉即烟樹最低之葉二托葉即烟樹中部之葉又名二熟三頂葉即烟樹最高之葉名爲頂霧自種後百二十日至百四十日則可收完至晒烟之法隨收隨晒晒烟時則

用竹織之疏眼笪兩面夾之如葵狀先晒葉背約晒兩點鐘卽收回積疊於無日光之處又約兩點鐘再晒如是反覆晒之至葉黃色爲止每畝收穫約二百至三百斤云

（七）果樹

1 荔枝　縣屬荔枝各處皆有種植而以天塘地方出產爲最多品種分香荔黑葉大水荔水代荔數種總數約二萬餘株其栽種方法大畧與各處相同計自移植之日起經八九年便可結果然因種類不同而收穫期亦因之有異每次收穫樹大者每株約五六百斤樹小者每株約三四百斤不等另有一名振鳳荔其果實較他種爲大惟味則稍遜香荔則味香而乾爽爲諸荔之冠大水荔水代則多水較香荔爲次病虫害則以椿象爲害最烈云

2 柑橙　亦以天塘廿四鄉爲多總共約千餘株其種法每株距離約七尺年約施淡肥三四次每年於摘果後施一次結實時施一次至果已變黃色時共施二次其繁殖法與荔枝同

3 仁面沙田柚欖等各處均有多少但品種無特佳處產額亦甚少不過畧供本地零星販賣而已

（八）畜牧

家畜以養豬爲主大約小農平均每家皆養一二頭大農每家飼養三四頭不等間有養至二三十頭者至於養牛則供畊田役用爲多其豬牛除供本地應用宰食外年間出口牛約三數百頭豬約三四千頭家禽以養鷄爲多鵝鴨次之均作家庭副產供自已食用及本地銷用外年中出產鷄可約萬餘頭鵝鴨則數千頭不等

（九）森林

該縣除南部多高山外其餘北部中部均屬平坦之地故全縣森林所佔面積不及全縣百分之八九以故童山濯濯舉目皆是雖南部有稀疏之林皆爲松林爲多杉林次之概屬天然人工林甚少

（十）輸出品

縣屬輸出品以荔枝烟葉爲大宗生豬柑橙甘蔗次之花生亦不少大都運往附近各處及廣州一帶銷售

（十一）農村教育狀況

該縣教育計初中一所學生百三十八完全小學十五所學生約一千八百人女高小二所學生約三百人初小一百十七所學生約七千人而鄉村間則尙有設立私塾者其數目不詳

（十二）農林前途之希望

該縣因山嶺少而平原多故農田佔全縣最大之面積惜士人多墨守舊法不善故良以至生產品如烟葉荔枝柑橙等不能逐年加增甚者日形減少查其原因實由於土地肥力不能維持農工缺少之所致也至於森林方面亦因士人不知造林之利以故童山濯濯無人經營而交通不便亦一原因爲今之計應卽多闢公路獎勵人民造林並宜設立農事試驗塲試驗土宜改良種法增加農產推廣表証以指導農民則該縣農林事業庶有發展之希望也

（出自《广东农业概况调查报告书续编》下卷，一九三三年）

高明縣農業調查報告　民國十六年

卓正豐調查

(一)位置

高明縣居省會西南二百餘里，位於北緯二十三度十分三十六秒，經線距東師偏西四度十二分三十五秒，縣廣一百三十餘里，橫四十餘里，東界南海，南界鶴山，西南界新興，北界高要。全縣分爲六區：一區卽附城，二區在城西三十里梗樓地方，三區在城西五十里合水地方，四區在城南二十餘里楊梅地方，五區在城東北范州地方離城五十里，六區在城東三洲地方，離城三十里。

(二)地勢

縣屬山嶺多而平原少，山嶺約全面積十分之七，除第六區畧爲平原有小水貫其間可行駛三二千斤之帆船外，縣之東江口雖可行駛輪船，但不過二十餘里而已。

(三)氣候

縣之東部地勢畧平坦，山嶺不甚高，比之西部近高山之地，氣候較爲溫和，然比之廣州則均較寒冷，至結霜期間，則與廣州無大異。

(四)耕地狀况

土質　縣之東部地勢畧平坦，多砂質壤土，其餘各部，皆冲積土。表土深厚，肥質豐富，故無西水淹浸之田，年種水稻，不施肥料，而生長收成亦極佳云。

水利　農田灌溉以山坑水及江河水爲多，旱災極少，但有西水之患，城東北第五六區較低之田，早造罕能耕種，

卽晚造亦往往有不能耕種者·

交通　邑內交通極爲困難，除東部第六區二三十里可通輪船外，其餘各區貨物往來，皆用肩挑·縣之中部雖有河流，由西貫東，而祇可以駛二三千斤之帆船，在夏季雨水多時可通，冬季雨少則又不能行也·

耕作情形　縣屬以耕田爲主，芏草(卽蓆草)次之，稻種於淺水田，芏草則種於深水田·沿江邊一帶，亦有業蠶桑者，以一區及五六區之農民爲多，二三四區農民除種水稻芏草外，兼耕山種茶，冬造水田則種烟及蔬菜薯豆等植物·

(五)農民經濟狀況

田地租價　水田上等者每畝價百元至百五十元，租銀約十元；中等田百元左右，租約七元；下等田十餘元至五十元，租穀銀一元至三元·

長短工價　長工年約五十元至百元不等，短工忙時男六毫，女四毫，閒時男二三毫，女一二毫，茶飯供自僱主·

大宗產品價如下表

品名	產地	價格(每担價)	產量
烟	二四區	十元至五十元	約十萬元左右
茶	二三四區均有	約四十至六十元	約二三萬元
蠶桑	一二三四區	乾繭百五六元	
蓮耦	各區均有	七元左右	約萬元
芏草(卽蓆草)	各區均有	十元左右	約十餘萬元
猪	各區	三十元至四十元	

牛	仝	三十元
鷄	仝	五十元左右
鴨	仝	三十元左右
穀	仝	五元左右
松柴	仝	七八角
炭	仝	二元左右

上所列者，均有出口，惟產量之多少，向無統計，故不能悉也。

大小農及經濟情形　高明人民共約九萬餘，年中穀米可以自給，耕田至多不過三十畝，仍以耕數畝至十餘畝者爲多。至經濟情形，則各區大畧相同，一區之民多以織綢織蓆爲業，二區之民以織蓆耕山種茶爲多，三區之民，以經商及種田爲盛，四區之民以種茶種烟爲衆，五六區之民雖少工作，而出外經商者不少，且蓆草蔬菜之收入亦頗多，故高明農民經濟亦可稱充裕也。

（六）作物

（1）水稻　穀種早造有白壳，鼠芽，大慈穀，紅米早，小糯，花壳等；晚造則有黃壳，黃穀，黑尾，鼠芽，霜降白等。種植施肥管理法與鶴山同，但每於晚造禾穀微黃將及收割之際，忽發生一種青白色之害虫，專食稻葉與稻稈節上稍嫩之部，農人名之曰落椏虫，因其食害稈節最嫩之部，禾穗即行落地，故名之。虫身大小不一，大者如四眠起之蠶，小者如二三眠之蠶，頭黃黑，與蠶無大異。農人無法治之，祗趁早割禾，不待十分成熟，以減輕損害而已。

（2）芏草　芏草用分根法種植，在春季將舊草頭分插於深水田中，每科距離約十六七寸，年除草一二次，施肥一

二次，肥以花生麵或糞溺爲多・隔年收穫一次，最佳者每畝收草可值銀百五十元至二百元之間，少者數十元而已・

收穫整理　在秋冬月割草（如割禾一樣），即用坭漿水浸過草身，然後晒之，否則草身必至爆裂，價值低下，此晒草最宜注意之事云・至晒乾後則分爲上中下三等，最長者爲上等，紮爲一把重約十斤左右，其餘短者與最短者一一分清，即可出市矣・

用途及價格　最長者爲織蓆之用，次長者爲織袋之用，最短者爲織銀袋及小袋之用・最長草每百斤約值銀十二三元，中者每担約六七元，下者每担約四五元，至織成器皿之價，則比草價多一倍以上云・故高明大小男婦稍暇則織蓆以博取工金・

製草法　欲織各種蓆袋等物，則先將草浸濕，待至軟熟（約一點鐘之久），即用重十餘斤之木椎以椎扁其草，遂可織各物矣・

（3）蓮藕　將水田犂耙至成糊狀，每隔六七尺開一淺窩，窩闊約二尺左右，擇老藕平置於窩中，每窩二三條，每畝窩約五十左右，約用藕種百餘斤・窩中先落以糞尿草木灰等，經三五日，然後插藕則更佳云・

管理及收穫量　藕種出芽後，隔月施肥一次，或二次，肥以羊糞爲最佳，次之爲鷄糞，至人糞尿草木灰又次之・施肥之法，不過播落田中而已，若在未插藕種之前，先落一二担羊糞或鷄糞，用耙耙勻，然後開窩插種，則尤佳妙云・若肥料足且不欠水，每畝多者可穫二十餘担，至少亦有數担・藕田以砂質壤土而非冷底者爲最佳，種藕在春分前後，收穫在秋分後，而以在大寒後收穫者尤佳云・

貯藏法　收得之藕，若市價低下，則用糊狀之坭污於藕身，叠置於濕潤之地上，或用大木桶載糊狀之坭，插藕於桶中，即可收藏數月云・

（4）茶菸　茶菸之種植管理製造法，與鶴山縣同，故畧之。

（七）畜牧

（1）牛　農家養牛多者三四頭，少者一二頭，而以養水牛為多，全縣合計約二千頭左右。牛皆放牧，有人專司承牧者，每日村中農戶，至一定時間，則牽牛至一定地點，其承牧者即驅往山坡放牧，及至傍晚則驅回原地（時間亦有定），各農戶則各牽牛回家。其辦法或輪月分牧，或承牧有定則各村不同，承牧有定者，由村中公欵，每月給與二三元看工，輪月分牧者，則否。此種放牧法，最為美善，乃高明農戶牧牛之特點也。

（2）家禽　雞鵝鴨之飼養管理大概與各縣同，不贅述。

（八）輸出品

輸出品以芏草（即蓆草）為最大宗，柴炭次之，穀米茶烟蠶繭又次之，其他雞鴨猪等均有輸出，惟不能知其輸出之數目多少耳。

（九）荒山

縣中山嶺占全面積十分之七，荒廢者約居其半數，近鄉村之山，則有種松樹或種茶者，離鄉稍遠之山則盡行荒廢，間有少許松樹，亦天然生長者而已。

（十）農林前途之觀察

高明水田患潦者多，非統籌全局疏濬西江不可。惟山嶺土質膏腴，雜草叢生，用以畜牧最為適宜，即墾以造林或種雜粮，亦無不適宜者也。

（出自《广东农业概况调查报告书续编》上卷，一九二九年）

高明縣調查報告書

本隊在恩平縣調查蒇事，轉赴高明縣調查，謹將調查所得情形，分敘如后。

(1) 地勢情形　高明位居西江下游，西北與高要接壤，南接鶴山，西界新興，東則與南海鎮埇堡爲鄰，横窄而縱長，縱約一百一十華里，横約三十餘華里，成一長方形，山川險阻，東北低而西南高，沃土少而瘠土多，高者有旱魃之虞，低者有西潦之苦。

(2) 風俗習慣　風俗向稱樸實，且敦古禮，近則嫁娶喪葬，日趨奢侈，習俗尚早婚，女子嫁而不落家者，已相沿成俗，此風尤以一二三等區爲甚，不特有關風化，且於人口生產，亦大有影響，亟宜厲禁之，而挽末俗，又該邑多染痲瘋疾之人，雖城市鄉村，所在多有，不以爲怪。

(3) 農工業概況　全縣無機器工業，前有光明電燈公司，兼輾米機一間，去年因數目關係，內部分裂，而致歇業，人民多習手工業，在家製造草蓆及竹木等器具，前日各物價高，每日可得工資四五角，今則各物滯銷，每日所得工資，不過一二角，雇農甚少，如在播種及收割時，農事忙碌，則雇散工帮助農事，各鄉工人，年前多往別縣做苦力工，因近世界不景，各種建設頓停，無工棲身，廹得在家賦閒，全縣農產，以穀米爲大宗，豐年可運出口，什糧瓜菜，亦足自給，苼蓆亦爲出口大宗，在昔每年約值百萬元，近則跌至二三十萬元，其餘茶葉，煙葉，及牲畜之猪雞鴨等，亦有出口，查第一區土質畧佳，民多務農自給，除種稻外，蔬菜煙葉苼蓆等，均有種植，第二三四等區，地勢較高，土多砂磧，不易耕耘，且水利未興，時虞旱魃，惟近滄江流域一帶，設置自動水車，戽水灌漑，旱災可免，穀米雜粮菸草苼蓆等，均有出產，五六兩區，土質較肥，適於農耕蠶桑之業，魚蝦牲畜，均有出產，惟地勢較低，時有水患，到處塱田，終年積水，一旦西潦暴漲，洪水決圍，盡成澤國，農產失收，屋宇冲陷，人畜淹沒，爲害不堪。

(4) 商業與貨幣　該縣地瘠民貧，無大規模之商埠，縣城之明城鎮，有河流淺狹之滄江，祗有小民船運輸商業不甚繁盛，貿易以穀米什貨苼蓆爲大宗，商店均係小資本經營，二區之新墟鎮，及更樓鎮，多酒米生意，商業冷淡，三區之合水鎮，以穀米茶烟，爲貿易大宗，四區之楊梅墟，貿易除穀米外，尚有烟葉茶葉等，五區較爲貧苦，新建之普安墟，規模極小，商業不盛。六區之三洲鎮，水陸交通利便，水路每日有拖輪來往廣州電船來往南海之九江，接駁江佛公路，有民船通明城及各區市鎮，陸路則有明鶴公路與明城及高要鶴山等縣交通，故該鎮爲高明之門戶，亦全縣貿易之重心，貨物出入口之中樞，貿易有穀米什糧瓜菜布疋什貨，及牲畜菸葉茶葉芏蓆等物，各墟貨物，多採辦於此，故商業之盛，爲全邑之冠，豸崗墟生意極小，又清泰鄉於廿三年新建人和市，現仍在建設中，不甚繁盛，全縣無銀業生意，及大規模之商店，流通貨幣，難以估計，查其貿易，多用銀毫爲本位，及些少銀毫劵，港幣則僅見矣，輔幣用銅仙，確數更難以估計，在各鄉鎮長調查估計，約有現毫一十八萬七千元，銀毫劵約一萬五千元，銅仙約一百四十萬枚，至借欵利率，近因世界不景，農村破產，告貸無門，借欵利率，因而增高，雖用不動產，或生產抵押，月息要二分，或三分，甚至有四分者，信用借欵則絕少。

(5) 荒地調查　荒地隨處皆有，其原因或由砂磧，或被水冲，不能耕植，殊爲可惜，若設法開發之，或植林，或種稻，無所不可，計全縣荒地，照各鄉估計，約有二萬零四百畝。

(6) 交通狀況　陸路交通，有公路，卽（甲）要明鶴公路，由縣城東門墟起，至二區之新墟鎮止，全長二十五華里，已經完成通車，由明洲公司臨時承辦行車。（乙）明鶴公路，由明城東門墟起，至六區之三洲鎮止，長凡二十八華里，與要明公路接駁，亦由明洲公司行車，缺於修葺，路面凸凹不平，遇雨則泥濘載道，行車危險，或至停駛。（丙）要明鶴公路，卽五邑勦匪公路，由二區新墟起，至板村止，全長四十九華里半，路基既以完成，惟各處尙有大小涵洞九十五度，已完成者三度，在建設者十一度，其餘八十一度，及大小橋樑十五度，尙未建築，故未通車，查此路建築橋涵經費，係由五邑匪區善後委員會籌撥，現該會已裁撤，此款無着。（丁）新合公路，由二區白石起，至三區合水止，長約十四華里强，路基已完成，而橋樑一度，及大小涵洞二十四度，尙未建築，未能行車，水路縣屬各市鎮均有淺水河道可通，行駛民船，載量極少，惟六區之三洲鎮可有拖輪直達廣州。郵政局設於三洲鎮，明城及各墟，均設郵務代辦所。電話全綫長二百四十二華里，縣屬明城，更樓，新墟，合水，楊梅，普安，三洲等墟鎮，及縣城各機關團體，均可通話，商店甚少裝置，長途電話，則新墟與高要之岼峽，接駁高要屬，三洲鎮與南海新墟，接駁南海屬，更樓與鶴山宅梧墟，接駁鶴山屬，查各處電杆多已腐爛，亟應修復，通話方可靈便。

(7) 教育與慈善事業　教育不甚發達，中等學校，祇有簡易師範一間，附設鄉村師範一班，初級中學一班，學風不頁，校長隨縣長而去留，辦理數年，尚未立案，設備簡陋，毫無成績，有教職員共十四人，共有學生五十一人，縣立小學校有五間，分設於明城鎮，二區更樓鎮，三區合水鎮，四區楊梅墟，六區三洲鎮等處，辦理未甚完善，其餘各鄉之私立學校，祇有完全小學一間，私塾式之初級小學九十九間，共有學生三千七百三十一人，內女生祇有二百九十二人，教職員共有二百七十二人，至社會教育之民衆教育館圖書館等，僅具規模，各縣立小學校，均附設民衆學校一間，另由教育經費管理委員會撥款，設立二間，計共七間，慈善機關，則有養老院一間，設於南門福音祠，平民醫院一間，設於東門墟，崇愛善堂，近擬在明城北門外，烏石崗地方，設立痲瘋院一間，東門外東洲書院，設立救濟院一間，尚在籌備中。

(8) 災害調查　縣屬近年來，水旱頻仍，農耕失利，加以去年尾冬，今年初春，豬牛疫盛行，爲害最慘，查三五六等區，死去十之五六，其餘各區，亦死去二三，無力購買者，祇用人力代牛，甚至任令田地荒蕪者有之，在此青黃不接之侯，困苦殊極。

(9) 築圍調查　縣屬五六兩區，地方低窪，時有水患，圍基單薄者，恒被冲決爲害，現該縣居七圍，高要居六圍，共同聯合，組織十三圍防潦委員會，聯請廣東治河委員會，撥借款項，修築圍基，業經批准借撥數十萬元，訂分三期攤還，每期在收割時候清還，治河會經派工程師測量，並擬定計劃，已在縣屬之秀麗，高要之泰和等圍，開始第一期建築水閘。

(10) 自治概況　民國二十年，已成立參議會，有參議員十二人，第三屆參議員，今年二月就職，全縣六個自治區，一百四十九鄉五鎮，九百五十里，各鄉里長，多屬農民，對自治工作之進行，未甚明瞭，各區鄉辦事，多觀望遲緩，故調查戶口，編釘門牌等工作，尚未辦妥，人口確數，尚難証實，根據各鄉調查所得，全縣有二萬三千七百三十七戶，現住人口，男約有五萬零零九十四人，女約有四萬六千四百七十人，合計共有九萬六千五百六十四人。

(11) 黨務概況　全縣三個區黨部，九個區分部，共有黨員一百一十一人，內農界六十三人，學界二十六人，其餘各界，共二十二人，每月經費，實支二百七十元，縣黨部有執行委員三人，監察委員一人，幹事四人，助理錄事各一人。

(12) 警衛隊概況　全縣警衛隊，統歸編練處管轄，編練處有官佐十一人，伕役六人，常備隊有三個獨立小隊，另一分隊，共有七九步鎗一百一十枝，子彈六千顆，由總司令部領來，駁壳三枝，原由各區派借者，前日派來各種雜鎗，盡撥歸後備隊應用，隊兵分駐各區，仍體察地方情形，隨時調動，以資防守，其經費由田畝附加，禁煙附加，防務附加，及補助費而來，由警衞隊經費管理委員會統收統支，後備隊共編五十一中隊，十一獨立小隊，官佐士兵合計五千一百五十名。

(13) 縣兵隊概况　縣兵隊由縣政府管轄，有官佐四員，護兵伕役五名，隊兵三十名，有七九步槍三十枝，係由編練處借撥，其原有之六八及土七九等槍，撥借各公安分局領用，經費月支四百七十二元，由地方欵開支。

(14) 公安概况　縣公安局設於城外東門墟，管轄三個公安局，(一)爲明城公安分局，附設於公安局管轄一四兩區地方。(二)爲三洲公安局，設於三洲鎮，管轄五六兩區地方。(三)爲合水公安分局，設於合水鎮，管轄二三兩區地方，各公安分局經費不足，警察甚少，械彈服裝，多未完備。

調查隊第九隊主任梁琴友報告

民國二十四年六月

（出自《统计月刊》第一卷第十期，一九三五年）

廣寧縣農業概況調查報告

民國十九年七月

卓正豐

(一)位置

廣寧縣居粤省之西北部位於北緯線二十三度十五分經線距北平中線偏西四度二十五分三十二秒東界清遠南界四會西界高要德慶北界廣西懷集東西廣一百八十餘里南北長一百六十里面積之廣爲全省各縣冠縣屬自治行政分爲九區警察分爲五區茲將自治公所及警察區署所在地分述如下

公所	所在地	區域
一區公所	縣城	縣城
二區公所	顔水墟	距城三十里
三區公所	木草墟	距城七十里
四區公所	寶坑墟	距城八十里
五區公所	石狗墟	距城九十里
六區公所	潭布墟	距城四十里

七區公所	江屯墟	距城六十里
八區公所	坑洞口	距城五十里
九區公所	厚溪鄉	距城二十五里
警察區署	所在地	區域
第一區署	縣城	縣城
第二區署	顏水墟	距城三十里
第三區署	石狗墟	距城九十里
第四區署	江屯墟	距城六十里
第五區署	春水墟	距城七十里

（二）地勢

縣屬西北與東北山嶺重叠南部山嶺亦不少惟不如北部山嶺之高大耳平原地面除六區公所所屬之江屾地方縱橫約十餘里外其餘平坦之地至廣不過三四里耳故縣中山嶺約佔全縣面積十分之八且各嶺甚少石質誠森林至適之地也

(三)氣候

縣屬山嶺衆多森林茂盛炎熱之時亦不覺其熱故寒暑表至高不過攝氏三十三四度耳冬月則寒氣侵人比之各縣常低一二度云颶風少見雨量亦夏月多而冬月少也

(四)耕地狀況

1 土質 縣中低下之地皆屬冲積之砂壤土土色灰白含肥頗富畧高之地如山嶺等腐植質頗富色灰黑肥量亦厚故農民除耕田而外盡是耕山平均計算耕山者多於耕田者數倍也

2 水利 縣中河流除小北江直貫中部上至廣西懷集下通三水河口可行駛淺水電船外其餘如縣城水顧水河夏月則可行一二千斤之船冬月則不能行也至農田灌溉全賴山溪之水不能沾河流之利也

3 交通 縣屬交通除沿小北江地方可用淺水輪船運輸外離江稍遠之地貨物皆用肩挑運輸非常困難現所開公路亦沿江邊而行對於貨物運輸毫無關係不過便行人而已

(五)農民經濟狀況

1 田地租價 縣屬田地極少且耕田之利不如耕山故田地價亦不甚昂上等水田每畝價值不過二百元租穀四担左右中等水田每畝百五六十元租穀三担左右下等水田每畝約百元租穀二担左右地價則更平上等地每畝百二三十元租金約五元中等地每畝七八十元租金約三元下等地每畝價三四十元租金約二元山地之近鄉村者每畝亦值數十元至百元不等租金十元左右全縣人口約三十萬人糧食僅敷三月不足之數由懷集供給

2 長短工價 長工每年工金多者六七十元少則四十元左右日工忙時每工三毫至四毫男女同價(因僱工者多夫妻二人同時受僱故工金亦不分也)平時則二毫或三毫而已

3 大宗產品價格表列如左

品名	數量	價格
松柴	每百斤	四毫
草柴	每百斤	二毫
穀	每百斤	五元
米	每百斤	八元
油	每百斤	三十五元
猪	每百斤	四十五元
鷄	每斤	六毫
鴨	每斤	三毫半
鵝	每斤	四毫半

炭	每百斤	三元
羌	每百斤	七元
芋	每百斤	三元
靛	每百斤	十五元
薯莨	每百斤	四元
香粉	每百斤	六元

4 大小農及經濟情形　縣中農民耕十畝以下者約佔百分之八十耕十畝至二十畝者佔百分之十五耕二十畝以上者佔百分之五農民之耕山者約佔十分之七至經濟情形則以六區之民爲最充裕七區次之因該二區農民耕田者衆耕山種茶者亦不少長年有收入故經濟較裕也其餘各區專以種竹木爲主極少種植速成植物常須資本流動故較爲艱苦也

（六）作物

1 水稻　早造穀種有苗包花羅白轂早白粘仔白糯紅梗生鬚糯等驚蟄前後下秧清明前後插田插後二十日除草施肥肥料以草木灰人糞尿爲多亦有施花生麩者晚造穀種有油粘芽包穀大糯粘仔糯生鬚糯黑壳穀矮仔大禾穀（宜水深之田其米色赤）蘇仔斧（赤米）等大暑前後播種立秋插田除草施肥亦如早造但收獲後即犂田晒冬至立春前後則蓄水浸田待

至插田時乃耙碎之此種習慣極合耕種原理

2 羌芋　別縣羌芋多種於水田但廣寧則多種在山上因縣中山嶺多種杉種竹初植數年必要鬆土是以間種羌芋於其中一卽省地力二卽省人工也

3 番薯　薯有番鬼薯(有白心紅心二種)針筝薯(皮肉皆紅)白薯五百種等種於山上或田地皆有之種法先將地鬆碎起畦取薯藤屈曲植於畦上覆以坭土二三寸但祇覆藤之中部兩端不覆祇蓋稻草以防日光山地或田皆如此法至種薯時期殊無一定惟白露以後則不可種雖種亦不結薯故種薯必在白露之前云

4 木番(薯又名薄楓或名木薯)木約分爲紅白皮二種白皮者含粉較多故每担價値必貴數毫種法則將山地鬆碎每距離約四尺鋤一穴深約二三寸乃將木薯之莖截成尺餘長斜插於穴中令莖之尾部向於山上施以草木灰或糞尿乃覆以土祇留頭部一二寸突出地面種植期在大小寒至清明前皆可亦有先將薯莖假植俟其出芽始取以種植者種後除草培土施肥各一二次亦有全不管理任其自然生長者惟不如除草施肥培土者之收量較多也

5 薯莨　薯莨爲工藝植物之一有野生者有人工種者種法先採其種子用砂土混勻培養其出芽乃假植於地上每距離三四寸約一年之久然後移植於松山杉山之間每株距離約四尺繼續除草薯三年之久則可收薯矣亦有不用種子繁殖而於冬月刈其藤每長尺許密插於地俟其生根出芽然後移植者至其收成每畝上等者可收三十担以上每担値銀四五元

6 藍靛　藍靛亦工藝植物之一分大葉細葉二種種於松杉之間種法則在春分前後將地鬆碎每距離二尺開一小坑將種子條播其上覆以薄土俟其生長二三寸卽行間拔令其每株距離約二三寸許施肥一二次至大暑前後收穫製靛法每日於日光未出前將藍樹之莖葉刈起放於瓦缸或池中加水浸之約三　其皮葉均已溶爛則剔去其莖葉之骨而加以熟石灰用竹木棍猛攪之攪至其發生沉澱卽可停止如是靜置一日夜則可去其上面之清水而沉澱於缸底或池底者卽爲靛矣每藍葉百斤用熟石灰十斤則可得靛二十餘斤每斤値銀約二毫云

7茶　茶以五區之春水地六區之潭佈曲水地以北爲最多約有數千畝年中收入數萬元以上查其銷路多售於清遠故清遠茶實多數爲廣寧茶也種植法將山地鋤鬆細碎於霜降節前後收採茶種卽日點播每穴距離一尺五寸播下茶種二三粒卽蓋以山草其草腐爛又復再蓋種植一年則有少數收穫但種茶亦用移植法者其法先將茶種用砂藏至出芽卽於其芽未出地面以前卽行移植若芽出地面後始行移植則生長不佳云至管理手續每年約摘茶蕊六七次大抵自春分前後起摘至霜降前後則少嫩葉矣此時卽剪去茶樹之枝幹待來年再發新芽而茶葉乃多否則嫩葉必少而收量亦減耳至製茶之法先將摘下茶葉用慢火炒之炒至柔軟時卽取起以足搓之令其葉捲乃再炒乾之則可出售於茶莊茶莊再加選擇分別等級而烘乾之乃運銷於各地矣

（七）果樹

果樹有荔枝龍眼桃李番石榴柑橙等柑則除六區春水有柑園數個外此外各區無成園種植者其柑味與四會柑亦相伯仲惟出產無多故不如四會柑之有名也其種植管理各法均與四會同其他果樹各區均有但出產無多不足道也

（八）畜牧

1家畜　牛有水牛黃牛二種全縣統計約有四千頭水牛黃牛各半水牛大者每頭約三百元黃牛大者每頭約百元左右豬之種類與各縣同洒米商人多養之農家則養一二頭耳統計全縣約有七千頭左右至羊雖有黑毛黃毛黑白黃雜毛之別細察之仍屬一種耳飼養管理與各縣同其數目未詳

2家禽　鷄之種類及其飼養情形亦與各縣同但有一種名爲木鷄六區潭布地方多養之其形色亦與通常之鷄無異惟雄鷄毛短脚高大者重約六七斤亦無長毛其骨骼則異常粗大此其異於通常鷄之點也至於鵝鴨之飼育情形悉與各縣同

（九）森林

1杉　該縣杉木以坑洞八區地方最多順水二區地方次之其他亦間有種植植法在大寒後將杉頭一年生至二年生之杉苗剪其尾約尺二至尺四每百株爲一束頭部向下置有流水之砂底地水深約二寸許爲適宜(最忌泥底及不動水之地)至春分前則截去浸水之部約二寸許再以刀削去其頭下之皮之一部長約三四寸左右則可定植於山地每距離六七尺揷一株插入地約四寸(即削皮之部)露出地面者約七八寸揷法先用鐵鑿或竹木開一孔然後揷之再用鋤或脚踏實其兩傍泥土則得矣當未揷植之前先鬆碎其地或先間植其他植物如薯莨羌芋藍靛等若不間作植物則三年之內必須除草否則杉難生長故以間種其他植物者爲多實一舉而兩得也杉種十五六年可斬伐作建築之用伐後其頭再出芽復留回一株至十二三年又可斬伐矣如是可留根三次又乃更新種植此外亦有用杉仁繁殖者但生長不良故不述

2松　松之採種及時期每年在霜降後採摘松子置於陰濕之地或土屋房內上蓋以草或爛蓆等約一月之久取出晒乾用竹木棍打之其松仁則脫離松子乃撒播於幼碎之砂土中上覆三四分厚之土旱則淋水如是至來年大小暑後有雨水時則可移植矣植法每距離約三尺左右先剷去地面之草約一方尺再以鋤開深一二寸之小坑即插松秧於坑內一邊一株培土踏實之則可矣約十年以上則可斬伐惟種松之最宜注意者松秧必須一邊貼近實地兩邊皆貼實地更好故開坑以一鋤爲妙如此種法若雨水充足則十足生長云又松秧已生有新根及枝葉而始移植者生長必不佳故種松以在大小寒以後立夏以前爲最宜云

3犂索木　木質堅硬原可作木材之用但種家每不俟其成材則斬伐之以供薪炭之用其價值比之松柴每担約高一角以上查松柴浸水久則變黑故販柴家放柴出省佛等地必用犂索木爲底松柴爲面扎成筏狀從江上流至省佛今市上所謂雜柴者多爲犂索木也種植法在霜降後採種即行點播每距離三尺左右鋤一小穴播種子二三粒覆以薄土如是至五年之久則可斬伐每株可得柴百餘斤伐後生芽再五年又可斬伐約斬四五次後乃更新復種云

4竹　竹有數種一爲青鬼竹即市上之篙竹也擇其粗大者破爲篾用每萬斤值銀七十元其小者爲籬竹每萬斤值銀四

十元二爲撐蒿竹又名棚竹每萬斤值銀五十元專爲搭棚之用三爲鴉竹色青節密約五六寸一節徑大寸許長約丈餘至二丈土人截其近頭之部長三尺六寸曲者壓直出售於香港每擔值銀約三十元用途不明此竹之繁殖從根鬚發芽其根透至某處則在某處起筍與蓮藕繁殖無異但生長不易且除竹頭三尺六寸價值稍高外其餘則與棚竹價無異故少人種植也四爲苗竹即市上之擔杆竹莖大二寸許節密而竹身肉厚故能任重每百斤值銀二三元但其生殖之地必須肥料豐富且生長亦不易故種者亦無多五爲大竹(又名大頭竹)其竹枝有簕徑大四五寸長四五丈專爲河筏之用亦可代作杉桁每條值銀一元以上其筍亦可作蔬食製法將筍破開兩邊置日光之下晒一天即每百斤加鹽五斤漬之載以木桶封固運往南洋各地發賣每百擔值銀二十餘元云六爲文竹此竹高不及丈大不及寸祇可作籬竹之用種地亦須肥厚其筍爽脆味甜故目的專在取筍筍不須漂水可以生食每斤價值二角以上晒乾則每斤值六七毫至一元不等以上爲各種竹之大畧情形也至是縣之竹種於山嶺者約佔十分之七種於平地者不過十分之三耳種法則先將地鏊妥後於立春清明間將一年生之筍竹掘起剪去竹尾及根鬚約留二三節長約二尺左右即植於五六寸深之坎每坎用竹秧一二株其竹頭之傷口須接實硬土於是培土踏實之則事畢矣種後二三年內每年除草一次或間種番薯芋薯莨等物於行間至五年之後則可以收穫繼續收穫至數十年之久云

(十)特產及輸出品

寧屬無甚特產而輸出品之最大宗者首推竹篾每年在二百萬元以上次爲松柴亦約二百萬元再次則爲杉約百萬元其他薯莨茶葉亦值二十萬元以上云

(十一)農村教育狀況

縣屬教育現有中學一間係於十九年間成立學生約六十八完全小學八所學生約千人女子小學一所學生八十八初級小學一百三十五間學生約五千人全縣學生共約六千人以三十萬人口中兒童作一成計算則失學兒童約在二萬人以上

（十二）農林前途之希望

縣屬既少游民亦無曠土農林可稱發達爲本省各縣之冠惟交通不便運輸困難似宜速闢公路以利交通至於竹林廣濶虫蟻極多又最宜養鷄以作農家副業實一舉而兩利也

（出自《广东农业概况调查报告书续编》下卷，一九三三年）

廣寧縣調查報告

楊少言

職隊在廣寧工作，現經蕆事，合將該縣情況呈報如次：

位置與形勢 廣寧縣舊爲四會之西北部，明嘉靖年間，因僞天恩李汝端聚衆造反於扶溪古水等地，亂敉後，遂置縣治，縣境居本省西北部，綏江之中流，西鄰廣西懷集，西南鄰德慶高要，東北鄰陽山清遠，東南鄰四會；東西廣一百八十餘里，南北長一百六十餘里；全縣現劃分爲九自治區，一，二，四，五，九，各區位於綏江兩岸，三，六，七，八，各區則居內部山間；全縣面積七千餘方里，而山地則佔十分之七，是故境內崇山峻嶺，重疊起伏，峯巒蔚起，地勢巍峩，尤以北部爲甚。

氣候 成林綠蔭，冬冷夏凉，暑不過熱，寒亦不冰，理所必然；廣寧年中最熱時無逾華氏表九十度，最冷時則比他縣畧低一二度；颶風少見，雨量充足，秋冬不旱，統計全縣降雨量全年約在二千公釐左右（民國廿三年七月起至廿四年六月止全年雨量爲一八九七公釐）。

土質 沿江兩岸平原，多爲冲積壤土，而內部各地，雲毋隨處可見，此項土層，大部分爲花崗岩所化成者，至於山嶺土質，石礫少見，表土疏鬆，富腐植質，宜爲林業發達之境也。

田畝 田畝調查，已經完竣，山田平原概行包括在內，惟山地係依舊時鳴鑼課畝辦法相沿而下，故事實上有巨大之出入，平原只於江谷有大片田地外，餘概爲二三畝三四畝之山谷底地；荒地則於沿江低地第五九兩區約有一千畝，各區可謂絕無僅有；荒山於第三區有數百方里外，其他各區山嶺，十九爲綠色樹木所被盖，玆將各區田畝面積摘錄如次：

區別	畝數	區別	畝數
一	四六、五二二	二	二三、五八四
三	二〇、四三一	四	四八、八七四
五	三六、九八七	六	六三、三四一
七	四八、〇一六	八	一九、八五三
九	二五、〇一二		

人民　全縣人口據省府秘書處土地與人口一書所載則爲三十九萬餘人，西北區綏署今年之元旦特刊，則爲三十一萬人，現縣府已於去年十二月完成此項調查工作，統計人口共三十五萬八千餘，民情勤樸，力於耕種，出外營商者甚少；以分佈而論，則縣屬第六區人口最多有七萬餘人，一區次之，而以第三區爲最少，祗有二萬一千餘人。

交通　縣內交通，因山嶺重疊，地域遼濶，故公路開闢困難，現查縣道已成通車者，計有東龍公路，全長十里，此線係由縣城以達江邊，而爲出入縣境內外之要道；四寧公路，全長一百二十餘里，由縣城至春水一段已成四十四里，亦已通車；水路方面，全靠綏江載運，上達懷集，下通三水，於春夏期間，可行使淺水電船，但至冬期，河水乾涸，出入須搭帆船，交通轉形不便；綏江之支流古水河，上達八區以通於陽山縣境，但秋冬以後，民船亦難行駛矣，至內部各鄉，如三、六、七、八各區，運輸行旅，或須越山過嶺，交通益感不便耳。

郵電　郵政有三等郵局一所，設於縣城，郵政代辦所六處，分設於春水、東鄉、顧水、石澗、石狗、江谷等地，信櫃三所，分設於江屯、埠𣏌、黃田三地，然業務不振，發展甚難；電話方面，全縣各區已可相通，計路線長共五五二里，電桿柱共八一四一枝，總機設於縣城，分機有二，一在厚溪，一在石狗，電話機數全縣現有四十七號，爲專司管理起見，縣城特設立電話局，以負整理增設之責也。

治安　境內林木陰翳，山嶺崇高，最易爲盜匪藏匿之所，民十四年至二十年，英德、德慶等地著匪潛匿縣境，四出刦掠，勢甚猖獗；計彼時由四會至縣城，水脚每人收費達至七元之多(現約一元)，沿江杉排出口，每排勒收「行水」至十餘次，可知匪患爲害之烈矣。迨二十年迄今，經地方警衞隊及防軍合力圍勦以來，匪首程棠梁昌已先後伏法，餘匪或自新或逃亡，治安始趨鞏固，但山深林密，零星散匪，仍不免或時蠢動，此則有待於清鄉·保甲，編練後備隊之進行矣；地方警衞隊前有五中隊及三獨立小隊，因當局爲節省經費起見，已裁減兩中隊，現有官佐士兵共三百餘人，公安分局有五，分佈於縣城，古水，春水，石狗，江谷地等，是則治安可無虞矣。

政治　本縣爲二等縣分，依照組織條例，分爲建設，財政，教育，公安四局，幷有建設委員會，教育設計委員會，農村經濟研究會等機關，從事于補助縣政之發展：(甲)建設方面，如公路之開闢，已於廿二年底完成東龍公路，廿三年底又完成四寧公路之春水段，然現値農村破產，欲望全線完成，倘須有待也。電話之整理，先後改線換木，計廿三年度共支出六千餘元，現已通話豐捷，不若往年之時通時停矣；造林工作，先後成立有縣苗圃及區苗圃共七塲，使試驗上成功，以便爲全縣林業改良之張本，同時幷於縣立中學附設製紙廠一間，利用一部份機器，縮短製造時間，所出之信紙稿心紙，質料佳良，極得縣民稱許，將來積極擴充，挽回利權，當貨不少；此外如公園及平民醫院，亦經先後成立矣；(乙)財政方面，年來因農村破產，影响稅收至巨，如石狗之山貨出口捐，廿年度總收入共八萬八千餘元，去年度祗得五萬七千餘元，故各項政費支出不得不從事撙節；全縣財政一律公開，每月收支結算，張貼於城門，俾人民週知，(丙)教育方面，向稱落後，當局除增加教育經費，同時儘量發展義務教育，計已開辦之短期小學，現已達一百六十六所；(丁)自治方面，參議會區公所各自治機關已成立三屆，其主要工作，如編釘門牌、調查戶口及訓練後備隊等，亦經先後告成；此爲縣政建設之梗概也。

黨務　本縣黨務發展，祗及於沿江之區，計區黨部有三，直屬區黨部亦三，區分部有一十五個，合共全縣現有黨員爲五百二十二人。

社會　廣寧社會，向稱爲農林發達之區，男女老幼，皆有工作，安居樂業，衣食無缺，熙熙攘攘，可謂無曠士無游民；特近因四方不景，竹木滯銷，價格奇跌，失業工人，觸目皆是，統計全縣失業人數，現達十五萬人以上，蓋從前上至六十歲老媼，下至六七歲小童，能握撈笏刀者，衣食已無虞慮，現值如此景况，影响百業凋零，社會生計日呈窮蹙，壹般生活，已大有朝不保夕之感矣。

教育　本縣教育，向不發達，中學計有縣立初級中學一間，附設有鄉師班及簡易化學工業班各一班，學生共二百一十八人；高級小學計有十六間，初小二百零五間，合共學生九千七百三十餘人，義務教育方面，短期小學一百六十六所，學生共二千九百餘人；民衆學校二間，民衆教育館一間，縣立圖書館一間，內藏書約一萬册，以上三項俱設於縣城。

物產　本縣物產豐富，惟因人口衆多，粮食最爲缺乏，茲特分述如下：(甲)農產，稻作年分二造，分佈於山谷及沿江平原，統計年產穀約八十三萬餘担；荣作亦爲主要農產品之一，以七六兩區所產最多，計年約產二千餘担；雜粮之蕃薯年約產十萬担，芋頭九萬餘担，木薯一萬六千餘担，此外果品祗有柑及楓栗弍種，前者年約產三百担，後者約一千担，但大部分供本地銷用，故出口甚少；(乙)林產，林產爲人民經濟生活所依求之主要副產品，林業之發達爲全省冠，種類繁多，不勝枚舉；就原產品而言，則有松杉竹三種，就其製造品而言，則有松柴，松炭，竹篾，元寶紙，香粉，木器，竹器等，茲將上述各項，就其每年產量分别摘下：松柴年約產一一、五一〇、〇〇〇担，青竹約一二三、九二七、〇〇〇担，杉約五、一二〇、〇〇〇株，木炭約二六五〇〇担，竹笏二一、三六〇担，香粉六、一〇〇担，火紙一〇一・八〇〇担；(丙)葯材，本縣各區山林多有葯材出產，計土茯年約產一五担，莲戟一四担，防杞二二〇担，銀花三担，木通五担，鈎籐一一〇担，狗脊六〇〇担，花粉二〇〇担；(丁)其他，如工藝植物之藍靛，年約產八百担，薯莨約一千四百担，蛇類之出產，亦爲利源之一，查廣州及四鄉之蛇肉，大多來自廣寧，據本地人言，此項動物年中運銷各地者數達數十萬條云。

商業與金融　本縣商業，前因市情好景，生意暢旺，尤以米業爲盛，計全縣年中輸入白米約八十餘萬担，値六七百萬元之多，幸有林產爲之挹注，故商業大有欣欣向榮之象，資本額之多者，有達一二萬元以上，合計全縣各墟市塲，大小商店約一千間左右，而以第六區之江谷鎭，商業較爲繁盛；但現因本地產品外銷不振，市情冷落，良可嘆也；至若普通商塲交易，除三、七、八各區外，省行紙幣可以暢行無阻，銀毫行使市面多爲舊幣，或謂舊幣出現，是爲經濟衰落金融支絀之表徵，亦非無故也。

衞生與宗教　縣城現有平民醫院一所，建築華麗，設備週全，自經當局整頓後，深得人民信仰，日往求診者平均約五十餘人；至於宗教，大部分人民仍崇拜本地神祖，對於山神，尤維恭維敬，平常入山採伐杉木者，輒先以三牲菓品供祭之，然後始行開工，目的固在期事業順利也；外來宗教，從前石澗縣城各有教堂一間，因未能引起當地人民之信仰，現已停閉，所存者祇有古水基督教堂一間，教徒亦僅六十餘人而已。

綜觀上述，廣寧原爲物產豐富，民生問題稍可解決之縣，殆因近二年來四方經濟衰落，蠶絲事業失敗，所需竹炭遂大減少，華僑滙欵有減無加，建築隨之衰落，由是影响廣寧山貨出口，至爲顯然易見；惟是吾國年中柚木枕木以及紙類之入口，又何止千萬計，假使能從林業本身之方法上改良與乎政府之輔助，則此向稱林業模範縣者，未始不能回復「當年好景」之情况也。

中華民國廿四年十月廿五日

趙錦鴻

（出自《统计月刊》第二卷第十期，一九三六年）

開平縣農業概況調查報告

卓正豐

(一)位置

開平縣居省城西南四百六十餘里位於北緯二十二度三十三分經綫距北平中線偏西四度三十分全縣面積約六千九百方里南北長一百七十里東西廣八十里東北界新會東南界台山西界恩平西北界新興北界鶴山縣屬警察分爲七區行政區則分爲十區縣城原在縣之北部民國以來被土匪攻陷數次故自民國十四年起將縣署遷往長沙埠而縣城遂廢棄焉茲將警察及行政區域列表如下

警察區	所在地	區域
第一區	縣城	附城
第二區	長沙埠	城東南四十里
第三區	赤坎埠	城南四十里
第四區	百合墟	城南五十里
第五區	水口埠	城東六十里

第六區	赤水墟	城南八十里
第七區	蜆岡墟	城西南六十里

行政區	所在地	區域	統轄
第一區	縣城	附城	九鄉
第二區	馬岡墟	城西十五里	九鄉
第三區	塘口墟	城南三十五里	十二鄉
第四區	赤坎埠	城南四十里	十五鄉
第五區	蜆岡墟	城西南六十里	十五鄉
第六區	赤水墟	城南八十里	十鄉
第七區	護龍埠	城南四十五里	五鄉

第八區	長沙埠	城東南四十里	九鄉
第九區	振華墟	城東四十五里	二鄉
第十區	水口埠	城東六十里	九鄉

(二)地勢

縣地頗似蜂形北部廣大南部次之中部狹小北部山嶺重疊南部次之中部東部平原較多全縣山嶺約佔全面積十分之四平原約佔十分之六縣中河流除珠江沿縣之東縣可駛數十噸輪船外中有河流兩道分爲東河西河東河由北部鶴山入縣之南面出海西河由新興經恩平入縣之南會合東河而出海帆船出入日見數十中部則有珠江支水橫貫其間通恩平而出陽江其餘小水雖多但冬月不能行船耳

(三)氣候

縣屬氣候溫和春夏雨多秋冬雨少夏熱冬寒霜雪則民國以來僅十八年一見之但亦以北部近山之地方爲多颶風則間有而以南部近珠江之地方爲烈云

(四)耕地狀況

縣中耕地約佔全縣面積十分之三而旱地約居其二故旱造以種旱禾爲多收穫後則種蕃薯若雨水充足則晚造又種水稻者亦有之至其土質水利則分列於下

1土質　分爲三種縣之北一二三區(指行政區)間有腐植質土縣之東第八九十區多運積土表土深厚惟砂質略多縣

之南四五六七區多砂質壤土含肥亦富

2 水利　縣屬山嶺雖多絕無山谷之水水田旱地專賴天水及車水灌溉故時虞旱患但若東西兩江水漲則亦有洪水之患

3 交通　縣之東有珠江沿邊境而過縣之中有東西二江橫貫其間水路交通可稱利便陸路則車路四達一日可以遊行全縣數次行人運貨均稱便利

（五）農民經濟狀況

1 田地租價　縣之北部近縣城一二十里地方每畝租金上等者十四五元中等者則十元左右每畝價值上等者二百七八十元中等者二百元至二百四十元下等者則百十元左右縣之中部赤坎附近一二里地方價值與租金則畧昂上等田每畝價在三百元以上租金每畝年約十七八元至二十一二元中等田價每畝二百元至三百元租金每畝年　十五六元旱地則全縣各處皆同每畝價約百元左右租金則每畝年約數元而巳

2 長短工價　上等長工每年百元短工忙時一元至一元四五角女工忙時八角至一元閒時男工五六角女工三四角日食三餐長短工皆由僱主供膳

3 大宗產品　除穀米外以九區（指行政區）之沙岡蒜頭爲大宗每年出產在四五萬担以上腊蔗則以二區之張橋馬岡二處爲多每年約値二萬元以上竹蔗則一區之潭碧地方有搾蔗寮一間每年約出糖四萬斤赤豆黃豆白豆等雖各處皆有種植但不足供本地之用果樹則一區八區皆有少數荔枝種植惟二區之張橋地方則有黑葉荔枝數百株但爲百年以上之老樹居多每年出產約二三萬元

4 大小農及經濟情形　縣中農民耕田二十畝以上者約佔百分之二十耕十畝以上者約佔百分之三十耕十畝以下者約佔百分之五十但經濟則多數充裕蓋縣中戶口共約四十萬而往美國金山等埠經商者在二萬人以上往南洋群島及各省

營業者亦在萬人以上每年由外埠滙回之欵總計約千萬以上故其在家之男婦有所倚賴除早晚二造耕作外絕無冬畊之事全縣糧食出產實不足供半載之粮倘逢兵燹兇年則殊形危險也

(六)作物

1水稻　縣中水田約佔全縣十分之二旱地約佔十分之一早造穀種有早白早粒早糯紅米西粘種等清明前後播種穀雨前後移植晚造則有霜降粘芽粘烏穀黃殼大糯等種小暑前後播種立秋前後移植播種法將穀種沒一日則起回屋內早晚再以水淋之約四五日則撒播於成糊狀之田約十五日則可移植移植法將細碎之草木灰或豬屎花生麩等撒於秧頭中以剷剷起則分植於田中晚造則在播種後三十日至四十日拔起分植或以稀爛之塘坭混以草木灰及豬糞等粘秧頭然後分植約一月前後乃行除草並施以塘坭碎豬屎乾等物一次亦有除草二次者惟施補肥則一次耳

2玉蔗竹蔗　種法將上年所留之蔗去其殼用糊狀之爛坭汚其身堆放於地上覆蓋以草或爛蓆蔴包之類約一星期觀其已露根芽則平行種於地上用稀爛醬糊其一半以後管理則隔一月施草木灰或花生麩塘坭等共四次亦有施肥多至六七次者每畝全年施花生麩三百斤至五百斤每施肥一次培土一次去莢一次蔗抗不用水惟一月不雨則須灌溉以地濕為止每畝上等者可得銀百八十元云竹蔗則種於旱地或山崗等處種法去其莢後則斜插於地行間較玉蔗約狹二三寸大概二尺六七左右株間距離則每尺一株管理祇施肥二三次繼培以土每畝全年約用花生麩二百至三百斤不用去莢每畝上等者可得糖六百斤云

3花生豆　在春分前將豆去其殼則點播於地上蓋草木灰覆以薄土株間離約三寸行間距離約六七寸以後除草一次不用施肥至秋分前後收穫上等收成每畝可得花生三四担

4黃豆烏豆薯葛芋頭瓜菜等均有種植但種法如常故不另贅

5 蒜苗　(指沙崗縱橫約二十里所種者而言)沙岡所產之蒜以取頭爲目的而蒜苗之味比之別處則大不相同故分述之如下

甲·性狀比較　別處蒜苗味辣食後口有臭氣而沙岡蒜苗味甜無臭氣別處蒜頭久貯仍硬而沙岡蒜頭稍貯即成粉碎別處蒜頭胞衣厚貯至對年蒜肉盡變祇存空殼沙岡蒜頭胞衣甚薄蒜粒凸起貯至對年不變此性狀與別處不同之點也

乙·土質及栽培時期並方法　土質宜於輕鬆之沙質壤土種植期在立冬後(即晚造禾稻登場後)將所種的地犂耙鬆碎起高約四五寸濶約三四尺之平畦乃將蒜頭剝開插於畦上每粒種子距離約二寸左右其上蓋以稻草

丙·管理法　播種後早晚淋水各一次一星期後見其已出葉則用人尿和水三四倍施之每畝約施尿三四担若無尿則用花生麩五斤浸水約十担淋之或用化學肥五斤和水淋之或種植時每畝地用花生麩粉三十斤先撒於地面然後種植則一月內不用施肥祇淋水可矣一月以後則每星期施肥一次或二次自播種至收穫約百二十日共施花生麩一百斤化學肥一百斤云

丁·收穫量及調製法　每畝地約用蒜種七十斤可收生蒜頭十四五担收穫後用日光曝晒若日光不足則用暗火焙乾約得十担可貯至對年不壞惟貯藏必須用竹笠使其通風否則必至霉爛云

戊·銷路及用途　查沙岡蒜頭除幼嫩時在本地爲蔬菜食用外其餘多輸出南洋群島及西洋各國其用途則製巴利士油以塗木材面防白蟻云又有一說謂中國華僑在南洋各埠常患脚氣症若常食蒜頭則可免脚氣及瘴氣之病云

6 酒餅　酒餅原料用黃豆三斗米二十斤餅葉(山嶺取)十五斤坭(鶴山合村嶺坭爲最好每担須銀一元)六十斤餅丸十五斤(餅丸用米山羌桂枝餅葉製成)舂碎混匀落餅槽發酵一二日製成方磚形風乾可得餅百二十斤可賣銀十元云

(七)果樹

開平果樹祇有荔枝龍眼二種荔枝則以二區爲多大約有三四百株皆百十年之老樹新種者亦有少數一區十區亦有多少新種者以黑葉爲多桂味少數但俱非有成園者不過三五株至二三十株而已龍眼則多植於屋邊餘地亦非成園不過一株至二三株而已

(八)畜牧

1 牛　縣屬耕牛甚少每十戶耕家間有一二家養之故耕田者每租牛耕種每畝連人工犂耙鬆碎約需銀二元至三四元查全縣共八千餘戶而牛不過二千頭左右耳土人治療牛病據稱如牛肚脹大則用生丹竹以火焙至大熱而刮其身纖用人着之鞋打其肚則愈云

2 豬　養豬之家十戶居其八九多者養數十頭少者亦養一二頭故全縣豬數總計在萬頭以上

3 家禽　以養鷄爲多鵝鴨次之鷄之最佳者年產蛋百餘枚鴨則產二百枚以上養鵝者有十餘家最多者養至二三千頭少者亦五六百其鵝仔買自陽江每百約二十五六元養五六十日則可出市其飼養法幼時每百隻爲一舍每日飼硬米飯四次浴水三次並飼清草或菜葉一二次此時不免有死傷十五日後則絕少死矣據稱能養八成者成數至高普通多養五六成耳故必至十五日後始行放牧放牧之時每日仍飼三次兩次用穀一次用飯或番薯等約養五十餘天平均每隻約有四斤以每百隻計共須用穀七担每鵝可賣銀一元四毫左右

(九)森林

縣屬山嶺約佔全面積十分之四荒廢者約佔九成除一區有一二小山及五區蜆岡六區赤水有少數人工松林外其餘則皆童山也

(十)特產及輸出品

本邑特產獨有沙田蒜頭一種其餘農作物皆無輸出故開平輪船入口則滿載貨物出口則空船而已

（十一）農村教育狀況

開平縣稱殷富之區而對於教育似不甚振興查該縣高中祇得一間學生八十人初中一間學生二百四十人鄉村師範一間學生二百五十人高小一百二十間學生二千三百餘人初小三十間學生九千人總共入學者約有一萬三千人照全縣四十萬人計兒童佔一成除入學者失學兒童約在二萬人以上至於私塾多少縣無確數據教育界中人言去年被該縣縣長封閉二百餘間今年還間有存在諒必在百間以下云

（十二）農林前途之希望

開平農業雖非發達而平原之地已無曠土惟絕不冬耕求盡天時之利為可惜耳至於童山之多實為廣東各縣之冠查其原因皆由士人迷信風水往往阻撓種樹及盜伐樹木所致也倘東北潭江一月之久無柴入口則全縣必陷柴荒危險孰甚余甚望當局者打破其迷信之風勸導造林則十年之後材才不可勝計矣

（出自《广东农业概况调查报告书续编》下卷，一九三三年）

鶴山縣農業調查報告

民國十六年

卓正豐調查

(一)位置

鶴山縣居省會西南二百餘里，位於北緯二十三度十分三十八秒，經線距北平偏西四度十二分三十五秒。全屬廣一百二十餘里，縱五十餘里。東南界新會，西南界開平，西北界高明，東北界南海。全縣分爲五都：(一)附城都(分爲內附外附)，(二)古勞都，在城之東北六十里；(三)新化都，在城東南三十里；(四)遵明都，在城之南四十里；(五)雙橋都，在城西北七十里。縣城原在縣之中部，有清末年某邑宰以縣城不利，呈准上峯遷縣治於縣之東北部沙坪墟，今已十餘年矣。

(二)地勢

東北古勞都地方，平原較多，其餘各都，大抵山嶺重疊，形勢崎嶇。全縣平均計算，山嶺約占十分之七，但巖石極少，尙可利用以種植也。

(三)氣候

縣屬氣候和煦，無急激之變化，但年中多高山之地方，署較寒冷耳。雨水則以夏季爲多，霜則大寒前後，間或有之，此外與省城氣候無大異也。

(四)耕地狀況

土質　縣之東北部，地勢平坦，多灰黑色之砂質壤土，其餘各部皆冲積壤土，表土深厚，肥質頗富。故高低適中之田，多可以種三造也。

水利　屬內河流，可通小輪者，獨縣之東北部有二十餘里，其餘雖有小河，而河底巖石嶙峋，不能行船。至於農田灌溉皆賴山坑之水，及井水，歷來不慮旱災，祗有積水不去之患耳。

交通　邑內交通除古勞都有二三十里水路外，其他各都貨物往來，皆用肩挑，交通極爲困難。

耕作情形　縣屬之東北部沿江一帶，縱橫十餘里，皆以蠶桑爲業。離江稍遠之田地，則早晚造種禾，冬期種烟，亦有種早造及晚造，而不種冬造者。近山之民，稍暇則耕山，經營茶業，是以鶴山全縣出產，以烟茶爲大宗也。

（五）農民經濟狀況

田地租價　水田上等者，每畝值百五十元至二百元，租銀約十元，若古勞都之雲麥古蠶地產烟最有名者，每畝值四百元，年租二十元以上；中等田每畝約百元，年租銀六七元；下等田約值五六十元，年租銀二三元而已。

長短工價　長工每年五十元至百二三十元，然以業商及製茶者僱長工爲多，農戶少數也。短工忙時男五毫至八毫，女四毫至六毫，茶飯供足，每日三餐；平常男工三四毫，女工一二毫。

大宗產品表列於左

品名	產地	價格(担計)	產量(約數)
生切烟	古勞都至多其餘各都均有	數元至四十餘元	年約千萬元左右
茶葉	以外附都爲多餘各都均有	五十元至八十元	年約百萬元
蠶桑	古勞都	乾繭百五六元	年約百餘萬元
沙梨	外附都白水帶地	十餘元至三十元	百餘二百担左右
龍眼	各都均有	五六元至十餘元	數百担

芒果	雙橋都	無定	約百餘株樹
牛	各都	每斤三毫	
猪	各都	每斤三毫五	
雞	各都	古勞都斤六毫雙橋外附都五毫	
鴨	各都	斤三毫至三毫五	
柴	各都	古勞都一元雙橋外附都五角	
炭	各都	二元左右	

上所列者，皆土產出口者也，其餘薯芋瓜菜等物均有種植，惟價格無定，且無出口，故畧之。

大小農及經濟情形　全邑人民，約三十餘萬，業農者至多，但耕田多不及四十畝，通常僅十數畝者，大約占十分之八。至經濟情形，則各都不同，古勞都經商者多，並有蠶桑烟茶之利，故經濟最爲充裕；新化都遵明都雖無蠶桑而有大宗烟茶出產，內附都與外附都及雙橋都，烟葉雖少，而產茶最多，故經濟亦非困難也。

（六）作物

（1）水稻　品種，早造有黃穀，花殼，小糯，穀仔，齊眉，鴨母磨，長尾穀等；晚造有絲苗，銀粘，白殼，大糯，霜降白，油粘，大黃穀等。選種育苗法與中山等縣無異，惟施肥則畧有不同。在插後秧苗漸長，卽行除草施肥，若施猪糞草木灰等粉碎肥料，則用草袋一個，或竹器等載肥，掛於身中，用手指三個約拈二三錢，插於秧苗根部，若以花生麩爲肥，則碎成細粒，每粒約一二錢，如前插於秧苗根部。與各縣施肥法不同　此是鶴山農民施肥之特點也。

（2）煙　煙苗養成法，在霜降前後，將地犂耙鬆碎，乃用草木灰和煙籽撒於田上，蓋以禾草，以防鳥獸食啄，並淋少許水，使煙籽與土接近，至煙秧生長四五寸，則移植於尺四五濶高數寸之畦上，種成之字形，每株距離約尺六七寸。當未種之前，先落猪糞等於穴中，種後又淋以糞水或清水等，使烟苗之根與土接近。

管理法　在煙苗生葉六七片之時，施水肥或花生麵猪糞等於苗與苗之中部，繼培以土，並摘去葉下之芽，每隔六七日，又復摘芽，否則芽能分薄肥料，而煙葉不大不厚，故摘芽乃種煙必需之手續也。又有在六七片葉之時，摘去其尾，使其生爲二枝成一叉形者，如是至生長尺餘至二尺之時，再施花生麵一次，平均計算，每株煙苗前後，約共施花生麵三兩左右。

收穫及整理　煙葉之變黃，必由下而上，故收煙葉者，必分爲三期，見下部之葉已黃，卽收其黃葉，「名曰葉沙」次收中葉，「名曰二熟，又名托葉。」後收尾葉，「名曰頂霧」。收穫之後，則以疏竹笪夾而晒之。夾之之法，必葉背歸一，如蓋瓦形，使葉骨露出，俾易乾燥，至晒一日之久，收回叠置之，經一二日後，隨後晒乾，始現黃色，否則葉必白色而不黃，此最宜注意之點云。如是至乾燥後則叠成一束，以稻草束之（約二三十葉爲一束），置於竹笠內，或以疏竹笪夾之，約一百數十斤爲一夾，則可出市矣。

收穫期收穫量及價格　雨水後隨時有收穫，早者春分前後收完，每畝收量一擔至三担之間。頂霧與二熟每担値三十元至五六十元，托葉每担十數元至三四十元，若雲蓼及古鷺正地之煙，則每担可賣五十元至八十元之間。查該二地之土，表土與各地無異，惟深土則是粘質土而已，但其出產之煙，氣味香醇，故價値比他處多一倍以上云。

總產價　鶴邑產烟之多寡，原無法調查其確數。據鶴山烟葉出產稅處謂，烟稅約稅百分之一，每年除走私者有多少外，約得十萬元左右。若此則鶴產烟價値當在千萬元以上。

（3）茶　鶴邑之茶，歷年種下，年年斬枝採葉，故無種子者，若欲留種子，必須一年不斷茶枝，至次年卽可開花結實，在霜降節後收其種子，晒一二日，去其殼卽可種植。若茶地未便，亦宜以砂藏之。否則生長不良，而發芽亦少云。是以茶子去殼後，卽宜種植也。

種植　茶種於山嶺，欲種茶者，先將山嶺之雜木斬淸，鋤鬆其土，椎至細碎。每距離尺五至二尺之間，開一小穴，下種子四五粒，覆以薄土，蓋以一二寸厚之禾草或雜草等，使茶地不易生草。如草腐爛，又須復蓋，如是約三年後，則有收穫云。

管理及收穫期　茶性宜於高山瘦土，其生長雖不及種於肥土之秀茂，而高山瘦土所出之茶味則遠勝於肥土之茶百倍，故茶山愈高　經風霜雨雪愈多者，則茶味愈佳云。茶之管理甚易，祗除雜草，蓋禾草足矣。每年收穫四五次，在春分淸明前後收者，名爲春分茶，或淸明茶(全年之茶以春分淸明茶爲最佳)，以後隔月收一次，見有嫩葉卽摘。若茶樹已老，嫩葉甚少，則在收採春分淸明葉後，剪去其老枝，則必生嫩葉矣。每種茶一次，可收穫十餘年，至三十年不等。

製茶　在種茶家採收茶葉回家後，卽用鑊炒至軟熟，轉入竹篙，以手搓之去其苦味，捲成條狀，至冷再炒再搓，如是數次，至乾爲止，卽可賣於製茶家矣。製茶家之製法，先淸選茶骨與茶葉，再用竹篩篩出茶碎，名曰茶尾，乃入焙籠，籠之形如日字，大約一尺二寸，高約二尺，在中部以竹篩間之，篩孔之徑，大約五釐，上放茶約二斤，下爲炭爐(爐闊細於籠寸許，深約六七寸，爐底載炭，上蓋以薄灰，不可見火。)約焙二十分鐘，卽將茶翻轉籠上，仍蓋以竹篙留寸許闊之孔，使水氣升出，約焙一點鐘之久，則可包裝市矣。又查製茶家至少用十爐，多則二三十爐不等，用師傅一人或二人，專司輾轉調理焙茶之事。

茶之收穫量　每畝茶地，上等收成每年可得生茶四担左右，中等者二三担，下等者一担數十斤，每生茶四担約可

得乾茶一担·

總產額　鶴山茶有一種所謂淸心茶者，卽擇至嫩之葉，加工炒製，捲成條狀，無茶骨茶碎者也·又有一種所謂古勞茶者，因古勞鄉產茶最早，因地而得名也·至全邑產茶之多少，實無確數，大約以全縣製茶庄十二間計之，每間每年約製茶二千担，合共卽有二萬餘担，每担出口價約四十元，二萬餘担則約百萬元以上·

（七）果樹

鶴邑菓樹寥寥無幾，間有龍眼，亦種於屋邊基壆等處之老年樹也·外附都白水帶鄉有沙梨一二百株，亦生於山坑屋邊等處，並非新種者，雙橋都宅梧地有芒菓百餘株，亦老樹也·

（八）畜牧

牛與猪　該縣屬畜牛養猪與各縣情形無異·水牛黃牛各居一半，全縣約四五千頭，猪則約在萬頭以上·

鷄　農戶皆養數隻或數十隻，以供家用，有餘然後出售·無以養鷄爲業者，飼料以殘羹米糠爲主，每日早晚各飼一次，日間則任其自由覓食，夜則棲於鷄舍·最優之種重四五斤，年產卵百個左右·

鴨　有專業經營者，每群至多者三四百隻，管理飼料鴨舍與普通同·最優之種重二斤許，年產蛋二百餘隻·

（九）特產品

刀石　刀石有數種，而鶴山附都三寶坑所產者·爲黃色之石，祗可磨粗重之刀而已·該產地在兩山之間，鄉民往取者，日以百計，銷路以南洋各埠爲多，厚一寸長大數寸者，可値銀二三分，每年出口價値在三萬元左右云·

（十）農林前途之觀察

鶴邑地廣民稀，荒山不知凡幾。查外附都之崑崙山與茶亭山縱橫數十里，土質肥美，各項種植多數適宜，現除種有茶樹少許及生有少數天然松外，餘盡荒廢，倘能開築公路，利便交通，盡數闢以種茶造林，亦將來之一大利藪也。

（出自《广东农业概况调查报告书续编》上卷，一九二九年）

德慶縣農業調查報告　民國十六年

卓正豐調查

(一)位置

德慶在省城之西四百餘里，東界高要，東南界雲浮，西南濱西江，與鬱南爲界，西北界封川，東北界廣寧，東西廣一百三十里，南北長八十里，位居北緯二十三度一十四分四十秒，經線距北京偏西四度五十四分。全縣分爲八區，縣城在縣之南部，一區屬焉；二區在城北三十里，馬墟官墟屬焉；三區在城東北五十里，官墟新市屬焉；四區在城西二十里廻龍墟屬焉；五區在城東北六十里，鳳村墟播植墟屬焉；六區在城東北八十里，金郡墟莫村墟屬焉；七區在城東五十里，悅城墟屬焉；八區在城東三十里，盤谷墟舊墟九官墟屬焉。

(二)地勢

縣屬北高南低，山嶺約占全面積十分之七八，平原約居十之二三，可耕之田地殊形不足，故農民耕山耕田，各居一半也。

(三)氣候

縣之北部，因山嶺高峻，氣候較寒，南部近西江，山嶺較少，氣候畧溫和，冷熱時期，及寒熱狀况，除北部大山之下，畧有差異外，餘則與廣州大畧相同也。

(四)耕地狀況

土質　南部近江一帶，多運積之灰黑色砂質壤土，中北二部多腐植質壤土，二三區之中部，多冲積黃紅色之幼砂土、凌水馬水兩傍之田，多灰白色之砂土。

水利　邑內田地高低不一，第一四七八區之南，雖無旱災，而屢有西水之患，其餘二三五六區，皆山谷之地，如無旱災，必有蓄水難泄之虞，故非雨水調勻之年，難望十足收成。而亢旱之年，則農田皆賴溪水灌溉，惟森林稀少，溪水無多，蒙其利者，實寥寥無幾，五六七區雖有凌水貫其中，而水源非大，能裝水車之地甚少，農田得其水利亦有限也。

交通　邑內河流稀少，交通甚覺不便，可行駛二三千斤之船者，惟七區悅城至五區播植之凌水約六十餘里，與及二區馬墟之水三十餘里而已，其餘各區貨物往來，皆用肩挑。一四七八區之南，雖近西江，而商埠衰落，輪船多不埋埗，故運輸亦不能謂爲便利也。

耕作情形　縣屬山多田少，故低下有水之地，概種水稻，一四七八區之南，常患西水，故農民多種桑及柚樹洋額等，而洋額以一區爲最多，農民因田少之故，乃多耕山地，木薯（即薄楓）一物，各區均有種植，二三五六七八區並種薯莨，而桂皮則以五六七八區爲多。

（五）農民經濟狀況

田地租價　水田每畝價上等者百三四十元，租穀四五担；中等者七八十元，租穀二三担；下等者十數元至二三十元，租穀一担左右；上等旱地，每畝約六十元，租銀五六元，而近江邊之桑地，每畝價銀有値百元以上者，租有十元至二十餘元者；中下等地，價則三四十元，租則三四元耳。

長短工價　長工每年約五十元，少者二三十元，短工忙時男四毫，女二毫或三毫，平時男二三毫，女一角八分。普通耕田者，（以土人計）甲乙互相爲助，茶飯供足，少有言及工金者，有工金者，則以外縣人爲多也。而取桂採桑鋤山等事，即土人亦有工金也。

大宗產品列如下

品名	產地	價格
松柴	全縣	近海八毫 內地五毫
桂皮	五六七八區	上八元 下四元
薯莨	二三五六七八區	五元
木薯	全縣	五六元
洋頳	一區	四五元
蠶桑	一四七八區	無定
首烏	一區	城內每斤四元 城外六七毫
巴戟	三六區	十元
菠蘿	五六七區	六七元
枝子	五六七八區	十五六元
猪	全縣	三十五元
鷄	全縣	四十元
鴨	全縣	三十五元

上所列者，均有出口者也。而薯芋瓜菜等物，各區雖有，而無出口，故畧之。

大小農及經濟情形　全邑人民，約二十餘萬，出外經商營業者，百無一二，而以業農爲多，耕田最多者，不過三十畝，普通則以十畝數畝爲多也。至經濟情形，則各區不同，一區之民，耕田種桑養蠶而外，多種洋柚子，經濟頗爲充裕，二三四區之民，禾稻固少，且無別項種植，經濟頗困　四區雖有蠶桑，但祇得一部分，五六七八區除耕田外，兼種桂皮薯莨等物，年中出產以百萬計，故經濟亦稱充裕。

（六）作物

（1）水稻　縣屬水稻，原不足食，惟木薯蕃薯芋等物頗多，足以補粮食之不足，甚有農民年食木薯多於食米者。米之品種，早造有白穀，齊頭黃，紅米，花殼，小糯，花粘等，清明左右插秧，大暑前後收割；晚造品種有油粘，白殼，芽粘，大粘，霜降白（因霜降則熟而名）等。早造播種在清明前，晚造播種在小暑前，過此則收成必減云。肥料則以猪牛糞乾蠶屎草木灰等混和，在插秧時，用盤載糞，粘以少許，連秧插之，以後不再施肥，祇除草一次或二次而已。

（2）薯莨　薯莨者，取根用之植物也。其形如大薯及山薯，本地人以爲染布之用，而輸出外洋者亦甚多。種植法，將種子播於山間鋤鬆之地，每個距離約二寸，上蓋以樹葉，間施淡肥，約一年之久，苗長尺許，則可移植於鋤鬆之山地，每株距離二三尺，年中除草一二次，少有施肥者，如是約三年之久，則可鋤薯。上等收成每畝可得薯數担至十餘担不等，以近二三年價值計，每担在四元以上，全縣每年出口，約在數千担以上云。

（3）木薯　木薯亦取根用之植物也，德慶田少山多，土人故多種以代穀米。種法將薯莖切斷，每條長尺許，插於巳鋤鬆之山，或將薯莖縛爲一束，置於暗濕之地，先棄出根，然後插植，則生長較易云。每株距離約二尺，年除草一二次，有施淡肥一二次，有全年不施肥者，種在春月，冬月則收，上等收穫每畝地四五担或一二担，價值則與穀價相等。食法將薯洗淨，切片晒乾，搗成粉末如食米粉然。

（4）桂皮　是爲桂樹之皮以作藥用，即藥舖中所售之玉桂也。種法將桂子點播，約二年餘苗，高尺許，則移植於鋤鬆之山地，每株距離二三尺，中間種木薯蕒等物，年除草一二次，約五年之久，則可斬伐而取其皮，取皮時間，在春分以後，至立夏以前，過此則皮不脫云。取法將木斬落，剖取其皮，每皮長約一尺二寸，晒乾縛成束，則可出市，每担價值四元至八元之間，每畝地出皮之多少，則視桂樹生長之大小，五年生者，多則可取皮七八担，少則二三担，斬伐之後，其桂頭自然出芽，每年可擇其高大者取皮，約可取至數十年云。出產以五六七八區爲多，每年約在數十萬或百餘萬元，銷流於外洋。

桂油製法　桂油乃桂樹之枝葉所蒸得之油也。製法先將桂枝葉斬下，晒一日，至葉變白色爲止，乃挑回屋內，叠置一月以後，始可蒸製，未蒸之前一日，先用熱水淋濕，使其軟熟，然後放入大鑊中，加以水與蒸酒法畧同，每生葉四十担，在剖桂皮時之枝葉，可得油七斤至十斤，名曰剖油。在夏月所斬之葉，其油多於剖油者二三斤，名曰夏油，質較剖油畧遜，但亦與剖油同功同價，近二三年剖油每斤可值銀五元至十元之間，夏油則畧低於剖油一二元云。

（5）黃果即卮子　黃果作藥用及染色之需。種植法，將果枝切成條，每條長約尺餘，插植於旱地或肥厚之山崗，每株距離四五尺，年除草一二次，施淡肥一二次，二年以後則結果，計春月開花，秋冬收果，上等收成，每畝四五担或二三担，每担十元至二十元，以五六七八區爲多，每年出口約二三百担云。

（6）巴戟（土名鷄腸薯）　巴戟根爲藥用植物，乃補腎聖藥也。其籐與薯均與蕃薯大畧相似，惟籐葉薯俱較蕃薯爲細小耳。其種植法亦與番薯同，或以籐爲種，或以薯爲種均可，種後三年，始有收穫。種之愈久，其薯愈多，其功用亦愈大，故有種三年即鋤薯者，有十數年始取薯者，德慶以三六兩區種者最多，皆種於表土深厚之山崗地，年中除草一二次，不施肥，上等收穫每畝可得乾薯一担至三担之間，每担在香港可售銀七十元至百餘元，年中出口全縣在百數十担以上。

（7）首烏　首烏亦藥用植物，補血之妙品也。以一區地方種之最多，而以縣城監倉左右地方所產者爲最良。查首烏原是野生植物，因清季時有姓何監犯，鬢髮已白，旋在監倉間掘採此野生之薯食之，不久其髮變黑，後人因名之曰何首烏，現在縣城內所產者，每斤值銀四元，但所產無多，每年僅二三百斤耳，城外所產者，則有數千斤，但每斤僅值數毫耳。種植法用分根法種之，二年以後，則有收穫，城外種者每除草施肥各一二次，城內種者，則少施肥，祗除草而已。

（七）果樹

（1）楊額又名降柚，形狀畧圓，立冬前後可食，每担值銀四元左右。（2）沙田柚蒂部畧尖，下部較大，立冬前後採摘，每担六七元。（3）桑蔴柚秋分左右可收採，形與楊額相似，味則不如楊額之清甜，每担可值銀二三元。（4）綵線腳柚形圓，其肉無多，味亦不良，每担約值一二元而已。柚類以一區爲多，大約在五六萬株以上，大樹每年可得三担左右，小樹則約一担至數十斤耳。

繁殖法　各種柚俱在雨水前後選擇其枝之在二三年內生長者，剖去表皮長約寸許，後三五日用腐爛之禾草和塘坭縛於剖皮之部，若久無雨，則用人工淋濕之，約七十日，則可剪下假植於地矣。至冬月或來年春月，即行移植，每株距離普通約一丈，肥料則以蠶糞人糞尿堆肥爲多。每年共施二三次，至樹已生長五六年，則少有施肥者，惟間有施塘坭等物耳。

（八）蠶桑

蠶桑以一四七八區近江邊一帶爲多，其桑地之廣狹，葉量之多少，無法調查其確數，據土人謂大約在二百頃左右。種植法與南海順德同，惟行間則二尺餘，種番薯於其中者，十居七八。全縣無繭市，農民之繭，以發售於南海九江順德容奇爲多。

（九）畜牧

（1）牛　牛分爲水牛，黄牛二種，近江各區多養水牛，內部多山嶺之區則養黄牛，全縣統計大約在五六千頭以上。

（2）羊　在第三六區間有養三四十頭草羊者，專爲肉用，羊舍則以間屋架以竹木爲之。舍內掛二三竹筒，筒內則放以食鹽及蜈蚣等物，羊吮食其汁，則少生病云。

（3）猪　各戶均有養之，多者三四頭，少者一二頭，酒米店則有養三四十頭者。飼料管理猪舍等，與各縣同，全縣統計，約在萬頭以上。

（十）輸出品

輸出品以桂皮薯茛松杉蠶繭沙田柚洋頟爲大宗，巴戟木薯首烏鷄鴨等次之，猪亦間有出口，惟少數耳。

（十一）荒山

邑內山嶺約占全面積十分之七八，荒廢者約三分之一，而以二三四五區爲多，其地多屬表土深厚，巖石稀少，凡松杉茶葉等，皆適於種植。

(十二)農林前途之觀察

(1)宜多植森林　德慶山多田少，向來不敷耕種，加以近年山嶺崩頹，堆積田畝，以致廢而不耕者，又不下數十頃，倘不設法補救，遍植森林，則數十年後，恐現在可耕之田，又變爲山地矣。且屬內交通困難，五六七等區，皆賴凌水以輸運貨物，現該水亦多爲山嶺崩頹之坭土所淤塞，水量無多，冬月幾有不能行駛帆船之勢。補救之法，亦必在該水兩旁多植樹木，庶可望永亨其利，而不至蒙其害也。

(2)宜開公路　交通不便，則貨物不易流通，而農民經濟必因之而困難。查德慶雖多屬山地，而道途尙屬平坦，如稍擴闊之闢爲公路，則可行車以資轉運，如此則貨物易於流通，而經濟自充裕矣。

(出自《广东农业概况调查报告书续编》上卷，一九二九年)

封川縣農業概況調查報告

民國十九年七月　卓正豐

（一）位置

封川縣居西江上流位於赤道北二十三度四十分經綫距北平中線偏西四度五十二分東界德慶北界懷集西北界開建西界廣西蒼梧南界鬱南南北長一百三十里東西廣八十里人口約十一萬全縣分為自治區共六區警察區向未設立茲將區屬列后

別	所在地	區域
第一區	縣城	縣城
第二區	鳳村	距城二十里
第三區	羅董	距城廿五里
第四區	杏花	距城五十里
第五區	魚澇	距城六十五里
第六區	大洲	距城四十五里

(二)地勢

封川地勢東西北皆是大山南部山亦多但不如東北部各山之高且大耳全縣面積山嶺約佔十分之八以上平原地方則以五區之魚澇六區之大洲爲至廣但亦不及十方里也

(三)氣候

縣屬氣候無急劇之變化至寒約攝氏表四五度至熱約攝氏表三十八九度颶風間有春夏雨多秋冬雨少水災固無而旱災亦少見因山高林密可以藏水亦可以排水故也

(四)耕地狀況

1 土質　縣屬土質多屬冲積土土色灰黑表土深厚砂礫極少含肥頗富低下之田以植水稻爲主山坡傾料之地則種花生爲多山地之肥而平坦者則以植薄楓樹爲最多近江邊之地則以種桑麻柚爲衆此耕地之大畧狀況也

2 水利　縣屬江河絶少祇南江一河上通開建僅可行駛數十担之帆船而出西江魚澇一河夏天雨多水漲之時則可駛載重二三十担之船而冬日水弱則不能行船矣農作物遇亢旱之時則利用山坑之水以資灌溉其水利大畧如此

3 交通　縣屬交通非常困難雖有南江魚澇二河但狹且淺轉運維艱除近西江地方間有船運餘則多用肩挑而已

4 耕作情形　縣中農作除水稻薯芋外則耕山爲多而山中作物又以薄楓薯爲衆查薄楓一物爲農民之副食品番薯芋次之花生豆等雖有種植不過少數而已

(五)農民經濟狀況

1 田地租價　縣屬地廣人稀山嶺高大土匪衆多自衛力弱之村鄉往往爲土匪所摧殘民國十四五年來農民之遷徙而避匪禍者約數萬人故荒廢之田地不知幾許上等水田無水旱之災且肥美者每畝價値亦百元左右中下等田更無論矣田地

租上等者每畝約十元中下等則二三元而已

2 長短工價　縣屬農民雖多窮苦而工價頗昂查其原因由於田地租廉傭工者少而自耕者多也長工價值年約百元短工忙時每日除供給三餐外男約工金六七毫女則三四毫

3 大小農及經濟情形　縣中自耕農約佔百分之九十以上耕百畝以上者全縣無一焉耕五十畝以上者僅有少數大概耕十畝至廿畝者約佔十分之六七畝十以下者約十分之二三至於經濟除近西江交通稍便地方畧爲充裕外餘則多數困難

4 縣屬農產異品價格畧如下表

品名	數量	價格	附記
穀	每百斤	六元	
番薯	每百斤	一・五元	
芋	每百斤	三元	
牛	每斤	・二元	
鷄	每斤	・五元	
鴨	每斤	・四元	

鵝	每斤	•四元	
羊	每斤	•四元	
猪	每斤	•三五元	
鴿	每隻	•五元	
花生	每百斤	五元	
柴	每百斤	•三元	
炭	每百斤	三元	
木薯乾	每百斤	四元	
沙田柚	每隻	•一元	
楓栗	每担	三〇元	
梨	每担	一五元	

烏欖	每百斤	四元

（六）作物

1 水稻　早造穀種有白穀黃穀穀仔早粘赤穀晚造有鼠牙粘白糯黑糯倭仔穀黃壳白壳早造清明前後插田小暑前後收穫上等田每畝三担左右晚造立秋前後插田冬至前後收穫上等田每畝約收四担以上云

2 旱穀　種於山坡高亢之地春分前後播種行點播或條播法基肥施草木灰或人糞尿補肥則用水肥除草中耕一二次種後約百日則可收穫每畝上等收穫可得穀二担餘收割之後則種豆或番薯等物

3 薯芋　薯則長年有種惟大小暑之間則無人種植蓋此時種薯土人名為夾暑薯收成少而遺留之種亦不佳云薯之種類有紅心白心黃心白薯鷄蛋黃等芋則有番芋黃芋紅牙芋等凡種芋必間種羌亦有間種瓜菜番薯者也

4 薄楓薯　多種於山坡旱地種法將地犂耙鬆碎起之四尺濶之畦每距離二三尺開一穴施水肥少許卽將往年之薯枝長約一尺左右者插於穴中上蓋以土約留薯枝一二寸凸出地面至其出芽長達一二尺之時則施草木灰一次繼培土一次至冬月則可收穫矣亦有任其再長一年始行收穫者約可多收薯三分一以上云

5 花生　花生有蜂腰豆其豆細長春耕秋收有大豆身大而短春種夏收比之蜂腰豆生長期短兩個月時間可以收穫每畝可得一百至二百斤

6 黃豆烏豆　黃豆烏豆年種二次春種夏收收後復種種後約八九十日則可收穫每次可得豆百餘斤云

（七）果樹

1 楓栗　封川楓栗產於第一區地方之山嶺為多其餘各區不過少數耳總計每年出產約數百担栗樹雖屬人工種植但

（十）荒山荒地

封川山嶺約佔全縣面積百份之九十其荒廢者約有三份之一荒地與荒田亦不少但頗爲零星無廣大成片段者也

（十一）特產

特產如楓栗及白馬茶楓栗產於一區附城一二十里爲多年中輸出約數百担白馬茶產於七星岩乃天然生之茶其色白其功用能除痰消滯但所產無多數量無可統計

（十二）輸出品

杉爲最大宗松柴雜柴次之炭及竹笏棚竹等又次之其出口數量雖無統計但該縣於民國十八年擬將出口各物課以千分五之捐費爲籌辦中學之用預算每年可得二萬元以上後因商人抵抗中學至今不能成立

（十三）農村教育狀况

該縣完全小學一間學生百二十人高小七間學生約四百人初級小學十三間學生約四百人女子小學一間學生四十人教育衰落可以想見矣

（十四）農林前途之希望

封川現在林產雖不少而荒山仍多且交通運輸不便似宜先行開築公路然後次第墾山造林庶可以收事半功倍之效也

（出自《广东农业概况调查报告书续编》下卷，一九三三年）

封川縣調查報告

楊少言

本隊奉令出發調查封川縣，經一月又七日工作，始將該縣調查完竣，現在轉往開建調查之前將該縣調查所得之各種情況，分述如次：

一、地形與位置　縣屬四境，皆崇山峻嶺，叢巒起伏，尤以東北部為甚，留連山橫跨數縣，萬峯雲接，綿亘無際，因是形成無數山谷底地，幅員十畝以上之平原，殆已罕見。境內淺灘小河交錯，西江臨庭，賀江橫貫西部，是誠一山江環抱之縣也。以位置言，居本省西江最上游為兩粵往來之門戶。適當於赤道北二十三度四十分，經線距北平中線偏西四度五十二分。南接鬱南，北界廣西懷集，東鄰德慶，西界廣西蒼梧，西北毗連開建。東西廣八十里，南北長一百三十里。距省會六百二十里。縣境西北之木雙墟，前隸屬第六區，現與廣西爭界，是倘成一未定界之地，近聞雙方互派大員查勘不日當可決定云。

二、自治區劃　封川古為封州，前後幾經更易，至明洪武二年廢州復縣，今為本省三等縣治。縣內自治機關已告成立，確定以區為單位，全縣分為六區：計第一區轄有十七鄉，第二區十三鄉，第三區十一鄉，第四區十五鄉，第五區十八鄉，第六區十三鄉。

三、面積　全縣陸地面積為四千一百八十方里。田畝調查尚未完竣，各區確數，無從知悉，估計當在十八萬畝左右。

四、人口　本縣人口現在着手調查，前因匪亂，人民離散不少，據各區現在報告，計第一區男八千五百十一人，女八千二百五十一人，共一萬七千三百六十五人。第二區男七千二百七十人，女六千八百九十四人，共一萬四千一百六十四人。第三區男七千零七十人，女七千一百四十六人，共一萬四千二百一十六人。第四區男六千七百二十三人，女六千零九十五人，共一萬二千八百一十八人。第五區男一萬八千三百人，女一萬五千二百三十人，共三萬三千五百三十人。第六區男七千八百二十五人，女七千二百六十一人，共一萬五千零八十六人。合計全縣人口共十萬六千七百七十九人。

五、交通　縣屬交通非常不便，公路止築成路基七十里，但橋樑涵洞，概未修築。縣內三、四、五、各區交通，多循舊日山徑，貨物往來盡靠肩挑；若遇雨期，山洪流瀉灘淺水急，危險萬狀，殊多窒礙。水路方面尙稱便利，西江固不必言，卽縣內賀江已橫貫五六兩區，電船可以通行無阻，漁撈河初春期多雨之季，可以行駛載重二三十担之船，但一至冬季，河床涸竭，航利盡失。此外蟠龍，穀墟，杏花等淺淤小河，於航運上殊無利益。郵政，十年前縣城尙有二等郵局一所，現已停辦，改設郵政代辦所，分設於縣城，江口，長岡，漁撈四處：信櫃一所，設於羅董，以上數處，俱歸都城郵政管理局管理。電報局尙付闕如。長途電話，已通一，三，四，五，各區。縣外通話，可由第五區駁接開建各區，現均已通話。

六、農業　一地農業之發達與否，半由自然因子，半由耕作技術制度；封川氣候無急劇之變化，年中最寒時，溫度約在華氏三十八度，其最冷月份爲十二月，最熱時約在華氏八十七度，全年平均溫度約在華氏六十七度左右；雨水自去年九月開始測量，至今年六月止，此十月內之雨量共達二，六九三公厘，本甚適於溫帶植物之生長，但土質僅沿江岸一帶之冲積灰黑色壤土，較爲肥沃外，其餘各區大部份爲砂質壤土，間有一部份爲黏土，甚且中部之第三四區間，有一部份田地概屬黃紅色之砂壤，其磽瘠可知矣。且農民施肥，不用糞溺，此本爲廢物利用之最舊，最普遍方法，今該縣農民，竟反此而摒棄不用，所以年中損失，實在不少。灌漑以境內河流交錯，本甚稱便，不過水利不修，附山高地常患亢旱，瀕河各岸恆受潦浸，總上述諸端，加以墨守成法，於是農業生產力非常薄弱。全縣穀米年產二造，亦有旱地一造者，尙屬少數。統計年產穀約二十七萬餘担，以之供給本縣糧食，不敷約一個月，鄉人多以雜糧補充之。薯，芋，薑，瓜，菜等常見繁植於田畦間。蕃薯年產約三萬二千担，芋約七萬餘担。農鄉各戶俱飼養家畜，數約三四頭或七八頭不等，但非大宗產量，多供本地肉食。特產有楓栗，黃皮及白馬茶，前二者以附城第一區出產最多，楓栗多植于山嶺，人工管理輕易，不用施肥，年產約二千担，前幾年輸出數達千担左右。封川黃皮，以其味甜顆大，培植優良，故能載譽遐邇，每年約產千担，多運銷梧州及本省西江沿岸各墟鎭。白馬茶屬野生植物，產於四區之白馬山上，其功用能除痰消滯，每有發現，見者輙暗中以物飾蔽，冀不易爲人察覺，至成熟時始往收摘之。據謂眞正者，年產不過二三斤而已。此外林業亦非發達，全縣山地利用者僅及十分之二，除松杉木略有輸出外，其他山貨概不多見。以故鄉民不啻自減一大宗收入。

七、商業金融　本縣商業俱屬小資本之經營，規模簡陋，以販賣荳，米，油，鹽等日用食品爲多，洋貨極少，縣城商業倘不如江口之繁盛；且交通不便，於商業來往貨運，更形窒礙。各區墟場合計大小十二處，商店小則數間，多亦不過三十間，若遇墟集之日，則各挑貨物赴墟，以求交易，每次人數約在七八百人之譜，惜目前正當農村破產，一般購買力銳減，商情冷淡，各類交易，僅足支持開支而已。縣屬自經匪亂之後，地方財力損失甚巨，金融非常枯涸，如第五區漁撈，欲以千元不動產，抵押百元之借欵，倘不可能；小欵借貸，倘若是困難，農民資金之週轉，益陷殭局，其生產力之不前，自無疑義。至若縣內通行之貨幣：省行毫劵可以通行於附城及漁撈，間或行使廣西銀行毫劵，但爲數較少。其他各區槪以雙毫硬幣爲本位。

八、人民生計　封川縣境已入山谷範圍，土地貧瘠，人民生活除靠耕種及採樵外，別無他種副業。從前沿江一帶人民，種桑養蠶，倘屬有利可圖，現在華絲對外貿易，一落千丈，今該區人民，已全放棄此業，良可慨嘆。山谷居民經濟本屬維艱，加以歷年土匪到處搶刼，財產田作損失不計其數，於是富者變貧，貧者益貧，大有「一身之外別無長物」之概。且災害不時襲擊，其最要者有潦水砂冲二種，前者受西水之賜，低窪之地，每年輒遭淹浸，無所收成；高地非潦水所浸及者，則又有砂掩田疇之象，緣山洪捲挾泥砂俱下，鋪積田圃，種植不易若是無怪居民生活日益窮困矣。

九、敎育　該縣敎育非常不振，離普及之旨遠甚，全縣現有初級中學一間，係於廿三年度由前鄉村師範學校改組而成，全校學生三十人，教職員七人；縣立小學僅得一間，且附設初級中學之內，其他各區區立小學，係由各區就地籌欵辦理，合縣立小學，共計有高級小學九間，初小十八間，高小學生二百一十八人，初小學生九百八十二人；私塾，各鄉中倘多未盡廢除，據前年調查約六十餘間。社會敎育，有縣立民衆敎育館一間，閱報社一所，然因內容簡單，書報甚少，民衆學校昔曾舉辦一期，後因經費無着，現已停辦。

十、治安　自民國以來，地方土匪以北部巨山爲根據地，四出騷擾。民十四年至十七年更形猖獗，鄉民流離失所者，數達四五萬人，情狀至慘；嗣經軍隊痛勦削平，秩序始漸恢復。近二三年以來，地方尚稱平靖，僅有五區漁撈高山叢疊之地，時有零星土匪出沒，現該地駐有教導師一連，警衛隊一小隊，正協同剿辦，想不久當可完全肅清矣。

十一、衛生　醫院，藥房及西醫生，全縣尚付闕如，人民疾病概就診於中醫生，統計各區中醫約在一百四十人左右；當局及地方人士因鑑於衛生設備之缺乏，乃於本年四月間成立救濟院，院內有中醫生二人，西醫助產師一人，並設贈醫，留院稱便，是誠平民之一福音也。

十二、風俗宗教　人民純樸儉約，婚喪嫁娶沿用舊禮，與他處大同小異。中上人家，飯前或宴客時習尚喜飲白燒，食時用碗盛酒三四碗於卓上，以匙羹代酒杯，飲者各向碗內杓酒，並以乾蒜頭及乾辣椒配味，是其特色。宗教則人民多崇奉先祖及三聖四聖等神。十年前本縣有基督教堂一間，聞當時教徒約七十餘人云，但已停辦多時矣。

民國二十四年七月十一日

（出自《统计月刊》第一卷第十一期，一九三五年）